聪明的
阅读者

阳志平 著

中信出版集团 | 北京

图书在版编目（CIP）数据

聪明的阅读者 / 阳志平著 . -- 北京：中信出版社，
2023.5（2023.7 重印）
 ISBN 978-7-5217-4853-6

 Ⅰ . ①聪… Ⅱ . ①阳… Ⅲ . ①读书方法 Ⅳ .
① G792

 中国版本图书馆 CIP 数据核字（2022）第 246069 号

聪明的阅读者
著者： 阳志平
出版发行：中信出版集团股份有限公司
 （北京市朝阳区东三环北路 27 号嘉铭中心 邮编 100020）
承印者： 宝蕾元仁浩（天津）印刷有限公司

开本：787mm×1092mm 1/16 印张：29.25 字数：450 千字
版次：2023 年 5 月第 1 版 印次：2023 年 7 月第 6 次印刷
书号：ISBN 978-7-5217-4853-6
定价：79.00 元

世界何窄，方册何宽。

愿你一生，好书常伴，心流常在。

谨以此书献给我的爱女。

目录

聪明的阅读者

聪明的阅读者

世界何窄，方册何宽

作者有很多身份：一位在认知科学领域从业二十余年的工作者；一位写作者，自十四岁发表诗歌，坚持写作二十余年；一位图书策划人，出版众多现象级畅销书；当然，还是儿子、丈夫、爸爸以及公司董事长。而他最引以为豪的身份是一位读书人。藏书数万，创建的书单被成千上万读者收藏，每年的读书札记被数万读者阅读。

作者从阅读中受益良多，同时也看到太多人阅读不得其门而入。因此，当作者人到中年，输出自己的知识体系，他挑选的第一个主题就是阅读。这是一本谈阅读方法论的书。全书分为三部分："阅读的科学"、"阅读的技法"与"阅读的选择"，分别解决"何为读"、"如何读"与"读什么"三大阅读难点。

这是一本有野心的书。在"阅读的科学"部分，作者提出了一个新的阅读模型——"阅读者、文本与情境"，解决"何为读"的问题。作者用"阅读三重奏"来形容当你阅读时，大脑究竟发生了什么——这就是阅读的三重机制：生理机制、认知机制与学习机制。接着，作者整理了人类的知识体系，将阅读者要阅读的文本分为信息型、叙事型和美感型三大类。

站在前沿认知科学及其相关学科研究基础之上，结合中国古代大儒、西方智者们的读书法，作者总结出一套新的阅读方法论——"系统阅读法"，并将阅读者分成三类："困难的阅读者"、"熟练的阅读者"与"聪明的阅读者"。什么是"困难的阅读者"？患有阅读障碍的人群。什么是"熟练的阅读者"？那些能够正常阅读一本书的人。什么是"聪明的阅读者"？那些热爱阅读，在阅读数量与阅读质量上远超同龄人的阅读者。

这是一本反常识的书。在"阅读的技法"部分，作者详细介绍了"系统阅读法"的五种技法：文本细读、抽样阅读、结构阅读、主题阅读与卡片大法，解决"如何读"的问题。例如，与从头读到尾相比较，你的大脑更喜欢跳着阅读；与一次只读一本书相比较，你的大脑更喜欢同时读好几本书。

大脑喜欢模式，大脑喜欢惊奇，大脑喜欢情感，大脑是个吝啬鬼。那些对于认知科学家来说是常识的知识，对于绝大多数阅读者来说恰恰是反常识的。正是这些反常识，阻碍了多数人从"熟练的阅读者"成为"聪明的阅读者"。

当然，这也是一本书呆子写给书呆子的书。在"阅读的选择"部分，作者首先介绍了有关如何选书的"系统选书法"，以及一些鲜为人知的书目数据库、图书奖项。接着以自己数十年的阅读经验，在数万藏书的基础上，结合科研大数据，列出了"通识千书：智者的代表作"，并以"人何以为人"为标准，选取了十大类五十个主题，四百二十位智者的一千多本书，解决"读什么"的问题。

作者曾说，世态炎凉、雾霾风雪，你欢笑，你忧伤，总有一本书陪你。

作者曾说，与人为友，青春美丽，盛宴华筵，欢乐终有时；与书为友，安然静坐，促膝长谈，乐哉新相知。

阅读带来知性的快乐，这是一种不因外物变化而变化，不随个人处境变化而变化的快乐。世称卓吾先生的明末杰出思想家李贽先生，在七十岁总结一生读书生涯时，作诗《读书乐》。这首诗将读书乐写得栩栩如生，摘录开篇如下：

> 天生龙湖，以待卓吾。天生卓吾，乃在龙湖。龙湖卓吾，其乐何如。四时读书，不知其余。读书伊何，会我者多。一与心会，自笑自歌。歌吟不已，继以呼呵。恸哭呼呵，涕泗滂沱。歌匪无因，书中有人。我观其人，实获我心。哭匪无因，空潭无人。未见其人，实劳我心。弃置莫读，束之高屋。怡性养神，辍歌送哭。何必读书，然后为乐。乍闻此言，若悯不谷。束书不观，吾何以欢。怡性养神，正在此间。世界何窄，方册何宽。[1]

试着摘译几句："一年四季埋头读书，不知世事。要问读书为什么能得到快乐，是因为我从书中能遇见那些鲜活的人物，每当有所得，忍不住欢笑歌舞，甚至痛哭流涕，泪如雨落。要问读书为什么让我如此激动？是因为在现实生活中再也遇不见那样心心相印的人。不能读书，我怎么能高兴？"[2]——这就是真读书种子。阅读的快乐，莫过于此。

世界何窄，方册何宽。愿你，成为聪明的阅读者，享受阅读的快乐。

阳志平
2023 年春于北京

第一篇

阅读的科学

何为读

第一章
成为聪明的阅读者

本章简明扼要地介绍全书思想，包括阅读的系统模型、系统阅读法与系统选书法，在原理、技法等层面帮助读者建设并优化阅读系统。

人有两种快乐，感性的快乐与知性的快乐。前者来自人类的肉欲本能，比如盛宴华筵、豪宅华服，快感易得，然而转瞬即逝。后者来自人类的脑力劳动，比如思考学习、创作发明，持久存在，不易令人厌倦。[1]

人亦有两种阅读：感性阅读与知性阅读。感性阅读，以消遣为主，随便读读就好；知性阅读，追求智识，侧重将书上的文字变为自己的知识。与感性阅读相比，知性阅读更能给你带来知性的快乐。

表面上看，现在社会上文盲越来越少，阅读材料随处可见，电子书普及。但不少人的阅读是感性阅读，知性阅读能力没有同步提升。在一个信息爆炸的时代，越来越多的人难以专注地读完一本有难度的书了。偏偏是这些难书，决定了一个人与另一个人知识结构层次的悬殊。

享受阅读的知性快乐，是有门槛的。能迈过这个门槛的人并不多。这是一本写给成年人的谈阅读方法的书，它致力于帮你迈过这个门槛。

阅读的迷思

很多人从小到大养成的阅读习惯，并不适合知性阅读。在"如何读"与"读什么"上，人们存在很多错误认识，我将其称为阅读的迷思。

在"如何读"上，三大典型迷思是读书要从"易"到"难"、读书需要从头读到尾，以及只读一本书。

读书要从"易"到"难"。很多人宁愿听他人解读，也不愿意直接读原著；宁愿读大众科普，也不愿意读"难"一点的教科书或学术专著；宁愿读二手解读的畅销书，也不愿意读"难"一点的原始论文。这一迷思的错误之处在于，你大大低估了大脑先入为主的刻板印象。一旦大脑被某些思想固化，那么未来想清除会很难。你以为读了几本看似容易的书后，就会自然选择"难书"，事实上，下次碰到"难书"，你多半翻上两三页就放弃了。

如何破解？你需要见识足够多的好书，才能优化阅读模式。因此在阅读时需要取法乎上。我们不能说所有好书都是"难书"，但是不少好书都是有阅读门槛的。书与书看似一样，实质凝聚的作者心力大不相同。之前那些你敬而远之的"难书"，因为离知识的源头更近，反而能帮助你更好地理解世界。当你啃下一本"难书"之后，体验到智识的乐趣，那么，你反而更有阅读热情。这就是为什么你读了一百本畅销书，看了一千篇微信公众号文章，都不如老老实实地读透某个学科或领域中的关键著作。掌握阅读技法之后，"难书"并不是真的难，"易书"并非读书好的起点。

读书需要从头读到尾。不少人的阅读模式是买来一本书，兴致勃勃地打开第一章，开始读，读到第二章、第三章，兴致没了，这本书从此搁置不理。久而久之，买的书越来越多，下载的电子书越来越多，读透的书却越来越少。

怎样改善？对于少数关键著作，你需要从头读到尾，文本细读第一。但多数书并非关键著作，我们阅读它最重要的目标是获取信息，改变个人观念，增进对世界的理解。人们容易高估自己，以为可以从头读到尾，事实是你多半读不完。既然明白你的阅读时间有限，那么不妨改善自己的阅读技法，这样可以在短时间内收获更多。

只读一本书。很多人习惯一段时间只读一本书。然而，认知科学研究告诉我们，这并非符合人类大脑工作原理的阅读习惯。[2] 有种说法是，吃透一本书，才算好好读过。其实，比吃透境界更高的是通透。吃透仅限于书中内容，通透则是将书中内容与正反上下、古今中外的背景知识相互关联。当你做到读书通透，收获将远远大于手头那一本书。[3] 那么，怎样将书读得通透？读书时你不能只读一本书，而是需要从读一本书到读一批书。

以学习决策为例，你需要读 2002 年诺贝尔经济学奖得主、认知心理学家丹尼尔·卡尼曼①的《思考，快与慢》，这是整个认知科学领域绕不过的一本书。[4] 但仅这一本书远远不够。你还需要了解卡尼曼在书中提出的人类大脑信息加工的"双系统理论"的学术脉络。

比卡尼曼更早提出"双系统理论"的学者是英国认知科学家乔纳森·埃文斯，早在 1989 年，他便发表了相关著述《人类推理的偏见》（*Bias in Human Reasoning*）。[5] 你还需要了解认知科学家近二十年对卡尼曼理论的修正，这是加拿大认知科学家基思·斯坦诺维奇在《超越智商》一书中提出的"三重心智模型"。[6]

---

① 本书涉及外国人名较多，若全部在正文中注明英文原文，较为烦琐，因此采取常见中文译名。本书完整的人名对照表，请参考：https://www.yangzhiping.com/books/reader/names.pdf。

你还需要阅读与卡尼曼观点相反的著作，它们是加里·克莱因的《洞察力的秘密》、吉仁泽的《适应性思维》，以及吉仁泽与莱因哈德·泽尔腾合著的《有限理性》。[7]

不是只有认知心理学家在研究决策，你还需要跳出学科的束缚，阅读其他领域关于决策的重要著作。运筹学领域的专家罗纳德·霍华德与霍华德·雷法开创了决策分析领域，前者可读其与阿里·阿巴斯合著的《决策分析基础》，后者可读其与拉尔夫·基尼合著的《多目标决策》(*Decisions with Multiple Objectives*)。综合认知心理学与运筹学两个领域的知识，你才能初步形成一个关于决策的全局认识。[8]

在"如何读"上，还有其他一些常见的迷思，比如：以为读书可以忽略作者的认知方式，以为写读书笔记不重要。本书各章节有详细介绍，开篇不再赘述。

再来看"读什么"的迷思。常见的两大迷思是只读不选、喜欢追新。

只读不选。 很多新手读者花在选书上的时间太少了，常常是人云亦云，别人推荐什么书就读什么。成为自己，意味着拥有独特的信息来源、知识结构以及阅读的作品种类。若你的阅读与绝大多数人大同小异，独立思考从何谈起？反之，正如曾国藩所言："买书不可不多，而看书不可不知所择。"[9]

喜欢追新。 时人读书，喜欢追新，却不知读书追新，是将知识根基建立在海市蜃楼之中。如果将知识理解为大海，在任何时候，都存在一些更重要的著作，我将其称为"基本书"。潺潺溪流，肆意大海，更多著作由此生发。以中国古籍为例，按照四部分类法，分为经、史、子、集四类。其中的经部收录儒家经典著作及相关著作。古人治学，先读目录书，再读目录书中提及的基本书，围绕基本书写注疏，再著书立说。这种中国传统经学与目录学的治学路径，是更高效、更科学的方法！只是在今天，我们需要寻找 21 世纪的"基本书"。

何为读？阅读者、文本与情境

之所以出现上述五大迷思，有很多原因。比如：传统阅读教育不够好；信息爆炸时代，对阅读能力的要求变高。而最重要的原因是人们并不了解阅读的科学原理，知其然而不知其所以然。各种阅读技法众说纷纭。中国阅读史最知名的读书法莫过于诸葛亮的"观大略法"、陶渊明的"不求甚解法"、苏东坡的"八面受敌法"与朱子读书法。[10]西方阅读史最知名的读书法莫过于莫提默·艾德勒在《如何阅读一本书》中提出的基础阅读、检视阅读、分析阅读与主题阅读。[11]

然而，到了今天，这些阅读方法要么不合时宜，要么需要我们站在科学角度重新对其进行反思。从某种意义上说，在阅读科学诞生之前，很多阅读方法都是经验之谈。

相对"如何读"与"读什么"，我认为更重要的是"何为读"。人类是如何将文字从一个大脑传输到另一个大脑之中的，其间究竟发生了什么？你需要掌握一些关于阅读的科学原理，这样你才能理解，什么样的阅读技法符合人类大脑的工作原理，什么样的阅读技法只适合少数阅读场景。

自从 20 世纪六七十年代认知科学诞生以来，认知科学家对于人类大脑是如何阅读的理解日益深刻。认知科学家不仅发明了诸多研究阅读的实验范式，更是使用眼动仪、功能性磁共振成像等神经成像设备来探测阅读时的各种具体机制。各种有影响力的阅读模型层出不穷，专注于研究阅读的学术期刊与学会纷纷创立。遗憾的是，这些前沿研究并没有普及开来，束之象牙塔无人知。

基于前沿科学研究与个人阅读实践，我尝试提出一种整合式的新模型——阅读的系统模型。该模型将任意一次阅读行为拆分为三个要素：阅读者、文本与情境（如图 1-1 所示）。

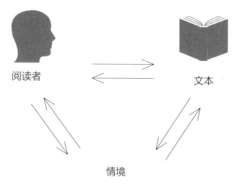

阅读者   文本

情境

图 1-1　阅读的系统模型

什么是**阅读者**？即正在阅读的人。当你阅读时，大脑发生了什么？人类是如何将印刷符号解码为意义，并提取与存储知识的？我用"阅读三重奏"来形容阅读者在阅读时的三重机制：生理机制、认知机制与学习机制。详情参见第二章。

阅读者有三类："困难的阅读者"、"熟练的阅读者"与"聪明的阅读者"。什么是"困难的阅读者"？患有阅读障碍的人群。什么是"熟练的阅读者"？那些能够正常阅读一本书的人。什么是"聪明的阅读者"？那些在阅读数量与阅读质量上远超同龄人的阅读者。

"困难的阅读者"问题出在生理机制；"熟练的阅读者"与"聪明的阅读者"生理机制都没问题，然而，"聪明的阅读者"的认知机制、学习机制更领先，从而在阅读数量与阅读质量上远胜"熟练的阅读者"。

什么是**文本**？这是一个阅读科学的常用术语，在本书中，我们泛指阅读者将处理的信息。既有高度专业化的文本，充斥着只有这个领域的专家看得懂的术语、符号，也有大众化的文本，仅需识字即可。具体有哪几类文本呢？我整理了人类的知识体系，将阅读文本分为信息型、叙事型和美感型三大类。这三类文本相互交融，构成复杂多样的图书类型。详情参见第三章。

需要提醒的是，文本载体不仅仅是图书，还有其他几种常见形

聪明的阅读者

式：论文、幻灯片、代码等。本书侧重的阅读行为以图书为主，兼顾论文、幻灯片、代码等文本类型。

什么是**情境**？它也被称为心理情境，是指你体验到的有意义的环境，即客观环境的主观体验。[12] 面对同样的客观环境，人们的主观体验可能不同。举个例子，妈妈要求爸爸在客厅照看娃，但爸爸在聚精会神地看小说。娃溜出他的视线，差点摔倒。妈妈带娃较少出现这种现象。同样的一本书，不同人来读，主观体验也会大不相同。随着阅读的深入，文本会唤醒你的过往记忆，两者相互交融，创造出一个又一个形象生动的情境。阴雨绵绵之际，也许你更容易记住书中主角的失恋情节；而一本青春小说也许更容易唤醒你的校园记忆。在你阅读时，大脑究竟是如何将眼前的文本与大脑中的过往记忆整合在一起，最后浮现出意义的呢？详情参见第二章与第三章的相关内容。

任何一个阅读行为都会涉及阅读者、文本与情境三要素。一种好的阅读方法论，应满足一些前置条件。

在阅读者维度，好的阅读方法应符合人类大脑的工作原理。大脑有一些基本规律，比如大脑喜欢模式，大脑喜欢惊奇，大脑喜欢情感，大脑是个吝啬鬼。以大脑喜欢模式举例，当你阅读"汉字序顺并不一定影阅响读"这句话时，你会自动将其脑补成正确语序；当你看到三根并非连续的线条时，你会将其脑补成一个三角形。因此，在进入一个学科或领域之前，先对比不同教科书的目录，你更有可能发现模式。再以大脑喜欢惊奇举例。多数人读书最爽的时候是：啊，那本书里提到的人、介绍的知识，我怎么在这本书里也看到了！在书中与读过的人与知识不期而遇，宛如老友重逢，令人愉悦。

在文本维度，好的阅读方法不仅适用于大众化的文本，更能驾驭高度专业化的文本。随着学术分科日趋细化，越来越多的专业书籍有着独特的研究方法论、格式规约等。出版专业书籍在某种意义上是一个知识产权确权的过程，需要得到同行认可，那么，注释、参考文献必不可少，行文落笔，要能令读者清晰地区分哪些是作者本人的贡献，哪些是他人的观点。遗憾的是，这些 21 世纪学术共同体遵从的规则，并没有在前人的阅读方法论中得到体现。

在情境维度，好的阅读方法不应局限于特定情境，而是能古今中外皆通用。很多古人提出的阅读方法论，在当时书籍稀缺的时代也许适用，但是在如今这个信息爆炸的时代并不合适。清乾隆年间整理的《四库全书》一共收书三千四百六十余种，七万九千三百余卷，约八亿字。而在 2020 年一年，中国共出版图书 103.74 亿册（张），其中新书二十一万余种，重印图书二十七万余种。短短两百余年发展，中国一年上市新书数量就超过了历朝历代的积累。[13]

如何读？系统阅读法

面对浩瀚的知识，如何提高阅读数量与阅读质量？从"阅读的系统模型"出发，我尝试提出一种新的阅读方法论：系统阅读法。具体来说，它包括五种阅读技法：文本细读、抽样阅读、结构阅读、主题阅读与卡片大法（如图 1–2 所示）。

图 1–2　系统阅读法

文本细读：指逐字逐句慢读与反复阅读，侧重与作者对话。详情参见第四章。

抽样阅读：带着假设去读书。将长文本看作由不同文本单元组成的全集，针对全集提出假设，找到值得阅读的文本单元，仔细阅读；验证或推翻假设之后，进行第二轮抽样，循环往复。详情参见第五章。

结构阅读：带着框架去读书。不同作者有不同的认知方式，认识世界与改造世界的偏好亦不同。我整理了人类文明诞生以来的九种主流认知方式。掌握结构阅读，意味着掌握人类主流的认知方式。详情参见第六章。

主题阅读：围绕同一主题，阅读一批图书。借助大脑强大的模式处理能力，快速找出书本间的异同，相互参照，识别出关键知识，提高阅读效率。详情参见第七章。

卡片大法：通过卡片来撰写阅读笔记。西方如纳博科夫、梅棹忠夫、卢曼与艾柯，中国如鲁迅、吴晗、姚雪垠与钱锺书，皆是卡片大法的忠实践行者。详情参见第八章。

西谚云，如果你手里只有一把锤子，你就会把所有的问题都看成钉子。系统阅读法的工具箱不推崇单一阅读技法，而更强调针对不同文本、不同情境，阅读者灵活组合应用这些方法。阅读大众科普、学术专著、教科书、小说、传记与诗集等不同类型的书，各有什么注意事项？详情参见第九章。

读什么？系统选书法与通识千书

在第十章与第十一章，我们将解决"读什么"的问题。在第十章"如何选书"中，我首先介绍了"系统选书法"，接着介绍了获取图书信息的大众信息源与专业信息源，尤其是一些主流书目数据库、图书奖项。在第十一章"通识千书"中，我以自己数十年的阅读经验，在数万藏书的基础上，结合科研大数据，选取了十大类五十个主题，四百二十位智者的代表作，共一千多本书，它们多为成年人通识教育的"基本书"。

任何一个书单，在它开出来时，已经过时。因此，在第十一章，我更希望的是，各位读者明白如何生成自己的书单。你可以将第十一章看成若干个主题书单整理的示范。由此出发，模仿乃至生成自己的书单。世界有限，想象无限，不妨用小小的书单作舟，在浩瀚无垠的知识大海中遨游。

全书结构

全书结构如图 1-3 所示。

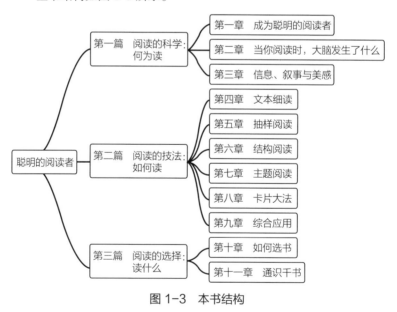

图 1-3　本书结构

本书首先介绍"阅读的科学"，其次介绍"阅读的技法"，最后介绍"阅读的选择"。分别回答"何为读""如何读""读什么"三大关键问题，这就是本书的写作逻辑。

建设你的阅读系统

千年前，文盲即可生存；百年前，一位熟练的阅读者也能过上幸福的生活。然而，人类社会步入 21 世纪以来，文盲不再胜任社会上多数工作；熟练的阅读者仅能从事部分较为基础的知识工作。越来越多的职业需要你成为聪明的阅读者，不仅要读得多，读得快，还要读得好。如果说百年前，中高端工作对一个人的阅读能力的要求是 60 分，那么现在的要求是 80 分。

一方面，任意一个学科或领域的文献，每年都在海量增长；另一方面，伴随学术规范与知识产权制度的完善，你的作品必须严谨地区分哪些是自己的原创，哪些是引用他人的成果。于是，文献综述越写越长，参考文献越列越多，专利申请撞车频发，查重软件日益普及。知识工作者不得不**读得多**，典型如教师、医师、律师、研发人员与管理人员，阅读量普遍是前辈们的十倍以上。

然而，你的阅读时间却在减少。阅读的替代品层出不穷，从 20 世纪的电视到今天的手机等。你的时间越来越被短视频、直播间与微信群等更容易吸引注意力的事物侵占，能留给自己静心阅读的时间越来越少。你不得不**读得快**。

不光要读得多、读得快，还要**读得好**。在 21 世纪之前，无数职业，从认知到行动，中间链条较长。我读书少，你别骗我。即使读书差，懂得少，认知不到位，给自己与他人造成的损失也是有限的。然而步入信息时代之后，越来越多的职业与人们的阅读能力直接相关，典型如投资人、产品经理与科研工作者。阅读能力差，认知不到位，如果恰巧处在关键岗位，那么就容易给自己与他人造成重大损失，轻则白费时间，重则倾家荡产。

真是一个奇怪的时代！既要读得多、读得快，还要读得好，我怎么做到？不妨设想一下，一位原始人，在21世纪，既要吃得多、吃得快，还要吃得好，怎么做到呢？答案是改善营养系统。杂交水稻与现代畜牧业发展带来的生产力跃迁，使得我们每个人都能吃得多；冷链、预制菜等物流系统与加工产业的大改善，以及电饭煲、洗碗机与中央厨房等现代厨房设备的流行，使得我们每个人都能吃得快；精确的营养科学令人从饱餐到促进健康，从而吃得好。同样，既要出行多，又要出行快，还要出行体验好，答案就是改善交通系统。人们从古代依赖步行或马力发展到今天依赖高铁、飞机出行。

时代变了，阅读方法论自然要跟着变，这样才能实现又多又快又好的阅读目标。关键正是在于"系统"两个字——你需要建设并优化自己的阅读系统。你看，阅读的科学，我们总结的是"阅读的系统模型"；阅读的技法，我们提出的是"系统阅读法"；阅读的选择，我们推崇的是"系统选书法"。只有实现系统级别的跃迁，才能同时实现过去看似不可能实现的多个目标。

一个好的阅读系统，意味着它能够自适应、高效组织与持续演化。"自适应"是指你能够根据不同的阅读目标选择恰当的图书，并在阅读时选择恰当的阅读技法。"高效组织"是指你能够更好地利用有限的阅读时间，获得较大的阅读产出。"持续演化"是指你能从中发现并改善阅读模式。

本书不仅从阅读的科学、技法与选择三方面阐述了如何建设并优化阅读系统，还展示了我的个人阅读系统。理论结合案例，希望有助于你更好地完善自己的阅读系统，成为聪明的阅读者。

小结

随性而至，兴尽而归。或伴随作者思绪起伏，移步换景，柳暗花明，陡然开阔；或与作者促膝长谈，到秋来入兰堂，看银河，牛女星，伴添香。千千万万年以来的星辰起伏，千千万万年以来的人情世故，好一番读书美景！[14]

第二章
当你阅读时，大脑发生了什么

人类是如何将印刷符号解码为意义，并从中存储与提取知识的？本章介绍了阅读的三重机制：生理机制、认知机制与学习机制。

在本章中，我将综合来自阅读科学及相关学科（重点是认知科学、神经科学与心理科学）的进展，将其总结为阅读的三重机制：生理机制、认知机制与学习机制。

阅读的生理机制

对一位受过高等教育的成年人来说，阅读就像吃饭喝水一样自然，看到印刷在纸上的文字，自然转换成意义。然而，这项看似简单的工作并不简单。我们可以将人类进化史分为三个周期：（1）A 周期：数百万年，从六百万年前人类与猿人分离后到二百万年的更新世；（2）B 周期：数万年，符号语言诞生后到现代科学诞生前夕的数万年；（3）C 周期：数百年，近代科学诞生后的数百年。

目前普遍认为，公元前 3500 年苏美尔人的楔形文字是世界上最早的文字。而汉字同样是世界上最古老的一种文字，殷商时期的甲骨文已经非常成熟，包括单字数量近 5 000 个。阅读伴随对文字的解码而生，如果从公元前 3500 年开始计算，人类的阅读史大约五千年，也就是人类进化史的 B 周期。

然而，人类的大脑结构早在 200 万年前的更新世就定型了。正如进化心理学家的调侃，我们携带着石器时代的大脑生活在 21 世纪。幸运的是，大脑具备可塑性。人类大脑会根据环境进化而调节自己的行为。法国神经科学家斯坦尼斯拉斯·迪昂提出的"神经元再利用"（neuronal recycling）假说认为，虽然人类大脑在 200 万年前并没有为阅读做好准备，但到了五千年前，我们借用一部分其他大脑的神经回路，可以组合完成阅读行为。[1]

为了阅读，人类大脑究竟借用了哪些已有的神经回路呢？主要有三类：视觉系统、语音系统、运动系统。

视觉系统。这是阅读的开始。当我们看到文字，大脑首先会进行"字形分析"，将其拆分成更小的单位。这种更小的语言单位，一般称为"语素"。语素是语言中表达意义的最小单位。在英文中，常见分类是派生语素、复合语素与屈折语素。比如，"wonderful"（美好的）中的"ful"就是派生语素；"books"（图书）中用于表示复数的"s"、"doing"（行动）中用于表示时态的"ing"就是屈折语素。其中的每个字母也被称为"字素"。英文字母有 26 个，总计 26 个字素。

中文较为特殊，字词本身不含复数与时态，因此更习惯被分类为单音节语素、双音节语素与多音节语素。单音节语素指单个字就有意义的词，比如天、地、人；双音节语素为两个字才有意义的词组成，比如乒乓、蜻蜓、蜈蚣；多音节语素为两个字以上才有意义的词组成，比如白兰地、噼里啪啦、法兰克福等。中文的字素与英文也不一样，可以简单地理解为字典收录字数的总数，但需要将同一个字的不同写法（繁体字、简体字、异体字等）计算为一个字素。据统计，

《汉语大字典》2010 年出版的第二版收字总数为 60 370 个。

语音系统。当对字形进行分析之后，大脑会立即进行两个操作："形音匹配"与"快速命名"。文字本质上是一个符号系统，"形音匹配"侧重将语素转化为音素。什么是音素？音素是根据语音的自然属性划分出来的最小语音单位。依据音节里的发音动作来分析，一个动作构成一个音素。音素分为元音与辅音两大类。如汉语音节"阿"（ā）只有一个音素，"爱"（ài）有两个音素，"代"（dài）有三个音素等。

"快速命名"侧重调用长期记忆，将字形分析之后的结果与大脑中存储的"心理词典"匹配。类似我们常用的《新华词典》，认知心理学家认为人们的大脑中也有一部"心理词典"。相比《新华词典》，"心理词典"具备两个鲜明特征。（1）每个词条都有多种形式：不同于《新华词典》每个词条只有一种形式，心理词典存储了每个词条的多种形式，如听觉的、触觉的、视觉的、味觉的、嗅觉的。（2）词汇量极大：人们常常低估自己拥有的词汇量，一个人的心理词典大约拥有 5 万到 10 万个词条，优秀作家的心理词典的词汇量更是普通人的数十倍。

任何一个正在阅读这段文字的读者，都具备一种超能力。仅仅依赖投射到你的视网膜上的几道光线，你就能从至少 5 万个词条中，快速检索并找到合适的词义，默读于心或者口述于外。整个过程仅需花费零点几秒。这是人类进化习得的"快速命名"能力。

根据计算机科学家奥利弗·塞尔弗里奇的"万鬼争宠模型"，我们可以将每个心理词条想象成一个魔鬼。[2] 比如，当"火"这个字出现在视网膜上时，几个相关的魔鬼就会争着跳出来，最终竞争成功的魔鬼就变成你所理解的语义。随着数十万年的人类进化史与数千年的阅读史，在整个游戏中，人类习得一些普遍法则，比如大脑在理解词语时，具体名词优先，"星星、大海、沙漠"这类与人类生存息息相关的词汇优先。[3]

当检索不到时，怎么办？中文和英文在这里也开始出现分化，阅读中文，如果读不懂，我们可以依赖声旁与形旁，去猜测这个字词的意义与发音；英文不如中文那么好猜测语义，但比较容易猜测语音。

运动系统。运动系统是指人类用来进行移动、抓取、进食、眼动以及言语等骨骼肌运动的器官组成的功能整体，主要包括坐卧起跳这类粗大动作与翻书写字这类精细动作。阅读深深依赖运动系统，尤其是精细动作。一个犯帕金森病的手指颤动的老人难以完成独立翻书的阅读行为。同时，文字不仅包括字音字义，还包括字形，字形建立在写字经验基础之上。这涉及精细动作的写字。在阅读科学中，人们称之为"正字法"，也就是文字符号形体的规范和使用规则。假设我们读到的文字，比如"吴"，应该"口"在上，"天"在下，但是排版错了，"口"在下，"天"在上，那么，你能否识别出来？又如，在英文中，"geed"是一个合乎正字法规则的假词，字母组合"ee"可以在真词中出现，如 feed。相比之下，"gaad"则是一个不合乎正字法规则的假词，"aa"这个字母组合很少在真词中出现。

通过上述介绍，我们发现，人类大脑之所以能学会阅读，是因为借用了三个成熟的大脑神经回路：视觉系统、语音系统与运动系统。人类大脑使用这三种能力越熟练，阅读能力就越强。

认知科学与其他学科不一样的地方是，它擅长思考人类心智现象背后的深层次规律。在认知科学中，研究记忆的记忆，是元记忆（metamemory）；研究认知的认知，是元认知（metacognition）。近些年来，认知科学界将大脑在阅读时对语言的监测及各种元认知能力称为"元语言意识"（metalinguistic awareness）。[4]

元语言意识包括影响阅读发展的三种重要能力：侧重视觉系统的**语素意识**，侧重语音系统的**语音意识**，侧重运动系统的**正字法意识**。语素意识即理解语素表达的意思以及运用语素构词的能力，具体来说，包括派生语素、复合语素与屈折语素三种常见意识。语音意识即对语音的监测，是辨识、分析和操作语音结构的能力，具体来说，包括首音韵脚、音节与音位三种常见意识。正字法意识即对文字系统的规则性存储、认知和展示的能力，具体来说，包括笔画、部件以及偏旁部首三种常见意识。

语素意识、语音意识与正字法意识，是阅读能力的三大根基。一切高阶阅读能力皆由此生发。有读者问，还有没有其他元语言意识呢？答案当然是有，比如语用意识，即合乎礼仪地使用语言。但其他元语言意识都不如这三大意识重要。它制约着更高阶的阅读能力的形成、生发与成长。

既然阅读是借用人类大脑在进化早期的视觉系统、语音系统与运动系统的通道，那么，诞生不久的阅读行为必然受其限制。从进化角度来说，阅读能力受到三大限制，分别来自视觉系统、语音系统与运动系统。

在视觉系统上，认知科学家马克·常逸梓调查了人类文明一百多种文字系统之后，发现不同文字系统存在两个共同特征。第一个共同特征是，每个字符的笔画数约为 3，并且 50% 冗余，也就是删掉其中一半笔画，也不影响我们识别。这是因为书写系统在进化压力下，会选择易于视觉系统识别和运动系统书写的字符，比如负责处理视觉的颞下神经元在三个感受野的半径内汇集。第二个共同特征是，轮廓的拓扑交点（L、T 和 X）以类似的频率分布重复出现。并且，这些交点在随机图像中并不常见，但与它们在自然图像中出现的频率相似。这些形状，便于辨认，会大大提高我们视觉系统处理文字的速度。在 21 世纪，它们依然被广泛用于各类符号系统之中。[5]

在语音系统上，我们皆受制于神奇数字"4"。语言学家王洪君指出，汉语基本节律单位"音步"和由音步组成的"停延段"的长度限制都是"二常规，一三可容，四受限"。也就是说，常规音步是由两个音节组成的，常规停延段是由两个音步组成的；最大的音步是4个音节，最大的停延段是4个音步。[6]《古诗源》曾言："诗至有唐为极盛，然诗之盛，非诗之源也。"[7]诗之源，一上来就是四言诗，如《诗经》中的"风雨如晦，鸡鸣不已。既见君子，云胡不喜？"，又如陶渊明的"迈迈时运，穆穆良朝。袭我春服，薄言东郊"[8]。英语同样存在类似规律，越复杂的语音，我们使用得越少；越简单的语音，我们在日常生活中说得越多。

在运动系统上，最有趣的现象是阅读中的镜像文字。因为人类大脑的运动系统及其紧密相关的感知系统，先天倾向对称性，我们有左手就有右手，迈出左脚就有右脚。所以，文字系统诞生之初，古埃及的象形文字既可以从左到右书写，也可以从右到左书写；古希腊文字则是一行从左到右，下一行从右到左；而延续至今的汉字，几乎没有类似英文"b"与"d"这样互为镜像的文字，只有"亻"和"卜"这类低频部件。学习英文，则要花费较大时间，去辨别"b"与"d"、"p"和"q"这样互为镜像的文字。这类打破大脑对称性的阅读行为，需要额外的脑区活动来进行代偿。这就注定了中文与英文的阅读行为的不同。

人类大脑借用视觉系统、语音系统与运动系统的既有神经回路，形成阅读脑，同样深受所处文化影响。我们的大脑因为使用语言的不同，分化为中文脑、英文脑与德文脑等。

从2004年开始，谭力海、萧慧婷团队在《自然》《人脑图谱》等科学期刊发表系列论文，其中提出的"文化特异性理论"发现，中文和英文的语言加工都涉及**左脑额下回、左脑颞枕区和左脑颞中上回**几个共同的脑区；但不同的是，中文语言加工还包括**左脑额中回、左脑顶上回、右脑颞中上回**三个英文语言加工不需要的关键脑区。[9]

在2016年的一篇综述中，李辉等人认为**左侧前额叶中部**，可能是汉字加工的中枢；汉字与拼音文字阅读具有不同的脑网络通路。[10]

在同年的另一篇综述中，方小萍等人认为，无论英文还是中文，字形分析都涉及**左侧梭状回**，形音匹配都涉及**左侧顶下小叶**。不同的是，阅读英文时的语音加工是与字形分析同时进行的组装式的加工，也被称为"瀑布式的加工"，即语音激活与字形加工同时展开，阅读英文时的语音加工往往与**左侧颞上回后部**和**左侧额下回**有关。

对于阅读中文来说，参与字形分析除了左侧梭状回，还会额外卷入**右侧梭状回**和**双侧枕中回**，并且汉字的语音加工往往是在字形加工到了一定阶段，达到临界值之后才能被激活，也称为"阈限式的加工"，即语音的激活需要以字形分析进行到一定程度为前提。中文阅读中左侧颞上回后部较少被激活，由于中文存在大量同音字的现象，需要**左侧额中回**单独整合语音和字形，确定最终语义。[11]

这些研究，在学界仍有争议。但提醒了我们理解阅读至关重要的一点就是：提高英文阅读能力依赖"听"，提高中文阅读能力依赖"写"。如果说英文阅读能力是以语音作为中介，需要先将视觉符号拆解为字母，再将字母编码为语音，借助于语音检索语义，那么，汉语是将视觉符号拆解为部件后，直接转译为语义。大脑神经元遵循用进废退原则，越使用某些神经回路，那么这个神经回路越发达，越容易被激活。中英文在大脑层面的根本性差异，决定了如果想提高英文阅读理解能力，你得注重听说，听说越多越好；想提高中文阅读理解能力，你得注重书写，书写越多越好。欧阳修沙上练字，怀素芭蕉树叶上练字，甚至虚空练字，在头脑中勾画笔墨走向，这也是在提高中文阅读能力。

阅读的认知机制

当大脑将文本解码为视觉、语音与运动信号后，究竟是如何被我

　　　　　　　　　　　　　　　　　聪明的阅读者

们成功认知的呢？从字词、句法再到篇章，阅读理解的认知过程究竟发生了什么？我们的大脑如何将文本编码成记忆？

表层表征、基础表征与情境模型

参考认知心理学家沃尔特·金奇提出的文本表征理论，我们可以将人类在阅读文本时的信息加工机制，划分为由浅入深的三层：表层表征、基础表征与情境模型表征[12]（如图2-1所示）。

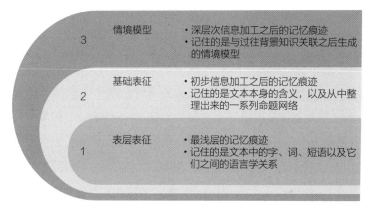

图2-1 阅读的认知机制

第一层是**表层表征**（surface form），也被称为表层记忆，它是阅读者对阅读的文本最浅层的记忆痕迹。举个例子，假设你正在阅读的书是张爱玲的《金锁记》，开篇第一段写道：

三十年前的上海，一个有月亮的晚上……我们也许没赶上看见三十年前的月亮。年轻的人想着三十年前的月亮该是铜钱大的一个红黄的湿晕，像朵云轩信笺上落了一滴泪珠，陈旧而迷糊。老年人回忆中的三十年前的月亮是欢愉的，比眼前的月亮大、圆、白；然而隔着三十年的辛苦路往回看，再好的月色也不免带点凄凉。[13]

如果你不识字，那么你无法将这段话解码成功，无法形成表层记忆。这一阶段的表征，以高度自动化的"字形分析"、"形音匹配"与"快速命名"等阅读能力为基础。在此过程中，你记住的是文本中的字、词、短语以及它们之间的语言学关系，比如字素、字音、字形等。

第二层是**基础表征**（textbase），也被称为命题记忆，它是你对所阅读的文本信息整理之后，形成的命题网络式的记忆。依然拿张爱玲的《金锁记》举例，开篇第一句是"三十年前的上海，一个有月亮的晚上……我们也许没赶上看见三十年前的月亮"，我们的大脑会将这句话整理为一个命题网络。通常来说，一个命题网络由关系（relation）及依关系而有序排列的若干概念（argument）构成。关系常常是动词、形容词或其他关系词；概念常常是表示时间、地点、人物或物体的名词或代词等。"三十年前的上海"整理成命题网络格式，就是"上海：三十年前"。在这一阶段的表征，需要你对文本进行一定推理，当你读到"一条鱼从岩石下面游过，一只乌龟在岩石上"，你能否推论出"鱼在乌龟下"呢？在这个过程中，你记住的是文本本身的含义，以及从中整理出来的一系列命题网络。

第三层是**情境模型**（situation model），也被称为情境记忆，它是阅读者将当前阅读文本与过去的背景知识关联之后形成的记忆。时隔多年，也许你早已忘记张爱玲的《金锁记》开篇第一段、开篇第一句是如何写的，但你记住了它写的是七巧的故事。认知科学家将其称为情境模型。在这一阶段，它需要你对文本进行深层次的推理，相对基础表征来说，这种推理更宏观、更整体，并且需要关联过往的背景知识。

在阅读时，大脑将文本编码成三种不同层次的记忆痕迹，由浅到深分别是：表层记忆、命题记忆与情境记忆。金奇等人在一项研究中，考察了人们在 4 天内这三种记忆的表现，结果发现：表层记忆 40 分钟之后只记得住 20%，4 天后全部忘记；命题记忆，40 分钟之后记得住约 70%，4 天后只记得一半；出乎意料的是情境记忆，无论是 40 分钟还是 4 天后，都记得清清楚楚。[14]

情境模型的工作机制

这给我们怎样的启示？人们不使用任何纸笔、手机与电脑等外部工具，仅仅使用一颗大脑，能够直接记住的是情境模型。这也许是阅读科学近 50 年来最重要的发现。它与我们的直觉和生活常识相符，曾经读过的书，我们更多记住的是一些关键信息，而非读书过程中的细节。只是，科学家的研究不会仅仅停留在直觉与常识层面，那么，情境模型究竟包括一些什么？它是如何运作的呢？

认知科学家罗尔夫·兹万将情境模型总结为五个维度：空间、时间、因果、主角和意向。[15]

空间。主要包括空间方位与空间距离等。空间方位是指主人公处在什么样的位置。空间距离主要包括类别距离和几何距离，前者如物体和主人公相隔的房间个数，后者如主人公和物体间实际距离的长短。伟大的诗人，常常巧妙置换空间方位与距离，北欧诗人索德格朗写过一首诗《我必须徒步穿越太阳系》——人类始终是渺小的，你可以像一次周末远足一样，简简单单地穿越太阳系。

时间。主要包括时间的顺序与持续过程等。你在阅读文本时，常常会受文本营造的时间线索影响。茨威格喜欢浓墨重彩写短短的一天，如《一个女人一生中的二十四小时》《人类群星闪耀时》；阿西莫夫喜欢将宇宙沧桑凝于一瞬，如《银河帝国》系列科幻小说。当你阅读时，时间线索的变化，或者促使你更新当前情境模型，或者转向一个新的情境模型；同样，随着阅读的推进，慢慢地，你将大大小小、不同时间周期的情境模型，组织在一个简化的时间线之下。读罢杜维明的《青年王阳明》，王阳明在青年时期的哪一年做了哪些事，你可能忘记得差不多了，但你最后记住了：哦，37 岁的王阳明龙场悟道；青年时期的王阳明历尽磨难，依然不改初心。

因果。阅读文本时，我们接触一个又一个句子，那么，这些句子之间的因果关系是什么样的呢？在构建情境模型时，阅读者常常会进行两种推理：回溯推理与预期推理。回溯推理是由果推因，如"问渠那得清如许？为有源头活水来"。而预期推理是从因到果，根据当前的信息去推断将来可能发生的结果，如"少壮不努力，老大徒伤悲"。

主角。受限于人类工作记忆，我们的大脑能直接记住的重要角色不过三四个而已。因此，人们在阅读时，总是将注意力聚焦在主角身上，下意识地忽略配角信息。日本认知科学家米田英嗣在 2006 年的研究中发现，阅读者会监控主角的情绪变化，并因此调整自己的情境模型。[16]

意向。主角上穷碧落下黄泉，这么折腾，是为了什么？答案是意向，也就是主角行为的目标。在阅读时，你更容易记住的是主角已经实现的目标，还是尚未实现的目标呢？目前研究证据不一。也许与主角对目标的强调次数有关。那些主角越强调的目标，三番五次提及，你更容易记住。

情境模型是如何被我们的大脑不断存储和记忆的呢？它由四种工作机制构成。[17]

建构。也就是模型的初始化。当你开始阅读时，你会从一两个句子或短语中描述的情境，创建第一个"测试版"的模型。随着你读完所有句子，你将所有句子整合为一个模型，即"正式版"的模型。

　　　　　　　　　　　　　　　聪明的阅读者

更新。也就是模型的修正。当你阅读时，碰到一个新句子，你从这个新句子提取出来的信息——空间、时间、因果、主角与意向，可能与之前的模型一致，也可能不一致。这种把新句子融合到"正式版"的模型中的过程，称作更新。

激活。也就是模型的存储与提取。读完所有句子之后，你会将最终版的模型，存储在长时记忆系统中。当你未来试图回忆读过的文本时，最终版的模型或者它的部分成分就会被激活。

聚焦。也就是模型细节的完善。举个例子，阅读时不明白某个术语的意思，此时，你会查阅字典、词典，或者检索维基百科，或者请教老师或同学。这个更关注某些信息，而非其他信息的过程，就是聚焦。

这四种机制如何协同运作？下面，以阅读"塞翁失马"的故事为例。

> 古时候，边塞有位老人，人称塞翁。有一天，他丢了一匹马。别人来安慰他，他说："这不一定是坏事。"[18]

当读到这里时，你头脑中会**建构**一个初始化版本的情境模型：**时间**是古代，**空间**是边塞，**主角**是塞翁，**因果**是因为塞翁丢失了马，所以别人来安慰他，**意向**是塞翁被别人安慰，但他依然淡然处之。

> 后来，丢失的马带回来一匹好马。大家来祝贺，他说："这不见得是好事。"

这时你**更新**了头脑中的第一个测试版模型，你发现在更新这个模型的时候，时间、空间、主角没有发生变化，因果和意向发生了变化。

因果是因为丢失的马带回来一匹好马，所以大家来祝贺塞翁。**意向**是塞翁被恭喜，但他依然淡然处之。

接下来读完整个故事。

> 不久，他儿子骑这匹好马时，摔瘸了腿，他说："没准是好事呢。"后来爆发了战争，他的儿子因腿瘸没有当兵而活了下来。

这时，你在头脑中总结了一个"塞翁失马"情境模型，将它存储在你的长时记忆中。当你下一次碰到倒霉的事情时，就会跟自己说"塞翁失马"，头脑中浮现出的是一位老人淡然面对祸福的故事——这是模型的**激活**。

在阅读"塞翁失马"的故事时，你有一个词不太懂，比如，什么是"塞"？什么是"翁"？这个时候去查了一下字典，发现"塞"指的是边塞，"翁"指的是老头儿。这个过程就是**聚焦**。

阅读的学习机制

通过阅读的认知机制，你的头脑中存储了一个又一个类似"塞翁失马"这样的情境模型。当不同的情境模型相互竞争时，比如，当你碰到倒霉的事情时，你头脑中可能既存储了"塞翁失马"这个情境模型，也存储了"祸不单行"的情境模型。那么你的大脑究竟会提取哪一个情境模型呢？这就涉及阅读的学习机制。

关于阅读的学习机制，最重要的是"必要难度理论"（desirable difficulty）。它是由认知科学家比约克夫妇在20世纪90年代提出的，之后历经两代认知科学家、数十个认知科学实验室的发展，目前已成为认知科学中学习与记忆领域的主流理论。[19]

什么是必要难度理论？人类记忆存在广泛且普遍的元认知错觉，会误将"记住了"当成"学会了"。如果将人的大脑粗陋地比作一块硬盘，假设你每次记忆都是往这块硬盘中写入内容，那么，可以近似地将记忆想象成无限大的硬盘，但读取硬盘信息时，这些信息会相互抢夺有限的内存资源。

人的记忆有两种基本机制：存储与提取。比约克率先区分了记忆竞争的两种不同类型：存储优势（storage strength）与提取优势（retrieval strength）。以前，人们习惯性地认为，存储越容易，提取就越快。简言之，记得越快，学习效果越好。但比约克的实验发现了与常识相反的结论：存储与提取负相关。也就是说，存入记忆越容易，提取出来越困难；反之，如果你有些吃力地存入，知识提取会更方便。

接下来，我将介绍必要难度理论的三个重要研究：测试效应、分散学习和交错学习。

测试效应

亨利·勒迪格和杰弗里·卡皮克让学生阅读了一段文字，然后把学生分为三组：第一组继续阅读三次文字；第二组继续阅读两次文字，做一次自由回忆测试；第三组不再阅读文字，做三次自由回忆测试。然后三组学生在五分钟和一周后分别进行自由回忆，即只提示文字标题，回忆尽可能多的内容。结果发现，五分钟后，学习次数越多，成绩越好；然而，一旦将时间拉长到一周后，参加测试次数越多，成绩越好。[20]

认知科学的"测试效应"告诉我们，"学习＋测试"的效果远远强于"学习＋学习"，更能保持长期记忆。什么是"学习＋测试"？举个例子，每当我学习一个重要学科，我会选择一本带考试题目的教科书，读完即参加考试，看看自己哪些知识点搞明白了，哪些知识点依然陌生。

什么是"学习 + 学习"？举个例子，大家看书的时候喜欢画线，写一些批注。又如，"书读百遍，其义自见"。这些方法都是低效的。2013 年认知心理学家们联合审查了十项流行的学习技术，发现不少普遍流行的学习方法仅在特定情境下有效，或者效果很差。其中，证明非常有效的是实作测试、分段练习，对不同年龄、不同材料、不同考试都有效；实用性最差的五项是概述材料、标记、关键词助记、图像辅助学习、重读，效果有限，还仅限特定情境。[21]

测试不仅能提升阅读的记忆效果，还能减缓遗忘的进程。即使是非常简单的自我测试，比如原原本本回忆所学内容，或者用自己的话口述读过的关键内容，也比当下大部分流行的阅读策略更有效。

分散学习

"分散学习"是对必要难度理论的逆向运用。它是指将原本集中在一起的学习内容，分散在不同时间、不同地点等分别学习。

按照分散学习原理，一个出乎意料的反常识结论是——不要上课记笔记。因为按照必要难度理论，上课记笔记，都是在记忆的舒适区工作，写得越快，忘得越快。隔了几个小时记笔记，存储略有难度，数月后提取记忆的效果反而更好。这是一种典型的分散学习——时间上的分散。另一种"分散学习"是地点分散。挑两组人背英语单词，第一组在同一个地点背，第二组在两个地点背，结果是第二组记忆效果更好。

与分散学习相对应的是"集中学习"。比如考前复习，熬夜抱佛脚，突击课本。从学习效果来看，究竟是短期高密度的"集中学习"

好，还是拆分学习时间地点的"分散学习"好？哈里·巴利克等人曾让 35 位大学生学习西班牙语词汇，结果在 8 年后依然发现分散学习效应。[22] 多项研究表明，"分散学习"会带来更好的测试成绩，过一段时间提取记忆时也更准确、更高效。

目前"分散学习"的主流研究实验范式设计是：初次学习→学习间隔→再次学习→保持间隔→最终测试。因此，带来一个有趣的效应——间隔效应。它是指将学习时间间隔开，学习会更有效。在一项为期 9 年的纵向研究中，包括巴利克在内的 4 人，学习了 300 个英语 – 外语词对，在 14 天、28 天或 56 天的间隔内进行了 13 次或 26 次重新学习。在训练结束后的 1、2、3 年或 5 年内对记忆保持率进行测试。结果发现，间隔 56 天的 13 次重新学习的记忆保持率与间隔 14 天的 26 次重新学习的记忆保持率相当。[23]

既然间隔 56 天与间隔 14 天学习效果一样，那么，究竟间隔多久比较合适？尼古拉斯·塞佩达等人对上千人的研究发现，如果 1 周后测试，那么最佳间隔时间在 20% 到 40% 之间；如果 1 年后测试，那么最佳间隔时间在 5% 到 10% 之间。[24] 从现实意义上而言，建议学习间隔时间控制在测试间隔时间的 5%~10% 最佳。这是什么意思呢？比如计划 300 天后再次测试，那么，距离上一次学习之后，大约 15 天或者 30 天再次学习，效果最好。也就是说，如果想在一年后记住一本书的关键内容，那么半个月或者一个月后再读，记忆效果最佳。

交错学习

什么叫"交错学习"？假设你需要学习多个知识点或多个技能，一种学习方法是批量学习，先学会 A 多次，再去练习 B 多次，最后练习 C 多次。这种 AAA-BBB-CCC 式学习叫作批量学习。反之，把不同知识点混在一起学习，比如，ABC-BCA-CAB，这种学习叫作交错学习。

菲利普·蔡斯等人在一项研究中，比较了用不同方法学习五种基本代数规则的效率。[25] 比约克等人对比了使用两种不同学习方法，欣赏 12 位风格相似的画家，再判断画作属于哪位画家。结果均发现，交错学习效果更好。[26]

这给我们怎样的阅读启示？不要一个概念一个概念地学习，而要尝试多个概念、多个知识点一起学习。

＊＊＊

人不喜欢测试，人喜欢临时抱佛脚，喜欢看似简单的学习——为什么人类喜欢选择次优学习策略，不是更好的学习策略？因为大脑爱偷懒，大脑爱模式。人类记忆存在广泛且普遍的元认知错觉，误将"记住了"当成"学会了"。

为什么你在阅读时喜欢用绘制思维导图来代替读书笔记？因为大脑更喜欢绘制思维导图过程的快乐，并不关心思维导图是否真正帮助你学会了什么。然而，思维导图有用但低效。认知科学家卡皮克等人 2011 年在《科学》上发表的论文，研究了类似思维导图的方法：概念图。结果发现，概念图法非常低效。120 名被试中有 101 名被试（84%）的测试成绩均为"提取练习"优于"概念图"。有意思的是，人类的元认知错觉又欺骗了多数学习者。75% 的学习者认为，概念图学习方法优于其他方法。即使实际效果差，人们仍然以为"概念图"方法高效。[27]

阅读的认知机制告诉我们，你可以在阅读时，多进行一些测试；读完一本书后，不要立即写笔记，而要隔上几个小时再写笔记，以及每隔一定时间，再重读一本书，温故知新；学习同一主题下的多个知识点，通读全书或者借助多本书相互参阅，而不是在一个知识点上不断死磕。

阅读的三重奏

就像一位高明的乐队指挥熟悉不同乐器及乐队成员的组合搭配效果，阅读者也可以利用阅读的生理机制、认知机制与学习机制，奏响阅读的三重奏，如图 2-2 所示。

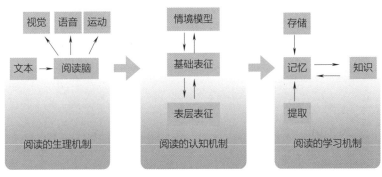

图 2-2　阅读的三重奏

阅读的生理机制，解决的问题是：当我们阅读中文、英文时，大脑激活了哪些脑区？这些脑区是如何将文本编码为视觉、语音与运动信号的？近 20 年最重要的科学发现是，元语言能力意识与阅读能力密切相关，其中的语素意识、语音意识与正字法意识，是阅读能力的三大根基；但中文阅读脑不同于英文阅读脑，提高英文阅读能力依赖"听"，提高中文阅读能力依赖"写"。

阅读的认知机制，解决的问题是：大脑在进行字词、句法、篇章分析，获得语义之后，又是如何将其存储为记忆的？哪些记忆存储更久，哪些记忆转瞬即忘？科学研究发现，当我们阅读时，大脑会将文本编码成表层记忆、命题记忆与情境记忆三种不同类型的记忆。其中，我们能直接记住的是情境记忆，它存储的是一个又一个"情境模型"，每个模型都包括五个重要维度：空间、时间、因果、主角与意向。伴随阅读进展，最初建构的情境模型也会不断更新，被保存在长时记忆中的是一个较为完整的模型，直到未来被激活。

阅读的学习机制，解决的问题是：在学习时，我们将文本存储为记忆，但未来需要提取时，究竟什么样的存储机制与提取机制效率更高？必要难度理论认为，存储与提取呈负相关，即有些吃力的存储未来更容易提取。具体来说，包括利用测试效应、分散学习与交错学习来提高效率。

小结

当你还在咿呀学语时，你的大脑逐步发育，为阅读做准备。慢慢地，你开始读绘本，看着书上的太阳、月亮，跟着爸爸妈妈，将其发音为"日""月"，在白天的太阳与"日"字、晚上的月亮与"月"字之间建立联系。一个个字词，一次次重复，你的词汇量从 0 扩充为 300、1 000……终于有一天，你学会了自主阅读。你开始阅读更多的书。

你用这些神奇的符号来思考更多的事物，探索更大的世界。看到天上的太阳沉下去，你说，太阳公公下班啦；今天天气阴沉沉，你说，太阳公公感冒啦。直到有一天，你长大成人，也许会成为一名航天员，登上飞船，探索无垠宇宙；也许会成为一名能源工程师，开发并利用更清洁的太阳能……

这正是阅读之于人类的意义：认识世界、解释世界与改造世界。

第三章
信息、叙事与美感

本章整理了人类知识体系，将人们阅读的文本分为信息型、叙事型和美感型三大类。这三类文本相互交融，构成复杂多样的图书类型。

在本章中，我尝试提出一种新型文本分类体系，将人们阅读的文本分为信息型、叙事型、美感型三大类。依托这个新型文本分类体系，我们重新审视图书分类体系。

人类的三大文本

什么是文本？往小里说，文本是语篇，介于句子与段落之间，是与上下文关联又相对独立的段落或者片段；往大里说，文本是篇章，也就是一篇文章、整本书。在本书中，我们对语篇、篇章与文本三个概念不做区分，统一用文本来泛指阅读者将处理的信息。那么，文本究竟可以分成几种呢？这是文本类型学研究的范畴。

从亚里士多德的《修辞学》开始，哲人学者提出了种种分类体系。如今最有影响力的文本类型理论莫过于德国学者凯瑟林娜·赖斯在

1971 年提出的理论。她将文本划分为三种类型：信息型（informative）、情感型（expressive）与感召型（operative）。信息型文本主要用于交流事实，如信息、知识与观点，常见于研究报告；情感型文本极富创造力，关心审美，如诗歌；感召型文本侧重引发行动，如广告。之后，赖斯又增加了视听型（audiomedial），侧重视觉媒体，但因为与前三者重复，并且层次混乱，没有被学界广泛采用。[1]

再介绍另一个有影响力的文本类型理论。俄罗斯语言学家罗曼·雅各布森认为人类语言存在六种关键功能：情感功能、信息功能、召唤功能、审美功能、应酬功能与元语言功能。受雅各布森的影响，英国学者彼得·纽马克在 1973 年提出一个新的文本类型理论，他将文本划分为六种类型：情感型（expressive）、信息型（informative）、召唤型（vocative）、审美型（aesthetic）、应酬型（phatic）和元语型（metalingual）。正如情感功能、信息功能与召唤功能是语言的主要功能，情感型、信息型与召唤型也是文本的主要类型。[2]

综合赖斯与纽马克的观点来看，他们的理论有极其相似之处，都重视语言的实际用途。然而，这种分类在实际使用中并不理想。比如，在赖斯的分类体系中，诗歌属于典型的情感型；而在纽马克的分类体系中，诗歌是属于情感型还是审美型呢？目前学界的实际做法有点投机取巧，只取纽马克文本分类体系的前三类，情感型、信息型与召唤型，以保持与赖斯体系的一致。

无论赖斯还是纽马克的文本分类体系，都存在一个较大的问题：对应的大脑工作机制在哪里？理论上，一个优雅的文本类型体系，不仅应在语言学层面逻辑自洽，更应在大脑的认知神经层面相互区分开。然而，你很难区分赖斯的信息型与感召型，以及纽马克的信息型与召唤型。难道传递行动的文本不是一种信息吗？它们在大脑的认知神经层面并不存在任何区别，都是使用同一套神经网络。

因此，在前人研究的基础上，依据大脑处理文本的不同机制，我将文本分为三类：信息型文本、叙事型文本与美感型文本（如图 3-1 所示）。

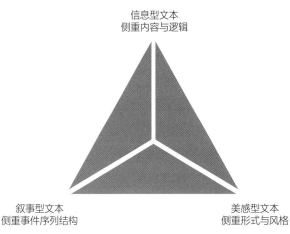

信息型文本
侧重内容与逻辑

叙事型文本
侧重事件序列结构

美感型文本
侧重形式与风格

图 3-1　人类的三大文本类型

三类文本有何差异？假设你是一位男生，想要追求一位女生，该如何用三类文本表述呢？

信息型文本：我上进有为，具备优点一二三四；与你在一起之后，我为你付出甲乙丙丁；多年后，我们将迎来一个美好未来。——这是一位朋友的真实人生故事，在女生 18 岁时堵在人家校门口，说出上述话，10 年后结婚，相守至今，有了一个可爱的儿子，夫妻俩均成为新闻界知名人士。

叙事型文本：从前我很快乐，但是自从遇见了你，我就变得没那么快乐了。——这是张爱玲遇见胡兰成，鲁迅遇见许广平，胡适遇见韦莲司。

美感型文本：我在一个北方的寂寞的上午 / 一个北方的上午 / 思念着一个人。——这是海子在《跳伞塔》中写下的诗句。[3]

信息型文本侧重内容与逻辑，需要呈现出相应的信息点。叙事型

文本侧重事件序列结构，需要包括至少两个事件。在上面所举例子中，包括三个事件，事件一是"从前我很快乐"，事件二是"遇见了你"，事件三是"变得没那么快乐了"，并且事件之间有次序、有因果、有反转。**美感型文本侧重形式与风格**，与正常阅读的文本不同。在上面所举例子中，从形式上来说，有换行，省略标点符号；从风格上来说，有修辞，重复"北方的上午"，形式叠加内容，最终从整体上呈现出一种说不清道不明但又颇受吸引的感觉。

大脑处理文本的三种机制

认知科学家埃文斯和斯坦诺维奇提出人类大脑的"双进程理论"，认为人类大脑存在进程一和进程二的加工，之后他们的理论被卡尼曼在《思考，快与慢》一书中发扬光大。在快的心智处理进程一，我们调用的认知资源非常少，像个猛张飞。猛张飞常常情绪化，依赖直觉，见多识广又很会联想，擅长编故事，经常下意识做出反应，但很容易被骗，以为亲眼所见就是事情全貌，任由损失厌恶和乐观偏见之类的错觉引导我们做出错误的选择。

在慢的心智处理进程二，我们想得多一些，调用更多的认知资源，像诸葛亮。诸葛亮动作比较慢，擅长逻辑分析，猛张飞搞不定的问题，都丢给他来处理。他虽然不易出错却爱走捷径，直接采纳猛张飞的判断结果。

大脑在处理信息型、叙事型与美感型三大类文本的时候，采取的信息加工机制有所不同，我将其分别总结为：分析式、叙事式与整体式。如果说分析式是慢加工，整体式是快加工，那么叙事式是介于慢加工与快加工之间的一种信息加工机制，如图 3-2 所示。

分析式　　　　　　　叙事式　　　　　　　整体式

计算速度慢，　　　　计算速度较快，　　　　自动化计算，
消耗大脑能量多，　　消耗大脑能量较少，　　消耗大脑能量少，
基于规则　　　　　　基于情境　　　　　　　基于感知和情绪

图 3-2　大脑处理文本的三种工作机制

分析式

　　大脑采用分析式信息加工机制时，计算速度慢，消耗大脑能量多，并且往往是基于规则的。什么叫"基于规则的"？你在日常生活中经常听到"美"和"丽"两个字一起出现，"快"和"乐"一起出现，你就会总结出自己的统计规律："美"和"丽"是一个词语，"快"和"乐"是一个词语，但是"快"和"丽"就不是。

　　人类早在婴儿期就表现出对规则的敏感。珍妮·萨弗兰的研究发现，8 个月大的婴儿能识别出哪些声音元素会相邻出现。当研究者给婴儿播放一长串毫无意义的音节（如 bidakupadotigola……）时，婴儿会意识到 bidaku 出现过，而 dapiku 没有。[4]

　　字形分析、形音匹配、快速命名，阅读能力早期形成之际，都是在学习一个又一个规则，并将其成功自动化。之后，随着阅读能力的提升，我们开始读一些更难的书。有时候，我们大脑通过简单的计算，即可明白这段文本说明了什么，常见的如何时（when）、何地（where）、何人（who）、何事（what）、何因（why）、何做法（how），它们并称为 5W1H。有时候，我们的大脑算力跟不上，我们会借助计算器、纸笔或者电脑等工具，帮助我们整理文本呈现的信息点与论证逻辑。

叙事式

大脑采取叙事式信息加工机制时，计算速度较快，消耗大脑能量较少，通常基于情境。比如，当你走到公司时，会想到昨天在公司中发生的事件；当你回到家里与孩子玩时，会询问孩子今天在幼儿园经历的事件。

什么是叙事（narrative）？它也可以被翻译为叙述、叙说。叙事学奠基者杰拉德·普林斯在《叙事学》中是这样定义的：

> 叙事是对于时间序列中至少两个真实或虚构的事件与状态的讲述，其中任何一个都不预设或包含另外一个。[5]

叙事本质上是一种事件序列结构，一个叙事至少应该包括两个事件。什么是事件？它是指人们经历的事情。举个例子，"我在吃饭"，这是事件一；"吃完后给学生讲课"，这是事件二。结合在一起，"我在吃饭，吃完后给学生讲课"，这就是一个叙事。在传统叙事学中，叙事与故事常常不做区分，但在本书中，我们区分了两者。不是所有的叙事都是故事，只有满足一定条件，比如有至少三个事件，并且事件之间存在次序、因果与反转关系，才成为故事。详情参见第六章。

整体式

大脑采取整体式信息加工机制时，无须有意识地计算，整体式信息加工机制是一种直觉式的自动化计算，消耗大脑能量少，并且往往是基于感知和情绪的。当你读到一首诗，比如王维的"明月松间照，清泉石上流"，大脑对文字进行快速的自动解码后，你的头脑中会立即浮现出一幅有诗意的场景：天上清爽的明月，照着安静的松树林，清澈的溪水，从石头上慢慢流过。

同样，当你看到慷慨激昂的诗歌时，如辛弃疾的"了却君王天下事，赢得生前身后名"，你向上的情绪会被激发。当你看到忧伤的诗句时，如李清照的"寻寻觅觅，冷冷清清，凄凄惨惨戚戚。乍暖还寒时候，最难将息"，你的心情也会随之低落。不同的诗句会在刹那间唤醒你的感知和情绪。

如果说分析式处理的基本单位是信息，叙事式处理的基本单位是事件，那么整体式处理的基本单位就是时空关系，它是指字词组合在一起，在时空上形成的美感。它们是《诗经》中的"昔我往矣，杨柳依依"，是王维的"明月松间照，清泉石上流"，是辛弃疾的"乘风好去，长空万里，直下看山河"，还是小林一茶的"露水的世，虽然是露水的世，虽然是如此"，也是索德格朗的"你别赤脚在这草地上散步，我的花园到处是星星的碎片"。

千千万万年后，即使地球已经灭亡，人类在寂寥太空的宇宙飞船上，奔赴未卜前途时，"昔我"与"杨柳"，"明月""松间""清泉"与"石上"，"乘风""长空""山河"，"露水的世"，"赤脚""草地""花园"与"星星的碎片"，这些意象组合在一起冻结的时空关系，依然令人感动。

从文本到文体

什么是文体？它指独立成篇的文本体裁。中文文体可以分为古典文体与白话文文体。古典文体可以分为四种：诗歌、韵文、骈文、散文。白话文文体可以分为：文学作品和实用作品。前者追求审美，后者追求功利。其中文学作品可以细分为诗歌、散文、小说与戏剧四大门类。

诗歌因形式不同，常见的有英国的十四行诗、法国的十九行诗、日本的俳句和歌、中国的五言七言诗等；因主题不同，常见的有抒情诗、叙事诗、史诗等。

散文在形式上与诗歌相对，一切不讲究音韵的，限制较少，写作自由的文体均可归为散文；在内容上常见的有叙事散文、抒情散文和议论散文。西方尤其推崇一类特殊的散文——随笔。因随笔较少抒情，更多议论，故将其归于信息型文本。随笔不同于常见议论文，写作冷静客观，文采斐然，是我们日常练习写作的重点。法国的《蒙田随笔》、美国的《这就是纽约》、日本的《枕草子》、中国的《知堂书话》都是随笔名篇。

小说也许是最受大众欢迎的文体，最早的小说源自市井文化，有酒水之处就有说书人。从形式上来说，小说可以分为短篇小说、中篇小说与长篇小说。短篇小说常在万字以内；中篇小说常在 3 万字到 10 万字左右；长篇小说常常 10 万字起步。一本书的平均容量大约在 10 万字，因此，短篇小说常常多篇结集成书，如《契诃夫短篇小说集》收录了他最经典的 7 篇短篇小说；《毛姆短篇小说精选集》收录了 23 篇小说。[6] 中篇小说同样多篇成书，如张爱玲的中篇小说集《倾城之恋》收录了 9 篇；王小波的中篇小说集《黄金时代》收录了 5 篇。长篇小说单本如毛姆的《人生的枷锁》、狄更斯的《双城记》；多卷如金庸的《天龙八部》、路遥的《平凡的世界》。从内容上来说，小说依照主题不同，可以分为军事历史、都市言情、科幻悬疑、玄幻奇幻、武侠仙侠与游戏体育等。

戏剧是一种以演员为中心的表演艺术，而承载戏剧要点的文本——剧本，也是一种常见文体。剧本按照形式分，有话剧剧本、相声小品剧本与电影 / 电视剧 / 动画片剧本等；按照内容分，有喜剧、悲剧与讽刺剧等。与其他文体不同，剧本多为多人创作，尤其是投资巨大的电影、电视剧与动画片等，从导演、编剧到演员，多人反复修改。

当然，除了这四类常见的文学作品，还有**童话**、**寓言**与**笑话**等文体。它们受口语影响较深，所以有时候被划分为民间文学，而儿童学习语言亦是从口语入手，因此，它们也常被划为儿童文学的子类。

实用作品可以细分为论说文、说明文、纪实文与应用文四类。

论说文：以论说为主，论述观点，支持或反对什么。常见的论说文如论文、科普文与评论文等。在 21 世纪最需要重视的是**论文**。它是学术共同体用于交流的基本载体，代表着多数学科或领域的前沿知识。论文一般都包括标题、作者、摘要、关键词、正文、参考文献。常见论文种类有综述（review paper）、研究型论文（journal article）、会议论文（conference paper）、来信与评论（letters and comments）等。从发表次序上来说，还存在预印本（preprint）与工作论文（working paper），它们是在正式发表之前，把初步版本存放在公开资料库，比如 arXiv。**科普文**面向读者介绍新知，依据学科或领域不同而分为数学科普文、物理学科普文、心理学科普文、经济学科普文等。**评论文**以社会热点新闻或他人作品为主，种类繁多，如时评、书评、影评与乐评等。

说明文：以说明为主，说明事物要素、流程或原理。常见说明文如电器的使用说明书、食谱、软件指南与用户手册等。

纪实文：以叙事为主，主要是真人真事。纪实文常用于新闻领域，比如新闻快讯、特稿与地方年鉴。其中最受关注的是特稿，常见的有社会特稿、事件特稿与人物特稿等。

应用文：以实用为主，主要用于私人与组织信息传递。按照面向人群不同，可以分为面向个人的书信与面向组织的公文与文案。**书信**一般用于私人之间的信息往来与情感沟通。**公文**指在组织内流转的文章，如政府机关签发的各种红头文件，企业内部的周报、请假条与年终总结等。**文案**指面向组织外成员的文章，如面向消费者的广告文案，面向应聘者的招聘文案等。

文本与文体具有松散而非严格的对应关系，如图 3-3 所示。

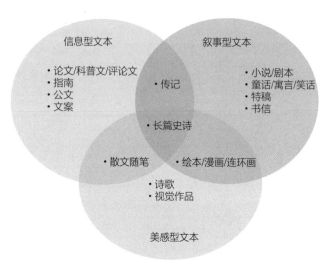

图 3-3　文本与文体的对应关系

信息型文本常见于文学作品中的散文随笔，实用作品中的以论说为主的论文、科普文、评论文等文体，以说明为主的指南等文体，以应用为主的公文与文案等文体。叙事型文本常见于文学作品中的小说、剧本、童话、寓言、笑话，实用作品中的以叙事为主的特稿，以应用为主的书信。美感型文本常见于文学作品中的诗歌等文体。另一类较为特殊的美感型文本是视觉作品，如画作、摄影作品等。

不同文本类型也会相互交融，当信息型文本遇见叙事型文本，诞生了兼具信息含量与故事性的传记。当叙事型文本邂逅美感型文本，就有了孩子喜欢看的绘本、漫画与连环画。当美感型文本牵手信息型文本，会流传一篇篇优美动人、脍炙人口的随笔。信息、叙事与美感齐备，成就了一个民族的记忆——长篇史诗。伟大的作家并不拘泥于文体，以书信体写诗歌屡见不鲜，用故事写科普文章颇受欢迎。

一种新的图书分类体系

单篇文章的文体与文本类型容易确认。然而，如何确定一本书的类型呢？**一本书的类型，由多数章节归属类别确定**。举个例子，一本教科书的多数章节是信息型文本，文体以研究综述为主。即使这本教科书偶尔插入一些诗歌或故事，也不影响将它归于信息型著作。

单篇文章多由一个人写成，但是图书会复杂一些。有的书一人独立完成，有的书是多人合著或者集体编撰。即使一本书只有一位作者，有的书由该作者松散的文章构成，前后章节相互独立；有的书由该作者自成体系的十万字以上文字构成，或是长篇大论或是长篇小说，前后章节相互关联。

因此，我将图书分为个人文集、个人专著、个人编著与集体编撰四大类。**个人文集**指由一位作者独立完成的著作，但章节之间关联松散，先读哪一篇，后读哪一篇，影响不大。**个人专著**指由一位作者为主独立完成的著作，章节之间紧密相合，前后呼应。在实际操作中，亦常见多位作者，如作者邀请师友弟子，贡献其中的一两章，或者两位好友合著一本。这类书依然属于个人专著。**个人编著**指由一位作者编写而成的著作。常见的有两类情况：一类是评述某个领域的既有成果，典型如各学科或领域中的教科书；另一类是凭借个人品位挑选他人作品，如沈德潜编写《古诗源》，收录唐代之前的经典诗歌七百余首。**集体编撰**指由多位作者共同编写的著作，典型如各类辞书与各个学科或领域中的手册，再如医学领域的临床循证治疗指南、工程领域的各类行业标准。

各大类图书可以按照信息型、叙事型与美感型继续细分，如图 3-4 所示。

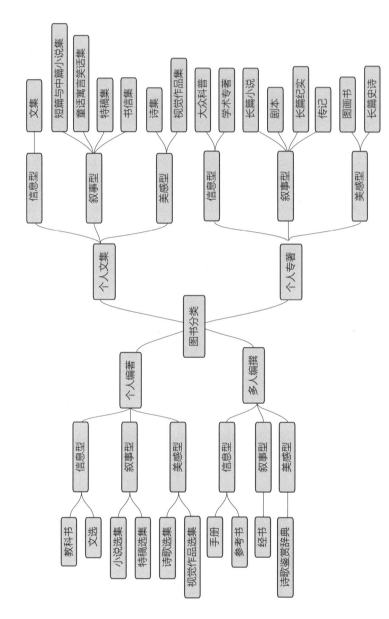

图 3-4　图书分类

　　　　　　　　　　　　　　　　　　　　　　聪明的阅读者

信息型著作

信息型著作常见类别有：

1. 个人文集：文集；

2. 个人专著：大众科普与学术专著；

3. 个人编著：教科书与文选；

4. 多人编撰：手册与参考书。

个人文集：文集

文集指由散文随笔、论文、科普文与评论文等单篇文章结集而成的图书。散文随笔结集而成的图书如写计算机时代的《黑客与画家》（保罗·格雷厄姆）、写人情冷暖的《与父亲书》（向迅）；论文结集而成的图书如《纳什博弈论论文集》《哈耶克论文集》；科普文结集而成的图书如刘易斯·托马斯的《最年轻的科学》《细胞生命的礼赞》；斯蒂芬·古尔德的《自达尔文以来》《熊猫的拇指》，前者刊于《新英格兰医学杂志》，后者见于《自然史》。评论文结集而成的图书，时评如《鲁迅杂文全集》；书评如《汉学书评》（杨联陞）；影评如《电影时代》（保利娜·凯尔）；乐评如《音乐的极境》（爱德华·萨义德）与《伟大指挥家》（哈罗尔德·勋伯格）。

文集常见的优点是文笔灵动，措辞生动，真实可读；缺点是体系感不强、知识脉络模糊。若要锤炼文笔，模仿作家，开阔视野，陶冶性情，推荐入手文集；但在刚刚进入一个学科或领域，需要快速建立知识体系与厘清知识脉络之时，不宜从文集入手。

个人专著：大众科普与学术专著

大众科普指由某个学科或领域的专家，面向大众撰写的普及性著作。作者围绕一个中心思想，把一个话题讲透，章节自成体系。典型的大众科普像平克的《语言本能》《心智探奇》、卡尼曼的《思考，快与慢》、道金斯的《自私的基因》。

大众科普常常是单本发行，但也有成套发行的。最著名的莫过于英国的"牛津通识读本"与中国的"名家通识讲座书系"。前者是英国牛津大学出版社从 1995 年开始推出的一套系列丛书。截至 2022 年 6 月底，该系列已出版 737 种图书，篇幅短小精悍，每本仅为 100~150 页。[7] 后者是由北京大学出版社从 2003 年开始推出的一套系列丛书。截至 2022 年 6 月底，该系列已出版 84 种图书，每本保持十五讲的体例，页数在 200 页以上。[8] 两套丛书均涉及人文学科、自然科学与社会科学等众多知识领域。

大众科普常见的优点是通俗易懂，故事和案例比较多，注重读者的阅读感受，好的大众科普容易激发读者对某个学科或领域的兴趣。缺点是坏书多见，注水严重，需要仔细挑选。大众科普是目前商业出版的主流方向，牵涉出版社利益较多，即使再烂的书，也有人吹捧；有的科学家亦会不顾脸面，从名利出发，出版一些灌水圈钱之作。

学术专著指从事科学研究者撰写的专业类图书。它常常因学科或领域不同，被区分为自然科学、社会科学与人文学科专著。自然科学为你介绍宇宙、天文、山川、地理、物质规律、生物奥秘，如牛顿的《自然哲学之数学原理》；社会科学帮你理解社会交换、经济交易、政治博弈、人类的多样性，如马克思的《资本论》；人文学科帮你读懂历史、时代与人性的微妙之处，如休谟的《人性论》与维特根斯坦的《逻辑哲学论》《哲学研究》。

学术专著常见的优点是写作严谨，体系清晰，知识密度较大，往往代表着一个学科或领域的前沿知识。缺点是晦涩难懂，专业术语较多，不适合一个学科或领域的新手。

奇怪的是，我们在漫长的阅读学习生涯中，没有投入时间学习如何阅读学术专著。在中小学与大学的语文课上，你学习的是以诗歌、散文、小说等为主的文学作品，在数理化或专业课上，你学习的是以定理公式或实验结论或人物事件为主的知识点，偶尔加上一些科学家的逸事八卦。阅读学术专著的能力训练，直到博士期间的文献精读班，才第一次正式在课堂上出现。在阅读课程设计者心目中，似乎默认阅读学术专著与阅读诗歌、散文与小说是一回事。

这简直太荒谬了！这就好比想当然地认为一位大学毕业生，自然而然会写出一本书。从写作 3 000 字的文章到 10 万字的书，需要另行学习，刻意练习，才能完成。同样，从读 3 000 字的文章到阅读 10 万字以上的学术专著，这个跨越并不简单。

学术专著才是构成任意一个学科或领域的基石。甚至可以这么说，一个阅读者对学术专著的阅读能力，直接决定着自己的知识深度。不少学者在回顾自己的职业生涯时都谈到曾经受到某本重要学术专著的启发。如何高效阅读学术专著？希望本书第二部分"阅读的技法"对你攻克学术专著略有裨益。

个人编著：教科书与文选

教科书指系统介绍一个学科或领域内容的教学用书。它常由在该学科或领域中从业多年的专家担任主编。教科书既有面向本科生的教科书，也有面向研究生、特定专家的教科书。少数教科书，因为写作流畅，通俗易懂，也会成为大众科普，典型的如菲利普·津巴多和理查德·格里格主编的《心理学与生活》。还有一类特殊的教科书是讲义，它是根据讲课整理出来的图书。讲义更口语化，语言更生动。

文选类似文集，是指由一位作者为主，挑选多人的散文随笔、论文、科普文与评论文，结集而成的书。文选与文集类似，都是由单篇文章结集而成，不同的是，文集收录单人作品，文选汇集多人作品。以阅读为例，王宁等人的《怎样读经典》一书，总计收录 39 位学者的 50 篇文章[9]；彭聃龄主编的《汉语认知研究》，总计收录海内外 23

位学者的 19 篇论文[10]。

教科书的常见优点是能够帮助对某个学科或领域陌生的读者，快速了解学术脉络，厘清重点；缺点是受制于作者偏好，不能完整反映一个学科或领域的全貌；编写费时，书成之际常常落后于学界最新发展。文选在时效上很占优势，常常是一个学术研讨会结束，会议论文集同步上线；缺点是多人作品，前后章节文风、观点并不一致，写作水准参差不齐。

多人编撰：手册与参考书

手册指汇集某一学科或领域专业知识的工具书，或收录专家共识的参考资料。既有面向实践类的操作手册，如木工、编程、工程、医学、摄影等手册，也有讨论特定学术话题的专业手册。操作手册帮助我们快速学会某项技能，专业手册有助于我们了解某个领域。世界上最著名的专业手册丛书莫过于"牛津手册系列"（Oxford Handbooks），该系列自从2001 年开始出版，目前已经出版上千部。每本均由世界顶尖专家学者共同编写，代表着一个学科或领域中的既有共识与未来研究方向。[11]

手册也许是最易被人低估的一种图书。刚开始学习任意一个学科或领域时，我推荐一个绝佳组合：教科书 + 手册。双管齐下，可以快速厘清学术脉络，抓住关键知识。

参考书指主要用于查询而非连续阅读的书，如字典、词典、书目、食谱、方志、年谱、图册、旅行指南与百科全书等。这类图书是典型的"清单体"，读来较为乏味。然而艾柯说："人如何面对无限？一个人如何努力理解不可理解的东西？通过清单，通过目录，通过博物馆的藏品、百科全书和词典。"

叙事型著作

叙事型著作常见类别有：

1. 个人文集：短中篇小说集、童话寓言笑话集、特稿集与书信集；

2. 个人专著：长篇小说、剧本、长篇纪实与传记；

3. 个人编著：小说选集与特稿选集；

4. 多人编撰：经书。

个人文集：短中篇小说集、童话寓言笑话集、特稿集与书信集

　　短中篇小说集指收录一位作者多篇短篇小说、中篇小说的书。中短篇小说集的常见优点是阅读轻松，无须从头读到尾，缺点是结集成书之前，多数已在他处发表，对某位作家的忠实读者来说，缺乏新鲜感。**短篇小说集**，中国作者的推荐蒲松龄的《聊斋志异》与鲁迅的《呐喊》《彷徨》《故事新编》等书。国外作者的推荐马克·吐温的《百万英镑》、莫泊桑的《羊脂球》、契诃夫的《契诃夫短篇小说集》、欧·亨利的《麦琪的礼物》、海明威的《乞力马扎罗的雪》、博尔赫斯的《恶棍列传》《小径分岔的花园》、希区柯克的《希区柯克悬念故事集》、克拉克的《神的九十亿个名字》、罗杰·泽拉兹尼的《趁生命气息逗留》与特德·姜的《你一生的故事》《呼吸》等书。**中篇小说集**，中国作者的推荐沈从文的《边城》、张爱玲的《倾城之恋》《红玫瑰与白玫瑰》、阿城的《棋王》、王小波的《黄金时代》与余华的《四月三日事件》等书。国外作者的推荐屠格涅夫的《初恋》、茨威格的《一封陌生女子的来信》、卡夫卡的《变形记》与川端康成的《雪国》等书。

　　童话寓言笑话集指收录一位作者多篇童话或寓言、笑话的书。童话寓言笑话集常见的优点是较为口语化，适合儿童阅读启蒙；缺点是收录数量过大，难免混入糟粕。著名的**童话集**，西方的可参考法国的《鹅妈妈的故事》、德国的《格林童话全集》、丹麦的《安徒生童话故事集》与阿拉伯的《一千零一夜》。一些知名作家整理或创作的童话集亦值得推荐，如英国作家王尔德创作的《快乐王子》、德国作家黑塞创作的《黑塞童话集》与意大利作家卡尔维诺整理的《意大利童话》。中国的可参考《叶圣陶童话》《丰子恺童话》与《郑渊洁童话全集》。著名的**寓言集**，西方如古希腊的《伊索寓言》、法国的《拉封丹寓言》、德国的《莱辛寓言》、俄罗斯的《克雷洛夫寓言》；东方如印度的《百喻经》《本生经》；中国的《庄子》《指月录》。著名的**笑话集**，西方的如莫里斯·毕晓普整理的《英式幽默宝库》（*A Treasury of British Humor*）、E.B. 怀特等人整理的《美式幽默宝库》（*A Subtreasury of American Humor*）、阿西莫夫整理的《阿西莫夫幽默宝库》（*Isaac Asimov's Treasury of Humor*）[12]；中国的如魏晋时的《笑林》、隋朝时的《启颜录》、清朝时的《笑林广记》。

特稿集指收录一位作者多篇特稿的书。特稿又叫纪实稿，或者新闻特稿，是伴随新闻产业出现的一种文体。人们习惯将基于想象的故事称为虚构写作；基于真人真事的故事称为非虚构写作。其中，非虚构写作中常见的类别是特稿。特稿集常见的优点是可读性极强，有助于了解某一人物或社会现象，缺点是不成体系，同一本集子收录多篇特稿，水准不齐。著名的特稿集，西方的可参考意大利奥里亚娜·法拉奇的《风云人物采访记》与美国盖伊·特立斯的《被仰望与被遗忘的》；中国的可参考刘韧的《知识英雄》与吴晓波的《大败局》。

书信集指收录一位作者与他人往来信件的书，往往由后人整理。书信集常见的优点是保留历史真实痕迹，缺点是这类书缺乏作者通信的上下文，常常读不下去。西方的可参考《美之陨落：王尔德书信集》（英国）、《契诃夫书信集》（俄罗斯）、《乔伊斯书信集》（爱尔兰）与《海明威书信集（1917—1961）》（美国）等书。中国的可参见《曾国藩家书》《鲁迅书信集》《沈从文家书》《张爱玲往来书信集》等书。

个人专著：长篇小说、剧本、长篇纪实与传记

长篇小说也许是最能体现故事魅力的图书品类，带着人类漫步在一个又一个想象的世界。长篇小说常见的优点正是令人沉浸、感动，

缺点则是太长了，人们难以耐心将一部 10 万字以上的长篇小说从头读到尾。

有哪些伟大的长篇小说值得推荐呢？中国古典小说最著名的莫过于四大名著《水浒传》《三国演义》《西游记》《红楼梦》，另有《金瓶梅》《三言二拍》《镜花缘》《儒林外史》等明清小说值得阅读。白话文诞生以来，经典长篇小说可参考茅盾的《子夜》、老舍的《四世同堂》、钱锺书的《围城》、金庸的《射雕英雄传》《鹿鼎记》《天龙八部》《笑傲江湖》与路遥的《平凡的世界》等书。

国外经典长篇小说，可参考西班牙塞万提斯的《堂吉诃德》，英国简·奥斯汀的《傲慢与偏见》与狄更斯的《双城记》，法国福楼拜的《包法利夫人》与普鲁斯特的《追忆似水年华》，意大利卡尔维诺的《树上的男爵》《不存在的骑士》，俄国果戈理的《死魂灵》与托尔斯泰的《战争与和平》，德国歌德的《少年维特之烦恼》与托马斯·曼的《魔山》，美国赫尔曼·麦尔维尔的《白鲸》与马克·吐温的《汤姆·索亚历险记》，哥伦比亚马尔克斯的《百年孤独》，爱尔兰乔伊斯的《尤利西斯》，日本紫式部的《源氏物语》与夏目漱石的《我是猫》。更多图书可参阅第十一章"通识千书"的"人性的文学理解"一节。

你还可以读一些科幻小说与心理学家撰写的小说。今天是一个强调理性与科学的时代，科幻小说展示了人性在大时空尺度下会发生什么样的变化。经典的长篇科幻小说可参考阿西莫夫的《基地》、罗杰·泽拉兹尼的《光明王》与田中芳树的《银河英雄传说》等书。心理学家撰写的小说则让我们看到人性的细微之处，经典的长篇小说可参考欧文·亚隆的《当尼采哭泣》《诊疗椅上的谎言》。

剧本指戏剧文本。剧本的常见优点是对话生动，推进节奏较快；缺点是不易获取。容易公开获取的剧本多为话剧剧本与相声剧本，电影剧本因为投资巨大，多人参与，著作权多属于制片方，不属于某个作者，较难公开获取。但有部分剧作家，出于教学、交流目的，或免费或收费，在网上提供自己的剧本。经典剧本，西方的可参考英国莎士比亚的《莎士比亚全集》，爱尔兰萧伯纳的《芭巴拉少校》，法国的《莫里哀喜剧全集》，俄国果戈理的《钦差大臣》、契诃夫的《契诃夫戏剧全集》，德国毕希纳的《丹东之死》，挪威易卜生的《易卜生戏剧集》等。中国古典四大名剧分别是王实甫的《西厢记》、汤显祖的《牡丹亭》、洪昇的《长生殿》与孔尚任的《桃花扇》。白话文诞生以来，现代剧本可参考老舍的《茶馆》、曹禺的《雷雨》与赖声川的《如梦之梦》。

长篇纪实指写人或社会现象的书，你可以将它理解为字数超过10万的特稿。长篇纪实的常见优点是资料翔实，可读性强，读后容易增进认知；缺点是作者易受个人偏见影响，有意无意地裁减素材。最著名的长篇纪实类作品莫过于普利策非虚构奖的获奖作品和入围作品。除了大众科普、学术专著、历史小说偶有斩获，历年获奖作品多为优秀的长篇纪实，如2007年、2010年、2014年、2016年、2017年获奖作品分别为《末日巨塔》《死亡之手》《汤姆斯河》《黑旗》《扫地出门》。何伟的《江城》《寻路中国》，迈克尔·麦尔的《东北游记》《再会，老北京》等书，亦可参考。[13]

传记指记录人物生平事迹的书。和小说类似，传记侧重故事。不同之处在于，传记记录真实人物的故事，而小说是虚构的。读书如交友，那么读传记是与历史人物交朋友的最好方法。就像喜欢读传记的查理·芒格所说：

> 我本人是个传记书迷。我觉得你要是想让人们认识有用的伟大概念，最好是将这些概念和提出它们的伟人的生活和个性联系起来。我想你要是能够和亚当·斯密交朋友，那你的经济学肯定可以学得更好。和"已逝的伟人"交朋友，这听起来很好玩，但如果你确实在生活中与已逝的伟人成为朋友，那么我认为你会过

上更好的生活，得到更好的教育。这种方法比简单地给出一些基本概念好得多。[14]

在本书第十一章"通识千书"中，我们整理了四百二十位智者的著作，多数均提供了传记，供读者参考。看到那么多闪耀的名字，你是不是以为传记是只给历史上的伟人写的？其实不然。你可以写自传或个人回忆录，还可以给亲朋好友立传。人没了，精神与记忆依然流传于世。

个人编著：小说选集与特稿选集

小说选集指将多人的小说，按照某个主题汇编在一起的书。在实际操作中，常为短篇小说与中篇小说。如果是单一作者，那么实际上就是前文介绍的**短中篇小说集**。除了按照作者归类，还可以按照地域、国别、年代、流派与刊物归类。按地域归类，如钦努阿·阿契贝等人编写的《非洲短篇小说选集》；按照国别归类，如周作人与鲁迅编译的《现代日本小说集》；按年代归类，如王向远编写的《二十世纪外国短篇小说精选》；按流派归类，如严家炎编选的《新感觉派小说选》；按刊物归类，如亨利·吉编写的《Nature 杂志科幻小说选集》。

特稿选集指将多人的特稿，按照某个主题汇编在一起的书。如果是一个作者，那就相当于前面提到的**特稿集**。除了按照单一作者归类，还可以按照其他主题归类，最为流行的是按照刊物与奖项归类，前者如《南方周末特稿手册》，后者如"新闻与正义丛书"，收录了普利策新闻奖获奖作品。又如"美国最佳杂志写作丛书"，收录了美国国家杂志奖获奖作品。

小说选集、**特稿选集**的优缺点与**短中篇小说集**、**特稿集**的优缺点大同小异，但更能反映编选者的品味，在短时间内阅读众多作家的作品，节省读者时间，缺点亦在此，成也萧何，败也萧何，一旦编选者选文不对，那么此类著作的价值就会急剧下降。

多人编撰：经书

经书指某个教派或者文化传统中，广为流传的基本文献。流传至今的经书，如印度教经典《吠陀经》，犹太教经典《希伯来圣经》均为多人编撰，并且广泛使用叙事的手法。经书的优点是，它在某个教派或者文化传统中，具有中心地位，后续众多著作围绕它而生；缺点是常被修改，最后面目全非，难以辨识原始故事。

美感型著作

美感型著作常见的类别有：

1. 个人文集：诗集与视觉作品集；

2. 个人专著：图画书与长篇史诗；

3. 个人编著：诗歌选集与视觉作品选集；

4. 多人编撰：诗歌鉴赏辞典。

个人文集：诗集与视觉作品集

诗集指收录一位作者多篇诗歌的书。诗歌是从不确定性中表达确定，从复杂中表达简洁的最佳载体。正如马奇所言，领导力有两个维度，书写诗歌和疏通水管。疏通水管是指保持日常工作中的效率，然而，领导力也要求管理者要有诗人的天赋，为行动找到意义，为人生找到吸引力。人生何尝不是如此呢？书写诗歌和疏通水管。我们既要诗歌与远方，又要忙于生活与现实。好的诗歌在哪里？在第十一章"通识千书"的"人性的文学理解"一节，我为大家整理了来自中国各朝各代与世界各国的十二位伟大的诗人，并称为"十二诗神"。

视觉作品集指收录一位作者的多篇画作、摄影作品为主的书。知名的画集，西方的如《多雷插画集》《穆夏画集》《魔镜》（附有埃舍尔的画作，作者为布鲁诺·恩斯特），中国的如《齐白石画集》《护生画集》（丰子恺）、《张大千画集》。知名的摄影作品集，西方的如亨利·卡蒂埃–布列松的《珍藏布列松》、马克·吕布的《我见》《东方印象》，中国的如吕楠的《被遗忘的人》《四季》。当然，视觉作品不局限于此，还有更多作品类型，如室内设计作品集、建筑作品集等。

无论是诗集还是视觉作品集，常见的优点是都能令你意识到美的存在，只是文字与图画的区别而已。缺点是鉴赏诗歌与视觉作品都存在门槛，不是所有阅读者能读出味道，需要阅读者拥有文学与美学的基础知识，并且反复训练。

个人专著：图画书与长篇史诗

图画书指以图为主的书，包括但不限于绘本、漫画与连环画等。这类书的重要性常被忽视。很多人不知道，图画书是孩子阅读能力的起点。根据英国心理学家乌塔·弗里思的研究，小朋友阅读能力的习得经历了三个阶段：图形阶段、语音阶段与正字法阶段。[15] 五六岁前的孩子，正处于第一阶段图形阶段，主要依靠形状、颜色、字母、弯曲等视觉特征，将物体、图形与整体单词对应起来。这个阶段，以阅读图画书为主，辅以少部分文字。

给孩子挑选图画书有哪些注意事项？关键是从人物系列入手，也就是优先阅读人物剧情导向的系列图画书。与人物系列相对的图画书是零散绘本，零散绘本可以看，但对孩子来说，构建剧情的难度很大。为什么呢？孩子很难记住非人物剧情导向的系列图画书，更难与自己的日常生活关联起来。人物导向系列图画书有哪些值得推荐呢？荷兰的米菲系列，德国的雅各布、科妮系列，美国的大卫、哈利系列，日本的安东医生、霸王龙系列，英国的小熊很忙系列。这些深受孩子喜欢的世界各国系列图画书，均有中文简体翻译版。

随着孩子长大，开启双语启蒙，可以直接读英文原版图画书，依然记得坚持优先阅读人物系列。如牛津图画书有 *Winnie and Wilbur* 系列、*Super Happy Magic Forest* 系列、*Boris* 系列、*Christopher Nibble* 系列、*Goat and Donkey* 系列、*Hugo and Bella* 系列、*The Woollies* 系列。[16]

长篇史诗指长篇叙事诗，主题常常与民间传说、历史事件、宗教故事或英雄事迹相关。西方著名史诗如荷马的《伊利亚特》《奥德赛》、但丁的《神曲》与约翰·弥尔顿的《失乐园》；东方著名史诗如印度的《摩诃婆罗多》，中国的《格萨尔》（藏族）、《江格尔》（蒙古族）与《玛纳斯》（柯尔克孜族）。海子的长诗《河流》《传说》《但是水、水》与诗剧《太阳·七部书》亦是体现了汉语言文学中罕见的史诗气质，用诗歌探寻终极存在。

图画书开启了心智的启蒙，儿童最初接触阅读正是从它开始；而**长篇史诗**开启了民族记忆的启蒙，没有史诗的民族丢失了遥远的记忆，日益世俗。

个人编著：诗歌选集与视觉作品选集

诗歌选集、视觉作品选集指将多人的诗歌、视觉作品，按照某个主题汇编在一起的书。如果主题为单一作者，那么等同于前文介绍的**诗集、视觉作品集**。两类图书优缺点大体相同，只是选集更依赖编者的品味。

多人编撰：诗歌鉴赏辞典

诗歌鉴赏辞典指集体编撰，将多位诗人的作品汇总在一起，并且逐篇撰写赏析短文。它是一种特殊的辞书，与其他工具书无聊呆板不同，此类著作常常邀请名家撰写，诗意盎然，如"中国文学名家名作鉴赏辞典系列"。

超越文本：追寻真善美

从文本到图书，都可以分成典型的三大类：信息型、叙事型、美感型。它们代表了人类永恒的价值取向：真、善、美。在认识世界、解释世界与改造世界时，我们意识到不同路径的存在，既有追求理性与逻辑的路线，也有注重人际与伦理的路线，还有强调品味与美学的路线。真追求真理，善激发行动，美寻求品位。信息型文本与著作求真，叙事型文本与著作求善，美感型文本与著作求美。

在"真"上，我们总是尝试知道多一点，朝闻道，夕死可矣——这是信息型文本与著作。天惶惶，地惶惶，在古代是如何面对洪水与灾难；在今天是如何从一个不确定的世界中寻找确定。

在"善"上，我们总是尝试推进事件发展，好人希望有好命，坏人希望得到惩罚——这是叙事型文本与著作。光明、黑暗与灰色三个故事原型，从远古时代的篝火旁流传至今。

在"美"上，我们总是寻求新的字词组合，营造出新的时空关系。"人言头上发，总向愁中白"—— 这是一千多年前辛弃疾写的。"寂寞流泪，身如浮萍，断了根，若有水相邀，我也会同行"—— 这是千年前的日本诗人小野小町写的。时隔千年，每一个字都认识，每一个词都读得出来，千年前的美感依然击中你。

然而请记住，文本仅是承载人类文明真善美的载体之一，并非全部。我们可以粗浅地将人类知识体系分为两大类：外显知识和内隐知识。**外显知识**指那些能用文字、图表、公式等正式的语言表述的知识，这类知识通常用文本记载。**内隐知识**指那些难以用正式语言表述的知识，是植根于个体经验的个人知识，涉及个人信念、视角及价值体系等无形要素。这类知识通常存在于情境之中。[17]

拿编程举例，如果你是第一次接触编程，你会了解到 C++ 语言包含哪些知识点，你该如何背诵、拆解、调用这些知识点。这是外显知识。但是当你做了多年 C++ 开发者，看到别人写的代码，下意识地觉得这段代码的"味道不对"。此时此刻，你使用的就是内隐知识。你朦朦胧胧知道这段代码写得有问题，但让你说出问题在哪里，也许你费尽心思，都无法清晰表达。

光是阅读文本还不够，你还需要在情境中浸润，去实验，去体验，去生活。在追求真善美的过程中，重要的是让自己与更大的自然、历史、宇宙融于一体。汤一介用"天人合一""知行合一"与"情景合一"，来形容中国古典文化中对真善美的追求。"天人合一"是从认识论上来把握天人关系（真）；"知行合一"是从行动上来把握天人关系（善）；"情景合一"是从情感上来把握天人关系（美）。[18]

如果你做到三合一了呢？至人无己，神人无功，圣人无名，那么你就成了至人、神人与圣人，从此永恒不朽。多年后的篝火旁、酒肆间、书香上，流传着你的故事。

小结

阅读信息型文本与著作，我常常期盼，读到的是作者探索世界的热情，而非陈词滥调；作者是老师，我是学生，请老师告诉学生，你所拥有的新知。而沉浸于叙事型文本与著作，我常常期盼，与老友围炉夜话，听作者讲述一个又一个动听的故事。唯有美感型文本与著作，吟诵诗歌，欣赏画作，欲辨已忘言。

第二篇

阅读的技法

如何读

第四章
文本细读：阅读基本功

什么是文本细读？也就是逐字逐句慢读与
反复阅读。它侧重与作者对话。

为什么要重视作者自己的文本？

这是一个非常奇怪的时代。很多人喜欢听说书人解读图书，而不是自己读书。这种现象在知识付费大潮下越发流行。对于知识付费，千年前的柏拉图已说过："所谓智术师，不就是用批发或者零售的方式经营精神食粮的人吗？"柏拉图劝众人："我的朋友，赶快停止吧，不要把你最贵重的财产拿去赌博，因为购买知识的冒险性比购买酒肉大得多。" [1]

对于想看的书，为什么不亲自去读作者的文本，而要通过他人之口去了解呢？很多人会为自己辩解：没有时间，听别人说说就挺好；那个领域太难了，看不懂，听别人解读更有助于理解。在我看来，这些理由都很无力。

阅读的神奇之处在于让你打破时空限制，与智者对话。假如现在你有机会认识一个位高权重的人，你会说没时间吗？相信所有人会挤破脑袋、宁愿不吃不睡也要去拜谒。为什么书中的智者近在眼前，我们反倒没时间了？同样，明明可以直接与智者畅谈，为什么偏要通过他人在中间传话转述呢？

文本本身就是你与作者对话的最好窗口。从遣词造句到谋篇布局，从字面表达到背后深意，顶级作者笔下的每一个字，包括每一个标点符号都在向你传递信息。一个聪明的阅读者，要想更好地与作者对话，需要掌握一种重要的阅读方法，这就是本章要介绍的——文本细读。

文本细读是所有阅读的起点，也是所有阅读的终点。本书后面章节提及的各种阅读技法，都以你已经熟练掌握该方法为前提。而且，你用其他阅读技法提高阅读效率，挤出来的阅读时间，又将用于文本细读。

文本细读：与作者对话

什么是文本细读？细读，即逐字逐句地慢慢读、反复读。文本细读的根本含义是立足于文本的阅读，要对文本蕴含的丰富内涵进行充分发掘。它侧重从文本自身出发，发现作者真正的观点、言外之意与矛盾之处。

文本细读是文学史上非常流行的一种阅读方法，在中国有着悠久的历史。中国早期的不少作品，都是对伟大作品进行"细读"。比如《论语集注》是南宋理学家朱熹对《论语》文本细读的成果。另外，朱子读书法的六大要义"循序渐进、熟读精思、虚心涵泳、切己体察、着紧用力、居敬持志"，其中熟读精思，就是典型的"文本细读"。朱子要求要熟练到"使其言皆若出于吾之口，使其意皆若出于吾之心"的程度。[2]

宋代还兴起了中国古代文学批评的特有形式——评点，评点往往以细致、实用见长，评点家使用的也是文本细读。最有名的评点家是明末清初的金圣叹，他在《读第五才子书法》中说："吾最恨人家子弟，凡遇读书，都不理会文字，只记得若干事迹，便算读过一部书了。"他极力主张细读，希望读者看书不要只看故事，而要窥察作者的文心。[3]

到了当代中国，亦有不少作家强调"文本细读"，典范莫过于台湾作家王文兴。他在《〈玩具屋〉九讲》一书中逐字逐句慢读英国小说家凯瑟琳·曼斯菲尔德的《玩具屋》。全书九讲，每一讲都由原文、译文和讲解三部分组成，从内容理解到写作技巧的探讨，无比细致。如其所言："慢读，是一字不漏，字字求解。好的小说像数学一样，字字有用——连标点都有用。"[4]

文本细读在欧美同样传承已久，最早当数柏拉图对苏格拉底的解读，以及亚里士多德对柏拉图的解读。之后尼采对柏拉图的解读又沿袭了文本细读传统。甚至我们可以说，所有哲学家的工作都离不开文本细读。

很多西方知名文学评论家也强调文本细读，美国批评家哈罗德·布鲁姆的《如何读，为什么读》、特里·伊格尔顿的《文学阅读指南》、夏尔·丹齐格的《什么是杰作》、托马斯·福斯特的《如何阅读一本小说》与《如何阅读一本文学书》、詹姆斯·伍德的《小说机杼》、马里奥·巴尔加斯·略萨的《给青年小说家的信》，皆是文本细读的典范。甚至在欧美文学评论界，文本细读被列为"新批评"流派的文学批评实践总原则。

无论在中国还是西方，文本细读都是一个历史悠久、广为使用的技法。但在今天的阅读实践中，形成了一个悖论。在你大学毕业前，所有的阅读技能训练重心都是文本细读，甚至到了令人讨厌的地步，分析作者自己都没发现的一些所谓主题思想或中心思想。当你一旦进入社会，结果没人再强调文本细读，甚至不少读者是第一次听说这个词。

为什么会出现这种悖论？一方面，与时代精神有关。在快节奏的当下，人们时间贫瘠，快餐式阅读风行，文本细读成为消费不起的奢侈盛宴。事实上，即使从纯功利的角度来说，文本细读亦有其独特价值。

正如曾国藩所言："买书不可不多，而看书不可不知所择。韩退之为千古大儒，而自述所服膺之书不过数种。柳子厚自述所读书，亦不甚多。"你可以追求实质上的文本细读，而非形式上的文本细读。前者是享受与作者对话的过程，增长见识；后者是为了应付考试，敷衍了事。与高手对话，长此以往，你也容易成为高手。

另一方面，与学生时代的训练有关。那些强调文本细读的老师常常出现在文史哲这类科目。如此一来，文本细读给人一种错觉，它似乎只适用于阅读文史哲类作品，其实不然。

文本细读对一切创作型工作都有莫大意义。某种意义上，创造力是从噪声中分辨出信号的能力。如果你将坏书与神作混在一起，就会让你看轻神作的突破与重大意义。如果你数十年与一本神作为伴，那么这本书会反过来塑造你的生命。正如意大利作家伊塔洛·卡尔维诺所言：

> 我认识一位非常出色的艺术史专家，一个极其博识的人，在他读过的所有著作中，他最喜欢《匹克威克外传》，他在任何讨论中，都会引用狄更斯这本书的片段，并把他生命中每一个事件与匹克威克的生平联系起来。渐渐地，他本人、宇宙以及基本原理，都在一种完全认同的过程中，以《匹克威克外传》的面目呈现。[5]

因此，在本书中，我将文本细读从注重形式升级为一种实质上追求与作者**对话**的阅读方法，从侧重阅读文史哲类作品扩展为一种适用于一切**文本**的阅读方法。

对话

文本细读强调你与作者在同一个社会意向性层次上对话。

什么是社会意向性？也就是"心理理论"（theory of mind），指对自己和他人心理状态的理解能力。[6]

为什么你仅仅通过口头语言交流，就能理解到对方希望自己做什么？为什么你仅仅通过阅读文本，就能理解到不同时空的作家的思想？背后的奥秘正是在于人类拥有一种强大的能力——心理理论。这种能力能让我们理解自己和他人的心理状态，能推测并明白别人想要什么、思考什么、相信什么。

心理理论能力是逐步发展起来的。当你两三岁的时候，只能表达自己的想法、信念和意图，比如"我想喝奶""我要玩玩具"，此时你只具备了心理理论的一阶社会意向性，简单说就是"我知道"；再大一点，你开始会揣测其他人的意图，推断别人是怎么想的，即"我知道你知道"，这就是二阶社会意向性；到了三阶社会意向性，则进一步扩展为"我知道你知道他知道"。人的意向性层次通常只有4~5层。到了五阶就是极限。而伟大作家都是理解人性的高手，往往能具备六阶、七阶社会意向性。[7]如果当作者在七阶社会意向性层次上表达，结果你却停留在二阶、三阶，显然，你并没有真正与作者在同一个层次上交流。

文本

在第二章中，我们谈到阅读的"文本"可以分为不同层次，由小到大依次是字词、句子与段落、篇章。最小层次是字词。接着是句子与段落层次。理解字词之后，它们会开始尝试在头脑中构建相应的情境模型：主人公在什么时候对谁做了什么。最高层次是篇章，一个又一个小的情境模型汇总成一个整体的阅读印象：这个章节或者这本书究竟说了什么？

在第三章中我们将人类文本分为信息、叙事与美感三类。对于不同类型的文本来说，在不同文本层次上，"对话"有不同的侧重点，如表4-1所示。

表4-1　文本细读重点

	信息型	叙事型	美感型
字词	术语或概念	人物及其时间线	新异词汇
句子与段落	主题句与论述结构	事件与冲突	金句与修辞
篇章	观点或理论模型	叙事结构	意象或形象

阅读**信息型**文本（如大众科普、学术专著等），字词级别，重点在于核查作者讨论的"术语"或"概念"；句子与段落级别，重点放在作者的主题句与论证结构；篇章级别，重点是理解作者提出的观点或理论模型。

阅读**叙事型**文本（如小说、传记等），字词级别，重点在于核查作者提到的人物，以及这些人物的时间线；在句子与段落级别，重点放在关注书中的主人公在何时、何地，做了何事，与他人产生了什么样的冲突；在篇章级别，重点是理解作者的叙事结构，想表达的是爱还是战争？

阅读**美感型**文本（如诗歌等），字词级别，重点细读作者使用了哪些"新异词汇"。每位作家都有自己的用词习惯，有些作品令你印象深刻，常常是因为作家使用了一些"新异词汇"。什么是"新异词汇"？这是我提出的概念，用于形容某位作家首次发明的词汇，或者创造性使用某个熟词的语言现象。比如，鲁迅在创作时善用明清白话和日语元素，张爱玲则将英文和上海话融入作品。在句子与段落级别，重点看作者的金句与修辞。一位伟大的作家笔下常有传诵千古的金句与独特的修辞手法。在篇章级别，重点是理解作者创作的独特意象或形象。意象侧重文字美感，形象侧重视觉美感。

文本细读的具体技法

一千个读者眼中就会有一千个哈姆雷特。不同读者对同样的文本有不同理解。其中一些颇具影响力的读者，会深深影响我们对某个文本、某位作家的认知。朱熹对《论语》的解读盛行千年，柏拉图对苏格拉底的解读流传千古。这些解读文本的重要文本，同样构成文本细读的一环。

在做文本细读时，我们不仅需要与作者本人对话，还需要与那些有影响力的读者对话。这就是文本细读的两个过程：首先，作者说了什么，对此我的理解是什么；其次，别人对于"作者说了什么"的理解是什么。

因此，我们将文本细读拆解为四个关键操作：理解作者的关键字词、理解作者的关键句子与段落、理解作者的篇章结构，检索他人说法。前三个关键操作都属于"第一个过程"，第四个关键操作属于"第二个过程"。显然，第一个过程是重点，我们提倡从作者的文本出发，用文本说明问题，而不是用别人的观点来理解文本。

理解作者的关键字词

聪明的阅读者，强在什么地方？强在能快速抓住一本书的关键字词。反之，新手读书，胡子眉毛一把抓，或者字字都当成重点，或者走马观花，泛泛而读，难以快速提取出一本书的关键字词。

信息型

信息型图书的关键字词在哪里？这类图书重点看术语或概念。如何快速找到核心术语或关键概念，以下是一些阅读建议。

1. **先吃西瓜，再嗑瓜子。**你需要注意，对一本著作来说，不同术语或概念有权重大小高低之分。多数时候，一本书权重最大的概念体现在书名，如《超越智商》《智力是什么》显然是讨论智商的书；《古典风格》《风格感觉》显然是谈论风格的书。但有的时候，书名会误导读者，《禅与摩托车维修艺术》谈的不是机车维修，而是心灵成长；《我想吃一个小孩》谈的不是犯罪，而是如何让孩子适应真实世界的著名儿童绘本。

2. **重视术语表与参考文献。**如何获得信息型图书的关键字词？答案是关注常常被人忽略的术语表与参考文献。在文本细读时，即使是术语表、参考文献这些边角料，也不要放过。

3. **核查原文与原始出处。**不少术语或概念来自英语世界，由于翻译缘故，丢失了部分信息，因此，需要核查英文原文。一些看似很有道理的术语或概念，一旦查阅原始出处后，发现其实并不存在，那么以其命名的书显然并不可取。在个人成长领域，常有人写"费曼学习法""学习金字塔"这些概念，并用其当作书名，但这些概念没有严谨的出处。

4. **理解术语或概念的边界。**每个术语或概念有其内涵和外延。像心理学、社会学等领域的概念有一个特点，用词与日常词汇表面看似一样，但实际含义不同。有人滥用认知心理学领域的"认知"，将其视作求解人生难题的妙方，以致市面上泛滥各类认知升级的书籍和文章。有人滥用儿童心理学领域的"敏感期"，将其看成育儿关键，以该词命名的众多育儿畅销书，引发了家长无端的焦虑。

5. **跨界不等于融通。**如今市面上流行一类书，将原本是 A 领域中的概念，用到一个完全不相干的 B 领域。有个经济学家用国家的政治体制去解释自闭症。政治体制是宏观的，而自闭症是多种原因导致的，以遗传原因为主。这种冠冕堂皇的融通，实则是把两个不相关的概念扯在一起，好比关公大战秦琼。

有同学曾经问我，怎么从认知科学角度来读《易经》？我的答案是，在不精通认知科学与《易经》之前，不要牵强附会。在任何一个大领域至少工作多年后，才建议谈融通。一上来就谈融通的不是骗子，就是文盲。国学骗子就是这么诞生的，用模糊的古典文化解释自己并不精通的专业领域，从而诞生了一位又一位所谓的"国学大师"。

怎样才算精通自己的专业领域？整个领域的高手，你都认识，对方也认识你，与平均水准至少拉开两个标准差。举个例子，怎样才算精通中国古典文化？最基础的一条就是不需要借助任何工具书，能读懂诸子百家、四书五经，能用文言文写出足够优美的文字，才有资格来做不同文化的印证，不同学术体系的对照。否则，都是妄人。

叙事型

细读叙事型图书时，在字词层面要着重去理解主人公。你可以学习伟大的编剧，尝试对人物做心理画像。曾有一个采访者问美国著名演员李·马文："你演了 30 年的坏蛋，总是扮演坏人一定非常可怕吧？"马文笑着说："我？我从来没有演过坏人。我演的是那些挣扎度日的人，他们是在尽其所能来将就生活给予他们的东西。其他人可能会认为他们是坏人，但他们不是。"[8]

可见，好的编剧和演员对人物的理解从来不是脸谱化的。好的作品能反映人性，原因正在于此。在这些作品中，没有简单粗暴的"好人或坏人"，每个人物都有丰富的性格特征。

探索人物性格，东西方都有悠久的历史。

在中国，三国时期刘劭在《人物志》中对人物的剖析，开了性格描写的先河。毫不夸张地讲，《人物志》直到今天都是很难被超越的经典。[9]

古代先贤如何描述人物性格？在刘劭之前，中国哲学家们的普遍做法是，直接将人的人格类型分成"金木水火土"五种，将人的表征（外貌等，也可以称之为人格的物质基础或者生理基础）混同于人格。而刘劭将人的表征分为"金木水火土"五行，并在此基础上，结合人的八种本能（或者用更科学的心理学术语来说，八种测量人格的关联效度指标）聪、思、明、辞、捷、守、攻、夺，继而将人划分为强毅之人、柔顺之人、雄悍之人、惧慎之人、凌楷之人、辨博之人、弘普之人、狷介之人、休动之人、沉静之人、朴露之人、韬谲之人。

同样，西方也有一个开"性格描写"先河的人，就是亚里士多德的得意门生狄奥弗拉斯图。他归纳出 30 种人物性格类型，包括吝啬鬼、无耻之徒、不合时宜者、疑神疑鬼的人、胆小鬼、傲慢自大者等，并对每种性格做了原型素描。比如，他对"不合时宜者"的素描是："一个专挑错误时机的能手。他会向一个忙得脚不沾地的人大倒苦水；审判已经结束，他却站出来举证；被邀请参加婚礼，他会大声地抱怨女人，破坏掉所有人的心情；假如你刚把东西卖出去，他就会出更高的价钱，可惜为时已晚……"[10]

对于叙事型文本中的人物，我们不要只是记住一个人名，更要理解人名背后那个活生生的人，包括他的性格、家庭关系、生活背景。

美感型

读美感型文本时，在字词层面要重点留心作者的新异词汇。正如史蒂芬·平克所说，伟大的作家酷爱阅读，他们掌握了一份由海量字词、成语、构造、比喻和修辞技巧构成的清单，以及对它们之间如何配合、如何冲突的悟性。这就是好作者的"耳感"。

如何操作呢？可以将作者使用的新异词汇整理出来。以苏轼的

《超然台记》为例，该篇结尾为：

> 台高而安，深而明，夏凉而冬温。雨雪之朝，风月之夕，予未尝不在，客未尝不从。撷园蔬，取池鱼，酿秫酒，瀹脱粟而食之，曰："乐哉! 游乎!"

这一段出现了很多新异词汇，比如"夏凉冬温""雨雪之朝""风月之夕""撷园蔬""取池鱼"，21世纪的国人理解毫无困难，但在日常阅读中接触不多。将这些词汇记录在小本本里面，参照第八章"卡片大法"的技巧，写成"新词卡"，不仅能改善你的文本细读能力，更能提高你的写作能力。我曾在一篇文章中写了一句话："雨雪之朝，风月之夕，乘物以游心，超然世外。"即活用《超然台记》。

你还可以借助一些自然语言处理软件来量化计算作者字词的使用次数、频率，更细致地感受一个作者的风格。我对《鲁迅全集》里的词汇做统计后发现，其中双音节的词使用比例达到59.2%，三音节的词使用比例为24.9%，四音节的词使用比例为9.8%，多音节词的使用比例为6.1%。而我们的常用词表，双音节词汇的比例是66.7%，三音节词汇的比例是24.2%，四音节词汇的比例是7.9%，多音节词汇的比例只有1.2%。可见，鲁迅使用双音节词汇比例较低，而多音节词的使用比例明显高于常用词表，这就构成了他独特的写作风格。[11]

鲁迅的新异词汇都来自哪里呢? 第一类是书面语，凭借深厚的文学功底，他从传统书面语中找到一些非常好的词汇，比如《故事新编》借用古代神话。第二类是明清白话，比如他把"东西"写作"物件 / 物事 / 货色"，"脖子"写作"颈子 / 颈项"等。第三类是方言，比如"很"，他用的是"蛮"；"不敢"，他用的是"怕敢"；"抱抱吧"，他用的是"抱勃罗"；"反倒"，他用的是"倒反"，这些都是南方方言。第四类是借用日语、英语词汇，比如"万年笔""氛围气"等都是典型的日语词汇，出现在文章中给人一种极其新鲜的感觉。

再来看张爱玲。对《张爱玲作品集》进行统计发现，她的新异词汇大致分成四类：第一类来自旧学功底，比如"朗吟""怅惘""娉婷"等；第二类来自新式教育、白话文，像"略胜一筹""模棱两可"等；第三类是方言、市井俗语，比如"讨人厌""死七昏咧的""不作兴"；第四类是英语，比如"罗曼蒂克""英国麦分"（muffin）、"司空"（scone）等。[12]

理解作者的关键句子与段落

信息型

阅读信息型文本时，如何整理作者的主题句和论证结构？可以使用一个简单的模板：**作者说了什么？我同不同意作者的观点？**

语文教科书中的《青青河畔草》一诗，传统解读认为这是一首思念丈夫的诗歌，一位曾经的舞女渴望夫妻相依相偎，举案齐眉。但是汉学家宇文所安却在《迷楼》一书中有不同看法，他认为这是一首饱含欲望的招引之诗。[13]

> 青青河畔草，郁郁园中柳。
>
> 盈盈楼上女，皎皎当窗牖。
>
> 娥娥红粉妆，纤纤出素手。
>
> 昔为倡家女，今为荡子妇。
>
> 荡子行不归，空床难独守。

诗开头没有直接抛出女子的形象，而是用"青青河畔草，郁郁园中柳"两句，挡住你的视线，勾起你想要看到柳树背后楼宇中人物的好奇和欲望。接着第三、四句引出"盈盈楼上女，皎皎当户牖"。如果诗歌首句就把这个女子推到我们眼前，写她如何美丽，你反而不那么容易被她的美所吸引。这首诗以空旷的空间开篇，亦以空旷的空间结尾，然而这个空间，已经加入了危险和欲望，藏匿于室内：一张空床。

宇文所安的赏析，令人浮想联翩，蠢蠢欲动，堪比一部情色电影。我们每个人心中都有一只野兽，它不喜欢身上的枷锁。诗歌用言词饲养这只野兽，唆使它恢复反抗和欲望的本性。

叙事型

对于叙事型文本，在关键句与段落的层面，我们要关注事件与冲突，看作者如何推动故事向前发展。试看一个张爱玲的例子。下面是她《鸿鸾禧》中的一段话：

> 广大的厅堂里立着朱红大柱，盘着青绿的龙；黑玻璃的墙，黑玻璃壁龛里坐着的小金佛，外国老太太的东方，全部在这里了。其间更有无边无际的暗花北京地毯，脚踩上去，虚飘飘地踩不到花，像隔了一层什么。整个花团锦簇的大房间是一个玻璃球，球心有五彩的碎花图案。客人们都是小心翼翼顺着球面爬行的苍蝇，无法爬进去。[14]

在连接语句的时候，写作新手常常大量使用"突然""但是"这类词汇来生硬地转折。而这里，张爱玲使用了一种高超技法——用动词带动事件往前走。比如"脚踩上去，虚飘飘"、"苍蝇，爬"，这些动词比"十分舒适"这类侧重解释的词汇更能触动人的感觉。

鲁迅也是善用动词的高手。王安忆在《小说课堂》[15]中评析说，鲁迅写孔乙己被打断腿之后，没有说他"爬"，而是：

> 他从破衣袋里摸出四文大钱，放在我手里，见他满手是泥，原来他便用这手走来的。不一会，他喝完酒，便又在旁人的说笑声中，坐着用这手慢慢走去了。[16]

拿"用这手走来的"来代替"爬"，是高手中的高手的写法，因为它不仅符合时间顺序，自然带动事件往前走，还一石二鸟，消解了汉语的动词也是名词带来的弊端。

鲁迅受日文影响更多。而受英式中文影响较深的作家，在推进事件发展时，往往不习惯用情景来自然带动事件，只能很生硬地嵌入"突然"这类词汇来转折。试看白先勇的名作《寂寞的十七岁》。

> 她在我耳边喃喃地说。她的声音都发哑了，嘴巴里的热气喷到我脸上来。**突然间**，她推开我，把裙子卸了丢在地上，赤着两条腿子，站在我面前。
> "唐爱丽，请你——不要——这样——"
> 我含糊地对她说，我的喉咙发干，快讲不出话来了，我害怕得心里直发虚。唐爱丽没有出声，直板板地站着，我听得到她呼吸的声音。**突然间**，我跨过椅子，跑出了教室。我愈跑愈快，外面在下冷雨，我的头烧得直发晕。回到家的时候，全身透湿，妈妈问我到哪儿去来。我说从学校回来等车时，给打潮了。我溜到房里，把头埋到枕头底下直喘气。我发觉我的心在发抖。[17]

这里的"突然间，我跨过椅子，跑出了教室。我愈跑愈快"不够自然，不是事件自然带动的。"我害怕得心里直发虚"已经做了铺垫，再来一个有力的打击，就会将主人公吓跑。可惜，中间少了这个打击。因为写了"突然间"这样的转折词，后续作家不得不顺手补上"外面在下冷雨"这样更突兀与事先没铺垫的句子。同样，"突然间，她推开我，把裙子卸了丢在地上"也有这样的问题。

美感型

在阅读美感型图书时，句子与段落层面要重点关注它的语句和修辞。以海子的诗为例。

> 我在一个北方的寂寞的上午
>
> 一个北方的上午
>
> 思念着一个人
>
> ——海子《跳伞塔》

在动词（"思念"）前插入空间词汇（"一个北方的上午"），制造出一种空间感觉。这种很高超的写法，很多伟大作家都不约而同在使用。举个例子，钱锺书在《围城》中有个经典的比喻，"柔嘉打个面积一方寸的大呵欠"，也是这种写法。

除了明喻、暗喻、排比、对偶等常用的修辞手法，还有一些高级的修辞术，比如风喻。你可以将风喻理解为比喻的平方、比喻的立方，一路循环下去，就是比喻的 N 次方了。试看日本诗人小野小町的俳句：

> 寂寞流泪，身如浮萍，断了根，若有水相邀，我也会同行。[18]

既然身如浮萍，那么浮萍会断根，也会有水相邀。我们可以画个简单的示意图：身→浮萍→断根→水→相邀→同行。一路比喻下去。钱锺书、张爱玲都是风喻高手。比如钱锺书《谈交友》的第一段：

假使恋爱是人生的必需，那末，友谊只能算是一种奢侈；所以，上帝垂怜阿大（Adam）的孤寂，只为他造了夏娃，并未另造个阿二。[19]

在这篇经典作品中，钱锺书大量使用风喻，如开篇第一句，以必需与奢侈来比喻恋爱与友谊，然后直接跳到上帝造人的传说，钱锺书故意将亚当译为阿大，由阿大又引出一个阿二，读来妙不可言。

理解作者的篇章结构

信息型

阅读信息型图书，与作者对话，要重点关注作者的观点或理论模型。这类图书，在篇章层面经常碰到的难点是，没有厘清作者全篇的结构和层次，结果被作者牵着鼻子走。

以社会学、人类学与心理学等学科著作为例，书中的概念可按层次划分为"大理论、中理论、小理论"。大理论侧重宏观体系，中理论侧重中观主题，小理论侧重具体议题。

想象翻开一本书，你关心的是微观层面的小理论，而作者则在讨论宏观层面的大理论，这时你们不在同一频道，"对话"无法展开。比如美国社会学家林南在《社会资本》一书中，提出了"社会资本理论"——是个**大理论**。[20] 作者将人类社会运作规律分成两大类：第一类是社会交换，第二类是经济交易。他认为传统研究只重视经济交易，不重视社会交换，因此他整合其他社会学中的相关研究，提出了"社会资本理论"。显然，《社会资本》这本书是站在宏观层面探讨社会资本。此时此刻，如果你是抱着一种读"心灵鸡汤"的心理，期待它能告诉你如何拓展人脉、如何管理自己的社交网络，你会不会特别失望呢？

"社会资本"这个话题，日裔美国学者弗朗西斯·福山也讨论过。[21] 他在著作《信任》一书中，把诚信作为一种社会资本，在分析东西方各国文化传统和信任度的差别后他指出，在中国及其他东南亚国家培养信任很难，需要很长时间——这就是典型的**中理论**。

有些书只介绍了某个单一的田野调查或科学实验，这类就属于**小理论**。比如很多经典的人类学著作，像费孝通的《江村经济》，是对太湖边一个普通村庄的实地考察分析；格雷戈里·贝特森的《纳文》，介绍了围绕一个新几内亚部落的一项仪式展开的民族志实验。再比如心理学家菲利普·津巴多的《路西法效应》、斯坦利·米尔格拉姆的《对权威的服从》，分别介绍了著名的斯坦福监狱实验和电击实验，都可归为"小理论"著作之列。

信息型图书阅读难度不低，常常是因为作者自己在不同论述层次之间跳来跳去。如何更好地破解这一难题？亦可参考本书第九章。

叙事型

阅读叙事型文本时，在篇章层面要着重注意作者的叙事结构。拿伊塔洛·卡尔维诺的《看不见的城市》一书举例。

卡尔维诺在这本书中，借青年旅者马可·波罗与暮年蒙古大帝忽必烈的对话，挑选了城市的 11 个主题：记忆、欲望、符号、轻盈、贸易、眼睛、名字、死者、天空、连绵、隐蔽。卡尔维诺的城市是人类轻盈的记忆。在《看不见的城市》里，人们找不到能认得出的城市，所有的城市都是虚构的。当你初次抵达这座城市的时候，她是一种模样，而永远离别的时候，她又是另一种模样。每个城市都有自己的名字，她们是迪奥米拉、伊希多拉、朵洛茜亚、采拉、安娜斯塔西亚、塔玛拉、佐拉、德斯庇娜、芝尔玛、伊素拉。

在梦中的城市里，他正值青春，而到达伊希多拉城时，他已年老。广场上有一堵墙，老人们倚坐在那里看着过往的年轻人；他和这些老人并坐在一起。当初的欲望已是记忆。

——卡尔维诺《看不见的城市》[22]

跑那么远的路，来到卡尔维诺的城市。喜欢一座城市，不在于它有七种或七十种奇景，而在于它对你的问题提示了答案。当初的欲望已是记忆，寻找答案，不妨从卡尔维诺的城市开始。

卡尔维诺的另一篇文章《为什么读经典》，虽是信息型文本，但同样显示了高超的结构设计。全文的主题句摘录如下。

1. 经典是那些你经常听人家说"我正在重读……"而不是"我正在读……"的书。

2. 经典作品是这样一些书，它们对读过并喜爱它们的人构成一种宝贵的经验；但是对那些保留这个机会，等到享受它们的最佳状态来临时才阅读它们的人，它们也仍然是一种丰富的经验。

3. 经典作品是一些产生某种特殊影响的书，它们要么本身以难忘的方式给我们的想象力打下印记，要么乔装成个人或集体的无意识隐藏在深层记忆中。

4. 一部经典作品是一本每次重读都像初读那样带来发现的书。

5. 一部经典作品是一本即使我们初读也好像是在重温的书。

6. 一部经典作品是一本永不会耗尽它要向读者说的一切东西的书。

7. 经典作品是这样一些书，它们带着先前解释的气息走向我们，背后拖着它们经过文化或多种文化（或只是多种语言和风俗）时留下的足迹。

8.一部经典作品是这样一部作品，它不断在它周围制造批评话语的尘云，却也总是把那些微粒抖掉。

9.经典作品是这样一些书，我们越是道听途说，以为我们懂了，当我们实际读它们，我们就越是觉得它们独特、意想不到和新颖。

10.一部经典作品是这样一个名称，它用于形容任何一本表现整个宇宙的书，一本与古代护身符不相上下的书。

11."你的"经典作品是这样一本书，它使你不能对它保持不闻不问，它帮助你在与它的关系中甚至在反对它的过程中确立你自己。

12.一部经典作品是一部早于其他经典作品的作品；但是那些先读过其他经典作品的人，一下子就认出它在众多经典作品的系谱中的位置。

13.一部经典作品是这样一部作品，它把现在的噪声调成一种背景轻音，而这种背景轻音对经典作品的存在是不可或缺的。

14.一部经典作品是这样一部作品，哪怕与它格格不入的现在占统治地位，它也坚持至少成为一种背景噪声。

在这里，卡尔维诺前三个主题句都使用同一个句式："经典作品是……"。同一个结构重复四次以上，读者可能就会觉得疲倦了，于是他在4、5、6的主题句换了一个句式："一部经典作品是……"。7、9回归1、2、3的句式，8、10、12、13、14又使用了和4、5、6一样的句式。中间穿插的第11个主题句，跟其他都不一样，用的是"'你的'经典作品是……"。[23]

整个篇章的结构安排，类似于音乐中一种交错、重复、跳跃的编排形式。硅谷创业之父保罗·格雷厄姆《设计者的品味》一文向卡尔维诺致敬，摘录主题句如下。

好设计是简洁的。

好设计是永恒的。

好设计解决正确的问题。

好设计是启发性的。

好设计常常带有些许趣味。

好设计是困难的。

好设计看似容易。

好设计运用对称。

好设计模仿大自然。

好设计是再设计。

好设计可以复制。

好设计常常是奇特的。

好设计成批出现。

好设计常常是大胆的。[24]

效仿卡尔维诺和格雷厄姆，我写了一篇《创作者的品味》，谈美文的标准，摘录主题句如下。

品味不是流行，虽然流行可以成为品味。

品味不是指标，虽然人们常常误解可以轻易量化品味。

品味不是实用的，虽然人们常常赋予美以意义。

好品味，它倾向那些在历史上永垂不朽的作品。

好品味，它倾向那些符合自然、节省人们心力的作品。

好品味，它倾向那些含蓄的、暗示的作品。

好品味总是看上去简单，却常常来之不易。

好品味总是有傲气的。

好品味不会追求体系。[25]

如果抽象成符号，卡尔维诺的篇章结构是 *AAA-BBB-ABA-BC-BBB*，格雷厄姆的是 *AAB-AC-AB-BB-ABC-DC*，我的是 *AAA-BBB-CCA*。通过文本细读，我们不仅可以读得更通透，还可以学到很多写作手法。给各位读者出一个思考题：如果句式扩大为七个或九个以上，该如何保持优雅的篇章结构？

美感型

阅读美感型文本时，在篇章层面上，我们重点关注作者呈现的意象或形象。以海子的诗为例：

> 我的双脚在你之中
>
> 就像火走在柴中
>
> 雨鞋和羊和书一起塞进我的柜子
>
> 我自己被塞进相框，挂在故乡
>
> 那粘土和石头的房子，房子里用木生火
>
> 潮湿的木条上冒着烟
>
> 我把撕碎的诗稿和被雨打湿
>
> 改变了字迹的潮湿的书信
>
> 卷起来，这些灰色的信
>
> 我没有再读一遍
>
> 普希金将她们和拖鞋一起投进壁炉
>
> 我则把这些温暖的灰烬
>
> 把这些信塞进一双小雨鞋
>
> 让她们沉睡千年
>
> 梦见洪水和大雨
>
> ——海子《雨鞋》

诗人在某种意义上与精神病患者类似,大脑中会同时浮现无数个意象。但诗人与精神病患者的区别在于,诗人能将纷杂的意象约束到同一套时空系统中。比如《雨鞋》,"我的双脚在你之中""塞进我的柜子""卷起来""塞进一双小雨鞋"呈现了统一的空间关系;"我的双脚在你之中,就像火走在柴中""一起塞进我的柜子""潮湿的木条上冒着烟"呈现了一个很微妙的时间系统。

伟大的诗人不仅能将纷乱而来的意象统一在一套时空系统之中,还会使用"时空变形"创作令人印象深刻的意象。仍以《雨鞋》为例,细读"我自己被塞进相框,挂在故乡"一句。常人的写法是,"我把我亲爱的妻子和小宝的照片放在我眼前的两个相框里"。"我"与"相框"的关系是我主动操控相框,但海子把自己装到了相框里面,我被自己挂在相框里。"我自己被塞进相框"——这是第一处时空变形。

"挂"的时候又产生了第二处时空变形,不再挂在眼前的相框,而是挂在远方的故乡。从眼前到远方,从相框到故乡,千里之外仿佛近在眼前,一下子改变了空间距离。这种强烈的时空变形意象,正是海子的厉害之处,也是我们读诗歌时要重点细读的。

从结构上看,《雨鞋》呈现意象时,使用的是 AB 结构,"我的双脚在你之中",是"我"和"你",然后是"柴"和"火"。总是指向自己、指向身边不远的具象事物,同样的结构重复多遍,就构成了一首优美的诗歌。

海子的另一首诗《得不到你》的结构,与《雨鞋》类似,只不过《得不到你》的结构是 AB,然后 BA,并把这个结构重复了五次。诗人写诗时追逐的是意象,跟随意象一步步进行跳跃。海子没有写如果得不到你,"第一会怎么样,第二会怎么样……"。他把所有"得不到你"的意象整理出来——河水、妻子、妇女,用的都是具象词汇。"河水",抓不住,转瞬即逝,读后令人若有所悟。

检索他人说法

信息型

在阅读信息型图书时，我们要注意查找一些术语或概念、主题句或论证结构，以及观点或理论模型的反例与边界。

哲学家波普尔在 20 世纪提出"可证伪原则"，今天成为科学界通用的准则。然而，当你用读书"反"法来思考，就要假设科学可证伪性在某一时刻会失效。一旦用逆向思维，怀疑这类看似不可推翻的基本原则，你马上会找到很多好书，比如，陈晓平的《贝叶斯方法与科学合理性》与纳尔逊·古德曼的《事实、虚构和预测》。你还会看到诺贝尔奖得主西蒙对波普尔所做的批判。站在古德曼、西蒙的角度，重新反思"可证伪原则"，你在理解科学本质上将更进一步。

再如安德斯·艾利克森提出的"刻意练习"，这个概念在中国已经深入人心，相信读者都不陌生。然而究其根源，却是错的。它有以下三个最核心的错误。[26]

第一个错误是定义含糊不清。到底什么是"刻意练习"？艾利克森在理论提出后的十几年中，换过多次定义。有时，他界定刻意练习是一种结构化设计的程序；有时，他认为刻意练习需要符合 4~6 个标准，比如目标要清晰、要有及时有益的反馈、要全神贯注不懈努力、要持续反思和完善等。受到同行反驳后，艾利克森在他与罗伯特·普尔合著的《刻意练习》中，直接提出了一个新的定义，从"刻意练习"（deliberate practice）改成"有目的的练习"（purposeful practice）。

第二个错误在于，刻意练习的解释效力有限。在其论文与图书中，艾利克森甚至认为，刻意练习方法论应该可以解释几乎所有专家成就。但业内很多心理学家的研究显示，并非如此。美国认知心理学教授戴维·汉布里克发现，练习时间长短和表现好坏有正相关，但练习时间仅能解释表现当中 12% 的变异量；练习效果对游戏类表现帮助最多，接着是音乐、运动、教育，但练习仅能解释教育和职业表现中不到 5% 的变异量。连心流提出者、心理学家米哈里·契克森米哈赖也认为，刻意练习不可能带来心流，而心流才是顶级专家的表现。

第三个错误是，刻意练习的研究存在统计学与程序性硬伤。简单说就是，究竟什么样的练习算刻意练习，我们无从定义，也无从测量。

定义混乱、可有可无的解释效应，以及无法测量与复用的方法和统计硬伤，都让"刻意练习"一词的边界非常模糊，导致这个概念越来越不能得到主流认知心理学家的承认。

叙事型

阅读叙事型图书的重点在哪里？你可以看看其他大家是如何评价它的。比如对于张爱玲的《金锁记》，文学评论家夏志清、翻译家傅雷都给出过具体的点评。

夏志清："《金锁记》长达 50 页，据我看来，这是中国从古以来最伟大的中篇小说。这篇小说的叙事方法和文章风格很明显地受了中国旧小说的影响。但是中国旧小说可能任意道来，随随便便，不够严谨，《金锁记》的道德意义和心理描写，却极尽深刻之能事。从这点看来，作者还是受西洋小说的影响为多。"[27]

傅雷："情欲（passion）的作用，很少像在这件作品里那么重要。从表面看，曹七巧不过是遗老家庭里一种牺牲品，没落的宗法社会里微末不足道的渣滓。……然而最基本的悲剧因素还不在此。她是担当不起情欲的人，情欲在她心中偏偏来得嚣张。已经把一种情欲压倒了，才死心地来服侍病人，偏偏那情欲死灰复燃，要求它的那份权利。爱情在一个人身上不得满足，便需要三四个人的幸福与生命来抵偿。

可怕的报复！"[28]

这里有一个重要技巧：你挑选他者评论时，要挑选本身写作能力强、公论文笔好的作者，而不要选以评论为生的评论家。比如细读民国作家，我会推荐沈从文谈论同时代作家的《沫沫集》《创作杂谈》与张爱玲的《文章寸心》。细读欧美作家，前有毛姆的《巨匠与杰作》，后有纳博科夫的《文学讲稿》与《俄罗斯文学讲稿》。专论有卡尔维诺的《新千年文学备忘录》，系列访谈有《巴黎评论》。

美感型

怎样才能通过文本本身来理解美感型文本的意象呢？检索作者全集中同类词汇，是一种很好的方法。还是以海子的诗为例：

> 活在这珍贵的人间
> 人类和植物一样幸福
> 爱情和雨水一样幸福
>
> ——海子《活在珍贵的人间》

我们不仅细读这首诗，还以"人类"一词作为关键词检索《海子诗全集》。我们发现，海子在诗歌中大量使用"人类"这类词，全集中总计出现 107 次："梦见人类，无风自动"，"人类携带妻子"，"我看见我的斧子闪现着人类劳动的光辉"，"姐姐，今夜我不关心人类，我只想你"，等等。

"人类"一词有什么特殊含义？认知科学家将人类语言分为基本层次范畴、上位层次范畴与下位层次范畴词汇。什么是基本层次范畴词汇？也就是类似猫、椅子、汽车这样将一类具体事物与另一类具体事物区分开的基本词汇。上位层次是对基本层次的抽象，例如动物、家具、交通工具等；下位层次是对基本层次的进一步细化，例如波斯猫、扶手椅、敞篷跑车。[29]

人们多数时候，是在基本层次范畴思考。但伟大的诗人背道而驰，常在上位层次范畴或下位层次范畴思考。"人类"就是一个典型的上位层次范畴词汇，多用这类词可以给人营造一种高贵的、先知的意象感觉。

为了提高此类分析的效率，你也可以借助一些软件工具。Coh-Metrix 是当前被使用最广泛、功能最丰富的自动化文本评估工具。它可以计算与语言相关的上百项指标。同样，我带队开发的人工智能写作工具写匠（AIWriter）亦可快速定量评估一位作家全集的数十项指标，分别涵盖字词、句子段落与篇章不同层级。[30]

对于美感型文本中的代表——诗歌，你不仅可以对作者的同一本诗集进行分析，还可以分析同一首诗歌的不同译本。通过对比不同译本，你能更好地理解文字的精妙之处。

文本细读的进阶思考

元：文本细读的高阶操作

我们常常高估同时代的人，低估历史上已经被时间证明的智者。那些智者都在"细读"什么？伟大的科学家都在谈论什么科学作品？伟大的文学家对其他文学家有什么样的点评解析？伟大的诗人在讨论哪些诗人？借高手之眼，我们可以从杰作中窥见更多细微之处，获取更多启发和灵感。

好读者不一定是个好作家，但一个好作家首先一定是个好读者。在毛姆的《巨匠与杰作》中，你能看到毛姆作为读者的样子。他说："为了真正洞悉一部伟大的小说，你就必须对写这部小说的人有一个必要的了解。"于是，他在《巨匠与杰作》中穿插了十位作者信息量巨大的八卦，清新自然、平易近人又不乏猛料。你还可以参考纳博科夫的《文学讲稿》和《俄罗斯文学讲稿》，阿西莫夫的《阿西莫夫论科幻小说》《巴黎评论》等书，了解顶级作家眼中的顶级作家是什么样子。

伟大科学家谈论科学的著作，可以看诺贝尔奖得主、天体物理学家苏布拉马尼扬·钱德拉塞卡的《莎士比亚、牛顿和贝多芬》，以及另一位诺贝尔奖获得者、神经科学之父圣地亚哥·拉蒙 – 卡哈尔的《致青年学者》，这本书我买了近十本，赠送友人。自己也读了两遍，其中"意志力之病"这一章值得反复阅读。生物学家爱德华·威尔逊的《给年轻科学家的信》亦可参考，让我印象最深刻的是：学术市场竞争如同战争，躲开枪炮声猛烈的地方，在阵地旁边观察。

反：如何避免文本细读的系统性偏差

在文本细读中，人们最容易犯的错误是误读：你以为作者的观点是 A，但实际上他的观点是 B。

《巴黎评论》中记者问聂鲁达："你的评论家里，哪一个最理解你的作品？"聂鲁达的回答是："我的评论家们几乎都把我撕成碎片了……让我困扰的是对诗歌或者人生解读当中的变异与扭曲。"[31]

他讲了一个故事，在纽约的笔会上，聂鲁达念了自己的社会诗歌，那是献给古巴的、支持古巴革命的诗歌。然而古巴作家们联名写了一封信，并且派发了几百万份，质疑他的看法，并把他看成是"唯一受到北美人保护的人"。聂鲁达说："这太蠢了。"

避免误读的最佳方法是回到作者文本本身。另一种有趣的做法是用一位作家的观点来批评另一位作家的观点，看谁能胜出。

空：什么情况下，无须文本细读？

读坏书，是浪费自己的生命，你读得越多，浪费的生命就越多，所以请珍惜生命，甄选好书。选书时，让时间作为过滤器。

我将图书分为坏书、可用之书、力作、杰作与神作（具体评选标准参见第十章）。多数图书难以超越"杰作"这条金线。所以你无须将有限的生命细读"力作"之下的著作。可用之书与多数力作，速读即可；那些凝聚了作者多年心血的杰作与神作，才值得文本细读，反复体会，再三回味。

值得你文本细读的好书就是：2 000 年后阅读《庄子》，1 000 年后阅读《辛弃疾词集》，500 年后阅读《西游记》，100 年后阅读《物种起源》，80 年后阅读《哲学研究》，60 年后阅读《创新算法》，40 年后阅读《自私的基因》，20 年后阅读《这才是心理学》。

小结

你以为书与书都是一样的，习惯给好书和坏书一样多的阅读时间。殊不知，人有好坏，书有高下。聪明的阅读者会细读杰作与神作。

你以为阅读只是完全尊重作者的意思，让作者的思想在自己的头脑中跑一圈，然而聪明的阅读者会与作者对话。正如叔本华所言："读书是让别人在我们的脑海里跑马；思考则是自己跑马。"

你以为可以不读作者原作，依赖二手、三手资料即可，然而聪明的阅读者喜欢从作者的原始文本出发，反复细致地阅读，不断发现、品读文本蕴含的深意，从中读出滋味。

第五章
抽样阅读：科学跳读

什么是抽样阅读？也就是带着假设去读书。将长文本看作由不同文本单元组成的全集，针对全集提出假设，找到值得阅读的文本单元，仔细阅读；验证或推翻假设之后，进行第二轮抽样，循环往复。

一辈子能读多少本书？

如果一个人能活到100岁，假设从出生起，不吃不喝，所有时间全部用于读书，他一辈子究竟能读多少本书？

求解的关键在于两个数据：熟练的阅读者一分钟读多少字？一本书的常见文字是多少？前者的答案是250字，一位熟练的阅读者每分钟平均可读250字左右；后者我们可以采取一个出版界的默认约定：除非诗集、绘本等特殊品种，多数图书需要10万字起步。据此估算出来的结果是，一个人100年最多可读65.7亿字，由此推出一个人的阅读极限是65 700本书。

这仅仅是一个估算。没有人能一天12小时都在阅读，也没有人有100年的时间用来读书。

奇怪的是，人类历史上，藏书超过七万册的人不在少数。最具代表性的是意大利学者翁贝托·艾柯（又译安伯托·艾柯），他集藏书家、思想家、作家于一身，精通多个学科，被誉为"当代达·芬奇"。艾柯去世时，藏书高达 10 多万册。再如中国学者钱锺书，在《管锥编》中引用了 4 000 多位作家的上万册书，其阅书之广博可见一斑。

这些藏书或引文，已经超过了一个人的阅读极限。这跟我们上面计算的结果矛盾吗？

其实不矛盾。关键在于，阅读一本书，你不需要将所有文字都读完。在不少人看来，读书就是要从头读到尾。艾柯在《带着鲑鱼去旅行》一书中讽刺道：

> 一般拥有相当可观藏书量的人，当他们家来客人的时候，那些人一走进门就例行公事地说："哟！好多书啊！请问你都读过了吗？"最初我还以为，典型不读书的文盲才会问这种问题，此种人家里照例只有两排书，包括五本平装本简易世界名著和分期付款购买的儿童大百科全书。但经验告诉我，很多我们以为还有点文化水准的人也会说这种话！他们仍旧认为，书架不过是个装"已读"文本的储物架，图书馆在他们心目中可谓是个仓库。[1]

一个人更合理的阅读极限究竟是多少呢？现在，我们换一种算法。

我们可以从成年人注意力时间的极限入手。认知心理学家将成年人的注意力分成专注、走神以及介于两者之间的三类状态。18 岁以上的成年人保持专注的时间在 25~45 分钟，绝大多数阅读需要的专注程度是中等以上。

依然使用每分钟阅读 250 字这个数值。难读的书，如果每小时能保持注意力 25 分钟，每小时可读 6 250 字；容易读的书，若每小时能保持注意力 60 分钟，每小时可读 15 000 字。

假设一位热爱阅读的成年人一天能挤出的读书时间是 4 个小

时——这已经不少了。这意味着一个成年人一天合理的阅读能力是2.5万~6万字。照此强度，每天4个小时用于阅读，一年坚持365天，大约可以阅读912.5万~2 190万字。

继续假设一本书是10万字，意味着这位热爱阅读的朋友，如果选择全文读完，一年的阅读极限是92~219本书。事实上，全国国民阅读调查数据显示，国民一年平均阅读量只有9本书左右。[2]假设阅读的黄金时间是50年，一辈子能读的书是4 600~10 950本。

这个数字是不是有些少得出人意料？那些值得我们全文读完的，需要较高专注力的好书，只有5 000本左右。可惜的是，不少人在那些文采、故事与思想一无可取的烂书上只字不漏，从头到尾读完；在阅读那些代表人类智慧的杰作、神作时却三天打鱼，两天晒网。显然，我们需要反过来，在阅读杰作、神作时，采取上一章介绍的"文本细读"；在那些不够重要的著作上，采取另一种读法，这就是本章要介绍的"抽样阅读"。

抽样阅读：带着假设去读

在介绍"抽样阅读"之前，我们先谈一个它的近似词——跳读，也就是跳跃式阅读。有时候，我们也会用"略读"来形容跳读。

英国小说家毛姆非常推崇跳读，他在《跳跃式阅读和小说节选》中写道："聪明的读者只要学会一目十行跳跃式阅读这种有用的技巧，就能在阅读时获得最大的享受……人人都会跳跃式阅读，但既要跳跃式阅读又不受损失，却并非易事。"[3]光自己尝到跳读的甜头还不够，毛姆甚至联合出版社，把历史上杰出小说家的原著改为缩写版，从几百万字缩写为几十万字，结果缩写版比原著更受欢迎。

跳读就像阅读方法大家庭中，夹在大哥"文本细读"与小弟"主题阅读"之间的受气包，既不像大哥"文本细读"天然"政治正确"、受人尊重，也不像小弟"主题阅读"聪明伶俐、讨人喜欢。大家常常误解它，好事与它无关，但坏事一定让它来背锅。

人们常常以为跳读等于草率地阅读。就像文盲拿到一本书，也会随便翻翻。**人们常常以为跳读是离经叛道、投机取巧。**我们在 24 岁之前接受的阅读教育更强调"文本细读"，所有与此相反的阅读方法，似乎都是歪门邪道。即使你尝到甜头，也会背负"道德压力"——我读这么快、这么少，真的对吗？接受学校教育时，阅读的多半是课本，每篇课文认认真真、逐字逐句地读，没有问题。然而，长大成人，步入社会，需要阅读的读物越来越多，涉及的学科越来越多，依然沿用小时候习得的那套阅读方法，真的合适吗？

人们常常以为跳读破坏了所谓的文字神圣感。人类文明历史数千年，而知识不再稀缺，图书唾手可得，仅仅不到 100 年。在互联网大规模普及之前，尤其是出版行业迈入数字化时代之前，我们获取一本书的难度颇大，印刷在纸上的文字常常具备一种传承人类文明的"神圣感"。正襟危坐，拜读前人大作，如果跳读，岂不是破坏了这种神圣感？因此，在不少领域，尤其是人文社科领域，不少学者颇为反对"跳读"。似乎跳读的读者越多，自己的大作越有被当作厕纸扔进垃圾桶的危险。

如此一来，人们在跳读时，常常有很大的心理障碍，觉得自己做错了什么。背后仿佛站着一群人对你指指点点，有小时候的语文老师，有人文社科领域的严肃学者。

鉴于"跳读"一词如此容易引发争议，为避免浪费时间陷入毫无意义的概念辨析——我们这种"跳读"是好的，你们那种"跳读"是坏的——我索性放弃"跳读"一词，正式将"跳读"升级为"抽样阅读"。

什么是抽样？抽样是一个统计学术语，指从研究的全体中抽取部分样品单位，抽取的样品单位要能充分代表全体的特性。

统计学是一个伟大的学科！抽样是统计学中最为伟大的发明。我们既要以偏又要概全，我们既要快与省还要多与好。正是因为有了"抽样"，我们才可以做到"既要"与"又要"。所以，为什么不将"抽样"应用到阅读领域呢？也就是说，我们既要读得少，还要读得好。

这就是我提出的"抽样阅读"，也就是带着假设去读书。将长文本看作由不同文本单元组成的全集，针对全集提出假设，找到值得阅读的文本单元，仔细阅读；验证或推翻假设之后，进行第二轮抽样，循环往复。

从脑与认知科学研究来说，相对"文本细读"，"抽样阅读"更符合人类大脑工作的原理。

首先，大脑爱脑补。"汉字序顺并不一定影阅响读"，大脑会自动脑补成正确语义。当你阅读某篇文章时，依据幂律效应，从一个网络中大约20%的信息节点中，即可获取80%左右的高质量信息。

其次，大脑有"未完成情结"。为什么有些书，你读着读着就睡着了？有好事者评选了人类历史上最催眠的三本书，分别是马塞尔·普鲁斯特的《追忆似水年华》、詹姆斯·乔伊斯的《尤利西斯》与马尔克斯的《百年孤独》。但是，假如这些书你只读其中的一章，大脑反而对还没有读完的文字念念不忘，你会在头脑中想象作者在接下来的章节中会讲什么。

最后，大脑也是贝叶斯机器人。用英国统计学家贝叶斯的思想来形容，当你猜测事情发生的概率时，先验知识会影响你的预测概率。大脑的工作原理也是这样的。你在某一领域拥有越多的先验知识，那么最终的预测准确率就越高。一位聪明的阅读者，正是采取各种方法来提高贝叶斯预测的准确率。

抽样阅读的具体技法

既然抽样阅读有这么多好处，我们该如何进行抽样阅读呢？我将其拆解为四个关键操作：确定样本章节、提出假设、验证假设、修正假设。

确定样本章节

世人皆知毛姆推崇跳读，很多读者却没留意毛姆的后一句话："人人都会跳跃式阅读，但既要跳跃式阅读又不受损失，却并非易事。"为何并非易事？如果换用统计学术语来说，正是难在如何保证抽样对全体样本的代表性上。

我们向统计学学习，提高所选样本对全局的代表性，这一步被称为确定样本章节。如何确定一本书的样本章节？步骤包括掌握图书结构、规划阅读目标、具体实施抽样。

掌握图书结构

先来看一本书的结构。大多数图书由三部分构成：

1. 边角料：包括封面、封底、版权页、推荐序以及媒体和名人撰写的推荐语。

2. 作者对图书的介绍：包括图书目录、作者的自序与后记、致谢、注释、参考文献等。

3. 图书的正文：篇、章、节、目。它们代表一本书的整体结构。什么是篇、章、节、目？篇的英文是 part；篇的下一级是章，对应的英文是 chapter；节，从属章，常用标题格式 1.1 或大写一、二，再或者省略编号，用标题加粗来表示；目，从属节，常用标题格式 1.1.1。节的下面有时也有更小的单位，但绝大多数时候可忽略不计。

了解完书的结构后，再对书的专业性进行分类。越是面向大众的书，你越可以采取较快的阅读速度，阅读时无须聚精会神，也无须保持较高的专注力。怎样判断一本书是面向大众的还是面向专家的？推荐一个阅读技巧，通过字体大小、排版，以及正文的"节"与"目"是否有数字编号来区分。一般来说，字体较大、排版宽松、正文的"节"与"目"没有数字编号的图书，大多数是面向大众读者的。目前市面上八成左右面向大众的畅销书均采取无数字编号的形式编排正文。反之，字体较小、排版紧凑、正文的"节"与"目"采用数字编号，比如 1.1、1.1.1，这类图书多半是面向专业读者的。

规划阅读目标

明白一本书的结构之后，再来看看如何规划阅读目标。具体来说，我们需要回答两个问题：读多少字才有代表性？读多少章才有代表性？

1. 读多少字才有代表性？经验法则是至少读整体字数的 20%。

如何确定一本书的整体字数？每本图书都会在版权页列出这本书的总字数，如图 5–1 所示。

书　　名：人生模式——识别并优化你的核心认知
作　　者：阳志平

责任编辑：李　影
印　　刷：天津嘉恒印务有限公司
装　　订：天津嘉恒印务有限公司
出版发行：电子工业出版社
　　　　　北京市海淀区万寿路173信箱　邮编：100036
开　　本：880×1230　1/32　印张：10.875　字数：250千字
版　　次：2019年9月第1版
印　　次：2021年8月第5次印刷
定　　价：58.00元

图 5–1

这是我的文集《人生模式》的版权页摘录。这本书的版面字数为250千字，也就是25万字（实际字数会少于该字数）。读20%，意味着至少读5万字。

2. 读多少章才有代表性？ 理论上，你阅读的样本章节总字数应该不低于全书20%。

一个简洁的估算公式是：

$$需要阅读的章节总数 = 总章数 \times 0.2 \times 系数$$

系数取多少？与每页排版宽松、紧密程度有关系。一般来说，每页字数700以上，属于排版紧凑，如果一本书每页有700~800字，系数取1.3；800~900字，系数取1.2；900~1 000字，系数取1.1。一页超过1 000字的图书较为罕见，往往是特例，比如字典、词典等。每页字数700以下，属于排版宽松，如果一本书每页有600~700字，系数取1.4；500~600字，系数取1.5；400~500字，系数取1.6。一本书一页低于400字的，往往是特例，比如诗集、绘本等。

有的书导论或附录与正文字数较多，同样需要计算在章节数中。《人生模式》正文24章，加上导论，总计25章；每页25行，每行30字，总计750字，属于排版比较紧凑的，系数取1.2。因此，《人生模式》一书，如果我们想读完整体字数的20%，意味着至少要读完$25 \times 0.2 \times 1.2=6$章。

再举一个例子。以诺贝尔经济学奖得主、认知心理学家丹尼尔·卡尼曼的著作《思考，快与慢》为例。该书正文38章，附录有2章，总计40章；每页34行，每行28字，总计952字，属于排版紧凑的，系数取1.1，这意味着至少要读完$40 \times 0.2 \times 1.1=8.8$章，取整后也就是9章。

在实际操作时，如果你读的不是纸质书而是电子书，无法估算一本书的每页字数，系数默认采用 1.2，上述公式简化为：

$$需要阅读的章节总数 = 总章数 \times 0.2 \times 1.2$$

前文提及，需要较高专注力的阅读速度大约是每小时 6 250 字，需要较低专注力的阅读速度大约是每小时 15 000 字。《思考，快与慢》最有代表性的 20% 内容，也就是 8 万字，对我这样的认知科学领域的专业读者来说，可以快速阅读，按每小时 15 000 字的阅读速度，大约需要 5 个小时读完；对非认知科学领域的读者，则需要慢速阅读，每小时 6 250 字的阅读速度，大约需要读 12 个小时。

假设你近期工作较忙，一天只有 1 个小时阅读时间，《思考，快与慢》这本书，你就需要阅读 12 天。然而，以人类的喜新厌旧程度，如果无人监督，那么多数人难以坚持阅读超过 1 周的时间，也就是说，你常常会在第 8 天放弃阅读。

更合理的阅读目标是什么呢？集中火力，一周读完一本书最精华的 20%。假设每天读两三个小时，意味着三四天就可以读完。这个阅读节奏，不仅适用于阅读《思考，快与慢》，更适用于一切无须细读的好书。

具体实施抽样

真正的难点来了。一本书那么多章节，究竟如何确定哪些章节是最精华的 20% 呢？答案要回到统计学中去寻找。无数统计学家前赴后继、不断努力，给人类文明贡献了那么多提高抽样效率、改善抽样质量的方法，我们为什么不将其运用到阅读上？

如图 5-2 所示，在统计学上，有八种常用的抽样方法，其中，简单随机抽样、等距抽样、整群抽样、分层抽样，这四种是概率抽样；便利抽样、专家抽样、配额抽样、雪球抽样，这四种是非概率抽样。

一般来说，概率抽样相对客观，依赖你要阅读的文本本身的数学分布规律；非概率抽样相对主观，依赖阅读者的个人判断。

图 5-2　八种抽样方法

下面依然以《思考，快与慢》为例，介绍这八种抽样方法在阅读时的应用。

简单随机抽样

简单随机抽样，也叫纯随机抽样。它是指从总体中不加任何分组、划类、排队等，完全随机地抽取样本单位。每个样本单位被抽中的概率相等，相互独立，彼此毫无关联。

我们可以利用 Excel 或者在线网站来获得答案。以统计网站 biostats.cn 提供的在线简单随机抽样功能为例[4]，在该网站进行计算时，我们需要输入起始编号、终末编号、抽样个数、随机种子四个参数。具体到阅读时，起始编号是指第一章（或导论）；终末编号是指最后一章（或附录）；抽样个数是指需要阅读的最小章节总数，比如《人生模式》计算结果是 6 章，《思考，快与慢》计算结果是 9 章；随机种子可不填写。

以《思考，快与慢》为例，起始编号为 1，终末编号为 40，抽样个数前文已经确定为 9。输入完数据之后，点击"提交"，就获得了 3，5，6，9，15，17，19，24，39 这 9 个随机数，那么我们就读这 9 章。

等距抽样

等距抽样，也叫机械抽样或系统抽样。它是将总体各单位按一定标志或次序排队，然后按相等的距离或间隔抽取样本单位。等距抽样的关键是确定抽样间隔，这个间隔值一般被称为 k 值。

以《思考，快与慢》为例，全书共 40 章，最少要读 9 章，k 就只能小于等于 4，否则抽取范围将会超过 40。

» k=1 时，读 1、3、5、7、9、11、13、15 章；
» k=2 时，读 1、4、7、10、13、16、19、22 章；
» k=3 时，读 1、5、9、13、17、21、25、29 章；
» k=4 时，读 1、6、11、16、21、26、31、36 章。

再如《超越智商》有 13 章，13/3=4.3（除数 "3" 确定的原则依然如上所述，为了确保最小的抽样代表性，所以至少要读 13 × 20%=2.6 章，取整后为 3），k 的取值也是小于等于 4。

» k=1 时，读 1、3、5 章；
» k=2 时，读 1、4、7 章；
» k=3 时，读 1、5、9 章；
» k=4 时，读 1、6、11 章。

如果采取二八原则，假设一本书的 20% 最有代表性，那么 k 的取值只能是 1~4。

整群抽样

整群抽样指从总体中成群成组地抽取调查单位，而非一个一个地抽取调查样本。

具体怎么操作呢？你可以把一本图书划分为不同的群，在划分时，按照图书已有的篇（部分）挑选群。比如《思考，快与慢》总共有五个部分，如果抽到的是第一部分，就把第一部分全部读完，以此类推。

一般建议读包括章节数最多的篇（部分），否则无法确保最小的抽样代表性。《思考，快与慢》总计五个部分，分别包含 9 章、9 章、6 章、10 章、4 章内容。建议你放弃第三和第五部分，在第一、二、四部分中选择一个阅读，否则达不到 8 章的阅读目标。

你也可以按照其他维度挑选群，比如，按照作者的身份。我主编的《认知尺度》一书[5]是三届开智大会十二期演讲的合集，该书有很多作者，你可以将作者的身份划分为作家、科学家、企业家三类，然后挑选其中一类阅读。你可以挑郝景芳、陈楸帆等作家撰写的章节来阅读，也可以选择魏坤琳、黄扬名等科学家撰写的章节来阅读，还可以挑选路意、李雪淞等企业家撰写的章节来阅读。

分层抽样

分层抽样，也叫类型抽样，指的是将总体单位按其属性（如性别、类别等特征）分成若干类型或层，然后在类型或层中随机抽取样本单位。以上文介绍的《认知尺度》一书为例，你可以按照作者身份分成三类，每类只读一个作者，比如作家只读陈楸帆，科学家只读魏坤琳，企业家只读李雪淞。这样能快速把握图书的整体思想。

你也可以按照"核心章节"和"边缘章节"分层。如何快速找到图书的核心章节？你可以从图书的注释和参考文献入手。很多人读书时只把注意力放在正文上，但一本书的注释和参考文献同样颇有价值。通过注释和参考文献，找出作者引用自己文献最多的章节、作者原创贡献最多的章节，这些章节就是核心章节。以《人类网络》一书为例，全书共 9 章，每章引用作者自己的文献的数量分别为 1、11、4、3、4、7、7、11、9。作者引用自己原创的研究越多的章节显然越有可能是核心章节，也就是第 2、6、7、8 与 9 章。[6]

当然你也可以按照另外一个思路确定一本书的核心章节，即作者引用别人文献最多的章节。以认知科学家史蒂芬·平克的《风格感觉》一书为例，该书参考文献中引用作者自己的文献才 8 次，引用《剑桥英

　　　　　　　　　　　　　　　聪明的阅读者

语语法》作者杰弗里·基思·普鲁姆同样高达8次。[7]这8次分布在第2、4、6章。其中第6章引用普鲁姆的文献4次。显然，第6章可能是"核心章节"，但更大概率是平克自己没那么擅长的章节。

判定是核心章节还是非核心章节的依据是什么？答案是看作者引用别人文献最多的章节是不是全书核心思想所在，显然，《风格感觉》一书引用普鲁姆4次的第6章不是核心思想所在，所以我们判定它为"边缘章节"。一个经验法则是，越在前面的章节，是"核心章节"的概率越高。

试举一例。英国认知科学家安迪·克拉克所著的《预测算法》一书，引用英国神经科学家卡尔·弗里斯顿总计63次，甚至超过引用自己的文献的次数。[8]显然，整本书在浓墨重彩介绍弗里斯顿的思想。作者在第一章即引用弗里斯顿的文献总计10次，那么第一章有较大概率是核心章节。

以上四种方法属于概率抽样。概率抽样法是指你利用客观、随机的方法抽取样本章节，通过选中的样本对整本书做出强有力的统计推断。相对来说，它对整本书的代表性更强一些。这四种方法有何区别？简单随机抽样适用范围最广，效果相对理想，尤其适用于章节数较多的图书，但需要一定的统计学知识；等距抽样操作最为简单，最易记忆；整群抽样需要了解图书结构，尤其适用于本身带有篇的目录结构；分层抽样最能触达图书核心章节，但需要深入剖析图书结构，前期准备工作最多。

很多时候，你也可以采取非概率抽样。非概率抽样法是指你根据自己的情况或主观判断抽取样本章节的方法。这种抽样方法更容易让你保持阅读兴趣。典型的非概率抽样方法有四种：便利抽样、专家抽样、配额抽样、雪球抽样。其中，便利抽样最能激发阅读兴趣；专家抽样适合该领域的专家撰写的导读或阅读建议；配额抽样尤其适合目的性明确、时间有限的阅读，比如考试；雪球抽样适合刚刚进入一个陌生领域，对该领域不够熟悉的阅读。

便利抽样

你可以直接阅读与手头工作最相关的章节。举个例子，我给认知科学家基思·斯坦诺维奇的《超越智商》的中文版撰写了一篇万字导读，当时文中需要引用卡尼曼《思考，快与慢》中提及斯坦诺维奇的内容，那么我就可以直接在《思考，快与慢》电子书中检索关键词"斯坦诺维奇"，发现名字出现在图书第 3 章。这就是一种便利抽样。

另一种常见的便利抽样是，通过阅读边角料以及作者关于这本书的介绍，发现作者反复提及的关键词，然后阅读该关键词所在的章节。

专家抽样

专家抽样也被称为选择性抽样，选择样本章节依赖于专家建议。专家说先读哪个章节就先读哪个。比如我主编的《追时间的人》[9]，这是一本对话体的书，我给读者提供的阅读次序建议是，先阅读第十一讲《信息捕食者的选择》（安替）、第十二讲《好中文的样子》（王佩）、第六讲《好人会武术，神仙挡不住》（赵昱鲲）。读完这三讲，多数人会被各位作者感染，接着再读附录——《开智脑洞大开：时空选择论》。最后依据个人兴趣精读。

你可能好奇为什么这样安排？这个阅读次序体现了"人比信息重要"。安替、王佩、赵昱鲲三人的对谈极富煽动力，他们讲述的人生故事可以激发你的行动力。此外，你需要了解群体智慧如何诞生，对应阅读"时空选择论"。最后，你可以选择自己有兴趣的领域精读。

为什么读书时容易半途而废？其中一个原因正是我们采取了错误的阅读次序——不是从容易激发自己兴趣的章节开始，而是老老实实从第一章开始读。

配额抽样

在这种抽样中，根据预先确定的总体特征来选择样本。比如阅读

《实验心理学》这本书时，预先确定选取作者提及如何做实验的章节，与做实验无关的章节可以不读。

雪球抽样

当抽样框架难以识别时，有更好的方法吗？一种常用的抽样方法是雪球抽样。什么是雪球抽样？在做调查时，让已参加调查的人推荐更多他们认识的人，样本的大小就会像滚雪球一样增加。同样，阅读时，你拿到一本书后可以先任意选择一章试读，再读作者在这个章节中提到的另一章，如此滚雪球般读下去。

举个例子，《超越智商》第 6 章开头写道："析取推理是一种系统性且速度较慢的信息处理方式，是前面几章中介绍过的类型二加工的一种。"通过目录发现，"类型二加工"在第 3 章，那么我们读完第 6 章就可以接着读第 3 章。

再以拙著《人生模式》为例，在第九章《升级你的行动工具箱》第一段我写道："上一章我们提到，每年到了年底，不少人都会懊恼过去的一年，浪费时光，不少计划没有完成。"那么，读完第九章，接着读第八章即可。

以上，便完成了抽样阅读的第一步，也是最重要的一步——确定样本章节。后三个关键步骤依次是：提出假设、验证假设、修正假设。

为什么是这三个步骤？回答这个问题前，不妨回到"理性"。

什么是理性？理性思维重要的不是发论文，而是掌握"定义—验证—质疑"这套逻辑方法论。无论魔法世界还是修真世界，都存在一个基本准则：对事物进行定义并选取衡定标准，然后记录它，让实践碰撞它，最终促进新事物的诞生，这是真理之道。定义、验证与质疑，是为理性三部曲。

以理性为例，反科学主义者常说人是非理性的，以此来贬低科学的价值。科学的做法是，在传统理性的基础上，又定义了人类行为的

"有限理性"。赫伯特·西蒙与认知心理学家卡尼曼因研究理性先后荣获诺贝尔经济学奖。

"定义—验证—质疑"对应到抽样阅读，即提出假设、验证假设、修正假设。

提出假设

当你确定好要读的章节，速读边角料、作者关于图书的介绍之后，就可以提出假设了。如何提出假设？你可以从数量、质量、结构三个维度提出你的阅读假设，下面分别介绍这三个维度。

数量：对书中反复提及的关键词做出假设。

阅读《原则》这本书前，我最初假设作者瑞·达利欧是一位淡泊名利的智者。我的假设正确吗？并不正确。统计全书，出现桥水 285次、中国 89次，其他尚在世的名人名字不下 30次。我难以想象，一本号称人生总结的著作中，一位淡泊名利的智者会用如此之大的篇幅提及国家领导人。

试看查理·芒格如何提及同时代的优秀人物。"这些规模优势非常强大，所以当杰克·韦尔奇到通用电气时，他说：让它见鬼去吧。我们必须在每个我们涉足的领域做到第一或者第二，否则我们就退出。我不会在乎要解雇多少人，卖掉哪些业务。如果做不到第一或者第二，我们宁可不做。"[10]

在达利欧的著作中，我们只看到那些同时代的杰出人物如何优秀，至于为什么优秀，对不起，限于保密条款，不能告诉你。芒格把那些杰出人物优秀的原因，说得一清二楚。芒格引用韦尔奇的话，是要论证普世智慧。同样，芒格引用平克是因为《语言本能》，引用西奥迪尼是因为《影响力》。从达利欧在书中引用的 29篇参考文献来看，多数是商业畅销书，只知道金斯不知古尔德，只知卡尼曼不知斯坦诺维奇，只知威尔逊不知阿奇舒勒。

对比之后，瑞·达利欧是不是一位淡泊名利的智者，相信你已心中有数。

质量：对图书哪些章节的原创贡献大提出假设。

以《俄罗斯文学讲稿》为例。我们了解到，纳博科夫写过的唯一人物传记是《尼古拉·果戈理》，经常提到的作家是托尔斯泰。那么，你就可以选取《俄罗斯文学讲稿》中果戈理、托尔斯泰两章来抽样。[11]

仔细阅读纳博科夫《俄罗斯文学讲稿》的前言及相应推荐语，的确有多处提及果戈理与托尔斯泰，由此验证"这两章是信息抽样关键节点"是正确的。纳博科夫高度推崇果戈理，认为果戈理是一种不存在的作家。

再如前文提到的《人类网络》，作者马修·杰克逊引用自己发表的文献最多的章节集中在第2、6、7、8与9章，由此可以假设这几章是本书的核心章节。

结构：对图书的组织结构提出假设。

以《超越智商》为例，阅读前你可以对这本书的论述重心提出假设。在该书的推荐序中我重点介绍了斯坦诺维奇的"三重心智模型"。由此，你可以提出假设：这本书的论述重心是三重心智模型。该假设是否正确？可采取整群抽样的方法，阅读第一篇即可。

验证假设

以阅读纳博科夫的《俄罗斯文学讲稿》为例。前文中，已提出假设——果戈理、托尔斯泰两章是核心章节。快速阅读果戈理一章的开头结尾，纳博科夫认为果戈理最大的特色在于，他的作品是一种语言现象而非思想观念。如此，我们把握住了纳博科夫对果戈理的基本认识。在这一章里，有 17 个小节，纳博科夫花了很大的力气讲果戈理的《外套》，因此，《外套》这一节是重点，读完再读其他小节。

如此循环往复，我们可以得出纳博科夫关于果戈理至少 10 点文学认识，比如他是一位高度重视感觉的作家，而这，确实是纳博科夫推崇的写作路线。

在验证假设时，我们很容易出现一类错误与二类错误，尤其是一类错误。什么是一类错误与二类错误呢？请看一个经典笑话。

医生判断病人是否怀孕，只有两种可能——病人怀孕或病人没有怀孕。设定零假设（H0）为病人没有怀孕；备择假设（H1）为病人怀孕。

图 5-3 中可以看到，左侧的男性病人不可能怀孕（当然是指自然状态下），但医生认为病人怀孕，这就是当零假设是真实的却拒绝了零假设，此时便犯了一类错误；而右侧的女性病人，可以看到其怀孕，但是医生却认为病人没有怀孕，这就是零假设不成立却接受了零假设，犯了二类错误。

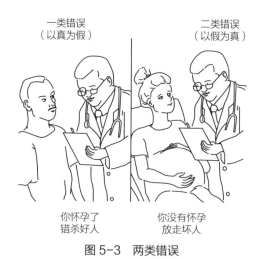

图 5-3　两类错误

　　　　　　　　　　　聪明的阅读者

如何规避一类错误与二类错误？最好的方法是，多想想是否还存在备择假设。以宇文所安的《盛唐诗》举例，阅读宇文所安的序言、后记，还有关于他的媒体报道，发现宇文所安推崇王维。我们设定零假设——宇文所安推崇王维；备择假设——宇文所安不推崇王维。接下来我们快速定位到书中介绍王维的第四章，读完后发现宇文所安果然推崇王维。[12]

修正假设

上述步骤一一走完后，你有以下几种选择。

1. 假设得到支持，进行第二轮抽样阅读。

2. 假设没有得到支持，完全被否定，继续第二轮抽样阅读。

3. 麻烦的是，假设部分支持、部分否定。此时，你需要先修正假设，再开始第二轮抽样阅读。修正假设常常是在原有假设的基础上增加限定词、例外条件等。如前文对宇文所安的分析，假设最终应修改为宇文所安既推崇王维，也推崇李白，但二者中他更推崇王维。

抽样阅读的进阶思考

元：抽样阅读的高阶操作是什么？

阅读一本书时，我们首先会形成一些假设，比如宇文所安推崇王维。当该假设最终通过验证，如何进行更高阶的思考？你可以做这样的场景变化：除了宇文所安推崇王维，人类历史上还有哪一个作家推崇另一个作家？

比如王小波推崇王道乾和查良铮。王小波在《我的师承》中写道：

"对于这些先生，我何止是尊敬他们——我爱他们。他们对现代汉语的把握和感觉，至今无人可比。一个人能对自己的母语做这样的贡献，也算不虚此生。"[13]

洪业推崇杜甫。洪业在《杜甫》中写道："中国八世纪的诗人杜甫，作为中国的维吉尔、贺拉斯、奥维德、莎士比亚、弥尔顿、彭斯、华兹华斯、贝朗瑞、雨果及波德莱尔，被介绍给西方。为何一位诗人会被比作如此众多、各不相似的诗人？简而言之，杜甫不能被视为他们中的任何一位。杜甫是独一无二的。"[14]

纳博科夫推崇果戈理。纳博科夫在《俄罗斯文学讲稿》中写道："虽然我试图表达对他的艺术的态度，但我拿不出任何触手可及的证据来证明他的艺术的独特存在。我能做的只是把手放在胸口，然后申明果戈理并不是我想象出来的。他确实创作过，他确实存在过。"[15]

通过场景变化，举一反三，从阅读一本书到更多的书。

最后，你还可以将这一批假设进行符号化思考。比如，if B 是无人可比、独一无二、独特存在，then A like B。这是我们头脑中的一个元假设。当一个作家推崇另一个作家时，会使用哪些表达方式？总结出符号化的思考规律后，这些规律就会成为你的元认知习惯。下一次阅读时，你会有意识地用这些规律快速寻找相应的阅读线索，比如一些指示语或形容词。

反：如何避免抽样阅读的系统性偏差？

阅读的系统性偏差主要源自以下三点。

第一，选错全集。以《文化资本与社会炼金术》为例，你以为作者是法国社会学家皮埃尔·布尔迪厄（又译布迪厄），实则是改革开放后，中国思想界意识到布尔迪厄的重要性，将其重要的论文和对话编排而成的。这本书既没有法文版，也没有英文版，并非布尔迪厄自

　　　　　　　　　　　　　聪明的阅读者

己审定的作品。这类后人编选的书常常有类似问题。用作抽样，需要核查版本。

第二，样本章节选择过少。在前面的章节中，我建议至少抽取全书的 20%，若你只抽取 1% 代表作者的整体思想，就非常容易出错。

第三，解释时没有寻找备择假设。比如你假设宇文所安推崇王维，但没有搜索他不推崇王维的证据，就可能犯错。

空：何时无须带着假设去读？

当一本书太薄时，无须带着假设去读，快速读完即可。比如陪孩子读绘本，一本不到 300 字的绘本，无须带着假设去读。当一本书足够关键时，无须带着假设去读，需要反复琢磨。当一本书很文艺时，比如诗歌、散文、小说，可以抽样但无须带着假设去读。

人文之作读的是邂逅与散漫、情绪与感动，以唤醒文本与良知自觉。《如何读，为什么读》要读用人类语言表达的人类情绪，要用人性来读，用全部身心来读。《我想遇见你的人生》是爸爸写给女儿的爱，《阅读的狩猎》是知识狩猎者遇见"猎物"的爱，《昔我往矣》是怀旧的爱，《梦与智的旅程》是男女之爱，《流浪者之歌》是自我寻找的爱。

如何判定阅读文艺作品成功与否？答案就是你在阅读的时候被感动了多少次。当你伴随书中人物的喜怒哀乐情绪起伏，这就是成功的阅读。那些伟大的文艺作品，总是在不断点燃你内心的微暗之火，或是希望或是勇气，也许是爱也许是真，终有一日成为燎原烈火，照亮你的人生之旅。

小结

你以为读一本书要从头到尾读完，聪明的阅读者采取抽样阅读，带着假设去读。

你以为随便跳读即可，聪明的阅读者依据不同图书的特点，使用不同的抽样方法，提高样本对于整体的代表性。

你以为读书百遍，其义自见。聪明的阅读者有清晰的阅读目标，一轮又一轮提出假设，快速吃透一本书。

第六章
结构阅读：掌握作者的认知方式

什么是结构阅读？也就是带着框架去读书。不同作者有不同的认知方式，认识世界与改造世界的偏好不同。本章整理了人类文明诞生以来的九种主流认知方式。掌握结构阅读，意味着掌握人类主流的认知方式。

为什么你读书抓不住重点？

理查德·道金斯在《自私的基因》的前言中写道："在写作过程中似乎有三位假想的读者一直在我背后不时地观望，我愿将本书奉献给他们。第一位是我们称为外行的一般读者……第二个假想的读者是个行家……我心目中的第三位读者是位从外行向内行过渡的学生。"[1]

如他所言，作家写作时会有假想读者。但大部分时间，作家只会面对一个读者写作——要么是小白，要么是专家。

那些读起来有点儿难的书，往往是写给专家看的。专家拥有大量的背景知识，能理解作者讲的重点，更容易与作者同频共振。小白读这些书时，则会面对一大堆陌生术语，难以抓住作者要表达的重心。我们如何才能从小白成为专家呢？答案是：理解作者的认知方式。

天上有多少星星，地上就有多少人。每个作者写作风格迥然不同。有的作者偏好长篇大论，有的作者偏好微言大义。前者在社会学类著作中常见，如法国社会学家皮埃尔·布尔迪厄的著作以晦涩难懂著称；后者在哲学著作中常见，如路德维希·维特根斯坦的《哲学研究》以格言体写哲学的重大命题。

同样是小说家，张爱玲偏爱写没落贵族、男女哀怨与传奇情事，如《金锁记》《倾城之恋》《红玫瑰与白玫瑰》；鲁迅更擅长讥讽世事，直指国人的人性弊端，如《孔乙己》《阿Q正传》《狂人日记》。

同样是科学作家，道金斯文笔优美，比喻精妙，在成名作《自私的基因》中用拟人手法描摹人类遗传和演化的本质，在《盲眼钟表匠》中用"盲眼的钟表匠"精妙比喻物种的演化没有目的，生命自然选择的秘密源自累积。另一位科普作家奥利弗·萨克斯擅长讲故事。他的代表作《火星上的人类学家》讲述了7个脑神经患者的真实故事，奇妙而曲折；《错把妻子当帽子》讲述了24个神经障碍患者的神奇遭遇和经历。

习惯感性阅读的人，常常用同一种方法阅读不同类型的书。读布尔迪厄与读网络小说大体类似；读张爱玲与读鲁迅无甚区别；读道金斯与读萨克斯几近相同。面对不同的书，如果只有一个阅读框架，那么难以抓住阅读的重心。如同应对1 000个问题，只用一个锤子，一锤子下去，多数时候是读者自己败退，难以读出味道、读出精髓。

聪明的阅读者，针对不同的文本类型与读物类型，会匹配相应的阅读策略。但是世界上有这么多的作者，难道每一位作者都要去匹配相应的阅读策略吗？显然不可能。

关键在于，理解每位作者是不同的，但不同的作者也有相似之处。哲学家讨论哲学家，心理学家引用心理学家。图书管理员将书籍分门别类摆放，哲学类的书和哲学类的书放在一起，心理学的书和心理学的书放在一起。只是这种分门别类有时候很搞笑，一个不恰当的分类体系就好比用体重度量智力，用财产度量情感。比如，同是科学作家，道金斯和萨克斯的写作手法大相径庭，二者之间的差异不亚于植物园与动物园。而我们常常会在同一类别的书架上看到他们的书，看似合理的分类实则不合理。

那么，理解一本书的关键框架是什么？使得一个作者与另一个作者可以归为同一类的深层逻辑又是什么？

答案是：不同作者共享的认知方式（ways of knowing）。

结构阅读：像智者一样思考

翻阅书目，你会发现一类特殊的书：像 X 一样思考。在社会科学领域，有理查德·谢弗和罗伯特·费尔德曼合著的《像社会学家一样思考》；有唐纳德·麦克伯尼写的《像心理学家一样思考》；有罗格·阿诺德写的《像经济学家一样思考》；有约翰·奥莫亨德罗写的《像人类学家一样思考》。

在人文学科领域，有詹姆斯·克里斯蒂安写的《像哲学家一样思考》；有尼基·曼德尔和鲍比·马隆合著的《像历史学家一样思考》；有托马斯·福斯特写的《像文学教授一样阅读小说》；有贝蒂·艾德华写的《像艺术家一样思考》。

在自然科学领域，也有类似著作：克里斯蒂安·黑塞写了《像数学家一样思考》；盖瑞·祖卡夫写了《像物理学家一样思考》。甚至工程与实用领域也不例外。有伊丽莎白·斯蒂芬等五位作者合著的《像工程师一样思考》；有艾伦·唐尼写的《像计算机科学家一样思考 Python》；有奥赞·瓦罗尔写的《像火箭科学家一样思考》；有沃伦·贝格尔写的《像设计师一样思考》。

那么，像 X 一样思考，究竟指的是什么呢？——答案正是认知方式。

什么是认知方式？认知方式是指个人思维、知觉、记忆以及运用知识解决问题的方式，近义词包括认识方式、认知框架等。

哈佛大学心理学家戴维·珀金斯认为，各学科采用的具体论证方法虽各不相同，但绝大多数学科的认知方式存在共同点：重视争论和证据，强调必须证明某种主张是正确的，证实某种模型能够恰如其分地反映"事物背后的道理"。每个学科的认知方式都兼具描述、论证、解释、应用四种生活价值。[2]

具体而言，任何一种认知方式都能够：（1）描述，即依据特定的规则、使用特定的语言来描述事物，强调其特定的性质和表现；（2）论证，即通过其偏好的特定争论、证据和直觉判断来论证一些主张、理论和观点；（3）解释，即以同样独特的方式解释其所面临的问题；（4）应用，即拥有特定的应用范围和形式。

有哪些认知方式呢？戴维·珀金斯在著作《为未知而教，为未来而学》中，总结了人类的四种常见认知方式。第一种是欧几里得式认知，侧重从定义、公理和已证实的定理出发，进行形式演绎。第二种是牛顿式认知，强调通过数学对真实世界进行建模。第三种是培根式认知，侧重提出假设，再通过实验来进行验证。第四种是修昔底德式认知，这种以古希腊第一位历史学家命名的认知方式，侧重搜集、解读历史上的原始资料，并对历史上已有的他人的解释进行批判，最终将资料、见解、批判拼接为新的历史叙事。

英国科学史家约翰·皮克斯通在《认识方式》一书中，将人类文明常见的认知方式总结为五种：博物志、分析、实验、技术科学与解释学。[3]

博物志：是指对万事万物的采集、描述、命名和分类，侧重记录事物的多样性与变化。博物志这种认知方式关联的学科常常与自然事物的分类一一对应，比如植物学、动物学等。

分析：是指通过解剖寻找次序，侧重分解事物，确定"已知"的成分。这类认知方式关联的学科常与构成某类事物元素之间的比较有关，比如分析化学、分析力学、金融分析等。

实验：是指将构成事物的元素组织在一起进行控制以创造新事物，或者以新方式出现的旧事物。实验建立在分析之上，侧重合成。这种认知方式关联的学科常常与合成紧密相关，比如实验心理学、实验物理、实验医学等。

技术科学：是指制造知识的方法，这些制造方法也是制造商品，或者武器这类准商品的方法。技术科学侧重综合的认知方式，与现代商业文明中企业的兴起息息相关。

解释学：这是人类与生俱来的一种认知方式，无论是自然界的万事万物，还是人工造物；无论是具象的商品、准商品，还是抽象的理论、概念，我们都会赋予意义与解释。那些创造力旺盛的人，往往更善于制造意义与解释，于是，他们就成了人类文明中传承意义与解释体系的角色，在远古时代是宗教人士，在今天则不仅仅局限于宗教解释，还包括了科学与文学的解释，他们是学者与作家、艺术家等。

无论珀金斯还是皮克斯通，都敏锐地注意到了认知方式的重要性，并且初步尝试厘清认知方式的分类。两人都注意到了不同学科的思维方式的差异，不约而同地选择了"实验"这种认知方式。然而，两位学者的分类值得商榷。由于两人的著作都诞生于互联网与移动互联网时代之前，所以他们的学说都有一个极大的缺陷，即没有看到计算机对人类认知方式的影响。珀金斯的分类不仅忽略了工程师那类认知方式，也就是皮克斯通所言的"技术科学"，还忽略了文学家那类认知方式，也就是皮克斯通所言的"解释学"。

皮克斯通也存在一个严重漏洞——没有清晰地区分认知方式、学科两个概念，将不同层次的事物混在一起讨论。比如博物志这种认知方式侧重命名和分类，分析侧重解剖，实验侧重组合，这是合理的。但是对技术科学、解释学的定义则比较混乱。技术科学是一种认知方式还是一个学科？如果是一种侧重"综合"的认知方式，显然，"技术"一词并非最佳代表。解释学也有同样问题。在我看来，认知方式不同于学科，但有的学科会是某一类认知方式的代表。认知方式与学科相互成就，互为原型。

人类的九种主流认知方式

什么是主流认知方式？即幼童老叟，文盲硕儒，东西文化，都很容易接触到。基于前人研究，我尝试站在千年时间尺度上，将人类文明历史诞生以来，主流的认知方式总结为九种，如表 6-1 所示。

表 6-1　人类的九种主流认知方式

文本类型	认知方式	常见领域
信息型	思想实验	像哲学家一样思考
	符号思考	像数学家一样思考；像统计学家一样思考
	实验科学	像心理学家一样思考；像生物学家一样思考；像物理学家一样思考；像化学家一样思考
	计算模拟	像计算机科学家一样思考；像物理学家一样思考
	田野调查	像人类学家一样思考；像社会学家一样思考；像历史学家一样思考；像语言学家一样思考
叙事型	幽默叙事	像段子手一样思考；像相声演员一样思考
	故事叙事	像小说家一样思考；像编剧一样思考
美感型	文采美感	像诗人一样思考；像散文家一样思考
	视觉美感	像画家一样思考；像书法家一样思考；像摄影师一样思考；像设计师一样思考

在第三章中，我将文本分为信息型、叙事型、美感型三大类。其中，信息型文本主要包括思想实验、符号思考、实验科学、计算模拟与田野调查五种认知方式；叙事型文本主要包括幽默叙事、故事叙事两大类；美感型文本主要包括文采美感、视觉美感两大类。

思想实验

思想实验是指通过想象去进行实验，这是哲学家常用的认知方式。最古老的思想实验莫过于忒修斯之船。一艘航行在无尽之海的大船，只要一块木板腐烂了，它就会被替换掉，以此类推，直到数百年后，所有的部件都不再是最初的那些。问题来了，几百年后的这艘船还是原来的那艘船吗？如果不是原来的船了，那么它是从什么时候开始不再是原来的船？

思想实验有哪些类型呢？我将常见的思想实验总结为悖论、抽象、对话与格言四种类型。

悖论。我介绍过一个与忒修斯之船类似的思想实验，它就是"沙堆悖论"（sorites paradox）：

> 多少粒沙子才是堆？如果一粒沙子不是堆，那么，两粒沙子也不是堆；如果两粒沙子不是堆，那么，三粒沙子也不是堆；以此类推，如果 9 999 粒沙子也不是堆，1 万粒沙子还不是堆。

"破解"沙堆悖论时，我们经常不得不设定一个固定的边界。如果"1 万粒沙子是一堆沙"，那么少于 1 万粒沙子就不能称之为一堆沙。这样区分 9 999 粒沙和 10 001 粒沙显然不合理。这样就不得不设定一个可变的边界，但是这个"边界"所指代的沙子数量是多少呢？我们现在并不知道。那么，最初设定的那个"1 万粒沙子是一堆沙"作为知识的价值就被消解了。

苏格拉底式提问多数时候是在营造悖论，放大对方的逻辑漏洞。更多关于悖论的讨论可以参见陈波的《悖论研究》、张建军的《逻辑悖论研究引论》与罗伊·索伦森的《悖论简史》。

抽象。哲学家的术语体系和正常人的术语体系非常不同，他们会使用更高级别的抽象。美、道德、自由、意志、知识、真实、理性，每一位伟大的哲学家都构建了不同的边界和抽象级别。《如何阅读一本书》的作者莫提默·艾德勒在其撰写的《哲学的迷途》中分析了意识及其对象、理智与感觉、语词及意义、知识与意见、道德价值、幸福与满足、自由选择、人类本性、人类社会、人类存在 10 个哲学命题。

对话。东方的《论语》是孔子与其弟子的对话、《朱子语类》是朱熹与其弟子的对话、《传习录》是王阳明与其弟子的对话，西方的《斐多》是苏格拉底与其学生的对话，这些著作都是通过对话揭示普世真理。

格言。尼采、维特根斯坦都喜欢写格言。尼采的《查拉图斯特拉如是说》、维特根斯坦的《逻辑哲学论》在斩钉截铁的坚定中，实则是对人性的嘲讽。

思想实验虽然是哲学家常用的认知方式，但并不会局限于哲学这一学科。在任何涉及抽象概念的操作时，它皆可大显身手。比如，理论物理学、理论生物学中常常可见"思想实验"的身影。最著名的莫过于爱因斯坦提出相对论时构建的"升降机""与光同行"等系列思想实验。

思想实验也会启发其他认知方式。比如，丹尼特在《心灵种种》一书中提出的"四种心智模型"就出自思想实验，该模型后来得到认知科学家埃文斯、卡尼曼、斯坦诺维奇的心理学实证研究支持，形成了人类心智加工的双系统理论，即"快思"的系统 1 与"慢想"的系统 2；之后又发展为"三重心智模型"：自主心智、算法心智与反省心智。

符号思考

符号思考是指使用抽象的符号而非自然语言来思考，这是数学家、统计学家常用的认知方式。远在古埃及时代，人类就发明了各种数学符号来辅助建设金字塔。

我将常见的符号思考总结为定义、求解、维度与变形四种类型。**定义**：它是每一位数学家的基本功，每个数学证明都会清晰地列出涉及的定义，使用的公理与定理等。**求解**：它是指解决问题。乔治·波利亚的《怎样解题》将求解划分为理解题目、拟订方案、执行方案与回顾四个步骤，并且总结了在求解题目时的数十种探索法。[4]

定义与求解容易理解，不容易理解的是维度与变形，下面略作解释。先说**维度**。什么是维度？维度是数学中独立参数的数量。比如，在几何学中，通常把线（直线、曲线）看作一维，面（平面、曲面）看作二维，立体（正方体、长方体）看作三维。

人类大脑的运作规律，在认知科学上表现为多维函数。认知科学家往往将那些超过三维的维度空间称为高维空间。比如，我们的视觉对一把椅子的表征，一维是椅子的线，二维是椅子的面，三维是椅子的立体。但椅子还存在四维的一些属性，比如什么人、什么时候坐过这把椅子等。所有参数叠加在一起，形成了一个高维空间。最终，人类心智的各种特征值，就会构建出一个庞大无比的高维空间。

此时，为了将其简化到人类大脑能够理解的维度，我们就要进行降维操作。认知科学家约书亚·特南鲍姆发明的等距映射（Isomap）算法就是在流形计算中高频使用的一种降维算法。[5]同样，为了放大差异，我们需要执行升维操作。举一个升维的例子。曾经有一种流行的机器学习算法支持向量机（SVM），它的数学原理就是将在低维上很难发现的一些差异，放到高维去，从而放大差异。

再说**变形**。它指的是转换事物的形态，比如从高的转为矮的，从大的转为小的，从三角形转为正方形，诸如此类。变形与人类的创造力高度相关。人类习惯生活中常见的方向，一旦涉及变形，就会变得格外笨拙。好的数学家无不需要频繁应用"变形"，比如，数学中的分支学科群论，思考各类代数结构如何在变化中保持不变。另一分支学科拓扑学，则关注各类几何结构如何在变化中依然保持不变。

实验科学

实验科学是科学革命产生的认知方式，简单来说，是指设计各种变量，控制实验条件，求出显著差异，这也是科学家工作中的关键。这种认知方式广泛应用于**以人为实验对象**的领域（如社会学、心理学、经济学等）、**以动物为实验对象**的领域（如生物学、神经科学、医学等），以及**以自然元素为实验对象**的领域（物理学、化学、材料学等）。

艾萨克·阿西莫夫在《基地》中说，人类作为个体，很难预测个体命运；然而，当样本足够大，则可以预测整个人类的历史走向。人类社会不存在复本，我们不得不小心翼翼地设计各种实验，推测人性、获得真知。

计算模拟

计算模拟是指对真实世界或虚拟世界进行抽象、建模等模拟操作，然后看事物发展趋势。它是计算机科学家、物理科学家常用的认知方式。科学诞生早期，物理学家最常用的思维方式是牛顿式认知，建模真实世界。自 20 世纪计算机诞生后，计算模拟成为人类社会主流的认知方式。

与牛顿时期注重建模真实世界不同，在 21 世纪，受计算机联网影响，计算模拟这种认知方式注重规约与接口。

什么是<u>规约</u>？规约是一种独特的机机交互协议。数据库领域的计算机科学家创建了三大范式规约；分布式计算领域的计算机科学家创建了 REST 规约。在虚拟世界中，创建新的规约能更好地连接虚拟世界，关联物理世界。

什么是<u>接口</u>？不同于符号思考，计算模拟的思维方式，在对真实世界进行表征后，还要返回真实世界。如何让信息在两个世界间互通往返？计算模拟使用两种接口：一种存在于虚拟世界中，该接口使得不同的计算进程能够相互交换数据（这种接口在符号思考中也存在）；另一种是计算模拟独有的，该接口连接虚拟世界与真实世界，将虚拟世界运算的结果回传到真实世界。比如，计算机运算的结果通过各种各样的设备使人类感知，从而影响真实世界，但是符号思考在头脑中思考就可以了，不一定会影响真实世界。这是符号思考与计算模拟两种思维方式之间的差异。

田野调查

田野调查是指实地参与现场的调查研究工作，它是人类学家、社会学家、历史学家、语言学家常用的认知方式。

人类学家与**社会学家**通过田野调查，从族群、文化特例中总结出规律。比如法国人类学家列维－斯特劳斯的《忧郁的热带》，来自他亲访亚马孙河流域和巴西高地森林的经历；我国人类学家与社会学家费孝通的《江村经济》，来自他对江苏吴江开弦弓村的田野调查；英国人类学家与社会学家格雷戈里·贝特森的《纳文》，来自他对新几内亚某部落的一项仪式展开的民族志实验。

同样，我国历史地理学科的开拓者谭其骧先生，其代表作《中国历史地图集》来自他对中国大江大河、水系湖泊的调查。与人类学家、社会学家不同，**历史学家**的田野调查不仅在实地进行，还会挖掘各种考古资料、文献。傅斯年先生在《史学方法导论》一书中强调史学的工作就是整理史料。

语言学家常常做的事情是什么？他要寻找语言中的特例，从特例中总结出一套规律。认知语言学的创始人乔治·莱考夫著有《女人、火与危险事物》，为何将这三者关联在一起？在汉语、英语中，女人、火、危险事物分属三种不同类别，但在澳大利亚原住民迪尔巴尔人的语言中，它们却被归入一种范畴。这种特例，常常引发语言学家的灵感。

幽默叙事

正如生活中充满了细碎的事情，不是所有的事情都值得你记忆。同样，不是所有的叙事都能成为认知方式。与叙事相关，在人类文明历史上，层出不穷的叙事方式有两种：幽默叙事与故事叙事，也就是通过幽默与故事来思考。

幽默叙事是指通过讲述，令人觉得有趣。它是段子手、相声演员常用的认知方式。**笑话、段子**和**反讽**是幽默叙事的三种常见表达形式。笑话是最为完整的幽默叙事；段子相对笑话来说，篇目更短，保留了幽默叙事最核心的意思；反讽是一种正话反说或反话正说，从反面进行讽刺的幽默叙事。在实际生活中，笑话、段子和反讽并不严格区分。

试看一个笑话：

> 神探福尔摩斯与华生去露营，两人在繁星之下扎营睡觉。
>
> 睡至半夜，福尔摩斯突然摇醒华生，问他："华生，你看这繁星点点，有何感想？"
>
> 华生："我看见无数星光，当中可能有些像地球一样，如果真的有跟地球一样，也许会有生命存在。"
>
> "华生，你这蠢材，"福尔摩斯说，"有人偷了我们的帐篷……"[6]

再来看一个笑话：

> 精神病院院长："你们知道明天是什么重大的日子吗？"
> 病人摇头。
> 院长："明天总统要来，我咳一声，你们就拍手，表现好的话，每人一个大肉包。"
> 隔天总统来了，院长咳一声后，每个病人都开始拍手。

突然一个病人冲出去打了总统一巴掌说:"你不想吃肉包吗?"[7]

人类为什么会有幽默感? 认知心理学家约兰·纳哈特在1970年提出失谐–解困理论(incongruity-resolution theory)。[8]他做了一个经典的重量实验,实验内容是让被试举重。前几次,实验者让被试举起一个七八十公斤的道具;之后,实验者把道具换成形状一样,但只有十公斤的其他道具。当举起这个特殊的道具时,绝大多数被试都笑了。人类为什么会笑? 心理学家发现,刺激材料的不可预测性和失谐性,跟你是否会发笑正相关。在安全场景之下,体验预期与意外是幽默叙事的关键。

幽默叙事只需两个事件——**营造语句**和**关键语句**,前者是指给你营造安全情境的句子;后者是指出乎你意料之外的句子。在第一个笑话中,营造语句是福尔摩斯问华生时他的回答。当你随着华生的回答正沉醉在仰望星空的安全情境中,突然福尔摩斯抛出一个关键语句"有人偷了我们的帐篷",打破了你的预期,让你不禁哑然失笑。在第二个笑话中,营造语句是病人们拍手欢迎总统的安全情境,一位病人突然打破了这种预期,对不拍手的总统扔出了一个关键语句:"你不想吃肉包吗?"

无论是笑话、段子还是反讽,常常涉及攻击或伤害他人,或者通过攻击自己来维系自尊。没有伤害,就没有幽默叙事,这些伤害,常常与温饱、安全、性爱与亲情等人类进化早期的事物有关。第一个笑话,与安全有关;第二个笑话,与温饱有关。

故事叙事

故事叙事是指通过讲述故事,令人印象深刻。它是小说家、编剧常用的认知方式。"我在吃饭,吃完后给学生讲课",这是叙事,但不是故事。何时我们才觉得一个故事是故事呢? 判断标准在于它是否拥有一个故事内核。普林斯在《故事的语法》中把它称为"最小故事"。故事逐层升级为核心简单故事、简单故事,最后到复杂故事。[9]

对任何一个故事层层剖析,最后都会找到一个"最小故事"。与幽默只涉及两个叙事事件不同,故事涉及更完整的叙事事件,任意一个"最小故事"都由三个叙事事件构成:事件一是状态,描述行动者所处的时间、空间状态;事件二是行动;事件三是事件一的逆转。在时间上,事件一先于事件二,且先于事件三。在因果上,事件二导致事件三。先看一个例子。

事件一:有个男人很幸福。

事件二:他遇见一个女人。

事件三:从此,他很不幸福。

短短三句话,就构成了一个"最小故事"。怎样的"最小故事"才具备"故事性"?一般遵循以下四个基本原则。

原则一:"最小故事"的事件数量是三个。 为什么两个事件无法构成"最小故事"?两个事件,只能连成一条线,不足以构成一个立体。人类大脑不喜欢记忆平面的东西,更偏爱记忆立体。

原则二:事件二导致了事件三的发生。 人类是强因果关系的动物,强到什么地步?即使两件事情完全没有关系,比如"一个男人结婚"和"他不快乐"之间没有任何因果关系,但我们就是会下意识地认为他不快乐是结婚导致的。为什么会这样?这是在大脑强大的脑补功能加持下,必然出现的结果。因此,人类是先天的故事接收器。

原则三:遵从固定的时间次序,事件一发生在事件二之前,事件二发生在事件三之前。 伟大作家经常使用的写作技巧是什么?他们会像时间魔法师一样，快进或放慢实际发生的事件和故事叙事的时间长度。《一个女人一生中的二十四小时》中，茨威格徐徐铺陈，把短短的24小时高帧慢放到一生般漫长；反之，《银河大战》中，几十亿年的时光则随作者笔锋旋转，转瞬即逝。

原则四：逆转，事件三一定不同于事件一。为什么一定要有逆转？这是人类在进化早期习得的一种本能，人类大脑对新奇刺激的加工强度要远远高于平淡事件，并且更愿意传播给更多人。相比婚前婚后都幸福的爱情故事，人类天然喜欢八卦、三角恋与狗血剧情。

文采美感

最后两种主流的认知方式与"美感"相关，一种是文采美感，侧重文字营造的美感；一种是视觉美感，侧重视觉带来的美感。

文采美感是指通过排列组合文字，雕琢润色文字来获得美感。它是诗人、散文家常用的认知方式。试欣赏辛弃疾的《青玉案·元夕》。

> 东风夜放花千树。更吹落，星如雨。宝马雕车香满路。凤箫声动，玉壶光转，一夜鱼龙舞。蛾儿雪柳黄金缕。笑语盈盈暗香去。众里寻他千百度。蓦然回首，那人却在，灯火阑珊处。[10]

"东风夜放花千树"一上来就把你带入一个热闹的场景；"宝马雕车""香满路"接踵而来的热闹让你晃眼；"声动""光转"还要在热闹中加入声音；"鱼龙舞"还是热闹；"黄金缕""笑语盈盈"在热闹中有人出场。前面一口气写了七八个热闹的场景，到了结尾，热闹戛然而止，即刻转为安静——"蓦然回首，那人却在，灯火阑珊处"，让人意犹未尽。

前面七八个句子，写群体的热闹，最后一句突然转为个人的记忆。人人都体验过在人群中的孤独，但能像这样精准表达的，唯有辛弃疾。

视觉美感

视觉美感是指通过呈现事物的整体感知来获得美感，涉及传递信息、次序和对称等。它是画家、书法家、摄影师、设计师等常用的认知方式。

如果说文采美感唤醒的是"意象"，视觉美感唤醒的则是"形象"。苏轼曾说："少陵翰墨无形画，韩干丹青不语诗。"他将杜甫的诗称为"无形画"，将韩干的画作称为"不语诗"。丹·弗莱明在《完美瞬间：好莱坞镜头的切与转》中探讨了电影作品如何运用视觉结构，让色彩、光线和音乐融合在一起，为观众呈现一个个经典瞬间。

* * *

是否存在更好的认知方式分类体系？未来也许有，期待后来者提出一个更好的框架。目前来说，我提出的框架兼顾各大学科以及日常生活，已经足够。是否有更多的认知方式？当然有。然而认知心理学家关于工作记忆广度的研究告诉我们，人类大脑处理信息的速度受限于前额叶容量，你在同一时间只能加工 5~9 个信息组块。近些年的研究甚至发现，你最舒适的信息处埋能力是在 2~4 之间。

人类文明自诞生以来，涌现了无数智慧的作者和浩瀚的作品。无限中蕴藏着有限，你可以像我一样，将人类主流的认知方式约束在个位数。彼此两两组合，或者三三组合，以及更多组合，最终可以穷尽出成千上万种新的可能。比如，计算模拟＋实验科学，以人为计算模拟对象，诞生了计算社会学、计算心理学、计量经济学；以动物为计算模拟对象，诞生了计算生物学、计算神经科学、计算医学；以自然元素为计算模拟对象，诞生了计算物理学、计算化学、计算材料学。

有的领域从诞生伊始，强调综合使用多种认知方式，这种由多个认知方式综合在一起形成的独特认知方式，也可以将其称为"多元认知"——综合应用多个认知方式。这类认知方式的特点是，以问题为中心，它常见于跨学科领域与工程技术领域。

在跨学科领域，认知科学就是一个典型的例子。认知科学有六个母亲：哲学、心理学、语言学、计算机科学、人类学与神经科学，这六个母亲，涉及思想实验、实验科学、田野调查、计算模拟等多种认知方式。

在工程技术领域，软件工程就是一个典型的例子。软件工程师在讨论需求时，常常使用"田野调查"这种认知方式，深入用户实际场景；在设计原型时，常常使用"计算模拟"这种认知方式，快速模拟真实世界的运作规律；在优化算法时，常常使用"符号思考"这种认知方式，不断求解问题，重新调整参数；在产品上线后，常常使用"实验科学"这种认知方式，通过 AB 测试、回归测试等手段来获得用户反馈，找出差异。在传播产品时，常常使用"故事叙事"这种认知方式，通过开源仓库、用户故事来促进别人使用自己的软件。

世界无限，知识无限，怎样以有限的人生掌握无限的知识？捷径是理解作者的认知方式。结构阅读正是通过掌握作者的认知方式，来快速理解行文重心，把握阅读重点，进而改善你的阅读质量。

结构阅读中的"结构"一词，指的是作者的知识结构、认知框架，也就是作者的认知方式。不同的作者有不同的认知方式，认识世界与改造世界的偏好也有所不同（见图6-1）：有的作者倾向于与人打交道，有的作者更倾向于与物打交道；有的作者喜欢操作具体事物，有的作者更喜欢提出新的抽象概念。不同的作者，内容迥异的图书，回归最底层，你会发现他们共享相同的认知方式。

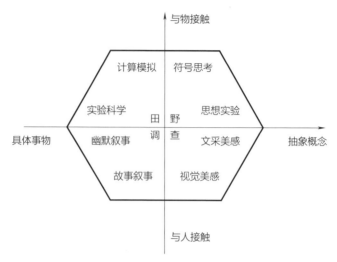

图 6-1　不同作者的认知方式偏好

　　前文介绍了人类九种主流的认知方式，聪明的阅读者至少要精通其中四种，熟悉另外五种。同时，精通的四种认知方式，相互距离越远越好。为什么有人会给人一种书呆子的感觉？因为他只拥有单一的认知方式。

　　举例来说，思想实验与田野调查，两种认知方式距离较近，人类学家、历史学家与语言学家也常常使用"思想实验"的认知方式；思想实验和实验科学，两者距离就较远，不少哲学家排斥实验。一个人如果同时掌握思想实验、实验科学、计算模拟、幽默叙事四种距离较远的认知方式，那么他的知识结构就相对全面。反映在阅读上，你就应该不断挑选体现不同认知方式的读物。

结构阅读的具体技法

　　如果把作者的思想看成是冰山模型，那么，在最底层的是作者的认知方式，往上是作者使用的方法论，常常与特定学科或领域有关；浮出水面的则是作者使用的文本格式规约，如图6-2所示。

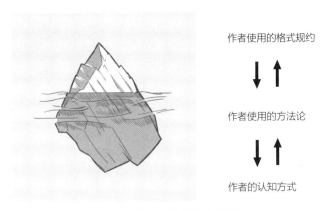

作者使用的格式规约

⬇⬆

作者使用的方法论

⬇⬆

作者的认知方式

图6-2 结构阅读的冰山模型

认知方式。认知方式是不同作者共享的底层，人类文明演化至今，发展出庞大的知识体系，而早期只有极少数认知方式。远古时代，人类用叙事、画画的方式传递信息，所以人类最早出现的是与叙事型和美感型相关的认知方式。"遂古之初，谁传道之？上下未形，何由考之？冥昭瞢暗，谁能极之？"先民祭拜上天，用笑话、故事、壁画来保存记忆，传递经验。

部落中的先知就是最初的学者，攀山越岭，渡海行川，田野调查也是最先出现的一种认知方式，人类一直沿用至今。当人类开始思考，就产生了哲学，古代文史哲不分家，这时候就产生了思想实验的认知方式。伴随古希腊《几何原本》和中国《九章算术》的出现，符号思考的认知方式慢慢形成。工业革命前后，受弗朗西斯·培根科学实验的影响，诞生了实验科学的认知方式。第二次世界大战前后，诞生了计算机，产生了计算模拟的认知方式。

方法论。这些认知方式诞生的先后次序，反映了相应学科的演化与分化。学科诞生后，该学科在母学科的认知方式之上，为解决自己学科的特定问题，又诞生了自己学科的研究方法论。以心理学为例，心理学脱胎于哲学，以哲学为母学科，从采用思想实验的认知方式，慢慢吸纳了实验科学的认知方式，就诞生了实验心理学。到 20 世纪 50 年代，计算机科学诞生之后，心理学又吸纳了计算模拟的认知方式，用计算模拟来表征人类大脑，又诞生了认知科学，尤其是计算认知科学和计算神经科学。一个学科从分化到成熟的标志，是拥有了自己独特的方法论。

格式规约。属于同一个学术共同体的作者，会形成一定的写作偏好。比如，物理学家们会约定在讨论问题时该如何引用文献，如何表达自己的观点与别人的观点，慢慢就形成了该学科的文本格式规约。物理学家常用的格式规约是 AIP 格式，而心理学家常用的格式规约是 APA 格式。

如何进行结构阅读？从冰山模型出发，我们可以将结构阅读拆解为四个关键操作：掌握作者的认知方式，向作者提问，理解作者使用的方法论，判断作者使用的格式规约。

掌握作者的认知方式

当你拿到一本书，先判断作者使用的主要认知方式是什么。绝大多数作者在一本书中，会综合使用 2~4 种认知方式。判断作者的认知方式是结构阅读的重点和难点。试举一例。

斯坦诺维奇的《机器人叛乱》使用的主要认知方式是思想实验，次要的认知方式是实验科学。[11] 请尝试跟我做一个思想实验。假设你是一个机器人，在你的世界中一切行动都不能违背主人的意志。现在你的主人给你下了指令：他即将冬眠，在此过程中你需要照顾主人，为他提供冬眠所需的能量，在 400 年之后再叫醒他。随后你的主人进入了冬眠。

在冬眠的前384年，你和主人相安无事，你照顾着主人。随着时间流逝，你发现自己的电量和主人冬眠仓的电量都无法维持。这时，有两个方案摆在你面前。

方案1：卖掉自己这一身破铜烂铁，换取其他的机器人来守护主人。

方案2：把主人剩余的电量充给自己。

你该如何选择？

在这400年刚开始的时候，你想都不敢想方案2，"执行主人的命令，否则要受严酷的惩罚"已经深深写入你的中央控制系统。但是，随着时间一天天过去，到了最后几年，距离400年前已经很久远了。时间慢慢抹去了曾经的刻印，你所在的城市已经破败，即使你想卖掉自己，也没有人来买单了。最终，你选择了方案2。这就是由丹尼特提出，又被斯坦诺维奇用作同名书名的思想实验："机器人叛乱"。

如同你的人类主人一样。人类就曾经背叛了自己的主人——基因。这个思想实验给了我们什么启示？机器人违背主人最早的命令，因为随着漫长的时间演化，事情变得越来越复杂，机器人受到环境的压力，最终做出了意想不到的选择。理解基因对人类的控制，如何伴随时间演化，最终从严格到松懈，这正是阅读《机器人叛乱》的难点。

斯坦诺维奇的另一本书《超越智商》，主要的认知方式是实验科学，而不是思想实验，它的阅读难度就比《机器人叛乱》低一些。《超越智商》的重点是提出了三重心智模型，阅读这本书只需要理解"三重心智模型是什么"以及"为什么要提出三重心智模型"即可。

向作者提问

在阅读任何一本书之前，无论作者使用什么认知方式，你都可以问自己四类问题。我为大家整理了通用提问模板——阅读四问。

描述。本书（章节）在讨论什么事物？该事物该如何定义？它有哪些相关概念？它是否包括了一些子概念？

论证。本书（章节）支持什么？反对什么？支持的证据是什么？反对的证据是什么？作者的论证结构是什么样的？

解释。本书（章节）重点提出了什么问题？该问题能变换一种形式表达吗？作者的论证过程最终是否成功解释了该问题？是否有其他作者更好地解释了该问题？

应用。本书（章节）的结论能应用在什么领域？在该领域是否有例外？

针对不同的认知方式，你在通用模板的基础上，可以问更具体的问题。下面是不同认知方式的提问模板。

思想实验：作者构造了怎样的思想实验？这个思想实验是作者第一次发明，还是基于历史上已有的思想实验发明的？这个思想实验和你头脑中的常识有什么不同？给你提供了什么样的反常识？仿照作者的这个思想实验，你可以用它来批判什么观点？

符号思考：作者使用的是像数学符号一样精确的符号，还是非精确、模糊的符号？这些符号之间建立联系了吗？是可以运算的还是不可以运算的？假如能够运算，可以得出什么结果？假如不能运算，作者用这些符号表征了什么现象？模仿作者的符号可以应用到哪些领域？

实验科学：作者设计了什么类型的实验？是严格意义上的实验，还是宽松的准实验？作者的实验设计是自己发明的新方法，还是业界通用的方法？作者的实验假设是否存在备择假设？作者的实验证据和实验结论之间证明了什么关系？是因果关系，还是相关关系，或者其他关系？作者的实验是否能够脱离实验室环境，应用到更广的范围？

计算模拟：作者提出了一个什么样的计算模型？模拟了什么现象、什么事物？作者的计算模型使用了真实的编程语言，还是非真实的编程语言？支持作者计算模型的实际证据是什么？作者的计算模型能够解释别人已有的相关研究和数据吗？

田野调查：作者是进行实地的、一手的田野调查，还是基于资料进行二手的田野调查？作者进行田野调查的时候去了多久，待了多长时间？在此之前，作者熟悉还是不熟悉调查对象？作者在田野调查的时候，得出了什么结论？这个结论有什么解释价值？能够对哪些现象进行解释？

幽默叙事：这个幽默的营造语句和关键语句是什么？这个幽默与人类的什么基本需求相关？这个幽默是否可笑？如果可笑，为什么可笑？如果不可笑，为什么不可笑？模仿作者的幽默，可以做什么样的改写？

故事叙事：故事内核或者说最小故事是什么？这个故事的"故事性"强吗？为什么？这个故事的主人翁是谁？故事发生在什么时间、地点？先后经历了哪些事件？事件一是什么？事件二是什么？……事件 n 是什么？这个故事涉及人性的深层次问题吗？假如要模仿作者写一个故事，你该如何写？

文采美感：作者给了你什么样的意象和感觉？作者的字词、句子、篇章有哪些可以学习和模仿的地方？作者唤醒了你什么样的情绪？

视觉美感：作者的作品展现了什么样的形象？模仿作者的视觉设计，你可以应用到什么领域？作者唤醒了你什么样的情绪？

理解作者使用的方法论

每个学科都有自己研究方法论的体系，无论是人文学科、社会科学还是自然科学，都有四大典型的研究方法论：综述研究、理论研究、质的研究与量的研究。

什么是**综述研究**？是指对一个领域内已有的文献进行搜集、整理，并尝试抽取其中的共性和规律。常用的搜索关键词有综述、总结、导论与评论等。比如，我们想了解《尚书》，就可以读蒋善国的《尚书综述》。阅读时，重点要获取的信息是学科的发展脉络、关键人物及成果。

什么是**理论研究**？是指从大量实验、现象、综述之中找到规律的研究，这种研究通常会创建一个新的理论，用以解释特定领域的现象。以心理学理论为例，在认知心理学领域，斯坦诺维奇在《超越智商》一书中提出的"三重心智模型"，可以帮助你理解人类心智架构，如何从高智力提升到高理性；在情绪心理学领域，莉莎·费德曼·巴瑞特在《情绪》一书中提出的"情绪建构论"，解释了什么是情绪，情绪是如何炼成的，如何预测情绪，如何掌控情绪，社会文化与情绪的关系如何，传统的情绪观念错在哪里。在社会心理学领域，黄光国在《人情与面子》一书中提出的"人情与面子模型"，揭示了国人人情往来的规律，帮助你了解国人的人际关系运作模式。

关于社会科学的研究方法，学术界素有"定性研究"和"定量研究"之争，双方都各持其理，认为自己的方法更加"合理""真实""可信"。

定性研究强调研究者深入社会现象之中，通过亲身体验了解研究对象的思维方式，在收集原始资料的基础之上，构建"情境化的""主体间性"的意义解释。安妮特·拉鲁的《不平等的童年》，通过丰富的故事情节和极富洞察力的生活细节，考察了贫困家庭、工人阶级家庭、中产阶级家庭的孩子在学校和家里的生活。她提出，父母的社会地位会以一种无形却强有力的方式，冲击孩子的人生经历，并标识出不平等的社会地位如何影响教育方式。

定量研究从特定假设出发，将社会现象数量化，计算出相关变量之间的关系，由此得出"科学的""客观的"研究结果。菲利普·津巴多的《路西法效应》介绍了著名的斯坦福实验，大学生们被随机分配扮演"狱卒"和"犯人"，开始了为期两周的实验。然而，实验仅仅进行了一周，原本单纯的大学生，就变成了残暴的狱卒和崩溃的犯人。这就是通过定量研究，透析"情境力量"对个人行为的影响。

* * *

了解这些和阅读有什么关系？工欲善其事，必先利其器。读书前先掌握这个学科的研究方法论，将大大提高你的阅读效率。

如何了解不同学科的研究方法论？先找到自己在读书目的隶属学科，用"XX学科＋研究方法"关键词检索出相关方法论书籍，比如你在读医学领域的《食物与健康》前，可以先读柳叶刀的《临床研究基本概念》；假如你要读尼克拉斯·卢曼的《法社会学》，可以先读卡尔·拉伦茨的《法学方法论》；假如你要读格雷厄姆·艾利森的《注定一战》，可以先读斯蒂芬·范埃弗拉的《政治学研究方法指南》；假如你要读布拉德福德·基尼的《变的美学》，可以先读诺伯特·维纳的《人有人的用处》，提前了解控制论。这些方法论图书可以帮助你更好地理解相关著作的精髓。

如果是与自己的工作相关的学科，建议精通这些学科的方法论。以社会科学为例，若要了解社会及行为科学常用的研究方法论，可以读杨国枢老师主编的《社会及行为科学研究法》，全套总计三册：《总论与量化研究法》《质性研究法》《资料分析》。

判断作者使用的格式规约

常见的文本格式规约有芝加哥格式、IEEE 格式、APA 格式、MLA 格式、温哥华格式、MHRA 格式、OSCOLA 格式、Nature 格式。

芝加哥格式是由芝加哥大学出版社制定的格式规约，1906 年首次发布，目前最新版为 2017 年发布的第十七版。它广泛应用于图书、杂志、报纸以及人文学科领域。网址参见：chicagomanualofstyle.org。

IEEE 格式是由电气与电子工程师协会（IEEE）在芝加哥格式基础之上制定的格式规约。它常用于工程技术领域，尤其是计算机科学领域。它最大的特点就是正文中使用方括号引用："正如［1］中所展示的那样"。网址参见：ieeeauthorcenter.ieee.org。

APA 格式是由美国心理学会（APA）制定的格式规约，1929 年首次发布，目前最新版为 2019 年发布的第七版。它不仅是心理学领域的通用格式，还是社会学、经济学、人类学、管理学等学科的通用格式。网址参见：apastyle.apa.org。

MLA 格式是由美国现代语言协会（MLA）制定的格式规约，1951 年首次发布，目前最新版为 2021 年发布的第九版。它主要用于人文学科研究，如语言学、文学、文学批评、文化研究等学科。网址参见：mla.org/mla-style。

APA 格式与 MLA 格式都属于哈佛注释体系，也被称为插入括号型引用格式，即在正文中用括号插入引用。只是 APA 格式括号中插入的是作者–年份；MLA 格式括号中插入的是作者–标题/页码体系。比如想在正文中直接引用我 2019 年出版的书《人生模式》第 168 页的某段话，在 APA 格式体系下是：（阳志平，2019，p.168）；在 MLA 格式体系下是：（阳志平 168）。

与哈佛注释体系并行的是作者–序号注释体系，即在正文中不增加格外的括号，而是统一插入序号，然后在文末注明详情。它在 19

世纪即出现，但正式发布则是在 1978 年，由各大医学期刊的编辑组成的国际医学期刊编辑委员会在加拿大温哥华举办的会议上敲定，因此被称为**温哥华格式**。自从 2007 年开始，由美国国家医学图书馆维护，目前流传较广的为 2007 年发布的《引用医学》（*Citing Medicine*）第二版。它在正文中用序号"（1）"表示引用，然后在参考文献列表中注明详情。网址参见：icmje.org/recommendations。

这五大格式是典型的美式英语风格，英式英语流行的格式规约则略有不同，常见的有 MHRA 格式、OSCOLA 格式、Nature 格式。

MHRA 格式是由英国现代人文研究协会（MHRA）制定的格式规约，1971 年首次发布，目前最新版为 2015 年发布的第三版。它在英国的艺术、人文学科领域中得到广泛使用。网址参见：mhra.org.uk/style。

OSCOLA 格式翻译过来就是牛津大学法律权威引用标准，它是由牛津大学法学院制定的格式规约。它的特点是所有引用出现在脚注中，没有文内引用，也没有参考文献。2000 年首次发布，目前最新版为 2012 年发布的第四版。网址参见：law.ox.ac.uk/oscola。

Nature 格式是《自然》及其子刊使用的格式规约，它的文内引用也是统一插入序号，使用作者–序号注释体系，然后参考文献注明详情。网址参见：nature.com/nature/for-authors。

实际上，格式规约远远不止这些，**AMS 格式、AIP 格式、ACS 格式、AMA 格式、ASA 格式**则是美国数学学会、美国物理学会、美国化学学会、美国医学会、美国社会学学会制定的格式规约。几乎每个有影响力的学会、期刊、出版集团都建立与维护了一套格式规约。开源引文样式语言项目（网址：citationstyles.org）已收录了上万种格式规约。

在所有这些格式规约中，最常用的是 MLA 格式和 APA 格式，谷歌学术、百度学术默认支持直接导出的就是这两种格式。

读书时如何使用？以 APA 格式为例，一般图书正文会有两种常见形式：文内括号引用 + 参考文献；文内序号引用 + 注释 + 参考文献。当我们读到"阳志平（2019）"时，我们就明白，作者在参考文献处提供了进一步的参考信息。当我们读到序号，如"1"时，我们就明白，可以去章节末尾或图书末尾翻检注释。以《风格感觉》为例，第1章的第一条注释是：

From the introduction to The Elements of Style (Strunk & White, 1999), p. xv.

这条注释列出被引作者及被引文献年份，"Strunk & White, 1999"。我们进一步根据它检索参考文献。APA 格式默认按照被引作者名字的首字母排序。根据作者姓氏的首字母"S"，在参考文献中就可以定位到原始的参考文献，"Strunk，W.，& White，E. B. 1999. The Elements of Style (4th ed.). New York: Longman."。

而一个作者经常使用的格式规约，可以非常清晰地看出他受过的学术训练好坏。好的作者会清晰地区分自己的贡献与他人的观点，严谨地遵循学术共同体的约定。反之，那些糟糕的书要么没有使用格式规约，要么用了但不够规范。同样，还可以看出一位作者的身份认同，例如作者认为自己是心理学家，或是历史学家。不同身份的学者使用的格式规约并不相同。

结构阅读的进阶思考

元：结构阅读的高阶操作

回顾一下，结构阅读的目的是什么？弄清楚作者的认知方式。所以，结构阅读的高阶操作就是认知的认知，即元认知。

什么是元认知？元认知是美国心理学家约翰·弗拉维尔提出的概

念，即对认知的认知。例如，学生在学习中，一方面进行着各种认知活动（感知、记忆、思维等），另一方面又要对自己的各种认知活动进行积极的监控和调节。这种对自己的感知、记忆、思维等认知活动本身的再感知、再记忆、再思维，就是元认知。[12]

结构阅读中另一个关键是提出问题，在结构阅读的高阶操作中也涉及**元问题**，即问题的问题。

对于任何一本更专业的书，我们都可以使用美国现代语言协会前主席杰拉尔德·格拉夫提出的重要技巧。[13]例如，"他们说过/我要说"模板。

"引述"他说时，我们会这样写：

> 最近，许多社会学家认为_____。
>
> 现在人们经常忽视_____。
>
> Y和Z最近尖锐批评了_____，理由是_____。

表达同意时，我们会说：

> 我同意_____，因为我_____的经验证实了这一点。
>
> X的观点_____确实是正确的，因为近年来的研究表明_____，虽然她自己可能没有意识到。
>
> X的_____理论是非常有意义的，因为它为_____这个难题的解决提供了思路。

这些写作模板也可以应用到阅读中，帮助你发现作者是如何总结归纳他人的观点，从而构建自己的论证的。

格拉夫还提出一个重要概念"元评论"，元评论就是评论你自己的观点，告诉其他人应当以及不应当如何认识这些观点。你可以把元评论想象成电影中的旁白。元评论就像正文旁侧的"第二文本",职责是阐明正文含义。在主文本中,作者讲了一个观点;在元评论中,作者则会引导读者去理解、消化所讲的内容。这些元评论内容可视为对作者认知的认知,有助于读者理解作者的观点。

反:如何避免结构阅读的系统性偏差

结构阅读最容易出现的系统性偏差有哪些?

第一类是猜错作者的认知方式。比如作者使用的是幽默叙事,结果你以为作者是一本正经地讨论问题。举个例子,麻省理工学院的三位计算机科学博士生为了捉弄科学期刊,在 2005 年写出了 SCIGen 程序,SCIGen 能够运用科学和工程术语组合出 SCI 级别的论文,这些论文看似可信度很高,实际上什么都没说。[14]

人们常常将认知方式搞错。有人读了一篇《自然》封面论文《少即是多》[15],感叹道,"心理学归根结底是数学"。数学是符号思考的认知方式。但实际上,这篇论文是典型的实验科学,将符号思考等同于实验科学,最后就闹了笑话。

理解作者的认知方式是阅读的难点。如何解决这类系统性认知偏差?你需要在半时阅读时,将代表认知方式的词汇、句式不断总结下来,借助这些线索,不断提高自己预判的准确性。

作者使用故事叙事的认知方式时,往往会写"我来讲个故事吧"。也可以根据图书归属来判断,比如论文体裁很少讲故事。当然,也有例外,如戴维·萨尔斯伯格的《女士品茶》是统计学的入门读物,书中用大量故事帮助你理解统计学知识,"女士品茶"这个书名也来自一个故事。

第二类系统性偏差是在结构阅读时,若不熟悉该书涉及的研究方法论、提问模板,就很难用结构阅读来提高自己的阅读效率。如何解决这个问题？要靠不断地练习，练习，再练习。你可以先从一两本前面介绍的代表作品入手，反复练习，慢慢过渡到更多其他著作。

空：何时无须了解作者的认知方式

在大多数情况下，对于多人合集或工具书，我们不需要过于关注作者的认知方式。

小结

你以为读书没有重点，随便读读即可，但聪明的阅读者采取结构阅读法，带着框架去阅读，与作者不断对话。

你以为不同的作者各说各话，但聪明的阅读者掌握人类主流的认知方式，洞悉同一类认知方式共享相同偏好。

你以为知识是无限的，但聪明的阅读者了解学术共同体，会反复使用相同的研究方法论、共享相同的格式规约。

第七章
主题阅读：不只读一本书

什么是主题阅读？主题阅读就是围绕同一主题，阅读一批图书。借助大脑强大的模式处理能力，快速找出书本间的异同，相互参照，识别出关键知识，提高阅读效率。

为什么不要只读一本书？

读过很多书的人都曾被问：哪本书对你影响最大？每当碰到这种问题，我都会拒绝回答。我认为能深刻影响一个人的，不是一本书，而是一批。一本书让你念念不忘，影响你的不是书，而是读那本书时你的经历、情绪。类似问题的类似答案，要么回答人推荐的是他自己的书，或者亲朋好友的书，要么过几年你再问他同样的问题，他早已忘记当初的答案，又会随口说出另一本书。

我从来不只买一本书，而是一箱一箱地买书，因为好书与好书会相互竞争。假如你要跟我学习认知心理学，作为这门学科的一位专家，第一步我会让你去图书馆，把所有认知心理学相关的中文教材与英文教材都借来。接下来，你会发现，所有教材之间的目录会有大量重复的标题。基于这些重复的标题，可以很快判断出认知心理学的知识结构体系。

下面拿四本认知心理学的教材目录做对比。《认知心理学及其启示》（2012）、《认知心理学》（2016）、《认知心理学》（2009）、《认知心理学》（2019）这四本是国内翻译的主流认知心理学教材。我们分别将其称为安德森版、加洛蒂版、艾森克版与索尔所版。[1] 见表 7-1。

表 7-1

安德森版 （2012）	加洛蒂版 （2016）	艾森克版 （2009）	索尔所版 （2019）
第 1 章　认知的科学	第 1 章　认知心理学：历史、方法和研究范式	第 1 章　认知心理学研究方法	第 1 章　导言与研究方法
第 2 章　知觉	第 2 章　大脑：结构与功能概述	第 2 章　视知觉的基本过程	第 2 章　认知神经科学
第 3 章　注意与操作	第 3 章　知觉：模式与物体识别	第 3 章　物体识别	第 3 章　感觉、知觉与注意
第 4 章　心理表象	第 4 章　注意：配置认知资源	第 4 章　知觉、运动和行动	第 4 章　客体识别
第 5 章　知识的表征	第 5 章　工作记忆：形成和使用新的记忆痕迹	第 5 章　注意与操作的局限性	第 5 章　记忆模型与短时记忆
第 6 章　人类的记忆：编码与储存	第 6 章　从长时记忆中提取记忆	第 6 章　学习和记忆	第 6 章　记忆理论与长时记忆
第 7 章　人类的记忆：保持与提取	第 7 章　知识表征：长时记忆中信息的储存与组织	第 7 章　长时记忆系统	第 7 章　遗忘与识记
第 8 章　问题解决	第 8 章　视觉表象和空间认知	第 8 章　日常记忆现象	第 8 章　意识
第 9 章　专业技能学习	第 9 章　语言	第 9 章　概念和范畴	第 9 章　知识的言语表征
第 10 章　推理	第 10 章　思维与问题解决	第 10 章　阅读与言语知觉	第 10 章　知识的视觉表征
第 11 章　判断与决策	第 11 章　推理与决策	第 11 章　语言理解	第 11 章　语言
第 12 章　语言结构	第 12 章　青少年期的认知发展	第 12 章　语言表达	第 12 章　认知的毕生发展

安德森版 （2012）	加洛蒂版 （2016）	艾森克版 （2009）	索尔所版 （2019）
第13章　语言理解	第13章　认知的个体差异	第13章　问题解决与专家技能	第13章　概念形成、逻辑和决策
第14章　认知的个体差异	第14章　认知的跨文化研究视角	第14章　创造与发现	第14章　问题解决、创造力和人类智力
		第15章　判断与决策	第15章　人工智能
		第16章　推理与演绎	
		第17章　现实和展望	
		第18章　认知与情绪	

如表 7-1 所示，这四本书中部分内容有重合。那么你会发现，主流认知心理学教材的内容，大致分成以下四个部分。

» 第一部分是人类的基础认知。从感知觉讲到注意、心理表象。
» 第二部分是记忆与学习，比如安德森版教材的第 6 章、第 7 章、第 9 章；加洛蒂版教材的第 5 章、第 6 章、第 7 章；艾森克版教材的第 6 章、第 7 章、第 8 章；索尔所版教材的第 5 章、第 6 章、第 7 章。
» 第三部分是推理与决策。
» 第四部分是语言。

第一部分侧重人类的基础认知，第二部分的"记忆与学习"、第三部分的"推理与决策"与第四部分的"语言"合并在一起，侧重人类的高级认知。这就是认知心理学的核心知识结构，以安德森的《认知心理学及其启示》为例，可以看到这个结构格外明显（见表 7-2 ）。

表 7-2　认知心理学的核心知识结构

第 1 章 认知的科学	
第 2 章 知觉	核心组块 1：人类的基础认知
第 3 章 注意与操作	
第 4 章 心理表象	
第 5 章 知识的表征	核心组块 2：记忆与学习
第 6 章 人类的记忆：编码与储存	
第 7 章 人类的记忆：保持与提取	
第 8 章 问题解决	
第 9 章 专业技能学习	
第 10 章 推理	核心组块 3：推理与决策
第 11 章 判断与决策	
第 12 章 语言结构	核心组块 4：语言
第 13 章 语言理解	
第 14 章 认知的个体差异	

　　每本书又有自己与众不同的章节，如艾森克版教材的第 18 章介绍认知与情绪，加洛蒂版的第十四章介绍认知的跨文化研究。

　　以上方法称为"目录对比"，我教授学生时经常使用。学生首次接触这种方法时，会惊讶：为什么仅仅通过目录对比，就能得出如此之多的信息呢？其实这是一种神奇的阅读方法：主题阅读。

主题阅读：从一本书到一批书

　　什么是主题阅读？即围绕同一主题，阅读一批图书，快速找出这些图书之间的相同与差异，相互参照，识别出关键知识，提高阅读效率。

　　主题阅读为什么比只读一本书高效？因为大脑爱不同，因为大脑爱模式。先说大脑爱不同。相比对一个问题深入思考，人的大脑更善于在不同事物之间找不同。譬如你的爸爸和妈妈有什么区别？你会在万分之一秒得出众多结论：性别不同、外貌不同、爸爸用苹果手机、妈妈用安卓手机……再说大脑爱模式。人类大脑有很强的模式处理能力，它能快速找出两者的不同。当你看到三根并非相连的线条时，你会将其脑补成一个三角形（见图7-1）。

图7-1　大脑爱模式

　　主题阅读善用"大脑爱不同"与"大脑爱模式"，从多中找不同，自动补齐模式，符合人类天性。因此，采取此种阅读方法非常省脑力。

　　如何更好地开展主题阅读？你需要知道"最小知识法则"。什么是最小知识法则？它是指掌握一个学科或领域中的最小知识集合，也就是一个学科或领域最基础的知识，对该学科或领域的理解超过业余爱好者的水平，达到业余专家水准。学习任意一个学科或领域，你都应该问自己四个问题。

　　源头落花每流出，亦有波澜。第一个问题：一个学科或领域中的核心知识体系，源头出自何处？以认知语言学为例，认知语言学最早是为解决什么问题而诞生的？是什么支撑这门学科的成立？要解答这个问题，不是去看该学科或领域现在的教材，而是要看它最原始的那一本著作。比如，认知语言学的原始著作是乔治·莱考夫1980年写的《我们赖以生存的隐喻》。读后，你会明白认知语言学因为"范畴与范畴化"而诞生。

　　第二个问题：这个学科或领域有怎样独特的话语体系？某个学科

或领域因某个原因诞生，那它必然有一套跟其他学科或领域不一样的话语体系。如认知语言学，它跟"认知修辞学"与"认知心理学"大不相同，强调"基本层次隐喻"作为人类的基本思维方式。

任何一个学科或领域，都会产生一个只属于该学科或领域的特殊话语体系，此外，这个话语体系会延伸到下一个层面，推演出二级话语体系。所以第三个问题就是：该学科或领域的二级话语体系是什么？接着上面的例子，认知语言学的二级结论是什么？答案是"象似性原则"与"经济原则"相互冲突，导致人类心智与语言的一些有趣之处。比如人类语言习惯一定是有生命的大于没有生命的，人类先于动物，阳性大于阴性。再比如我们只会说美女与野兽，而不会说野兽与美女；只会说夫唱妇随、男耕女织，而不会说妇唱夫随、女耕男织。

但是，功夫在诗外，仅仅停留在一个学科或领域还不够。你需要思考第四个问题：其他学科或领域如何看待这个学科或领域的大问题？仍然以认知语言学为例，此时，我们关心的是社会心理学如何看待隐喻，这是社会心理学的社会认知研究分支要解决的问题。

以上是学习任意一个学科或领域要掌握的四个最小知识。我将其称为学习任意一个学科或领域的**"最小知识法则"**。如果你掌握了某个学科或领域的四个最小知识，就很容易理解该学科的全局，不被细枝末节带歪。这正是更好应用"主题阅读"的指导原则。图书无穷无尽，但图书能告诉我们的，以及被我们吸收的重要道理是有限的。同样，知识是无穷无尽的，但学科或领域是有限的。

美国教育部国家教育统计中心（NCES）公布的"学科专业分类目录"将学科专业划分为相关学科专业群、中间学科专业类别与具体的学科专业三类，2020年最新版分别是48个、450个与2 130个。[2]中国的国家标准化管理委员会公布的《学科分类与代码》略有不同，是按照一级学科、二级学科、三级学科的体系划分的，2016年修订版分别是62个、676个与2 382个。[3]

我非常喜欢钱锺书的《管锥编》，"管锥"二字出自《庄子·秋水》："用管窥天，用锥指地。"韩愈曾在《毛颖传》和《旧五代史·史弘肇传》中，用"管城子""毛锥子"来指代"笔"。因此，《管锥编》书名的意思是钱锺书笔记汇编。引申开来是以有限生命，遨游在人类文明的无穷无尽之海中，犹如以管窥天，以锥刺地——所窥者大，所见者小，所刺者巨，所中者少。

这正是主题阅读关键所在，找出一个学科或领域的"最小知识"，以无厚入有间，方能以管窥天，以锥指地，游刃有余。

主题阅读的具体技法

如果说文本细读帮助你把书读厚，抽样阅读帮助你把书读薄，结构阅读帮助你把书读懂，那么主题阅读就是帮助你把一个领域中的书读透，真正建立自己的知识体系。

与文本细读、抽样阅读、结构阅读不一样的是，主题阅读开始时书本并不确定，需要从选书开始。具体如何做呢？第一步，你需要确定主题阅读的层次，究竟是掌握一个大学科，还是掌握一个子学科或某个专业领域，还是只解决一个具体的问题或者了解一个作者。不同层次的主题阅读，决定了不同的选书方向、数量。第二步，确定主题阅读的范围，找到相应的书目。第三步，确定阅读的次序，先读哪一本，后读哪一本。第四步，也是主题阅读最重要的一步，通过"目录对比"等具体实操方法，结合前文所述文本细读、抽样阅读、结构阅读等方法，获取一个学科或领域中的知识体系，并将其整理出来。我推荐"树形结构"，这是一种最符合人类大脑认知习惯的知识结构。

这就是主题阅读的四个关键操作：确定主题阅读的层次，确定主题阅读的范围，确定主题阅读的次序，将知识点整理为树形结构。

确定主题阅读的层次

主题阅读有哪三个层次呢？由大到小分别是：**学科、领域与问题**。**学科**是最严密的知识体系，目前学界公认的共识是：一门学科之所以能成为一门学科，在于它满足"三独立"的条件：有独立的研究对象、独立的概念系统与独立的研究方法。比如，心理学从哲学中分化出来，在于它有独立的研究对象，即人的心灵；有独立的概念系统，即心理物理量等；有独立的研究方法论，即心理实验、心理测验与心理量表等。学科常常还会体现为相应的社会组织活动，即有相关的学会、期刊、专著、教材、教席与研究系所等。学科有大小之分，比如在中国国家标准学科分类与代码中，心理学是一级学科，认知心理学是二级学科，认知神经科学是从属于认知心理学的三级学科。

领域是一个相对独立的知识体系，比如元宇宙领域、区块链领域，相对学科来说，领域在研究对象、概念系统、研究方法方面不够独立，制度化建设不够成熟。领域也有大小之分，那些大的领域常常与学科相互借用，如工程心理学、工程心理学研究领域近似同义词。**问题**更小，往往难以满足"三独立"的条件，同时难以看到成熟的制度化建设。比如，工程心理学中的"认知负荷"就是一个问题。

学科有独立的学会、期刊群，比如，全球最大的心理学学会组织是美国心理学会，旗下拥有数十本经典心理学期刊。领域常以特刊或专题的形式呈现，比如认知科学领域的顶级期刊《认知科学趋势》，刊发了认知遗传学、发育认知神经科学、大脑中的时间、大脑连接组等特刊。问题则常以单篇论文的形式发表，比如认知遗传学特刊中一篇论文讨论了人格结构的遗传规律这一问题。

如何快速确定主题阅读的层次？一个简单的方法是按照涉及的作者数量来区分。大学科涉及成千上万作者，小学科也涉及成百上千作者。你需要借助一些科学计量的方法来确定一个学科中的关键作者。

领域涉及的作者数量锐减，常在百人以内，最重要的作者仅数十位而已。问题常有两类：一类是一位作者针对某主题所著的所有图书，另一类是多位作者关于某主题写的图书。

确定主题阅读的范围

如何确定主题阅读的范围？学科、领域与问题各挑多少本书？推荐结合我的人生周期论来划定[4]，如图 7-2 所示。

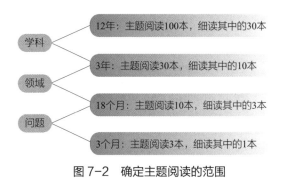

图 7-2　确定主题阅读的范围

我提出的人生周期论强调珍惜时间，在一个阶段完成一个阶段的目标。具体来说，你可以将人生划分为不同长度的周期。比如：12 年是个大周期，3 年是一个中周期，18 个月是一个小周期，3 个月是一个微周期。

抽样阅读以周、月为单位进行，主题阅读通常需要至少 3 个月。你想在 1 周或 1 个月突破一个主题很难，但可以用 3 个月、18 个月突破一个小主题。坚持下去，3 年、12 年突破一个大主题很容易。

设定主题阅读范围时，一个小窍门是鲜活的人物比抽象的知识更重要，通过人来串联知识更容易记忆。以认知心理学中理性主题为例，你可以用 3 个月时间来了解西蒙，再用 3 个月了解卡尼曼，接着是斯坦诺维奇、吉仁泽等，依次推进。用 18 个月读完 6 位最好的科学家的著作后，你将熟悉该领域。如果结合其他阅读方法，比如文本细读其中的若干本，同时写好读书卡片笔记，那么你大概率能通关该主题。

确定主题阅读的次序

当从图书馆借来或者从书店买来一大堆相关主题的书后，你应该先读哪一本、后读哪一本呢？

答案是从最薄的那本书读起。这当然是开玩笑，但也有一定道理。为什么呢？流传更广的书必然是更薄的书。人类大脑的工作原理是能偷懒就偷懒，不该偷懒的时候还是要偷懒。

比如儒家经典《论语》与《孟子》。《论语》的总字数为 15 900 字，全文 20 篇，从 370 字到 1 340 字不等。《孟子》共 38 125 字，全文 11 篇，从 2 877 字到 6 524 字不等。《论语》是儒家开山之作，比《孟子》流传更广，可以理解。但《论语》更薄，更朗朗上口，对促进其流传也发挥了一定作用。不仅儒家如此，佛家也是如此。《心经》全文只有 260 字，但在所有佛教经典中流传最广。

另一个类似的例子是，清朝大儒张伯行编写的《唐宋八大家文钞》一书仅为前人茅坤编写的同名文选篇幅的 1/8，外加点评精练，反而流传更广。西方亦有类似的例子。英国哲学家休谟出版的《人性论》因为篇幅大，刚出版时并没有得到太多认同，反而是将第一部分改写之后出版的《人类理解研究》，声名远扬。

更多确定主题阅读的先后次序的方法，请参考本书第十章谈到的选书的方法。

* * *

一旦确定了主题阅读的次序，建议你编制该领域的主题书单。以下是我职业生涯早期的一个案例。

2001年2月，那时网络心理学刚刚兴起，我借助国家图书馆的资源，搜集了所有跟该领域相关的2 000篇文献，并将其整理为"网络心理学研究者参考资源"，放在互联网上，分享给大家。这次分享，给我带来了很多有意思的反馈，其间认识的朋友，不少人20年后依然是好朋友。

将知识点整理为树形结构

作为主题阅读中最后也是最重要的一步，如何更好地梳理自己的知识体系呢？我建议用树形结构进行整理。

为什么是树形结构？麻省理工学院计算认知科学教授约书亚·特南鲍姆在一篇论文中探讨了人类表征抽象知识的最佳结构。他比较了循环结构、星形结构、方块结构、链条结构等不同结构，最终证明人类表征抽象知识的最佳结构是树形结构。[5]

只有树形结构，才最符合人类的认知特点。从树的上一层到下一层，具备唯一通道，便于大脑将知识从记忆底层快速提取出来，符合人类大脑是个认知吝啬鬼的特点。树形结构又是兼具横向扩展与纵向扩展能力的最优雅的结构。它有唯一通道，从一个概念通往另一个概念，每一个通道又可以无限展开。因此，它成了人类存储抽象知识的最佳结构。

在儿童学习词汇时，最初是将物体进行扁平互斥的划分并对应到不同名称，当他们意识到可以用树形结构来学习时，认知开始大幅度发展。这种神秘的树形结构不仅仅影响儿童早期的认知发展，在科学界，也处处可以看到神秘之树的身影，如门捷列夫的元素周期表开创了近代化学，以及卡尔·冯·林奈使用树形结构创立了对自然世界的基本分类法。

相比之下，其他的结构有哪些弊端？先来说云状结构的代表——标签系统。多年来，我认识的朋友，除非超级勤奋，否则，很少有人能成功坚持使用标签系统。它存在什么问题？首先，输入时无法按照统一的规则处理。当你给读过的书贴标签时，有时贴多个标签，有时贴少数标签，有时甚至没有，数量越多越凌乱。其次，即使是事先严谨规划的标签系统，一旦变更其中某个标签，那么会影响之前设定的所有标签，你不得不面临一起变更还是不变更的难题。最后，标签系统容易随时间的推移而动荡。标签的形式并不方便提取记忆，记忆恰巧经不起这类时间动荡。

除了使用标签系统，更多的人喜欢使用随机分类，比如读完一本书，写一些笔记，然后随机再读另一本书写一些笔记。这种方式很难打通不同书和不同书之间的知识点。

反观主题阅读，通过目录对比，对某领域的知识体系形成初步假设，将其写成树形结构。根据领域词汇确定根节点、一级节点、二级节点。一级节点是一级学科术语，二级节点是子学科术语。

以儿童发展心理学为例，对"依恋"进行主题学习，可以阅读如下图书。约翰·鲍尔比写的"依恋三部曲"（《依恋》《分离》《丧失》）是依恋源头的经典之作。贝丝妮·索特曼的《陌生情境实验》详细介绍了玛丽·安斯沃斯及其学生的依恋实验与理论。肯特·霍夫曼等人合著的《养育有安全感的孩子》介绍父母如何给孩子提供安全感。T.贝里·布雷泽尔顿和伯特兰·格拉默合著的《父母和婴幼儿的早期依恋关系》介绍父母和婴幼儿早期依恋关系。

如何在这六本书的主题阅读中，将"依恋"的知识体系整理成树形结构呢？

确定根节点。依恋是什么？依恋理论最重要的观点是，幼童因为社会与情感需求，而至少与一名主要照顾者发展出亲近关系，否则将造成其心理与交际功能长久的不健全。此理论由精神病学家、精神分析学家鲍尔比提出，这就是根节点。可在"依恋三部曲"与《父母和婴幼儿的早期依恋关系》中找到答案。

寻找二级节点。依恋如何测量？依恋如何分类？依恋对人有什么负面影响？如何改善不良依恋类型？这些就是重要的二级节点。可在上述书中找到答案。

继续添枝加叶。给依恋这棵知识之树增加内容。**依恋如何测量？**下面有"陌生情境范式"等知识点，这是安斯沃斯和她的学生开发的一种技术，用以研究婴儿双亲依恋。在这种陌生情境中，研究人员对 12 个月大的婴儿和他们的父母进行实验，系统地安排分离和重聚。**依恋如何分类？**下面有安全型依恋、回避型依恋、矛盾抗拒型依恋、混乱型依恋等知识点。**依恋对人有什么负面影响？**下面有内化问题和外化问题等知识点。内化问题是指伤害自己，比如焦虑、抑郁以及极度害羞；外化问题是指伤害外界，比如攻击、愤怒以及违抗等行为。**如何改善不良依恋类型？**下面有安全圈计划等知识点，这是一项为 0~12 岁儿童的父母和照顾者设计的项目，帮助他们加强与孩子的关系，帮助孩子建立安全型依恋关系。

如图 7-3 所示，可快速对"依恋"领域形成一个最小的树形结构，通过对比不同书的目录，随着对这些书的学习，结合前面说过的种种阅读技法，在树形结构上配置增加更多的内容（比如安全圈计划分成四步走），这棵"树"慢慢就会枝繁叶茂。

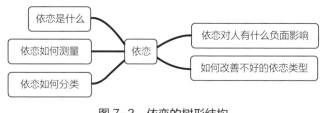

图 7-3　依恋的树形结构

主题阅读的进阶思考

元：主题阅读的高阶操作

主题阅读的高阶操作主要涉及元科学、元学科、元哲学。

元科学是关于科学的理论或关于科学的基本科学，亦称"元理论""科学学"，是一门以科学为研究对象，研究科学的性质、特征、形成和发展规律的学科。元学科是对各学科的二阶操作，比如元伦理学、元政治学、元心理学、元文学、元物理学、元生物学等。元哲学，有时称为哲学的哲学，是"对哲学本质的研究"，它包括研究哲学的目的、边界及研究方法等。这些学科或领域，对于科学的科学、学科的学科、哲学的哲学有更深入的思考。

到了 21 世纪，还出现了科学计量学和人工智能相互结合的趋势，不仅在构建主题阅读书目时，可以借助网络测量学（网址：webometrics.info）、学术影响力（网址：academicInfluence.com）等网站，还可以借助人工智能技术对一本书进行文本摘要，也就是将文本或文本集合转换为包含关键信息的简短摘要，从而大大提高主题阅读的效率。

反：如何避免主题阅读的系统性偏差？

在进行主题阅读时，你更倾向读自己熟悉、容易理解的书，而非自己不熟悉、不易理解的书。比如在网络科学领域，你容易理解"二八法则"，但不容易理解"异步律"、"随机网络"与"亲近中心性"。在认知科学领域，你容易理解"具身认知"，但不容易理解"自由能"、"意向立场"与"贝叶斯认知"。在儿童心理学领域，你容易理解"延迟满足"，但不容易理解"知晓感"、"执行功能"与"社会意向性"。

你在阅读舒适区中很难碰到这些概念，却深深影响着你看世界的视角。因为它们都是一个学科或领域中最源头的**高阶模型**。什么样的模型能被称为高阶模型？一者是支撑一个新学科诞生的术语体系，如"隐喻"之于认知语言学；一者是一个学科发展成熟、目前公认的巅峰之作，如"大五人格模型"之于人格心理学；一者是学科范式转型的承上启下之作，如"工作记忆"之于认知科学；一者是连接不同学科的桥梁，如"有限理性"之于认知心理学与行为经济学。

另一个常见的系统性偏差是，在进行主题阅读的时候，挑错相应的学科。如何找到合适的学科呢？你最好熟悉学科分类表，明白每个学科最关心的关键问题是什么。

空：何时无须进行主题阅读？

感性阅读在多数情况下不需要进行主题阅读，比如阅读八卦新闻、网络小说等。

小结

你以为读书只读一本就可以了，聪明的阅读者选择主题阅读，从读一本书到读一批书。

你以为读书就是买一堆书，不分主次眉毛胡子一把抓，聪明的阅读者会找出关键脉络，厘清知识的源头、一级术语、二级术语。

你以为打开一本书埋头苦读就行了，聪明的阅读者同时对比多本书的目录，建立自己的知识体系。

第八章
卡片大法：像智者一样写笔记

什么是卡片大法？指通过卡片来撰写阅读笔记。西方如纳博科夫、梅棹忠夫、卢曼与艾柯，中国如鲁迅、吴晗、姚雪垠与钱锺书，普遍善用卡片，皆是卡片大法的忠实践行者。

人人爱卡片

有句话说，好记性不如烂笔头，读书再多都不如写笔记。那么，该如何写读书笔记呢？有的阅读者喜欢在书本上标红涂绿，有的阅读者喜欢绘制视觉笔记，有的阅读者喜欢绘制思维导图或大纲笔记。然而，认知科学家研究发现，上述笔记法并不高效，事后考查记忆，难以提取，并且常常给你营造一种自以为知道的错觉（有关研究参考本书第二章）。

那么，聪明的阅读者如何做笔记呢？答案正是卡片笔记法——用写卡片的方式来记读书笔记。众多高产作家、学者皆是卡片笔记法的践行者，西方如纳博科夫、梅棹忠夫、卢曼与艾柯，中国如鲁迅、吴晗、姚雪垠与钱锺书。

纳博科夫是 20 世纪最伟大的作家，被誉为作家中的作家，才华横溢，公认的文体大家，一生著作颇丰，最负盛名的作品有《洛丽塔》

《微暗的火》等。纳博科夫是一位狂热的卡片写作爱好者，在多次采访中，他毫不掩饰自己对卡片的热爱："这个盒子装着卡片，上面有我近来在不同时间写的笔记。"《纳博科夫传》开卷甚至收录了数十幅纳博科夫使用卡片写作的照片。[1]

梅棹忠夫是日本民族学家，也是日本国立民族学博物馆第一任馆长。1969 年出版的《智识的生产技术》一书中，他单独写了两章谈卡片笔记法。梅棹忠夫不仅发明了独特制式的"京大卡"，还将卡片笔记法上升到哲学层次——与其说人们写卡片是为了帮助自己记忆，不如说是帮我们更好地遗忘；与其说人们写卡片是为了积累，不如说是帮我们更好地创新；与其说人们难以坚持写卡片，提笔空白，不如说人们难以面对日常生活太过平淡与无聊的自己。[2]

卢曼是 20 世纪德国最重要的社会学家，在他长达 30 多年的研究中，以学术高产著称，出版了 58 本著作并发表了数百篇论文，包括《信任》《法社会学》等。他为什么能取得如此杰出的成就？与他坚持撰写卡片笔记不无关系，一生积累数万张卡片。卢曼还以德国人的严谨，对自己卡片写作的内容进行索引和整理。后人将其卡片笔记法总结为一套方法论，开发了 Roam Research 等支持"双向引用"的软件。[3]

艾柯是 20 世纪意大利人文学者与小说家，被誉为"当代达·芬奇"，同样以博学与高产著称，总计出版了 140 多部著作，不仅包括符号学、语言学、文学评论、美学、历史学、哲学等诸多学术著作，还包括《玫瑰的名字》《傅科摆》《昨日之岛》等著名小说。艾柯同样酷爱写作卡片，1977 年的著作《如何撰写毕业论文》中，他将卡片视作研究基本功，列出了种种卡片形式，并以自己的论文与著作举例，一一示范。[4]

同样，在中国也有作家和学者热爱写卡片。鲁迅写作《中国小说史略》，分类摘抄的卡片就有 5 000 多张。历史学家吴晗曾说："一个人要想在学业上有所建树，一定要坚持作卡片笔记，卡片笔记积累多了，功到自然成，通过对大量资料的归纳分类、分析研究和综合利用，就能创造出自己的作品来。"[5]

作家姚雪垠为创作长篇历史小说《李自成》，撰写卡片近万张。后人为了纪念姚雪垠，出版《姚雪垠读史创作卡片全集》一书，全书10卷，收录作者读书资料卡片共计6 846张，其中有札记批注的卡片4 147张，既是史料摘抄，也是读史笔记；作者原创690张卡片，多是分析研究史事，也有小说构思随笔；分类索引卡片138张，用于目录导航；还有纯抄史料的卡片1 871张。书的扉页引用姚雪垠先生的话，谈撰写卡片的重要性：

> 年轻住北平时就知道做卡片工作的重要性，但怎样做，并不清楚。何况那时贫病交迫，也没有条件作此努力。这些年，我相当用心做卡片工作，用笔画清楚的蝇头小楷抄卡片，旁注意见，积少成多，分题存放。这是我为写《李自成》下的基本功。[6]

钱锺书一生酷爱读书，每读一书，必写读书笔记。从《谈艺录》到《管锥编》，钱锺书不少名作，皆为笔记体，亦可以将其理解为从数万篇读书笔记中精挑细选而成的卡片书。其中《谈艺录》一书被一代词宗夏承焘批评为"积卡片而成"。这是不懂钱锺书治学取向。钱锺书善于从笔记小说、诗词中提取证据与正典映照。他的笔记从来断断续续，不注重所谓思维体系，更注重鲜活证据，所以他曾说："积小以明大，而又举大以贯小；推末以至本，而又探本以穷末；交互往复，庶几乎义解圆足而免于偏枯，所谓阐释之循环者是矣。"[7]

不仅钱锺书在世时将自己的读书笔记编选成书，后人亦将其遗世笔记编撰成书，如《中文笔记》《外文笔记》与《容安馆札记》。可见，对钱锺书来说，阅读即写作，笔记即创作。

卡片大法：符合人类大脑工作规律的笔记法

从纳博科夫、梅棹忠夫、卢曼到艾柯，从鲁迅、吴晗、姚雪垠再到钱锺书，人人爱卡片。我也是一名重度卡片爱好者。我在阅读时，会不断在卡片上写下读书心得。我在写作时，同样会在卡片上写下一些灵感，然后快速检索过往卡片，将它们整理成文。这样的一套流程，竟然坚持了20余年。参照各位作家、学者关于卡片的言论、实践，结合认知科学原理，以及我的个人实践，我在2014年正式提出了卡片大法。2015年年初，我发表了《纳博科夫的卡片》一文，从认知科学角度，介绍了卡片写作背后的原理，得到较多卡片写作爱好者的关注。[8] 随后，我在自己开设的阅读、写作课程中都将卡片大法列为重要内容，甚至开发了相应的纸质卡片、课程与软件。

那么，什么是卡片大法呢？我们给它下一个定义。**卡片大法指以卡片为基本单位的写作方法**。显然，卡片既可以用于阅读，也可以用于写作。前者我们称为卡片笔记法，侧重撰写读书笔记；后者我们称为卡片创作法，侧重创意写作与学术写作。在本书中，"卡片大法"专指阅读时使用的笔记方法。假如大家关心如何把卡片大法应用于写作中，请参考我的其他著作或课程。

这些热爱卡片的作家、学者极其高产。纳博科夫一生作品无数，其中小说被翻译成中文的就有14册；《梅棹忠夫著作集》共15卷，数百万字；卢曼一生著作58本，论文数百篇；艾柯一生著述140多部作品，撰写专栏文章上千篇；《鲁迅全集》20卷，600余万字；《吴晗全集》共10卷，400余万字；姚雪垠的《李自成》一书共5卷，300余万字。钱锺书坚持不出全集，《钱锺书集》仅收录钱锺书10种著述，又是5 000多页，300余万字。

虽然他们的高产离不开天赋、自律等原因，但他们热爱写卡片，也是一个重要原因，因为卡片大法是符合人类大脑工作规律的笔记法。

首先，撰写卡片笔记，能够提高大脑启动速度。如果你写一篇读书笔记，一上来给自己很高的要求，比如洋洋洒洒千字以上，并且对外正式发表，那么会给自己很大压力，压力一旦大了，就容易拖延。反之，写一张百字左右，只给自己看的读书卡片，压力则大为缓解，也容易完成。

其次，撰写卡片笔记，能够降低大脑认知负荷。正如梅棹忠夫所言，写卡片不是为了记忆，而是为了遗忘。我们阅读一本书，会形成种种想法，如果这些想法在大脑中飘来飘去，那么会挤占大脑有限的信息处理能力。一旦你将其落实成文字，将种种想法从大脑中的意识世界迁移到纸笔承载的物理世界，就能腾出更多的大脑计算能力。

最后，撰写卡片笔记，便于提取与记忆。以前，人们习惯性地认为，记得越快，学习效果越好。简言之，存储越容易，提取就越快。但认知科学家研究发现，如果你有些吃力地存入，知识提取会更方便，尤其是将时间或空间错开，效果更好。比如，当时当场写笔记，不如隔上几个小时或换个地点写笔记（参见第二章介绍过的必要难度理论）。写卡片笔记，往往发生在阅读之后，那时你对阅读记忆的回想，实际在帮你巩固记忆。反之，在书本上标记、撰写思维导图或大纲笔记，则发生在阅读时。

相对其他常见笔记法，卡片笔记比视觉笔记能降低大脑认知负荷，启动速度更快。比在书本上做标记、做思维导图或大纲笔记，记得更牢，提取更快。

卡片大法的具体技法

我将卡片大法拆解为四个关键操作：规划卡片、撰写卡片、整理卡片、拼接卡片。

规划卡片

卡片写在哪里？纸质卡片更好，还是数字卡片更好？是否需要购买专门的卡片笔记软件？这是被问得最多的问题。比这些问题更重要的是：**卡片的数量远远大于卡片的质量。**

我见过太多人，纠结写纸质卡片还是数字卡片，以及哪款卡片笔记软件更好用。然而，卡片却没写几张。这也许是我见过的关于阅读的最大笑话。争论了半天卡片形式和卡片笔记软件，最后，只写了几张读书卡片。花费越多时间寻找完美的卡片笔记软件，就越是坚持不下来。花费越多时间研究生产力工具的人，往往是生产力不怎么样的人。买椟还珠，说的就是这类人。阅读，应该看到更大的世界，遇见有趣的人，与智者贤人做朋友。

心中有卡，一切皆卡。为什么，随手写在白纸上就不算卡片了？写在手机或电脑自带备忘录软件里就不算卡片了？非要写在卡片样式的纸上，或者卡片笔记软件上，才算卡片？

事实上，坚持写卡片的难度远远超过你的预期。在推广卡片大法的十余年中，我见过太多人，第一次听到这种方法时，兴致勃勃，立即开始撰写自己的卡片。然而，不过两三个月就难以为继了。刚开始时，我还以为是自律等问题，后来通过梅棹忠夫的著作，我发现了更深层次的问题。

> 我们似乎总是将一种与无限世界的联系作为自己的心灵支柱。一张张小小的卡片却将这种梦幻连根打碎，彻底颠覆了。我们那种本该是无限丰富、取之不尽用之不竭的知识与思想，却被转化为极其渺小、弱不禁风、不堪一击的物理量，呈现在自己的眼前。使用卡片必须在精神上十分坚强，足以战胜对于有限性的恐惧才行。
>
> ——梅棹忠夫《智识的生产技术》[9]

卡片能承载的内容就是小的、有限的、零散的。当你写完卡片后，摆在面前一看，"什么玩意儿！我的知识和思想就这么一点点吗？"可能会感觉自尊心受到了伤害。每张卡片都会暴露你思想的贫瘠，表达的无力，生活的无聊。反之，如果放任思想在头脑中飘来飘去，那么你永远会感受到自己是安全的。所以，使用卡片时，我们首先要有面对这种心理阻力的准备。诚实地面对自己，是践行卡片大法的真正门槛。与其一上来就对卡片大法抱有很高期望，不如降低预期。每天坚持读、读、读，写、写、写。

无论如何，总有一些方法来帮助你更好地掌握卡片大法。以下是我总结的一些卡片大法通用原则，你可以在规划卡片时参考。

好卡片首先是给自己看的。我曾在《构建优雅的知识创造系统》一文中将知识创造分成三个层级，如表8-1所示。

表8-1　知识创造的三个层级

层级	目的	创作时间
卡片层级	知识的最小单位	一刻钟以内
文件层级	可用于交流的完整输出，如文章	数小时或数周
项目层级	涉及多人或更长时间的系统输出，如图书	数周或数年

在卡片层级，它只需要你一个人完成即可，卡片作为知识的最小单位，既是输入的最小单位，比如你可以撰写读书笔记，也可以用作个人创作。创作一张卡片耗费几分钟到数小时不等。到了文件层级，此时输出的作品侧重用于与他人交流，需要心力更多，往往耗费数小时或数周不等。到了项目层级，则卷入了更多人，需要耗费的时间更长，从数周到数年不等。项目成果常常用作交易，是在社会上立足之本。

不少人误将卡片、文件和项目三个层级混为一谈，喜欢在卡片层级搞分享。这样每次撰写卡片时就多了一个纠结："对于这张卡片，我是该分享，还是该存着自己看？"分享出去，又多了一个纠结："我这张卡片是不是可以写得更好？这张卡片分享出去后，读者会不会有意见呢？"你的纠结越多，写的卡片就会越少。原本微弱的写作欲望之火不断被你自己吹灭。

好卡片一次解决一个问题。卡片因小而美。如果卡片中混杂的信息量过大，就会导致记忆混乱。一卡一事让卡片更轻盈。人生已经足够复杂，卡片帮助我们卸载认知，为何还要让它承载那么多呢？设想一下，一张卡片上只写一件事、一个人、一本书，另一张卡片写了几件事、几个人、几本书，之后哪张卡片更容易让我们提取记忆呢？

好卡片尊重原始数据。卡片是你的个人记忆库，如果不加区分地将别人的言论与自己的想法混在一起，那么，未来你提取记忆时只会越来越乱。当你阅读一张好卡片，你能清晰易懂地知道哪些是作者的原意，哪些是卡片撰写者的发挥。这是我写过的一张卡片示范：

> 正如马奇在《马奇论管理》中所言："我们生活的世界重视现实的期望和清晰的成功，堂吉诃德两者皆无。但是尽管一个失败接着一个失败，他坚守愿景和使命。他坚韧不拔，因为他知道自己是谁。"人才是最好的作品；成为自己，才是最好的奖赏，即使你在后人眼中，是向着风车冲刺的堂吉诃德。

阅读这张卡片，你能清晰地知道哪些是作者的观点，哪些是别人的观点。反之，坏卡片将原文作者的观点曲解成自己的观点，你很难分辨哪些是作者的原创，哪些是作者的引用。一些不够尊重知识原始出处的人，既不会指出观点的原始出处，也不会尊重作者的知识产权，而是用自己发明的一套新术语去曲解作者的原意。

好卡片有自己的见解。好卡片在尊重原始数据的同时，也注意记录自己的观点。写卡片不是不可以摘抄，但要注意控制一下比例。假设你一年写210张卡片，至少得有80%是原创的。这是一个知识产权的问题，依照法律规定，或者引用非诗词类作品不能超过 2 500 字，或者不能超过被引用作品的十分之一，或者"所引用的部分不能构成引用人作品的主要部分或实质部分"。

也就是说，把别人作品的实质部分引来作为自己作品的实质部分，尽管引用的量不到他人作品的十分之一，没有超过 2 500 字，也不属于适当引用，而属于侵权。

这也是一个记忆的问题，当写的都是别人的话时，记不住，且忘得快。

试看鲁迅写的一张卡片。鲁迅在这张读书卡片中，先引用《先正事略》，然后马上在卡片末尾点出，七种实为五种之误。吴晗、钱锺书等作家、学者的卡片亦多处可见这种写法。

> 《国朝先正事略》二十《纪文达公事略》公于书无所不通，尤深汉《易》，力辟图书之谬。一生精力，备注于《四库提要》及《目录》，不复自为撰著。今人所见狭，偶有一得，辄自矜创获，而不知皆古人所已言，或为其所已辟。公胸有千秋，故不轻著书，其所欲言，悉于《四库书目》发之，而惟以觉世之心，自托于小说稗官之列，其感人为易入。自文集外，所著《阅微草堂笔记》凡七种，中多见道之言。
>
> 七种。
>
> 案：笔记实止五种，此承李元度《先正事略》之误。[10]

好卡片不是对外的作品。如果说卡片是个人记忆，那么模糊、混沌才是常态；清晰的、有序的是你对外的文章、图书等更高层级的作品。你真正的力气要放在最终对外发布的作品上。文章、图书与卡片之间不是一一对应而是模糊对应关系。你写文章、图书可以参考以前写的卡片，也可以不参考。有没有不用卡片大法的作家呢？当然有！他们是主流啊！用卡片大法的作家学者，从纳博科夫、卢曼再到姚雪垠，反而是异类。

比用什么方法完成作品更重要的是完成作品。即使你是纳博科夫、卢曼、姚雪垠，人们记住的不是他们写过的卡片，而是《洛丽塔》《法社会学》与《李自成》。用了再厉害的卡片笔记软件，你也不会自然变成作家、学者。

撰写卡片

在第三章中，我们将文本分为信息型、叙事型与美感型。外加三种文本类型共享的"通用型"，写卡片可以按这四大类型来写，如表8-2所示。

表8-2　文本类型及对应的卡片类型

文本类型	卡片类型
通用型	基础卡、行动卡
信息型	新知卡、术语卡、人物卡、图示卡
叙事型	事件卡
美感型	新词卡、金句卡

通用型

基础卡

顾名思义，基础卡是最为基础的卡片。无论哪种卡片类型，信息结构都包括"标题＋内容＋参考＋唯一编码"四个关键要素。试举一例：

例1：基础卡

标题：读《找工作》

内容：今天读了格兰诺维特的《找工作》一书，了解其中的弱联系原理，很有收获。

参考：马克·格兰诺维特. (2008). 找工作 (张文宏等，译). 格致出版社.

唯一编码：201501011506

注：在实际写作中，你可以将"标题"（title）简写为 t，将"参考"（reference）简写为 ref，将"唯一编码"（universally unique identification）简写为 uuid，而"内容"（content）常常省略标识符，无须刻意强调。当然，你也可以根据自己的习惯，使用自己喜欢的符号来表示。以标题为例，你既可以拿首行作为标题，也可以用加大字体、加粗字体等方式表示标题，还可以使用 Markdown 语法，"#"来表示标题。

"标题"指的是对卡片内容简明扼要的概括，类似卡片助记词，帮助你更好地记忆；"内容"指的是卡片正文，你可将阅读心得写成原文 + 评论或心得或想法或收获，记得区分引用与你的发挥。原文可以使用">"符号表示；你自己的观点，可以直接写。试举一例：

例 2：基础卡之内容示范

标题：读《听听那冷雨》

原文：惊蛰一过，春寒加剧。先是料料峭峭，继而雨季开始，时而淋淋漓漓，时而渐渐沥沥，天潮潮地湿湿，即连在梦里，也似乎把伞撑着。而就凭一把伞，躲过一阵潇潇的冷雨，也躲不过整个雨季。连思想也都是潮润润的。每天回家，曲折穿过金门街到厦门街迷宫式的长巷短巷，雨里风里，走入霏霏令人更想入非非。想这样子的台北凄凄切切完全是黑白片的味道，想整个中国整部中国的历史无非是一张黑白片子，片头到片尾，一直是这样下着雨的。

评论：余光中散文名篇《听听那冷雨》堪称白话文范文，将中文之美用到了极致，开篇"料料峭峭""淋淋漓漓""渐渐沥沥""凄凄切切"，又"天潮潮""地湿湿""潮润润"，又"惊蛰一过""春寒加剧""雨季开始"。从头读到尾，毫不呆板。

参考：阳志平《风格练习》

唯一编码：201711050101

"参考"指卡片提及的参考资料，包括两种：外部引用与内部引用。外部引用建议写成自己习惯的文献格式，我常常使用的是 APA 格式第七版。多数时候，可以将其简化为 **格兰诺维特 .(2008). 找工作** 这种形式。如果搭配文献管理软件使用，还可以简化为相关软件自动生成的键值。以 BibTeX 等参考文献管理软件为例，可以简化为 [@Citationkey] 这类格式。[11] 内部引用是指引用其他卡片，那么此处写下其他卡片的唯一编码即可，比如：[201501011506]。

"唯一编码"是指卡片的唯一标识，最常见的有两套编码系统："时间"与"数字 – 字母"。无论纸质卡片还是数字卡片，"时间"编码系统使用最为广泛。建议精确到分钟，使用 12 位时间戳。比如前文的 **"201501011506"** 表示 2015 年 1 月 1 日下午 3 点零 6 分撰写的一张卡片。"时间"编码系统优点是维护成本最低，缺点是无法直接展现相关卡片的层级关系，需要在"引用"处手动维护。一个常用的小技巧是设置输入法的某个自定义短语（例如 sj）为时间戳，从而提高输入效率。

受益于卢曼的实践，另一种"数字 – 字母"编码系统也常被使用，尤其是纸质卡片盒。这套编码系统的关键是交错使用数字与字母。举个例子，**56/a**，表示第 56 张卡片的第一张子卡片。如果想继续表示子卡片，那么，**56/a/1**，表示是 **56/a** 的第一张子卡片。以此类推，**56/a/1/b**，表示是 **56/a/1** 的第二张子卡片。"数字 – 字母"编码系统优点是编码直接内嵌卡片的层级关系，方便快速定位，缺点是数字化处理不够方便，同时在很多时候，仍需单独记录时间数据。

对于绝大多数卡片新手来说，我更推荐采用"时间"作为卡片层级的唯一编码。这样维护成本最低。"数字 – 字母"则作为文章、图书级别的唯一编码。综合上述两套常见编码系统，我取其所长，改进之后的编码系统供参考。

卡片：平时随手写的，没有明确用途的卡片，统一使用时间编码。既可以写在备忘录中，也可以写在 Zotero 中，还可以写在其他软件中，只要写作处有时间戳即可，未来方便导入导出数据即可。不要拘泥于单一卡片笔记软件。

文章：使用"数字－字母"编码。比如，1 表示自己写的第一篇文章，1-a 表示这篇文章的第一节。1-a1 表示这篇文章第一节的第一张卡片，这类卡片既可以是专门为这篇文章而写，也可以复用卡片库中的卡片。

图书：使用"字母－数字"编码。比如，a 表示自己写的第一本书，a-1 表示这本书的第一章，a-1-a 表示第一章的第一节。a-1-a1 表示该节的第一张卡片，这类卡片既可以是专门为这个章节写的，也可以复用卡片库中的卡片。

结合时间编码，可以每年创建一个文件夹来管理卡片、文章与图书等不同层级的知识创造。如图 8-1 所示，这是一个极简版的文件夹结构示意图。

```
2022
├── card（卡片）
|   ├── 202206172020.md（卡片一）
|   └── 202206181620.md（卡片二）
├── essay（文章）
|   ├── 1.md（2022 年第一篇文章）
|   ├── 2.md（2022 年第二篇文章）
|   └── 3.md（2022 年第三篇文章）
└── book（图书）
    └── a（2022 年第一本书）
        ├── a-1.md（第一章）
        ├── a-2.md（第二章）
        └── a-3.md（第三章）
```

图 8-1

无论是使用纸质卡片盒，还是将该文件夹结构导入到任何卡片笔记软件，皆能很好支持。我的这套编码系统与卢曼的编码系统最大的差异在于，综合考虑知识创造的不同层级，更突出文章、图书级别，而非将时间、精力浪费在卡片级别。这样的好处是，日常低成本写卡片，同时撰写文章、图书时，能更快地复用既有卡片内容。实际上，心理学家艾瑞克·伯恩在撰写《人生脚本》时，就采取了这种结构。

把握住精髓，具体的编码细节，可以根据你的个人习惯进行微调。比如，你可以将 2022 年第一篇文章命名为：*20220101.md*。你也可以将 2022 年第一本图书命名为相应图书的英文关键词，比如创作本书时，可以将本书命名为：*202201BookReader*。我演示的文件夹组织结构是：*2022* 这个年份目录下面包括 *card*、*essay*、*book* 三个子目录，你将它们提升为父目录，然后分别在其下创建 2023、2024、2025 这种年份目录，当然也可以。

行动卡

行动卡记录的是你从阅读中获得的行动启发。无论哪一类文本，你都可以撰写行动卡。行动卡常见的信息结构是："**标题＋原理＋行动＋参考＋唯一编码**"。试举一例：

例 3：行动卡

标题：读《找工作》

原理：今天读了格兰诺维特《找工作》一书，了解其中的弱联系原理，很有收获。

行动：打开微信通讯录，尝试将其按照联系频率分成强联系、弱联系、介于两者之间的三组。

参考：马克·格兰诺维特 .（2008）. 找工作（张文宏 等，译）. 格致出版社 .

唯一编码：201501011506。

注：在实际写作中，你可以将"原理"（theory）简写为 t，将"行动"（action）简写为 a。

信息型

新知卡

新知卡记录的是你阅读的这本书，有什么理论模型、推断证据、故事或行动，挑战了你的既有认知。它是信息型卡片中最为重要的一类卡片。新知卡常见的信息结构是："**标题 + 已知 + 新知 + 例子 + 参考 + 唯一编码**"。试举一例：

例 4：新知卡

标题：读《找工作》

已知：通过熟人找工作更容易。

新知：社会学家马克·格兰诺维特的弱联系理论告诉我们，在大多数人寻找工作的过程中，弱联系的那些人起到的作用最大。

例子：读本科时，我的第一份实习工作是一个统计论坛上素未谋面的朋友介绍的。

参考：马克·格兰诺维特 . (2008). 找工作（张文宏 等，译）. 格致出版社 .

唯一编码：201501011506

注：在实际写作中，你可以将"已知"（known）简写为 k，将"新知"（new knowledge）简写为 nk，将"例子"（example given）简写为 eg。

"已知"建议挑选大众或自己以前的观念或掌握的知识；"新知"建议挑选自己更新之后的新知。"例子"建议使用自己日常生活中碰到过的事情，这样更容易记忆。

术语卡

术语卡记录的是阅读中出现过的陌生术语或概念，有时候是学术词汇，有时候是作者发明的黑话。如果不是作者首创的术语，建议找到最原始的论文或者资料，查询谁首先提出了这个术语，分辨哪些是作者真正意义上的原创贡献，哪些是作者改善前人研究，哪些是作者故意曲解他人术语。一旦养成这种习惯，你的独立思考能力就会增强。术语卡常见的信息结构是："定义＋解释＋例子＋参考＋唯一编码"。试举一例：

例 5：术语卡

标题：什么是执行意图？

定义：它是一种制订计划的方式。认知心理学家彼得·戈尔维策将"我要减肥十斤"这种制订计划的方式称为"目标意图"，将使用"如果……那么……"（if...then...）的句式来制订计划的方式称为"执行意图"。

解释：执行意图通过在大脑中提前规划执行计划的时间、地点，从而更易引发行动。

例子：你可以将"我要多运动"改写为"如果到了每天傍晚 5 点，那么我就去操场跑步"。前者是目标意图，后者是执行意图。

参考：阳志平．(2019)．人生模式．电子工业出版社．

唯一编码：202001011942

注：在实际写作中，你可以将"定义"（definition）简写为 def；将"解释"简写为 why。

撰写术语卡的"定义"时，查询到第一个提出该概念的作者及其继承者，建议这么写："某某是指……首先由……提出，……将其发扬光大。"如果该术语已经成为学科中使用广泛的通用术语，那么可以查询相关辞典、百科全书等工具书，或"术语在线"（termonline. cn）等网站，建议这么写："什么是某某？某某学科或某某百科全书或者某某网站，将其定义为某某。"撰写"理解"时，建议用自己的话来复述该术语涉及的原理，多问自己几个"为什么"：某某为什么有效？某某为什么会是这样？某某为什么不会是那样？背后是什么原因？

人物卡

人物卡记录的是你记录阅读时遇见的人。比如某本书的作者，或者作者推崇的人，作者书中提及的人。撰写"人物卡"，你要注意对方是出生于哪个时代，大家会高估同一个时代天才的数量，却会低估人类历史上天才的智慧。人物卡常见的信息结构是："**小传＋参考＋唯一编码**"。试举一例：

例 6：人物卡

标题：丹尼尔·丹尼特

小传：丹尼尔·丹尼特（Daniel Dennett，1942—　　），美国哲学家、作家及认知科学家，美国艺术与科学院院士，塔夫茨大学教授。17 岁在美国卫斯理大学就读时，丹尼特第一次接触语言哲学家奎因的著作，大受触动，从而转学到哈佛大学学习哲学。经奎因推荐，21 岁奔赴英国伦敦，在牛津大学师从哲学家赖尔，攻读博士学位。之后，丹尼特的博士论文在 1969 年，也就是其 27 岁时以《内容与意识》为书名结集出版。丹尼特的博士论文昭示了他未来在心灵哲学与认知科学领域的三个主要研究方向：意向性、意识与自由意志。

在意向性上，丹尼特 1987 年出版论文集《意向立场》；1996

年出版科普著作《心灵种种》；在意识上，1991 年出版《意识的解释》；在自由意志上，2003 年出版《自由的进化》。在完成对意向性、意识与自由意志三大心灵现象的理论体系构建后，丹尼特开始将主要精力转向认知科学、进化论与宗教方面的研究，先后出版《达尔文的危险思想》《甜蜜的梦》《打破符咒》《无神论的未来》《科学和宗教》《直觉泵和其他思考工具》等书。

参考：阳志平《理解意识——从笛卡儿到丹尼特》

唯一编码：202205131942

注：在实际写作中，你可以将"小传"（biography）简写为 bio。

小传务必包括作者姓名全称，如是外国人，宜包括英文全名；同时尽量包括作者生卒年份、教育背景、工作经历、主要身份、家庭网络、社会关系、人生重要节点以及重要成果。查询人物小传，你可以借助手头正在阅读的这本书的"作者简介"页面，还可以参照百科网站等进行校验。

图示卡

图示卡指的是用图示形式来记录阅读时的重要收获的卡片。一图胜千言，用图示的方法来记录阅读收获，是一种不错的方法。图示卡常见的信息结构是："图示＋说明＋参考＋唯一编码"。试举一例：

例 7：图示卡

标题：人类的社交网络

说明：按照英国进化心理学家邓巴的研究，人类从远古狩猎 - 采集时代到近代，社交网络始终由一系列层层包含的圈子构成，每个层次都是它相邻的内部层次的三倍或以上。你可以按照亲疏远近，将这些圈子分为亲密朋友（最里层的 5 人圈）、最要好

的朋友（15人圈）、好朋友（50人圈）、朋友（150人圈）、认识
的人（500人圈）以及脸熟但叫不出名字的人（1 500人圈）（见
图 8-2）。

参考：阳志平 . (2019). 人生模式 . 电子工业出版社 .

唯一编码：201611071942

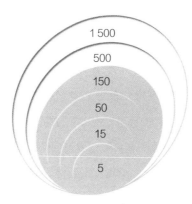

图 8-2　人类的社交网络

注：在实际写作中，你可以将"图示"（figure）简写为 fig。

有哪些常见的图示呢？微软公司开发的办公软件 Office 的
SmartArt 功能将其总结为列表、流程、循环、层次结构、关系、矩
阵与棱锥图七类图示。在写读书笔记时，你实际使用最多的图示有两
类：一类是表示事物的要素构成，道生一，一生二，二生三，三生
万物；另一类是表示事情的进展，比如三步走、四个操作与五项修炼
之类。

叙事型

事件卡

事件卡记录的是阅读叙事型文本时拆解出来的事件。在记录事件

的时候，我们重点记录的是 STAR，即 space（空间）、time（时间）、actor（行动者）和 reaction（反应）。这个事件发生在什么地点，什么时间，行动者做了什么，引发了大家什么样的反应——这些是我们写事件卡的重心。事件卡常见的信息结构是："**标题＋时间＋地点＋行动者＋反应＋参考＋唯一编码**"。试举一例：

例 8：事件卡（单一事件）

标题：有点忧伤，有点美

时间：春天的晚上（那年她不过十五六岁吧，是春天的晚上）。

地点：后门口（她立在后门口，手扶着桃树）。

行动者：对门的年轻人过来打招呼（对门的年轻人同她见过面，可是从来没有打过招呼，他走了过来。离得不远，站定了，轻轻地说了一声："哦，你也在这里吗？"）。

反应：各自走开（她没有说什么，他也没有再说什么，站了一会儿，各自走开了。就这样完了）。

参考：张爱玲《爱》

唯一编码：201801011942

注：在实际写作中，你可以将"时间"简写为 tm，将"地点"简写为 sp，将"行动者"简写为 act，将"反应"简写为 rxn。

再来看一个多个事件组合在一起的例子。这张卡片，整理自《夏济安日记》。该书是 1946 年，夏济安写给女生李彦的日记。在他去世不久后，由弟弟夏志清整理出版。按照今天的话来说，就是一位大学年轻讲师对自己班上女学生的单恋日记。在这张卡片中，我按照时间线整理了夏济安刚刚认识李彦时的相关事件。

例 9：事件卡（多个事件）

标题：夏济安初见李彦

1946 年 2 月 6 日：李彦坐在第一排，看见了不免又动心，发现一点：左手无名指上有一枚翡翠金戒，不知何所指。

1946 年 2 月 12 日：她只对我说了一句话——这一句话使我高兴一上午，上七至八、八至九两堂课，精神兴奋，倍于往昔。

1946 年 2 月 19 日：李彦未来上课——干脆死了这条心吧！

1946 年 2 月 20 日：我本来想出一个类似 My Native Place 的题目，因为她是哪儿的人，我根本都不知道哩。可是福至心灵，给我想出了 My Life 这样一个好题目。

1946 年 2 月 27 日：她来了。今天穿了一件新的浅青色的绒线夹克，戴了一双黑皮的长筒手套。

参考：阳志平《乱世中，一位文人的苦恋》

唯一编码：202011222331

按照时间线整理相关事件，写成一张卡片。在实际写作时应用频繁，常常可以用于整理人物的年表、人生发展等。

叙事的基本单位是事件，两个事件可以构成幽默，三个事件可以成为故事。因此，事件卡的另外两种常见写法是幽默卡与故事卡。幽默卡的信息结构是："标题 + 事件 1+ 事件 2+ 参考 + 唯一编码"。故事卡的信息结构是："标题 + 事件 1+ 事件 2+ 事件 3+ 参考 + 唯一编码"。试举一例：

利马，三月十七日。昨天，阿尔瓦多·刚扎勒·巴勒托（41 岁，有两个孩子，秘鲁国家银行的会计），被误烧在他妻子洛丽塔·桑切斯·米迪纳切丽的肉馅土豆泥饼里。

这是一个新闻报道式的信息型文本，将其改写成叙事型文本：

例10：事件卡之故事卡

标题：一个恐怖故事

事件一：从前有一个秘鲁老头，看着他妻子炖着一锅肉。

事件二：可是有一次她出了错。

事件三：炉子里她烧着的，是那个可怜的秘鲁老头。

参考：艾柯《文学这回事》

唯一编码：202202011942

注：在实际写作中，你可以将"事件"（event）简写为e，用e1、e2、e3
来表示事件发生的次序。

美感型

新词卡

新词卡记录的是在阅读时碰到的"新异词汇"。参见第四章"文
本细读"的介绍，什么是"新异词汇"？这是我发明的一个概念，用
来描述那些被某位作家首次发明的词汇，或者是创造性使用某个熟词
的语言现象。积累"新异词汇"能够扩大你的词汇量，以及提升语
感。新词卡常见的信息结构是："**新异词汇 + 原句 + 造句 + 参考 + 唯
一编码**"。试举一例：

例11：新词卡

新异词汇：微醺而饭

原句：少焉月印池中，虫声四起，设竹榻于篱下，老妪报酒
温饭熟，遂就月光对酌，微醺而饭。

造句：人生呵，可以像李白一样秉烛夜游、任侠放歌，将那
辉煌璀璨浓缩在春日一夜；也可以像沈复一样，慢慢地穷困潦倒

一生，慢慢地与芸娘在月光下对酌，在池塘前微醺而饭，那何尝不也是一种幸福？

参考：阳志平《浮生若梦》

唯一编码：201712061942

注：在实际写作中，你可以将"新异词汇"（new words）简写为 nw，用作卡片标题；将"原句"（source sentence）简写为 ss；将"造句"（target sentence）简写为 ts。

如果一句话中有多个新异词汇，你可以将其分别表示为 nw1、nw2 等。"原句"如是古文或英文，卡片中可引相关翻译："不一会儿，月映水池，虫声四起，我们又摆设竹榻于篱下，这时老太太告诉我们已经酒温饭熟了！我们即在月光下饮酒，微醉着吃饭。"在造句时，亦可多个句子，用 ts1、ts2 等表示。

哪些新异词汇值得积累？准确、鲜活的名词、动词、富有节奏感的四字词、令人耳目一新的旧词新用等。从哪里积累新异词汇？你正在阅读的任何图书。若有余力，可以尝试分析所选新词为什么好，好在什么地方。

金句卡

金句卡指的是记录阅读时遇见的性感表达，或点明主旨，或美感十足，或发人深省……可以是任何吸引你的句子。金句卡常见的信息结构是："标题 + 金句 + 评论 / 仿写 + 参考 + 唯一编码"。试举一例：

例 12：金句卡

标题：社会比较

金句：不拿别人最顺的人生对比自己的人生，不拿别人最惨的人生对比自己的人生。世界之旅，时间之舟，怡然自得，造物虽驶如吾何。

评论：社会上永远存在"人比人"的问题。我们不会因为自己的愚蠢而悲伤，只会因为比周围的人更愚蠢而痛苦。在一个信息爆炸时代，如何保持自己的定力，自得其乐，是一件很重要的事情。

参考：阳志平《焦虑时代的反焦虑》

唯一编码：201903051942

注：在实际写作中，你可以将"金句"（quote）简写为 qte，将"评论"（comment）简写为 cmnt。金句卡还可以类似新词卡一样来仿写，此时你可以用"ss"（source sentence）来表示原句，用"ts"（target sentence）来表示仿写之后的新句子。

试举一例：

例 13：金句卡（仿写）

标题：多年以后

原句：多年以后，面对行刑队，奥雷里亚诺·布恩迪亚上校将会回想起父亲带他去见识冰块的那个遥远的下午。

仿写：多年以后，参加开智大会，你将回想起与开智初次相识的夜晚。正是彼时，你发现一个秘密：你是一个异类。

参考：阳志平《致异类的一封信》

唯一编码：201612051805

* * *

对于第一次接触卡片大法的读者来说，你可以照着上述模板来写卡片，按照信息结构填空即可。当你熟悉这些卡片模板之后，可以根据自己的写作习惯随意发挥，使用自己习惯的速记词。你还可以尝试将多种卡片形式综合在一起。试举一例：

例 14：综合例子

标题：文无第一

文无第一，诗无达诂。拿作家作品来相互比较，好比用体重度量智力，用财产考量感情。都是小说，《双城记》与《傲慢与偏见》可以划归植物园与动物园。所以，作家们的备忘录上都早早准备着一条答记者问：你最欣赏的作家是谁？连记者都不相信的回答是考德威尔："我读得不多，因此不知道。"纳博科夫的回答很狡猾，"有几个我感兴趣的作家，但是我不会说名字，匿名的快乐不碍事"。最酷的回答来自海明威。《巴黎评论》问："有些人，特别是与你同时代的人，读他的作品对你有什么影响？"——我不擅长尸检。

参考：阳志平《文无第一》

唯一编码：201403042040

这张卡片是我撰写的多张读书卡片笔记综合而成。植物园与动物园的比喻语出林沛理的《英文玩家》，考德威尔语出《心智：大作家访谈录》，纳博科夫与海明威语出《巴黎评论》。

整理卡片

什么时候需要整理卡片？在卡片数量超过 100 张之前，整理卡片没有丝毫意义。此时，你更重要的事情是写、写、写，让自己的卡片数量上来。当你写的卡片数量超过 100 张了，此时整理卡片才有意义。以下是一些提高整理卡片效率的建议。

时间是最好的分类

有不少朋友，在整理卡片时，总是喜欢分类。比如，这张卡片归入 A 文件夹，另一张卡片归入 B 文件夹。这张卡片打上 A 标签，另一张卡片贴上 B 标签。其实，在整理卡片时，无论纸质卡片还是数字卡片，时间是最好的分类。你可以将这些卡片按照年月整理。比如，对于纸质卡片来说，你可以挑选适配卡片尺寸的收纳盒。在每个收纳盒上贴上标签，比如，201501 表示 2015 年 1 月的卡片。同样，对于数字卡片来说，你可以在自己使用的卡片笔记软件下创建一个文件夹，比如用 201501 表示 2015 年 1 月的卡片。

为什么以时间为尺度呢？其他分类常常经不住时间的考验，随着时间的发展，变得日益混乱。比如，之前的 A 现在改名为 C，那么，之前那些卡片变还是不变？将卡片按照时间整理则没有这个问题。

批量重命名卡片

卡片是时间存在的证据，卡片最重要的属性就是时间，包括一张卡片的创建时间、修改时间等。在绝大多数情况下，卡片无须修改，直接复用即可，因此卡片最重要的属性就是创建时间。在前文中，我们介绍了使用 12 位时间戳作为每张卡片的唯一编码，比如"201501011506"表示 2015 年 1 月 1 日下午 3 点零 6 分撰写的一张卡片。

如果你的卡片之前是写在操作系统自带的备忘录、文献管理软件中，那么，你可以将其导出为纯文本格式或者 html 格式，然后使用上述规则统一批量重命名自己写过的卡片。你可以每隔一阵，进行此类操作。为了提高效率，可以写成自动化脚本。

借助智能搜索自动整理卡片

在第七章中，我们谈了标签系统的缺点。简而言之，标签系统并不适合作为一种卡片分类，但是可以作为一种"印象系统"来使用。你可以在整理卡片时输入该卡片的标签。比如，我的身份较为多元，涉及公司管理、产品研发、教研教学、个人写作等不同角色，那么，我分别创建了"管理手记""产品研发录""教学笔记""写作日志"等标签。在写作某张卡片时即可输入。

同样，前文提及的不同卡片类型，也可以作为标签系统的一组标签：通用型——基础卡、行动卡；信息型——新知卡、术语卡、人物卡、图示卡；叙事型——事件卡；美感型——新词卡、金句卡。当卡片有了明确用途时，比如，为某篇文章、某本书准备的卡片，那么，你可以使用该篇文章、该本书的简称来作为标签。

我不太提倡在撰写卡片时去逐一打标签，更建议在整理卡片时，借助智能搜索来打标签。在撰写卡片时，花费时间越少越好，在整理卡片时，则越自动化越好。这样可以降低标签系统的不良影响。常用的卡片笔记软件都支持智能搜索、批量打标签功能。比如，你可以检索所有正文带"新异词汇"四个字的卡片，然后将其搜索出来的结果逐一或者批量创建"新异词汇"标签、"新词卡"标签。一些常用的标签，你可以创建为智能文件夹，这样节省下次搜索的时间。

索引卡单独放置

好卡片尊重原始数据。索引卡是对你写过的卡片的二次整理。因此，建议将索引卡单独放置。纳博科夫的卡片，直接用于自己写小说，因此他只使用了一个盒子来保存自己写作的内容。而类似卢曼、艾柯等人，则使用了多个盒子来保存自己的卡片。其中一个盒子专门用于索引和整理卡片。

从认知科学角度来讲，卢曼、艾柯的这种做法极其高明。认知科学家将人的信息加工分为两大类，第一类是一阶操作，也就是"认知"本身，包括你感知的、你记忆的、你学习的、你思考的。第二类是二阶操作，可以称之为"元认知"，即对自己当前的认知进行监控："我当前感知到了什么？我当前在记忆什么？我当前在学习什么？我当前在思考什么？"这就是元感知、元记忆、元学习、元思考。认知的认知，也就是"元认知"。

将索引卡单独放置，能够更好地对"元认知"的内容进行保存和加工。一个盒子用于保存内容本身，一个盒子用于监控内容。如果不是纸质卡片呢？我们在挑选卡片笔记软件时，可以看一下这个软件有没有用于处理信息本身的"元数据操作区域"。即使软件本身没有这类功能，也能变相做到。假设你现在使用的是最朴素的卡片笔记软件，比如苹果、安卓自带的备忘录，我教你一个小技巧：在备忘录的任何一个文件夹，建一个 0.Meta 文件夹和 999.Other 的文件夹，前者用于保存你的元数据，就是关于卡片的卡片，后者用于保存一些难以归类的东西，即可实现类似效果。

综合前辈们以及我个人整理卡片的经验，我建议可以将索引卡分成两类：时间索引卡、主题索引卡。时间索引卡常见的信息结构是："**时间 + 引用的卡片 + 参考 + 唯一编码**"。试举一例：

例 15：时间索引卡

标题：2022 年 6 月

2022 年 6 月 1 日：[202206010101]，# 标签 #

2022 年 6 月 2 日：[202206020101]，# 标签 #

2022 年 6 月 3 日：[202206030101]，# 标签 #

2022 年 6 月 4 日：[202206040101]，# 标签 #

2022 年 6 月 5 日：[202206050101]，# 标签 #

参考：阳志平的卡片盒

唯一编码：20220630213101

注：如果某月撰写的卡片较多，在整理时可以按照周或者固定数量（例如，每五张）分组。标签可以根据自己的使用习惯撰写，按照时间整理卡片时不建议省略。

主题索引卡的常见的信息结构是："**主题 + 引用的卡片 + 参考 + 唯一编码**"。试举一例：

例 16：主题索引卡

标题：新异词汇

[202206010101]，新异词汇的定义。#标签#

[202206020101]，新异词汇的分类。#标签#

[202206030101]，鲁迅的新异词汇。#标签#

[202206040101]，张爱玲的新异词汇。#标签#

[202206050101]，张爱玲的新异词汇。#标签#

参考：阳志平的卡片盒

唯一编码：20220630214708

注：如果某个主题涉及卡片较多，建议拆分成不同层次的主题。同一个层次的主题卡片尽量约束在 10 张以内。按照主题整理卡片时，标签常可省略。

拼接卡片

只读不写，只写卡片不写文章，只写文章不写图书，都会阻碍你。我们需要不断挑战更高层级的知识创造。卡片仅仅是知识创造的起点，但它本身并不等同于对外发表的最终作品。

以卢曼为例，他一生积累了 9 万多张卡片，这些卡片散布在 24 个箱子之中。每一张卡片都会进行唯一编码，并通过索引进行整理。同时，卡片和卡片之间也会有关联和跳转。当卢曼要撰写论文或者图书的时候，就会整理一份索引，挑选出匹配的卡片，即可拼接成论文或者图书最初的版本。

再以姚雪垠为例，《姚雪垠读史创作卡片全集》一书收录他创作《李自成》一书时撰写的卡片，总计 6 846 张卡片。其中，纯摘抄类卡片有1871张，原创类卡片有690张。而《李自成》全书总计5卷，300余万字。平均来说，每1000字用到约2张原创卡片，约5张摘抄卡片。

如何将一堆零散的卡片拼接为一篇完整的文章？最常用的两种拼接方法是并列与推进，如图8-3所示。

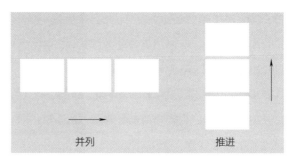

图8-3

并列

并列拼接是指将同一层次上的卡片组织为文章。常见的方法是：肯定三连、否定三连、顺序三连。

> » 肯定三连：是什么，是什么，是什么
> » 否定三连：不是什么，不是什么，不是什么
> » 顺序三连：1、2、3

以我的文章《创作者的品味》为例，先是"否定三连"：

例17：否定三连

品味不是流行，虽然流行可以成为品味……

品味不是指标，虽然人们常常误解可以轻易量化品味……

品味不是实用的，虽然人们常常赋予美以意义……

接着是"肯定三连":

例 18:肯定三连

好品味,它倾向那些在历史上永垂不朽的作品……

好品味,它倾向那些符合自然、节省人们心力的作品……

好品味,它倾向那些含蓄的、暗示的作品……

再来看看"顺序三连",这是来自余光中的《朋友四型》主题句。[12]

例 19:顺序三连

第一型,高级而有趣。这种朋友理想是理想,只是可遇而不可求。世界上高级的人很多,有趣的人也很多,又高级又有趣的人却少之又少……

第二型,高级而无趣。这种人大概就是古人所谓的诤友,甚至畏友了。这种朋友,有的知识丰富,有的人格高超,有的呢,"品学兼优"像一个模范生……

第三型,低级而有趣。这种朋友极富娱乐价值,说笑话,他最黄;说故事,他最像;消息,他最灵通;关系,他最广阔;好去处,他都去过;坏主意,他都打过……

第四型,低级而无趣。这种朋友,跟第一型的朋友一样少,或然率相当之低……

推进

推进是指将不同层次上的卡片组织成文章。常见的方法是:时间推进、空间推进、关系推进。

以汪曾祺《葡萄月令》为例,主题句分别按照六月、七月、八月的时间次序推进。[13]

例 20：时间推进

六月，浇水、喷药、打条、掐须。葡萄粒长了一点，一颗一颗，像绿玻璃料做的纽子。

七月，葡萄"膨大"了。掐须、打条、喷药，大大地浇一次水。

八月，葡萄"着色"。你别以为我这里是把画家的术语借用来了。

时间推进除了按照"季节 / 月份"推进，还可以按照"现在 – 过去 – 未来"推进。空间推进常常包括"远中近""前中后""内中外"等。仍以汪曾祺的散文为例，《天山行色》开篇分别按照"远中近"结构推进。[14]

例 21：空间推进

南山是天山的边缘，还不是腹地。南山是牧区。汽车渐入南山境，已经看到牧区景象。两边的山起伏连绵，山势皆平缓，望之浑然，遍山长着茸茸的细草。去年雪不大，草很短。老远的就看到山间错错落落，一丛一丛的塔松，黑黑的。

汽车路尽，舍车从山涧两边的石径向上走，进入松林深处。

塔松极干净，叶片片片如新拭，无一枯枝，颜色蓝绿。空气也极干净。我们藉草倚树吃西瓜，起身时衣裤上都沾了松脂。

事物之间的关系以因果关系、对比关系、转折关系三种最为常见。因此，关系推进可分为因果、对比、转折三种常见形式。各举一例。

例 22：关系推进：因果

高质量的文章，往往在于信息来源与众不同。除了阅读写给大众的文章、图书，你还可以往前一步——阅读学术期刊。

为什么要推荐学术期刊？在企业，往往采取问题导向的方式收集信息，通过零散的个人体悟以及企业内部知识传承体系来提升智慧。学术界更多的是基于公理体系，通过变量定义、推演、实验与同行评审的方式来提升智慧。风格不同，跨界的互补容易产生好想法。

——阳志平《如何提高文章含金量》

再来看看对比关系。在下文中，汪曾祺拿北京的荠菜与江南的荠菜做对比。

例23：关系推进：对比

北京也偶有荠菜卖。菜市上卖的是园子里种的，茎白叶大，颜色较野生者浅淡，无香气。农贸市场间有南方的老太太挑了野生的来卖，则又过于细瘦，如一团乱发，制熟后强硬扎嘴。总不如南方野生的有味。

江南人惯用荠菜包春卷，包馄饨，甚佳。我们家乡有用来包春卷的，用来包馄饨的没有，——我们家乡没有"菜肉馄饨"。一般是凉拌。荠菜焯熟剁碎，界首茶干切细丁，入虾米，同拌。这道菜是可以上酒席作凉菜的。酒席上的凉拌荠菜都用手抟成一座尖塔，临吃推倒。

——汪曾祺《葑蒿·枸杞·荠菜·马齿苋》[15]

最后看看转折关系。在下文中，钱锺书先谈吃饭的常见社交作用，接着笔锋一转，谈吃饭一种较少为人注意到的作用：减少结怨。

例24：关系推进：转折

吃饭还有许多社交的功用，譬如联络感情、谈生意经等等，那就是"请吃饭"了……

但是趣味洋溢的《老饕年鉴》（*Almanach des Gourmands*）**里有一节妙文，**不可不在此处一提。这八小本名贵稀罕的奇书，在研究吃饭之外，也曾讨论到请饭的问题。大意说：我们吃了人家的饭该有多少天不在背后说主人的坏话，时间的长短按照饭菜的质量而定；所以做人应当多多请客吃饭，并且吃好饭，以增进朋友的感情，减少仇敌的毁谤。这一番议论，我诚恳地介绍给一切不愿彼此成为冤家的朋友，以及愿意彼此变为朋友的冤家……

——钱锺书《吃饭》[16]

* * *

卡片拼接是一种排列组合，无法穷尽，以上仅列出最常见的拼接方式。无论横向的并列拼接，还是纵向的推进拼接，两者并不对立，可以交叉使用，在实际拼接卡片时，并不限定数量。好莱坞编剧达斯汀·兰斯·布莱克也是卡片爱好者，他在拼接卡片时，喜欢将整理好的卡片全部铺放在一张大长桌上，每次拼接的卡片涉及数十张。[17]

将读书卡片整理为书评

书评是指评论书籍的文章。中国自古以来，就强调阅读时撰写读书札记，然后将札记整理成书评。汉代如班固的《汉书·艺文志》，唐代如孔颖达的《五经正义》，宋代如晁公武的《郡斋读书志》，明清如金圣叹的《第五才子书施耐庵水浒传》，皆经久不衰。

撰写书评能够加深对所读之书的理解，卡片大法也是容易写出高质量书评的方法。以信息类图书为例，平时阅读时，积累这几种卡片：

» 新知卡：这本书的核心主题讨论的是什么？

» 术语卡：与这个核心主题相关的最重要的概念是什么？

» 人物卡：这些概念的最初提出者与当代继承者是谁？

» 金句卡：阅读这本书，与作者核心思想最相关的金句是什么？

» 行动卡：如何指导人们的实际行动？

如果一本书的核心思想不复杂，你可以将其概括为一个核心新知、三个关键概念，也就是说，一张新知卡 + 三张术语卡 + 三张人名卡 + 一张金句卡 + 一张行动卡，九张卡片即可概括一本书的核心内容。假设一张卡片平均为 150 字，那么一篇千字文就出来了。

一个简单的书评模板，如图 8-4 所示。

读某某书有感（书评标题）

人们常常以为……其实……（新知卡）

关键概念 1

什么是某某？某某的定义是……该概念告诉我们……（术语卡）

某某是由……提出来的概念，他是……之后又得到了……的发展与继承（人物卡）

关键概念 2

关键概念 3

小结

引用金句……结尾……（金句卡）

图 8-4　书评模板示范

需要注意的是，如果文章从千字文变为三千字、一万字等量级，卡片层级会增加，此时可以使用三级标题（###）、四级标题（####）等。你也不必拘泥于模板，上述模板仅仅是给初学者的一个脚手架而已。

以我的书评《读莫斯科维奇的〈社会表征〉》为例，示范如何把卡片整理成简单的书评。在阅读时，我撰写了各种卡片，比如，关于作者的人物卡如下。

例 25：莫斯科维奇

标题：莫斯科维奇

小传：经历过战争，流亡漂泊，打工劳作，感伤时，久久地望着老家黑海岸上拉驳船的马队，生命至少有两次险些结束，没当过学生却当了教授与 N 家一流大学荣誉教授，创办多本欧洲社会心理学杂志与欧洲社会心理学会，继皮亚杰之后 2003 年荣获巴尔赞大奖。被称为欧洲社会心理学之父，儿子是欧洲议会副主席，他，就是作者莫斯科维奇。

作者不简单，科学哲学、知识的社会心理学（社会表征）、少数人研究、生态心理学，均有创新贡献，与皮亚杰、维果茨基、费斯廷格、泰费尔等心理学领域的智者过招。中国读者很熟悉的有《群氓的时代》，被称为《乌合之众》之后最好的关于群体心理学的著作。

《社会表征》主要就是讲述作者关于知识的社会心理学的创见，也就是社会表征。社会表征与少数人理论，构成了作者对社会心理学最重要的贡献。

参考：莫斯科维奇《社会表征》

唯一编码：201201190101

我将阅读该书时撰写的各类卡片拼接在一起，就成了一篇书评。

整篇书评结构如下：

莫斯科维奇的《社会表征》：关于常识的社会心理学

关于作者（人物卡 1 张）

整体评价（基础卡 1 张）

读书笔记串串烧（术语 / 新知卡共 9 张）

什么是社会表征？

社会表征理论概述

……

体会（基础卡 1 张）

当然，这仅仅是一篇最简单的书评，用到的写作技巧不多。更多我的书评示范，可参考我的个人网站（网址：yangzhiping.com）与微信公众号（@心智工具箱）。

卡片大法的进阶思考

元：卡片大法的高阶操作

无论纸质卡片还是数字卡片，卡片都是一种信息容器。它包含的信息组块单一、语义完整，可以溯源，便于提取和创作。有了卡片这个容器，把生活中遇见的事情，碰到的人，读过的书，封装进去。就像食材的预处理。要写东西的时候，再回来找灵感，就很快了。

卡片到底是什么东西呢？"信息容器"听上去似乎挺玄的，其实并不是。你可以把卡片理解为积木。这些卡片是 100~500 字组成的一小段话。跟写笔记类似，但又有一些规范：比如信息组块单一，一张卡片写一件事；要写完整，不要写得零零散散；同时，标注上出处和时间。随着卡片的积累，逐渐像搭积木一样，不断复用、灵活拼接成一篇篇文章。

卡片对人类究竟有什么样的意义呢？它其实是面对信息洪流的诺亚方舟。人生不如意事十之八九，洪水来了，我与家人无法抵抗，但我可以心怀南山；洪水过后，我依然在，登上南山。从远古洪水泛滥到今天这个信息泛滥时代，卡片是人类给自己建造的诺亚方舟。人类用卡片封装世界，一切皆卡片。在一个如此复杂的世界，你可以利用信息抽象级别更高的思维来理解这个世界。当记忆外部化与概念具象化，最终就变成卡片。从此，这个大大的世界因为一张小小的卡片而属于你。你不再飘零无所依，整个世界安坐于心中。

反：如何避免卡片大法的系统性偏差？

卡片大法虽然是符合人类大脑工作规律的笔记法，如同好汤需要时间来煨缸慢炖，卡片大法同样需要日积月累。对于卡片写得少的人，断然品尝不到用它创作的甘甜。

对于长期写卡片的人，则会面临一个鱼与熊掌的问题：写卡片的时间与写文章、图书的时间如何分配？最终，索性直接用卡片成文、成书。如前所述，钱锺书《谈艺录》一书即被一代词宗夏承焘批评为"积卡片而成"。1948 年，夏承焘在《天风阁学词日记》中写道："阅钱锺书《谈艺录》，博闻强记，殊堪爱佩。但疑其书乃积卡片而成，取证稠叠，无优游不迫之致。近人著书每多此病。"[18] 虽然在前文中我们已经为钱锺书辩护，但直接将卡片当作图书，始终会令人诟病。

如何更优雅地处理？我的建议是，区分卡片、文章与图书三个

不同的知识创造层级。每天撰写的卡片不要低于 3 张，但也不要超过
10 张。文章、图书与卡片本不是同一个级别。留出时间直接写文章、
图书，而不是先写卡片。道理很简单，一位伟大的作家越是依赖自己
过往输入的文字，那么他越不可能写出下一部伟大的作品。

空：何时无须卡片大法？

读坏书时，读休闲读物时，读一些无关紧要的读物时，无须撰写
卡片笔记。

小结

你以为读书只需读读即可，聪明的阅读者坚持写读书笔记。

你以为一时兴起，写三四张卡片即可，聪明的阅读者日积月累，
让写读书卡片成为阅读本能。

你以为随便写写即可，聪明的阅读者不断优化卡片规划、撰写、
整理与拼接的流程。

第九章
综合应用：阅读不同类型
的图书

在本章中，你将了解阅读大众科普、学术
专著、教科书、小说、传记与诗集等不同
类型的书的注意事项。

在前面章节中，我们介绍了四种阅读技法——文本细读、抽样阅读、结构阅读、主题阅读。这四种阅读技法适用于所有图书，但每种阅读技法都有更适合的场景。文本细读适用于吃透一些关键著作以及一些著作中的关键章节；抽样阅读适用于读厚一点的书，把厚书读薄，快速提炼重要知识点；结构阅读侧重于掌握作者的认知方式，帮你自上而下更好地把握作者的写作逻辑，尤其适合阅读有专业色彩的书；主题阅读是从一本书到一批书，帮助你把书读通透，掌握一个领域的知识，建立自己的知识体系。我们还介绍了一种做读书笔记的方法——卡片大法，针对不同类型的文本一一列举了常见卡片模板。

那么，该如何综合应用？在第三章中，我们将文本及图书分成三大类——信息型、叙事型、美感型。其中按照作者数量（一个作者还是多个作者）和论述问题数量（围绕一个问题论述还是多个问题论述）把图书划分成个人文集、个人专著、个人编著、多人合集四种类型。

不同类型的书，如何运用对应的阅读方法？在本章中，我将分别挑选几类代表性的图书，来介绍每一类读物的阅读难点，针对这些难点，综合应用阅读技法的前后次序与注意事项。其中信息型图书，以**大众科普、学术专著、教科书**为例；叙事型图书，以**小说**（下文侧重长篇小说，兼顾中篇小说）、**传记**为例；美感型图书，以**诗集**为例。如图 9-1 所示，序号①②③④表示阅读这类图书时，优先采用的阅读方法次序；卡片大法的相应卡片模板表示优先整理的卡片类型。

图书类型	文本细读	抽样阅读	结构阅读	主题阅读	卡片大法
大众科普	②	①	③	④	新知卡；术语卡；人物卡
学术专著	③	②	①	④	新知卡；术语卡；图示卡
教科书	③	②	④	①	索引卡；术语卡；图示卡
小说	①	②	③	④	事件卡
传记	③	②	④	①	人物卡
诗集	③	②	①	④	新词卡；金句卡

图 9-1　阅读不同类型的读物

如何读大众科普

如果将阅读难度满分设为 10 分，那么大众科普的阅读难度常常在 4~6 分之间波动。大众科普的阅读难度适中，比小说更难读，比学术专著更容易读。因此，它是任意一个学科或领域的阅读试金石。如果大众科普读物你都读得吃力，意味着你要么需要提升自己的阅读能力，要么需要准备更多该学科或领域的前置知识。

阅读大众科普的难点在于人们容易浪费时间，人们常常误读，人们喜欢买椟还珠。以下一一介绍。

人们容易浪费时间。大众科普这类书废话较多，注水严重，即使名家经典，也不例外。目前市面上的大众科普越写越厚，页数最少的都有 250 页。以认知科学家平克的科普著作为例，《语言本能》492 页，《心智探奇》580 页，《思想本质》514 页；生物学家道金斯的科普著作字数也是不相上下，《自私的基因》各版本均 400 多页，《盲眼钟表匠》356 页，《地球上最伟大的表演》420 页。

这些科普著作，成名已久，每本书的页数都很多，难以从头读到尾。如何将厚书读薄？请参考第五章介绍的"抽样阅读"，挤掉这类图书中的水分，找到关键章节，提高阅读效率。

人们常常误读。面向大众的科普书，受制于读者对象及篇幅考量，无法使用过多的专业术语，这类书必然不如学术专著严谨，因此容易被人误读。有两种常见表现。一种是用作者不重要的错误否定整本书。比如学习心理学，很多历史上的经典读物，比如弗洛伊德的《梦的解析》、埃里克森的《童年与社会》、斯金纳的《超越自由与尊严》、班杜拉的《思想和行动的社会基础》、罗杰斯的《个人形成论》，都有自己的历史局限。用今天的眼光来看，太容易挑出错误。正如张五常在《吾意独怜才》所言："学习要从假设大帅是对入手。"

与之相对的另一种表现是对作者书中微不足道、一笔带过的思想却浓墨重彩。拔高到作者自己也没意识到的位置。艾柯在《如何撰写毕业论文》第二版序言中谈了一个生动的例子，自己奉为神启的"瓦莱神父带来的重要灵感"，实际上只是自己的错觉。

如何更好地理解作者真正的贡献？请参考第四章介绍的"文本细读"，回到作者文本本身；参考第六章介绍的"结构阅读"，理解作者的认知方式；以及参考第七章介绍的"主题阅读"，了解作者著作涉及学科或领域的相关脉络。

人们喜欢买椟还珠。大众科普故事与案例较多，阅读门槛较低，因此，人们喜欢其中的故事、案例甚于术语或概念，从而容易忽略书中重点。此时，你可以参考第八章介绍的"卡片大法"，重点撰写该书的新知卡、术语卡、人物卡等读书笔记。新知卡关心这本大众科普普及了什么我不知道的。术语卡、人物卡侧重这本大众科普涉及了哪些关键概念、关键人物。

如何读学术专著

学术专著的阅读难度因人而异。如果是你精通或熟悉的学科领域，阅读难度常常降低不少，在5~7分之间波动；如果是你第一次接触的陌生学科领域，那么阅读难度常常会在6~8分之间波动。

阅读学术专著的难点包括无法形成对一本书的整体理解；读的是已被证伪的书；读不懂术语或概念；距离日常生活较远，用不上；找不到相应的学术专著。以下一一介绍。

无法形成对一本书的整体理解。很多学者的学术专著针对同行写作，在阐述时默认假设同行已经拥有一些前置知识，如果你不是这个领域的从业者，这些前置知识会成为拦路虎。似乎一本书每个知识点都很重要，但是这么多知识点关联在一起表达了什么？读完区分不清知识点的权重，无法整体把握一本书，这是阅读学术专著的常见难题。

如何解决这一难题？请参考第六章介绍的"结构阅读"，先理解作者全书主要的认知方式是什么，是侧重思想实验、实验科学，还是田野调查？以认知科学为例，同为斯坦诺维奇的著作，《机器人叛乱》一书侧重思想实验，《超越智商》一书侧重实验科学。继而参照第六章介绍的各种提问模板，向作者提问。仍以《机器人叛乱》一书为例，"思想实验"提问模板如下：

> 作者构造了怎样的思想实验？这个思想实验是作者第一次发明，还是基于历史上已有思想实验的演绎？这个思想实验和你头脑中的常识有什么不同？给你提供了什么样的反常识？仿照作者的这个思想实验，你可以用它批判什么观点？

我们试着回答一下。作者在书中构造了"机器人叛乱"这一思想实验，该思想实验出自哲学家丹尼特。这个思想实验告诉了我们一个令人惊恐的反常识——人，是机器人；人，背叛了自己的主人——基因。随着漫长的演化，人作为基因载体自身的利益本身，会与基因的利益发生冲突，最终背叛基因的利益。从"机器人叛乱"实验出发，你可以重新反思进化心理学的对错。进化心理学仅代表基因的利益，低估了人自身的利益。

如何更全面深入理解本书的内容？继而查阅《机器人叛乱》一书涉及的方法论、格式规约，结合第五章介绍的"抽样阅读"快速跳读，以及第八章介绍的"卡片大法"，重点撰写该书的新知卡、术语卡、图示卡等读书笔记。其中图示卡侧重用自己能够理解的符号，绘制整本书的核心思想。如此一来，得以形成关于一本书的整体理解。

读的是已被证伪的书。很多学术专著，宣传漂亮，但实际上书中涉及的理论或观点已经落后于学界共识，已被证伪。但是你并不知道，因此你阅读这本书极可能是浪费时间。如何判断一本学术专著的理论或观点是否靠谱？你可以参考第五章介绍的"抽样阅读"，找出一本书的关键理论假设，然后看其论证逻辑。

1. 是不是有多方面的证据支持？认知心理学中的"工作记忆理论"不仅在提出时有实验心理学方面的行为证据，近些年还涌现了大量认知神经科学的脑成像证据。反之，不少学术专著提及的理论之所以被推翻，正是有了与之相悖的新证据出现。

2. 是不是经受住了时间考验？不少学术专著的理论或观点在提出时曾被质疑过，在一轮轮大浪淘沙中，有的经受时间的沉淀始见真金，有的却是一场空。前者如卡尼曼在《选择、价值与决策》一书中提出的前景理论，后者如霍华德·加德纳在《智能的结构》一书中提出的多元智能理论。

3. 是不是符合奥卡姆剃刀原则？"如无必要，勿增实体"，典型如加德纳的多元智能理论，如何违背了奥卡姆剃刀原则？斯坦诺维奇在《超越智商》中对其的批评一针见血：

> 让我们来做一个简单的实验。试想，如果有人反对在评价汽车时太过于强调马力这一指标的做法，于是，为了降低"马力"这一概念的重要性和受重视程度，他们提出了制动马力、转弯马力、缓和马力等一系列概念来描述汽车的特性。请问，这种策略可以让人们在评估一辆汽车的性能时，忽视发动机功率的重要性吗？我认为不行。[1]

读不懂术语或概念。与大众科普不同，学术专著并非将学科共识翻译成通俗易懂的语言，其涉及的问题常常没有定论，因此先需综述介绍前人研究成果，再阐述自己的结论及边界、例外。对没有相关学术背景的读者来说，有些术语或概念难免晦涩难懂，怎么办？

你可以参考第四章的"文本细读"，来理解信息型图书的术语或概念；你也可以参考第七章的"主题阅读"，使用另一本书中对这个术语或概念的解释来攻克这本书。读不懂卡尼曼与人合著的学术专著《不确定状况下的判断》，可以先读他的大众科普《思考，快与慢》。读不懂发展心理学家亨利·威尔曼关于心理理论的学术专著《塑造心智》（*Making Minds*），可以先读他的大众科普书《孩子如何社交》。

距离日常生活较远，用不上。 我们在阅读学术专著的时候，经常会碰到一个问题：你会觉得学术专著所讲的内容离自己的日常生活比较遥远。同样是读卡尼曼的作品，你读《思考，快与慢》这种大众科普书，多少能对自己的人生有所启发，甚至能将其中的理论运用到投资决策中。但你读《不确定状况下的判断》，这种由一大堆论文构成的学术类专著，和现实产生鸿沟，很难将这本书与自己的日常生活关联起来，该怎么办？

请参考第七章"主题阅读"，获得更多配套阅读材料。如果读布尔迪厄的名作《再生产》，理解他的"文化资本理论"如何应用到日常生活有困难，那么你可以读英国学者罗伯特·休伊森与约翰·杰洛瑞的同名著作《文化资本》。休伊森的《文化资本》一书，以酷不列颠、千禧巨蛋、奥林匹克运动会为例，向读者揭示了文化如何变成一种商品。杰洛瑞的《文化资本》一书，以文学经典为例，讨论了文化资本的分配如何规训识字、阅读、写作等习性。

如何更好理解学术专著中的关键术语、概念或者理论模型？分享一个实用小技巧：你在搜索相关术语、概念、模型时，加上"应用"或"工程"或"技巧"等词，更易找到实践应用类图书。以《不确定状况下的判断》为例。该书重点谈的是行为经济学，那么你搜索"行为经济学＋应用"，即可找到彼得·戴蒙德的《行为经济学及其应用》；搜索"行为经济学＋工程"，即可发现史蒂芬·温德尔的《随心所欲》一书；搜索"行为经济学＋技巧"，即可发现托拜厄斯·莫斯科维茨的《比赛中的行为经济学》一书。

找不到相应的学术专著。 如果你是一个学科或领域的新手，在阅读学术专著的时候，可能不知道如何找到一个恰当的学科。

有一位从事互联网运营的学生曾经问我，他想深入了解与"运营"相关主题的学术专著。但是，以"运营"（operation management）

作为关键词，检索效果不好。

这种现象在一些新兴领域尤为常见。如何破解？请参考第七章"主题阅读"。建议先了解常见学科分类表，心中有数。再使用学科分类表中相关的成熟学科代替检索关键词。与运营相关的成熟学科是消费者行为学、市场营销学、社会心理学，在这三个学科之下，更易找到一些有助加深理解运营的著作。罗伯特·西奥迪尼的《影响力》《细节》、斯科特·阿姆斯特朗的《广告说服力》、菲利普·津巴多的《态度改变与社会影响》皆可参考。

如何读教科书

教科书的阅读难度与面向的学生群体有关。本科生比博士生的教科书容易一些，高等教育的教科书又比中等教育、初等教育难一些。

阅读教科书的难点在于选错教科书，不知道如何组织教科书的庞大知识点，不够重视学术脉络，以及没有意识到作者的偏见。以下一一介绍。

选错教科书。有一个奇怪的现象，绝大多数人在 18 岁之前，80% 的时间是在阅读教科书，毕业之后，80% 的时间反而阅读的不是教科书。为什么会出现这种现象？原因有二。

一方面是应试导向的教育，打压了学生时代的阅读兴趣，使得多数人将阅读教科书看作一件无聊的事情，毕业之后再也不想碰教科书了。其实，从教科书入手学习一个学科或领域，高效又不易走弯路。一本好的教科书，常常带有自测题与配套资源，更能帮助你快速掌握一个学科或领域。

另一方面就在于很多人选错了教科书。选错教科书有两个常见表现：挑选的教科书写作无趣，无法激发阅读兴趣；挑选的教科书知识陈旧，并不能反映学术界的最新共识。

先说前者。受刻板印象影响，很多人以为教科书就是"无趣"的同义词。其实不然。每个领域都有一些经典教科书，作者深入浅出，文风幽默，案例饱满，阅读这样的教科书无疑将在学习上少走弯路。很多人毕业多年后，机缘巧合之下才接触到某本教科书，感叹当年怎么没读过这么好的教科书！如果读的是它，肯定就不会挂科了。

以普林斯顿大学出版社出版的数学教科书与物理学教科书为例。众所周知，不少学生学习高等数学时非常痛苦。于是，普林斯顿大学出版社邀请世界知名数学家为学生们策划了教科书"普林斯顿救生圈学习指南系列"（Princeton Lifesaver Study Guides），包括微积分、实变函数和概率论等。这套教科书为那些正在为学习高等数学痛苦的学生送上了及时到位的援助，因此被形象地称为"救生圈"。

"普林斯顿简明物理系列丛书"（In a Nutshell）与"救生圈丛书"类似，均是面向高年级本科生与研究生，同样写作简洁清晰、可读性很强。整套丛书包括量子场论、天体物理学、广义相对论、核物理、弦理论、基本粒子物理、电磁学、凝聚态物理等。其中最受欢迎的三本书是《给物理学家的简明群论》《天体物理学》和《简明量子场论》。由美籍华裔物理学家徐一鸿创作的《简明量子场论》，被书评人誉为"最有趣的物理学教科书"。

再说后者。教科书知识体系常常落后于学术界最新发展3~5年，如果加上翻译耗费时间，国内读到的教科书常常已经落后于学术界最新发展10年了。因此，我们需要尽量读那些更能反映学术界最新共识的教科书。以认知心理学教科书为例，为什么我不推荐罗伯特·斯腾伯格的《认知心理学》？虽然斯腾伯格是一位非常有名的心理学家，但他这本教科书介绍的智力三大认知模型（卡罗尔的智力三层次理论、加德纳的多元智力理论、斯腾伯格的智力三元理论），除了卡罗尔的智力三层次理论，其他两个理论在认知心理学领域如今都不是主流，如前文所述，先后被证伪，所以这本教科书不够好。

　　如何找到那些好的教科书？请参考第七章介绍的"主题阅读"以及第十章"如何选书"。阅读教科书并非一上来就拿着老师发的教科书开始读，而是借来一大批与该领域相关的教科书，了解整个领域的知识结构之后，从中甄选一本教科书再开始读。接下来如何读？第五章介绍的"抽样阅读"与第四章介绍的"文本细读"开始登上舞台。通过抽样阅读，你能借助不同教科书的演绎，快速吃透一本教科书读不懂的概念；通过文本细读，真正拿下每本教科书都在反复提及的关键知识点。

　　有没有老师教学的时候不用教科书呢？当然有。这在人文学科领域常见，在 21 世纪依然有人文学者在培养博士生的时候，不用任何教科书，只是为学生开书单，让学生按照书单去写读书笔记。如果你能邀请到哲学家维特根斯坦、历史学家钱穆、文学评论家哈罗德·布鲁姆为你量身定制教科书，那当然是一件人生幸事。

　　可惜大师的时间和能带的学生永远是有限的，今天很少有人如此幸运。那么，有没有巧妙的方法让我们接触到更好的老师、更好的教科书呢？答案是肯定的。

　　你用"名校 + 所学习的领域 + 教学大纲"作为关键词检索，在互联网上就能找到各式各样的材料。以心理学为例，你可以登录心理学教学协会的官方网站（teachpsych.org），该网站有个栏目汇总了心理学教授的教学大纲。以认知心理学为例，该网站上列出了 15 位教授关于认知心理学的教学大纲，这些教授包括来自埃隆大学的布伦达·扬、来自厄尔汉学院的安杰尔·穆诺茨、来自莫宁赛德学院的杰西卡·拉帕格利亚等。布伦达·扬使用的教科书是 E. 布鲁斯·戈尔茨坦的《认知心理学》。

　　参照第七章介绍的"主题阅读"，对比不同名校教授的教学大纲中提及的教科书，是不是可以设计出一套更适合自己的学习路径？

不知道如何组织教科书的庞大知识点。为什么好的教科书那么罕见，差的教科书一不留神就写成工具书风格？很大程度上是因为一本教科书涉及的知识点实在太多了。相对大众科普来说，一本学术专著涉及的知识点已经不少，但教科书动不动就是一个学科或领域中众多论文或专著的观点浓缩，知识密度可想而知。

以《认知心理学及其启示》这本教科书为例。该书第一版是认知科学家约翰·安德森在 1980 年出版的，之后由他的学生不断修订，目前最新版是第 9 版。这本书的主题索引，一级知识点涉及 600 多个，二级知识点涉及 400 多个。即使是积极心理学领域这样的新学科，克里斯托弗·彼得森编写的教科书《打开积极心理学之门》的知识点也有上千个。

如何高效地读懂一本教科书的知识点？详细内容可以参考第四章到第八章阐述的各项阅读技法。在本章我只强调一个重要的注意事项：区分不同级别的知识点，对这些庞大的知识点进行分类。你既可以按照第五章"抽样阅读"介绍的整群抽样法进行分类，也可以按照第四章"文本细读"介绍的"大理论、中理论、小理论"进行分类，还可以按照其他维度分类。

以阅读心理学类教科书为例，我一般建议各位读者对知识点按照"大理论、中理论、小理论"进行分类。

什么是大理论？大理论是整个学科领域的核心议题，比如，认知心理学教科书都会谈感知觉、记忆、语言、推理与决策、专业技能习得和问题解决、创造力等，这些都是认知心理学的大话题。一个大的话题下，一般会有 4~6 个大理论进行竞争。每 10 年或 20 年会有一个比较主流的理论脱颖而出，这些大理论是你需要重点掌握的。但是为了公平起见，作者一般会介绍学术历史上出现过的所有大理论，你要学会区分哪些是主流的，哪些是已经被历史淘汰的，对于那些已经被淘汰的大理论就没必要去记忆了。

比如，双过程理论是关于认知能力和心智架构的主流大理论，工作记忆理论是关于记忆的主流大理论，必要难度理论是关于学习的主流大理论。

与工作记忆理论竞争的大理论，在心理学历史上出现过很多个，有 1970 年哈佛大学心理系主任乔治·米勒提出的"短时记忆理论"，认为人先需要一部分短暂的记忆空间去保存接收到的信息，然后再转为长时记忆去存储；有美国心理学家杰里米·阿特金森提出的记忆学说：短时记忆要经过不断复述、强化，才能转移到长时记忆，短时记忆复述时间越久，长时记忆就越牢固；还有纳尔逊·考恩提出的记忆模型，这个模型与工作记忆模型有极高的相似性。但出于种种原因，这些理论和模型逐渐失去了竞争力。到现在，艾伦·巴德利的工作记忆理论已经得到认知神经科学"脑成像"研究的验证。

什么是中理论？在学习双过程理论时，你会接触到认知吝啬鬼（cognitive miser）、心智程序；在学习工作记忆理论时，你会接触到语音回路、视觉空间画板；在学习必要难度理论时，你会接触到间隔效应、分散学习。这些就属于中理论。

什么是小理论？包括调查、实验等。认知吝啬鬼会谈卡尼曼发现的琳达效应实验，工作记忆会谈巴德利的英国邮编实验，必要难度理论会谈比约克夫妇的知晓感实验。

很多具体的调查或实验证明了一个中理论，很多个中理论又汇集成一个大理论。一本认知心理学的教科书往往会出现 10 多个大理论、40 多个中理论，200 多个调查或实验。掌握抽象知识的最好结构是树形结构，当我们了解了一本教科书讨论的核心议题（也就是大理论），再通过大理论来统率中理论与小理论，这样就能编织成一个树形结构。有两种不同方法来记忆一本教科书的知识点。方法一：自下而上，先记住 200 多个调查或实验。方法二：自上而下，先记住 10 多个大理论，再记住 40 多个中理论，200 多个调查或实验。显然，前者很难，后者更易。

以上方法不仅仅可以用来阅读心理学教科书，也可以用来阅读很多人文学科、自然科学、社会科学教科书。只是不同学科的层次结构常有差异。数学家从定理出发，物理学家、化学家、心理学家以实验为主，社会学家常使用调查，人类学家擅长观察，人文学者则以文本为分析对象。构成不同学科的小理论的素材常常不同。但受限于人的记忆容量，你可以将任何一本教科书都组织成 10-40-200 的分层记忆结构。

当然，人类图书数量极其多，有些教科书会呈现出不一样的结构，像教编程的教科书，重点不是知识点，而是实际操作步骤，所以我们在阅读编程教科书的时候，知识点没那么重要，更重要的是按照作者教你的步骤尽快上手。

不够重视学术脉络。 教科书的逻辑受制于作者的知识结构，并不一定能清晰地反映出学术脉络。所以，你可以借助第八章介绍的卡片大法，编制索引卡，来理解一本教科书的学术脉络。

以黄庭康的《批判教育社会学九讲》为例。整本书源自作者2013 年在清华大学社会学系做的系列讲座，是一本适合教育社会学领域研究生的教科书。该书介绍了六位教育社会学学者及其经典著作[2]，分别是：

1. 布尔迪厄：第三、七、八讲，分别涉及了布尔迪厄的《再生产》《资本的形式》《学术人》三本经典著作，主要介绍他的文化资本理论。

2. 阿普尔：第二、六讲。

3. 伯恩斯坦：第四、五讲。

4. 鲍尔斯和赫伯特·金迪斯：第一讲。他们虽然是教育社会学的开创者，但本职工作更多是经济学家。

5. 涂尔干：第九讲。涂尔干是社会学的开创者，他的《教育思想》

代表了社会学家最早讨论的教育，是教育社会学前辈的前辈。

作者原书的章节次序略显混乱，第一次阅读时，可能看不出主干。你可以按照该书提及的重要人物的出生先后顺序重新编排结构，将其整理为索引卡：

- » 涂尔干（1858—1917）；
- » 伯恩斯坦（1924—2000）；
- » 布尔迪厄（1930—2002）；
- » 鲍尔斯（1939—　 　）；
- » 赫伯特·金迪斯（1940—　 　）；
- » 阿普尔（1942—　 　）。

重新编排后，我们更容易理解教育社会学的学术脉络。你会发现，作者把阿普尔放在了比较高的位置上，因为阿普尔是他的老师。你也可以按照书中提及的作品第一次发表的时间顺序来编排，将其整理为索引卡：

- » 《教育思想的演进》，1904—1905，涂尔干；
- » 《再生产》，1970，布尔迪厄、帕斯隆；
- » 《阶级、符码与控制》，1971—1975，伯恩斯坦；
- » 《美国：经济生活与教育改革》，1976，鲍尔斯，赫伯特·金迪斯；
- » 《意识形态与课程》，1979，阿普尔；
- » 《教育与权力》，1982，阿普尔；
- » 《学术人》，1984，布尔迪厄；
- » 《资本的形式》，1986，布尔迪厄；
- » 《教育、符号控制与身份认同》，20世纪八九十年代，伯恩斯坦。

按照这种次序编排之后，你会发现逻辑体系和作者展现给你的逻辑体系又不一样。依照这个逻辑体系，你会非常容易厘清教育社会学的学术发展脉络：原来涂尔干是社会学的开山祖师爷，大家都是在他的基础上工作；布尔迪厄对于涂尔干、马克思等很多人的重要观点进行了更新，他最重要的著作是《再生产》；接下来是伯恩斯坦的符号控制理论；伯恩斯坦之后是鲍尔斯和金迪斯合著的《美国：经济生活与教育改革》，继续讨论再生产；然后是阿普尔对于再生产进行迭代；最后是布尔迪厄、伯恩斯坦对自己的理论进行更新。

最后，你还可以把上面提到的每本书对应的《批判教育社会学九讲》中每一讲的关键词提炼出来，第九讲的关键词是教育史，第一讲的关键词是符应理论，第六讲是霸权理论，第二讲是竞争性的再生产，第四讲是符码，第五讲是符码理论的扩展，第三讲是符号暴力，第八讲是大学场域，第七讲是文化资本。如此编排之后，把这些概念组织在一起，展现的学术脉络就又不一样了。

上述例子虽然简单，但展示了按照学科或领域的重要人物的出生时间、重要作品的首次发表时间、重要理论的首次诞生时间三条路径来理解学术脉络。

理解学术脉络，不仅需要知道**过去**的重要学者，还需要了解**当今**的重要学者，以及**未来**的领军人物。当你知道《批判教育社会学九讲》是在探讨教育社会学领域的话题后，你应当把教育社会学当今的重要学者也找出来。搜索谷歌学术网络或语义学者网络，发现其中一位是《不平等的童年》作者安妮特·拉鲁。

没有意识到作者的偏见。也许是受中小学教育影响，一个学科只啃一本教科书，不少读者成年后学习教科书，常常将它看得太神圣，总以为教科书等于真理。其实，学术思想会彼此竞争，教科书正是一个学派与其他学派竞争的重要阵地。你需要意识到所有教科书的编写者都是活生生的人，会受到偏见的影响，他们会更推崇某些流派，而忽略其他流派。一本教科书的偏见不等于错误，只是作者有意无意地忽略了一些与自己竞争的学派的重要观点，或者将其放在了一个不重要的位置上。

在情绪科学领域，存在两个相互竞争的学派：以保罗·艾克曼为代表的基本情绪学派和以巴瑞特为代表的情绪建构学派。显然，两个学派的教科书并不会大肆承认对方的观点。艾克曼的学生达契尔·克特纳编写的教科书《理解情绪》并没有给情绪建构论太多笔墨，同样，巴瑞特编写的《情绪手册》也没有给基本情绪留太多篇幅。

在阅读每一本教科书时，我们都需要问自己：作者是否归属于某个学派？是否有特殊的认知方式偏好？是否有特殊的研究方法论？从而得以更好地理解作者。具体技法，请参考第六章介绍的"结构阅读"。

一个巧妙破除作者偏见的思想实验是："还有什么？"——还有什么是该教科书没有提到的流派？还有什么最新的发展？

答案常常出乎你的意料，你会对一个领域有全新的认识。仍以黄庭康的《批判教育社会学九讲》为例。该书重点介绍了批判教育社会学领域中的几大流派：美国阿普尔流派、美国威斯康星大学流派、法国布尔迪厄流派、英国伯恩斯坦流派。而卡尔·梅顿在《知识与知者》一书中提出的"规范化语码理论"博采众长，尤其发展和整合了布尔迪厄和伯恩斯坦两位大师的理论。[3]

从获取信息到提升品味

阅读小说、传记与诗歌类作品与阅读大众科普读物、学术专著、教科书取向大不相同。我们习惯将前者称为文学作品，将后者称为非文学作品。当你阅读非文学作品时，侧重获取信息；但阅读小说、传记与诗歌这类文学作品时，更侧重提升自己的文学品味。

阅读文学作品更多是在你的人生大时间周期发生作用，它是一种潜移默化、润物无声的自我修炼。文学品味不一样的两个人，从长远来看，差异明显。虽然说在两三个月内，一个喜欢阅读艾柯、卡尔维诺、纳博科夫的小说的人和一个喜欢阅读庸俗小说的人没有太大区别，但把时间周期放大到 10 年、20 年、30 年，两人差异极大。同样，喜欢读历史上智者传记的人与推崇同时代明星的人，喜欢阅读唐诗宋词、和歌俳句的人与喜欢打油诗的人，一旦时间拉长到 10 年以上，两人差异极大。

要想提高文学品味就一定要多读那些伟大的小说、伟大人物的传记、伟大的诗歌。一个普遍存在的观念是，读书应该由简单到困难，就像孩子学钢琴、打篮球要从基础开始一样，但这是非常错误的观念。要提高文学品味，一上来就要谨慎挑选读物，一开始就要选最好的。如果习惯了读那些平庸的小说、媚俗的传记、无味的诗歌，那么你的阅读品味就会被破坏掉，未来想要重建品味，会格外困难。

这就是阅读小说、传记与诗歌的共同难点。你可以参考第八章"主题阅读"选书。与大众科普、学术专著、教科书不同，小说、传记与诗歌即使是同一个作者的同一本书，也存在版本差异。比如，要想读纳博科夫早年用俄语写的小说，是读从俄语版直接翻译的中文版，还是读从英语版转译的版本？纳博科夫的巅峰之作《洛丽塔》有多个翻译版本，究竟选哪个？如果选错版本，对于一位作家的理解会出现较大的偏差。

另一个共同难点是在于小说、传记、诗集的页数不少。请参考第五章介绍的"抽样阅读"，来提高阅读效率。请注意，阅读文学类作品，常常不适宜采取概率抽样的"简单随机抽样""等距抽样"与"分层抽样"等方法，我更建议你采取"整群抽样"以及其他非概率抽样方法，比如"便利抽样""专家抽样""配额抽样""雪球抽样"。以"整群抽样"为例，一部长篇小说，假设有上、中、下三册，你读完某册这类抽样方法更好。

此外，阅读小说、传记与诗集时，还会面临它们各自的难点。接下来，我们一一阐述。

如何读小说

阅读小说的最大难点在于理解不了人性的复杂之处。伟大的小说也许各有千秋，但它们都有一个相似之处：表现了人性非常复杂的一面。

在伟大的小说中，好人没那么好，总有令你生气的地方；坏人没那么坏，总有值得你同情的地方。以纳博科夫的《洛丽塔》为例，按照世俗之见，这写的是一个坏人的故事。主人公亨伯特是一个恋童癖者。然而，读完全书，我相信所有读者对亨伯特都恨不起来，在你思考灰烬中忽明忽暗的，是人类的欲望之火。

张爱玲的《金锁记》，写的是主人公七巧戴着枷锁的一生。七巧前半生过得悲惨，被逼着嫁给姜公馆的二少爷——一个"骨痨"病人，又一直受到婆家轻视，连丫鬟也瞧不起她。然而，七巧后半生执掌姜公馆大权之后，破坏儿子婚姻，折磨儿媳致死，变着法儿让女儿吸大烟，败坏其名声，拆散其姻缘。

七巧究竟是一个坏人还是一个好人？显然，是一个坏人。但这样的坏人，引发的是你复杂隐秘的情绪。正如前文所述，夏志清在《中国现代小说史》中说："《金锁记》长达50页，据我看来，这是中国从古以来最伟大的中篇小说……《金锁记》的道德意义和心理描写，却极尽深刻之能事。"[4]

再以王小波的《黄金时代》为例。这是王小波最好的也是他自己最喜欢的小说。开篇这样写道：

我二十一岁时，正在云南插队。陈清扬当时二十六岁，就在我插队的地方当医生。我在山下十四队，她在山上十五队。有一天她从山上下来，和我讨论她不是破鞋的问题。那时我还不大认识她，只能说有一点知道。她要讨论的事是这样的：虽然所有的人都说她是一个破鞋，但她以为自己不是的。因为破鞋偷汉，而她没有偷过汉。虽然她丈夫已经住了一年监狱，但她没有偷过汉。在此之前也未偷过汉。所以她简直不明白，人们为什么要说她是破鞋。如果我要安慰她，并不困难。我可以从逻辑上证明她不是破鞋。如果陈清扬是破鞋，即陈清扬偷汉，则起码有一个某人为其所偷。如今不能指出某人，所以陈清扬偷汉不能成立。但是我偏说，陈清扬就是破鞋，而且这一点毋庸置疑。[5]

陈清扬原非破鞋，大家公认陈清扬是破鞋，王二认为陈清扬既是破鞋又非破鞋，陈清扬自己认为自己非破鞋又非非破鞋。在普通读者看来，世界非黑即白，但是王小波打破了非黑即白的二元对立，用了非常复杂的方式来写人性。

叙事学研究者赵毅衡将王小波的这种叙事手法称为"四句破"。[6]什么是四句破？四句，又称四门、四句分别、四句法，是一种逻辑结构；破除四句，称为四句破、四句否定，是一种悖论与辩证方法，为早期中观派的主要因明学特征。最早出现在古印度佛教论师龙树的作品《中论》的第一品：

> 诸法不自生，亦不从他生，不共不无因，是故知无生。

四句破把传统的非黑即白的二元对立分解成四元：肯定、否定、既肯定又否定（两者皆是）、并非肯定又非否定（两者皆非）。

当然，叙事学中有更多类似的分析工具，可以帮助我们理解小说的复杂性。比如，符号方阵（semiotic square），又称"格雷马斯矩阵"（Greimasian rectangle），这是法国符号学家格雷马斯首先提出并使用的，他改造了欧洲思想史上的几种逻辑图式。[7]格雷马斯认为所有故事都是建立在一组对立意义组上，但一组不足以支撑整个故事，所以将二元对立扩充为四元，使得叙事分析的实现更为完善。

中国叙事学者申丹提出的隐性进程与双重叙事动力，也是一个不错的分析工具。[8]申丹发现，在不少作品情节发展的背后，还存在一股叙事暗流，她将之命名为"隐性进程"。它既不是情节的一个分支，也不是情节深处的一个暗层，而是自成一体，构成另外一个叙事进程，自始至终与情节发展并列前行。这两种叙事运动呈现出不同甚至相反的走向，在主题意义、人物塑造和审美价值上均形成对照补充或者对立颠覆的关系。隐性进程帮助读者对作品做出复合性质的复杂反应。更多叙事学理论可参考申丹的《西方叙事学》《英美小说叙事理论研究》以及《叙事、文体与潜文本》。

同样，在我的认知写作学中，我也提供了一些分析工具。[9]比如，我认为，所有小说涉及的人性最小故事都可以归结为三种：黑暗、光明与灰色。"黑暗"是指把美好的东西打碎给人看，是我们不希望看到的世界，典型的如索福克勒斯的悲剧《俄狄浦斯王》、鲁迅的《孔乙己》。"光明"是指相信善有善报，恶有恶报，给你呈现的是我们希望看到的世界，典型如沈从文的《边城》、美国作家斯蒂芬·金的《肖申克的救赎》。"灰色"是我们实际生活的世界，含笑饮毒酒，欢乐苦短，忧愁实多，典型如张爱玲的《金锁记》。任何伟大的小说，都是在讲述双重人性：看似光明，实际黑暗；看似黑暗，却是光明。

从以上例子来看，在阅读小说时，建议优先采用第四章介绍的"文本细读"。仔细读完第一轮之后，再采用第五章介绍的"抽样阅读",开始第二轮阅读,重点理解作者表达的人性细微之处。接下来采用第六章介绍的"结构阅读",理解作者的认知方式,尤其是叙事偏好。最后采用第七章介绍的"主题阅读",查找更多关于这部小说的文献。撰写卡片,你可以参考第八章介绍的"卡片大法",重点撰写该部小说的事件卡,了解作者是如何推进叙事的。

如何读传记

阅读传记经常出现的一种情况是:只读吹捧传主的传记,没有读批评传主的传记。每一位作者都有自己的偏见,我们很难看到一本真正意义上客观描述传主的传记。以写弗洛伊德的传记为例,既有肯定弗洛伊德为主的传记,如厄内斯特·琼斯撰写的《弗洛伊德传》、彼得·盖伊撰写的《弗洛伊德传》,也有批评弗洛伊德为主的传记,如弗雷德里克·克鲁斯撰写的《弗洛伊德:幻象的制造》、米歇尔·翁福雷撰写的《一个偶像的黄昏:弗洛伊德的谎言》。

再以卡尔·罗杰斯的传记为例,作为人本主义心理学代表人物,卡尔·罗杰斯以"暖男"著称。许多写罗杰斯的传记都没有涉及他的阴暗面,但诺伯特·格罗德克在其所著传记《卡尔·罗杰斯:现代心理治疗的先驱》中谈及了罗杰斯的绯闻八卦:与多位女性保持开放性关系。

因此,你需要做更多额外搜索工作,一上来就采用第七章介绍的"主题阅读",从正反两面来理解传主。我们只有掌握更多关于传主不同角度的材料,才可以更好地勾勒出一个历史上的真实形象。再结合其他阅读技法,提高阅读速度,改善阅读质量。撰写卡片,重点撰写人物卡,人物卡不仅应包括传主本人的卡片,还应包括传主交往过的其他重要人物的卡片。

如何读诗集

阅读诗集的最大难点在于：每个字都认识，但放在一起，不知道作者表达的是什么。这是因为诗歌同时涉及形式与实质。你需要从两方面来理解诗歌。

诗之所以为诗，在于形式。古诗强调韵律。在叶嘉莹先生主编的"民国诗学论著丛刊"中，朱宝莹编著的《诗式》一书，整理了中国古诗中常见的韵律和格式。[10]五言绝句、五言律句、七言绝句、七言律句，每种体裁分为平起式、仄起式、平起首句不入韵式、仄起首句不入韵式。以七言绝句平起首句不入韵式为例：

> 山围故国周遭在，（平平仄仄平平仄）
>
> 潮打空城寂寞回。（仄仄平平仄仄平）
>
> 淮水东边旧时月，（仄仄平平平仄仄）
>
> 夜深还过女墙来。（平平仄仄仄平平）
>
> ——刘禹锡《金陵五题·石头城》

另一位作者顾佛影在《填词百法》中，从词体的构成要素，到字法、句法、章法，再到具体的写作技巧和特殊形态整理了填词的门径，如四声辨别法、填词转折法、咏物取神法、词派研究法等。[11]

现代诗强调分行。试看一例：

> 我吃掉了放在冰箱里的梅子，那可能是你留着当早餐的，原谅我，它们真好吃，那么甜又那么凉。

这样读来似乎只是一张贴在冰箱门上的留言条，再普通不过了。我们将它分行后再来看看：

我吃掉了

放在冰箱里的

梅子

那可能

是你

留着

当早餐的

原谅我

它们真好吃

那么甜

又那么凉

　　现在读起来是不是另有一番感觉？其实，这是美国诗人威廉·卡洛斯·威廉斯的一首名诗——《便条》。[12]

　　诗之所以为诗，在于意象。 中国诗歌尤其强调意象。如温庭筠的《商山早行》："鸡声茅店月，人迹板桥霜。"马致远的《天净沙·秋思》："枯藤老树昏鸦，小桥流水人家，古道西风瘦马。"

　　受中国古典诗歌影响，美国诗人埃兹拉·庞德也非常推崇意象，来看他的著名诗歌《在地铁车站》：

　　　人丛中这些幽灵似的面庞，

　　　潮湿的黑色树枝上的花瓣。

　　意象是审美赋予你的感觉，不同的诗歌在使用意象时有自己的侧重点。比如，中国古典诗歌常常出现的意象是山水、星云、寂寞、临窗、古城、老人；日本古典和歌常用的意象是幽玄、物哀、风雅、优艳、无常……不同作家使用的不同意象偏好，形成了诗歌丰富多彩的风格。

读诗歌最重要的是要读明白诗歌的意象。阅读诗歌的时候，我们最容易出现的问题是没有理解作者表达的意象，有很多诗人使用了一些特定的意象，比如，海子的诗歌常常使用"人类"这类上位层次范畴来表达一种高贵的、先知的意象感觉。

如何更好地品读诗歌？好的阅读技法次序是：结构阅读→抽样阅读→文本细读→主题阅读。首先采取结构阅读，理解作者创作这类诗歌在文本规约上的形式特征。是中国古典诗歌的诗还是词？是日本俳句还是英国文学中的十四行诗？接着了解，如果是中国古典诗歌，用了哪种韵律格式或者词牌？同样，如果是日本俳句，季语是什么？这些都涉及第六章介绍的"结构阅读"。

其次是抽样阅读。一本诗集，常常收录作者短诗逾百首。每轮阅读都从头到尾读一遍不现实，因此，可采取第五章介绍的"抽样阅读"，根据阅读目标，抽取文本。与阅读小说倾向"整群抽样"等方法不同，阅读诗集，我更建议采取"简单随机抽样""等距抽样"等概率抽样方法。

接着是文本细读，也就是回到一首又一首诗歌的文本，细细品味意象，更多可参考第四章介绍的"文本细读"。这是阅读一本诗集花费时间最多之处。

最后是主题阅读。一个伟大的作家必然是一个伟大的读者。比如，纳博科夫旗帜鲜明地推崇一些作家，不屑一些作家，而所有伟大的作家都有自己或明或暗的喜爱清单、不屑清单。甚至可以倒推，如果一个读者觉得什么文本都是好的，那他还没入门。同样，一个伟大的诗人总会欣赏一些诗人，讨厌一些诗人，那么不妨沿着这些线索，创建一个主题阅读书单。

在阅读诗集时，撰写卡片，重点撰写新词卡与金句卡。一本优美的诗集会给你提供大量新词金句，我们可以在这本诗集中看到各种新鲜的字词句法用法。

阅读的平衡

阅读，始终面临一个平衡的问题。

首先是阅读与写作的平衡。只读不写，书呆子；只写不读，难以长久。天天看小说，不如写一部小说。同样，写一本书更能掌握一个领域。在任何领域，从消费者视角变为创作者视角，获益更大。但是只为写作而读书，又会视野狭隘。因此，两个极端都要不得。

如何平衡阅读与写作？一个较好的经验法则是，**按照六四开的比例分配时间**。假设每天（或每周）有十个小时读写，建议六个小时用于阅读，四个小时用于写作。当然，你可以根据自己的实际情况予以调整。比如，冲刺书稿时，阅读时间略微减少，写作时间适当提升。

其次是工作与休闲类阅读的平衡。阅读信息型图书，比如大众科普、学术专著与教科书，侧重工作；阅读叙事型图书（如小说、传记）、美感型图书（如诗集），侧重休闲。当然，一位文学评论家阅读小说、一位诗人阅读诗集，本身就是工作。只读信息型图书，不读以小说为代表的叙事型图书、以诗集为代表的美感型图书，你的文学品味上不去。只读叙事型与美感型图书，不读信息型图书，你无法完善知识结构。

如何平衡工作与休闲类阅读？一个较好的经验法则是，**每年认识十个人**。其中，七个人是自己所在领域的专家，读他们最好的书。剩余三个人，一位是伟大的小说家，读其写得最好的一本小说；一位是历史上的伟人，读其最好的传记；一位是世界各国公认的伟大诗人。如此一来，能够很好地平衡工作与休闲阅读。

再次是大众与专业之间的平衡。前者以大众科普为代表，后者以学术专著、教科书为代表。只读大众科普，你难以理解学术脉络，了解前沿学术进展；只读学术专著或教科书，你难以与日常生活关联，

聪明的阅读者

并且消耗时间、心力较大。

如何平衡大众与专业？一个较好的经验法则是：**以四本图书作为临界值**。平时随便读读，一旦发现自己已经在某个领域读了四本书，还非常感兴趣。此时此刻，你可以从大众阅读过渡到专业阅读，至少成为这个领域的"专业的爱好者"。最重要的一步就是参考第七章介绍的"主题阅读"，创建一个自己的"主题阅读书单"。

一般来说，某个领域的主题阅读书单由大众科普、学术专著与教科书三类图书构成。阅读次序可以是：教科书→学术专著→大众科普。从教科书入手，你能快速地掌握学术脉络，形成自上而下的知识体系。这样再来读学术专著，容易明白该本专著真正的贡献，究竟是在哪个层次。是一种新的大理论，还是中理论，或是具体的调查或实验？通过教科书，了解了一个领域的知识体系；通过学术专著，明白了一个领域的前沿进展。此时再来读大众科普，就会事半功倍，快速抓住关键章节，享受阅读的快感。

与很多人想象的不同，读书无须从"易"到"难"。看上去，教科书比学术专著更难，学术专著比大众科普更难。所以，人们常常喜欢从大众科普入手，从不阅读学术专著、教科书。实际上，这种难易只是你的想象，并不是阅读的实际体验。正如前文所述，照样有写得幽默易懂的学术专著、教科书。人们还会大大低估替换大脑先入为主的刻板印象的难度。一旦大脑首先被那些错误的思想占据，那么未来再想替换，会很难。之前那些你敬而远之的所谓难书，因为离真相更近，反而能帮助你更快捷地理解这个世界。

最后是经典与流行的平衡。为什么读经典？卡尔维诺在《为什么读经典》一书中对"经典"连下了 14 个定义，将阅读经典的意义说得酣畅淋漓。第一个定义最为知名：经典是那些你经常听人家说"我正在重读……"而不是"我正在读……"的书。第 12 个定义，可能就没那么多人知道了："一部经典作品是一部早于其他经典作品的作品；但是那些先读过其他经典作品的人，一下子就认出它在众多经典作品的系谱中的位置。"[13]

就像卡尔维诺说的一样，经典把现在的噪声调成背景、轻音，哪怕它现在并非主流，它也坚持成为一种背景噪声。这些声音在你耳边浅吟低唱，慢慢提升你的阅读品位。

奇怪的是，不同类型的图书对经典的判断标准并不一致。我们对大众科普、教科书的要求最低，一本教科书只要能再版六七次，往往就成了经典。

相对来说，对于文学作品，我们要求最高。诗歌、散文、小说，往往需要至少20年的历史，才有资格被称为经典。本书中介绍的诗集多是从1 000年的时间尺度中甄选出来的经典，如《诗经》《万叶集》《古今和歌集》《新古今和歌集》；小说多是从100年的时间尺度甄选出来的经典，如毛姆的《人生的枷锁》《月亮和六便士》；传记多是从50年的时间尺度中甄选出来的经典，如《富兰克林传》等。

反之，学术专著往往很难成为经典。一本学术专著想要通过10年、20年、30年的历史检验，其实很难，因为学术领域的知识不断推陈出新。所以一个有意思的现象是，在第十一章"通识千书"中我们保留的学术领域经典，往往是人文学科的经典，其次是社会科学的经典，而自然科学专著能够在几十年历史中成为经典并保留下来的概率相对低一些，除非是一些科学元典。

哪些书能够被称为"科学元典"呢？比如，数学领域有笛卡儿的《笛卡儿几何》，希尔伯特的《希尔伯特几何基础》；物理学领域有哥白尼的《天体运行论》，牛顿的《自然哲学的数学原理》，爱因斯坦的《狭义与广义相对论浅说》；化学领域有拉瓦锡的《化学基础论》，道尔顿的《化学哲学新体系》，鲍林的《化学键的本质》；生物学领域有达尔文的《物种起源》，孟德尔的《遗传学经典文选》，摩尔根的《基因论》；心理学领域有巴甫洛夫的《条件反射》，詹姆斯的《心理学原理》，冯特的《人类与动物心理学讲义》等。

经典帮我们确定当代世界的脉络。但只读经典可以吗？显然不够。如何平衡经典与流行？一个较好的经验法则是：**你还需要阅读那些"围绕经典生发的新书"**。我的阅读习惯有一个与众不同之处是，我用12年时间深耕数百位智者。每隔半年，我会将智者相关的新书都买来阅读。其中有一位智者是美国汉学家宇文所安。每隔一阵，我会检索宇文所安的相关著作，有一年新出版了一本《异域之镜：哈佛中国文学研究四大家——宇文所安、韩南、李欧梵、王德威》。[14] 书中提到的四位学者：宇文所安，出生于1946年，专攻中国古典诗歌，尤其是唐诗；韩南，出生于1927年，专攻中国古典小说；李欧梵，出生于1942年，专攻现代文学和文化批评；王德威，出生于1954年，研究领域涉猎较多，包括晚清小说、现代小说、当代小说。

我熟悉宇文所安、李欧梵、王德威，但我当时不太熟悉韩南，是不是可以补上？关于大师，常读常新。读完这本新书，我是否又重温了大师的一些记忆？这就是"围绕经典生发的新书"。它的反常识之处在于，我们查阅新书时，依然从经典出发，定期温故而知新。

我鼓励你阅读经典，却无意制造经典与现实生活的对立。人们习惯仰视经典而小瞧当代世界，却不知，你需要置身其中，才能够顾后或瞻前。

> 当代世界也许是平庸和愚蠢的，但它永远是一个脉络，我们必须置身其中，才能够顾后或瞻前。阅读经典作品，你就得确定自己是从哪一个"位置"阅读的，否则无论是读者或文本都会很容易飘进无始无终的迷雾里。因此，我们可以说，从阅读经典中获取最大益处的人，往往是那种善于交替阅读经典和大量标准化的当代材料的人。
>
> ——卡尔维诺《为什么读经典》[15]

小结

兵无常势，水无常形，读书亦无常法。彼之砒霜，我之佳肴。柴米油盐，锅碗瓢盆，灵活组合阅读工具箱中的各种器具，方能以无厚入有间，烹煮出心灵美味。

第三篇

阅读的选择

读什么

第十章
如何选书

本章介绍"系统选书法",以及获取图书信息的大众信息源与专业信息源。

选书的错误

世人皆爱读书法,却不爱选书法。很多人读了多年书,从未认真思考过如何选书。他们读的书常常不是来自自己的精挑细选,而是来自随意的他人推荐。有的人是看到自己的老师或朋友在朋友圈晒出了某本书,就跟着读某本书;有的人是在电商网站购物时,看到电商网站推荐什么书就读什么书;有的人是关注了某个微信公众号,作者推荐读哪本书就读哪本书。

很多人喜欢收藏别人开的书单,却不爱自己动手选书。我的个人微信公众号,书单的阅读量是书评阅读量的 10 倍。为什么人们会如此?很大程度上是因为收藏书单的行为能让大脑立即分泌多巴胺,获得即时满足;通过独立思考,给自己挑选合适的书单,是一个漫长的、反直觉的修炼过程,往往是几个月甚至多年后的延时满足。

然而,一个人如果读了很多年书,还没有形成自己的选书框架,是莫大的悲哀。依赖别人推荐的图书或者说别人开的书单，并不是好的阅读习惯，这样很难形成自己独特的知识体系。你需要不依赖任何人，建立自己的选书框架。

我给大家开过很多书单。实际上每次开书单，都是在帮助我重温书架上的那些书。书单的最大受益者，反而是开书单的人。授人以鱼，不如授人以渔，在本章中，我将总结自己的"系统选书法"，帮助各位读者形成自己的选书逻辑。

系统选书法

这是我总结的一个选书公式：图书价值 = 内容品质 + 版本价值 + 社会评价 + 内在动机。以下一一阐述。

内容品质

"内容品质"是指抛开图书的价格、包装、营销等外在形式，只关心书的内容本身。

人类大脑习惯用数字来锚定一切。既然都是书这种载体，价格、页数自然就成了常见的选书标准。人们总是习惯赋予好书与坏书一样的阅读时间。殊不知，人有好坏，书有高下。

因此爱书之人均有自己的读物分级系统，一上来就根据图书的内容品质将书划分为三六九等。梁启超在《治国学杂话》中说："每日所读之书，最好分为两类，一类是精读的，一类是涉览的。"又如，张之洞在《语学》中曾说："一分真伪，而古书去其半。一分瑕瑜，而列朝书去其十之八九矣。"[1]

参考中国大儒与西方智者，我将图书分为神作、杰作、力作、可用之书与坏书。如果按照 10 分制来评分，那么，你可以理解为：神作是 9 分以上的书，杰作是 7~8 分的书，力作是 4~6 分的书，可用之书是 1~3 分的书，坏书是负分的书。

神作是指那些经过十年以上时间考验的经典作品，是一位作者因缘巧合、灵感爆发才写出来的书。如果让这位作者在另一个时间另一个地点，他不一定能写出这样的书。神作常常是一位科学家、小说家、诗人或作家的巅峰之作，它们是侯世达的《哥德尔、艾舍尔、巴赫》，王小波的《黄金时代》，张爱玲的《金锁记》，纳博科夫的《洛丽塔》，马尔克斯的《百年孤独》，道金斯的《自私的基因》，达尔文的《物种起源》。这些图书在社会上影响力极大，它们往往改变了人们的认知观念，或者开创了新的学派，证明了一种新的重要学说，或者形成了一种新的文体，引发人们竞相效仿。

杰作是凝聚了作者较多心血的作品。作者在写作时文思泉涌、一气呵成。杰作往往能够跨圈阅读，影响的不仅仅是本领域或者本学科中的人。以认知科学为例，像赫伯特·西蒙的《人工科学》，丹尼尔·卡尼曼的《思考，快与慢》，丹尼尔·丹尼特的《达尔文的危险思想》，基思·斯坦诺维奇的《超越智商》，都是接近神作的杰作。有的杰作经过了时间考验，就成了神作；有的杰作，没有经受住时间考验，其观点在十年之后被推翻，被证伪了，就掉队成力作或者可用之书。

需要注意的是，杰作并非完美无缺的书。有一种好书，并不是因为它完美而成为杰作，而是因为作者注意到了人类普遍存在的重大命题，然后进行了有深度的思考，并生动地表达，最后成为杰作。《教养的迷思》就是这样的杰作。虽然作者论证逻辑啰唆、复杂，但作者注意到一个重要命题：孩子心中的群体与自我归类，对孩子的影响远超父母的教养。《人间游戏》同样是这样的杰作。虽然你知道作者是在一本正经地扯淡，但依然从中很有收获。

力作往往是一位专家的代表作，这位专家在某个领域已研究多年。与杰作相比，力作有一些明显瑕疵，但依然是作者的用心之作。力作的瑕疵有以下几类。

第一类瑕疵是没有经受住时间考验，随着时间推移，理论被淘汰、被证伪。像霍华德·加德纳的《智能的结构》，还有安德斯·艾利克森与罗伯特·普尔的《刻意练习》。

第二类瑕疵是表达方式不够通俗易懂，专业术语使用过多，学术腔太重，只有特定小圈子的人才看得懂，读起来枯燥乏味，不具备传播能力。比如，像林南的《社会资本》，斯坦诺维奇的《机器人叛乱》，丹尼尔·威林厄姆的《心智与阅读》。

第三类瑕疵是作者在书中有媚俗倾向。有时候，是作者自身的原因，文格即人格，作者的文格不够高远。有时候，这种媚俗是外力作用。钱锺书认为自己的《宋诗选注》有一定瑕疵，他在晚年时说道："它当初不够趋时，但终免不了也付出过时的代价——趋时，只能作为那个时期学术风气的一种文献了。"《宋诗选注》一书是钱锺书在文学研究所任职时的职务作品，1955 年立项，1958 年出版，他想选的一些诗没被选上，而不想选的一些诗却被列入书中。[2]

可用之书往往不是作者用心写的书，瑕疵较多，但是有一定的使用价值。

一类常见的可用之书是受限于体裁的一些书，比如教科书、工具书、地方志、家谱，还有多人合编的论文集，这类书除了用于交流或其他特定任务，并没有太多额外价值，很难成为作者的代表作。完成一种初步的交流，这本书的使命也就到此为止了。

另一类常见的可用之书是古籍伪书。作者仿写或者续写，很难成为力作、杰作与神作，但是它在历史上有一定价值，比如，高鹗续写的《红楼梦》后四十回。梁启超被称为"现代辨伪学第一人"，他在《古书真伪及其年代》中，全面系统地总结了伪书的成因、种类及辨伪的方法等。正如历史学家桑兵所言，"善读者则从伪书中可见真材料"。[3]

当然，可用之书还有其他类别，假设你的领域是心理学，要去研究某位名人的人生发展，那么关于此人的所有传记、所有文选都是可用之书。

常见的**坏书**包括那些抄袭之作，那些割韭菜之作，那些知识传销之作。这些书不仅没有丝毫阅读价值，甚至读后会给你的人生发展带来负面影响。

那些抄袭之作。这类书让你将作者的原创贡献和抄袭者的贡献混淆在一起。容易辨别的抄袭之作是直接复制粘贴或者改写他人公开发表的文字。没那么容易辨别的抄袭之作则是将他人尚未公开发表的思想据为己有。2022 年，我碰到一个匪夷所思的抄袭案例。一位学员，先后上了我的三门课，未经我许可，将其中部分内容改编成文字，东拼西凑在一起出版成书。实质是我的课程的学习笔记，最后出书却只字不提我，而上过这三门课的学员高达数千人，该学员胆大妄为到这种程度，委实令人震惊。

区分什么是合理引用，什么是抄袭，是每位受过高等教育的读者的基本功。伴随教育部社科委 2004 年出台《高等学校哲学社会科学研究学术规范》，2009 年出台《高校人文社会科学学术规范指南》，2010 年出台《高等学校科学技术学术规范指南》，中国已建立了真正意义上的学术规范。以 2009 年出台的《高校人文社会科学学术规范指南》为例，摘录"学术引用的规则"要点如下：

1. 引用应尊重原意，不可断章取义；

2. 引用应以论证自己观点的必要性为限；

3. 引注观点应尽可能追溯到相关论说的原创者；

4. 引用未发表作品应征得作者同意并保障作者权益；

5. 引用未成文的口语实录应将整理稿交作者审核并征得同意；

6. 学生采用导师未写成著作的思想应集中阐释并明确说明；

7. 引用应伴以明显的标识，以避免读者误会；

8. 凡引用均须标明真实出处，提供与引文相关的准确信息。

那些割韭菜之作。作者不是为传播知识而写书，而是利用自己的流量、权势或地位变现，如某省前教育厅厅长出版的所谓"教育三部曲"，某省前公安厅高官出版的某经书。一般在作者任职期间，这种书能够在本省大量发行，一旦作者离任，这些书不再有任何传播。不仅仅是高官喜欢做这样的事情，流量明星、知名企业家也是如此。流量明星、知名企业家出书十分常见，这些书多半质量不高。少数诚意之作才是例外，比如收录芒格个人传记和投资哲学的《穷查理宝典》。

那些知识传销之作。写作严谨的著作，作者会正反双面论述，任何结论有其边界。但有一类书，作者或者写作语调狂热，使用大量煽动性话语和难以证实的话语；或者只有片面的证据，没有讨论任何反面话题。这类坏书，我将其称为"知识传销之作"。重灾区常见于身心灵著作与经管畅销书。

阅读身心灵著作，容易因为与当下心境吻合，让人激动地以为理解了世界真相。但过不了多久，人们就不得不抛弃这类作品，因为时间已经督促你走到了世界的另一边。那些信仰身心灵的人，只能通过对导师的追寻和推崇，甚至成为导师宣讲者，来维持当初的那丝感动。有哪些身心灵著作呢？我实在害怕点出它们的名字，因为曾在文章中提过作者的名字，他们的狂热追随者就在评论区不断与我纠缠。感兴趣的读者可以参考斯坦诺维奇的《这才是心理学》与"心理学迷思系列丛书"。[4]

经管畅销书常常披着实证研究的皮，实为抽样偏差。这类书只挑选对自己有利的证据，不挑选对自己不利的证据。如何知道哪些作者最喜欢写这一类书呢？可以阅读《企业巫医》和《管理大师》。在这两本书中，作者们介绍了西方管理领域常见的伪科学。

一个从书名上辨认知识传销之作的小技巧，就是它们常常使用"新科学"这类词汇。"幸福的新科学""意志力的新科学""行动的新科学"……这类著作多数是知识传销之作。

经常有人感叹，为什么读了这么多书，依然过不好这一生？碰到这类问题的时候，我都会问他："你读了一些什么样的书呢？"绝大多数有这种感叹的人，一年的阅读量往往不会超过30本，把这30本书挨个列出来，你会发现其中有80%都是坏书。

多数图书难以超过杰作这条金线，市面上常见图书以力作、可用之书和坏书为主。所以，你无须将有限的生命，浪费在反复阅读力作之下的著作上。可用之书与力作快速阅读即可，读书万卷真须破；那些凝聚了作者多年心血的杰作与神作，则需要文本细读，坐得了十年冷板凳，反复阅读，再三回味。

版本价值

同样的图书内容，既可以读第一版，也可以读第二版；既可以封装成电子版，也可以印刷成实体版；如果是古文或外文，既可以读张三校注或翻译的，也可以读李四校注或翻译的。这就是选书时需要考虑的另一个重要维度：版本价值。

你同样可以按照10分制来评分，版本价值大的评为9~10分，比较大的评为7~8分，一般的评为4~6分，非常小的评为1~3分，错误百出的版本评为负分。

第一版、第二版的差异容易理解。往往是作者略做修改，多数时候，最新的版本价值更大。但亦不乏特例，某些图书的首版因为保留了特定历史风貌，版本价值远远大于后续再版。

再说电子版与实体版的差别。今天这个时代，越来越多的人只喜欢读随处可见的电子书，不太喜欢读纸质书，尤其是一些绝版的纸质书。与他们相反，我相信，独特的知识结构来自独特的信息源。《近代藏书三十家》作者苏精曾在"中央图书馆"工作，得以博览群书。[5] 很多历史学家也是如此，占有独特史料，如台湾地区"中研院历史与语言研究所"关于胡适、傅斯年的史料极多。

因此，我有意成为藏书家。过去 20 年中，我收集了数万本实体书。部分为善本，少数为珍本、孤本。善本、珍本、孤本原是收藏古籍时常用的分类标准，被我拓展为一个更宽泛的概念。在我心目中，善本是相对好的、错误较少的书籍版本；珍本是数量稀少、珍贵的图书；孤本是指世界上仅存一份的图书，只有你自己拥有这本书。那些在网上容易买到的电子书，我往往不会有意去收藏，那些在网上不容易买到的纸质书，我才会有意去收藏。

再说校注或翻译版。古文常需校注，外文常需翻译。如何挑选好的校注版本？要优先选择那些经过时间考验的版本。以《周易》为例，义理派可读王弼《周易注校释》、程颐《周易程氏传》、杨万里《诚斋易传》等版本，象数派可读李鼎祚《周易集解》、惠栋《易汉学新校注》等版本。今人著作可读金景芳及其学生吕绍刚合著的《周易全解》，黄寿祺及其学生张善文合著的《周易译注》。

再以老庄为例。《老子》可读楼宇烈的《王弼集校释》、朱谦之的《老子校释》、高明的《帛书老子校注》。《庄子》校注，郭象的《庄子注》与成玄英的《庄子疏》是绕不开的经典。除此之外，可读王先谦的《庄子集解》、郭庆藩的《庄子集释》、钱穆的《庄子纂笺》、王叔岷的《庄子校诠》。

其次是最新考古发现。仍以老子为例，可读郭店楚简《老子》对校辨析的相关著作，如廖名春的《郭店楚简老子校释》。

最后是选择那些最接近作者原意的版本。以《诗经》为例，它有很多个译注的版本，究竟读哪一个？于我而言，论个人喜欢程度从高到低排序，分别是：程俊英版本、许渊冲版本、余冠英版本、朱熹版本、周振甫版本、其他版本。程俊英胜在白话韵文，许渊冲胜在中西贯通，余冠英胜在文史相兼，朱熹强在文以明道，周振甫胜在点评。众多版本，我独爱程俊英。只有它保存了较多《诗经》最初的风采——来自民间的歌谣。"车前草哟采呀采，快点把它采些来"，这才是《诗经》原本该有的味道。

阅读外文书同样要注意挑选好的译本。经典的外文著作都有很多翻译的版本，比如纳博科夫的《洛丽塔》、安托万·德·圣-埃克苏佩里的《小王子》，它们都有多个译本。有人号称自己翻译的版本是最好的，就有人吹嘘自己翻译的版本是最全面的。谁的更好呢？不如交给机器人裁决。任选译者们翻译的段落，与机器翻译对比。如果质量不如机器翻译，那么这类译本要避而远之。

不少读者，暂时还没达到流畅阅读原版英文书籍的能力，但又会纠结，读译本还是原版？你要注意的是，比读译本还是原版更重要的是，你知道这些思想，比你不知道这些思想要好。下一步才是提高自己的外文阅读能力。如何提高？建议如下。

首先，重读一本你之前读过的经典著作的外文版。比如，有一本书你当时读中文版读得非常激动，觉得人生被改变了，那么，此时再读外文原版，你依然会激动。

其次，从自己最喜欢的领域，挑一本国内还没有译本的著作。此时你不得不读外文版，又因为此领域是自己喜欢的，所以能够找到阅读的内在动机，更容易坚持下去。

再次，对外文读物进行分级。不要一上来就读超级难的外文著作。假设大学英语四六级水准是 B 级水准，比 B 级高的是 A 级，比 B 级低的是 C 级。那么，爱德华·威尔逊的《知识大融通》、詹姆斯·马奇的《经验的疆界》、吉仁泽的《适应性思维》，以上英文版著作阅读难度是 A 级；史蒂芬·平克的系列英文著作阅读难度是 B+ 级；海蒂·格兰特·霍尔沃森的《成就，动机与目标》、卡罗尔·德韦克的《看见成长的自己》，以上英文版著作阅读难度是 B– 级。刚开始，从 B 级入手更适合大学英语六级水平的同学。

最后，不局限于英语，掌握一两种小众语言，自己未来会受益匪浅，推荐德语、法语、日语、俄语。因为按照诺贝尔奖得主的人数，德、法、日、俄几国位居前十，并且均为文化艺术发达的人口大国。

社会评价

社会评价是指作者及其图书的声望。你同样可以按照 10 分制来评分，社会评价高的评为 9~10 分，比较高的评为 7~8 分，一般的评为 4~6 分，比较低的评为 1~3 分，负面评价的给负分。具体来说，你可以从定量和定性两方面来评价，如图 10-1 所示。

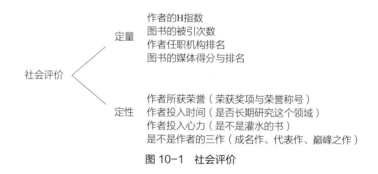

图 10-1　社会评价

定量评价

定量的指标包括作者的 H 指数、图书被引次数、作者任职机构排名、图书媒体得分与排名等。

1. H 指数。它是指一名作者有 h 篇论文分别被引用了至少 h 次。

H 指数越高，则表明论文的影响力越大。

以学习儿童心理学主题为例。你刚刚升级为爸爸，对儿童心理学非常感兴趣，买来了三本儿童心理学的书，分别是琼·利特菲尔德·库克的《儿童发展心理学》、乌莎·戈斯瓦米的《儿童心理学》、约翰·桑特洛克的《儿童发展》。你该先读哪一本呢？

在语义学者（Semantic Scholar）网站，你可以查询到，库克的 H 指数为 3，戈斯瓦米为 66，桑特洛克为 24。按照作者的 H 指数排名，答案是先读戈斯瓦米的《儿童心理学》，再读桑特洛克的《儿童发展》，最后读库克的《儿童发展心理学》。

2. **图书的被引次数**。它是指这本书被其他作者引用的次数。如表 10-1 所示，我们看一下四本认知心理学教材，每本教材的被引次数是多少，以及作者的 H 指数是多少。

表 10-1　四本认知心理学教材及其作者 H 指数

书名	作者	作者 H 指数	首次出版	最新版	版数
《认知心理学及其启示》	约翰·安德森	102	1980	2020	9
《认知心理学》	罗伯特·索尔所	19	1979	2007	8
《认知心理学：学生手册》	迈克尔·艾森克	66	1990	2020	8
《认知心理学：认知科学与你的生活》	凯瑟林·加洛蒂	21	1997	2017	6

注：各位作者的 H 指数采用的是语义学者统计数据。

从表中可以看出，安德森的《认知心理学及其启示》被引用次数最多，再版次数也是最多的。按照 H 指数，也应该先读这本。

3. **作者任职机构排名**。它是指作者长期任职的机构的排名。在学术上，一般是指作者任职的学术机构；在商业上，一般是指作者是否担任过与自己写作主题相关行业的头部公司重要职务。

你可以通过 USnews、软科等排名确定不同学科或领域的学术机构排名。比如在发展心理学领域，排名前五的高校依次是：明尼苏达大学、密歇根大学、斯坦福大学、哈佛大学、宾夕法尼亚大学。认知心理学排名前五的高校依次是：斯坦福大学、加利福尼亚大学、哈佛大学、麻省理工学院、卡内基梅隆大学。人工智能领域排名前五的高校是：卡内基梅隆大学、麻省理工学院、斯坦福大学、加利福尼亚大学、华盛顿大学。

你也可以通过网络测量学网站（网址：webometrics.info）来查询学校和研究机构的排名，该排名综合了网络计量学（所有任务）和文献计量学（研究任务）指标。或者通过新兴的人工智能网站，了解不同专业的排名。比如，学术影响力（网址：academicinfluence.com）是一个基于大数据挖掘，结合机器学习来评估学者、学校、研究机构影响力的网站。

这些专业排名靠前的学校和研究机构珍惜声誉，招聘严格，能在这些学校或研究机构任教、任职，是对作者专业性的极好背书。

4. 图书媒体得分与排名。它是指这本书在亚马逊、GoodReads、豆瓣、微信读书等社交媒体网站上的读者评分和排名。需要提醒的是，社交媒体是一把双刃剑，如今营销无孔不入，刷分等现象流行，所以，该部分参考价值并不大。评分高的书不一定是好书，评分低的书不一定是差书。

定性评价

定性评价包括以下几个方面。

1. 作者是不是荣获过足够重要的奖项？比如世人皆知的诺贝尔奖；在文学领域是否拿过美国的普利策非虚构奖，法国的龚古尔文学奖、勒诺多文学奖、费米娜文学奖、美第奇文学奖、法兰西学院文学大奖，英国的布克奖；在计算机科学领域是否拿过图灵奖；在数学领域是否拿过菲尔兹奖；等等。

这里还包括由权威学会颁发的奖项。比如儿童发展领域的重要奖项"儿童发展杰出贡献奖"，由儿童发展研究协会（The Society for Research in Child Development，SRCD）颁发。心理学家斯蒂芬·欣肖和凯西·赫什–帕塞克在 2017 年曾获得过该奖项。又如，阅读领域的重要奖项"杰出科学贡献奖"，由阅读科学研究学会（The Society for the Scientific Study of Reading）颁发。乔安娜·威廉斯、查尔斯·休姆、马克·塞登伯格分别是 2016、2018、2020 年度奖项的获得者。以此类推，通过获奖名单可构建出阅读书单。

2. 作者是不是众人皆知的学术团体的院士或资深成员？比如美国艺术与科学学院、法国科学院、英国皇家学会、加拿大皇家科学院等。《情绪》一书作者莉莎·费德曼·巴瑞特，既是美国艺术与科学学院院士，又是加拿大皇家科学院院士。

3. 作者是不是在权威学术机构任职？美国心理学家马丁·塞利格曼、菲利普·津巴多都担任过美国心理学会主席。

4. 作者是不是在某一领域投入足够的时间？有些作者并非长期研究某一领域，对该领域一知半解，在其作品中可能错误解释了某些理论，我称这种情况为"冒充专家的作品"。比如，马尔科姆·格拉德威尔在畅销书《异类》中提出的"1 万小时定律"。这个风靡全球的定律，心理科学史上根本不存在，而仅仅是畅销书作家对心理科学研究的一次不太严谨的演绎而已。

5. 作者是不是在某一领域投入足够的心力？有的作者虽然长期研究某领域，但在某一作品上的投入并不多，这种情况我一般称为"灌水的作品"。文艺理论家童庆炳晚年自责：少不懂事，多写时文，并且文章重复颇多，而真正能传世的作品写得太少。[6] 这样的态度，值得后来者学习。

6. 这本书是不是作者的"三作"？"三作"是我总结的一个概念，

是指一个人的**成名作**、**代表作**、**巅峰之作**。与冒充专家的作品和灌水作品相反，值得优先阅读的是作者的"三作"。

"成名作"是一位作家发表的首部引起关注的作品，它往往标志着作者职业生涯的开端。**"代表作"**是最能代表作者实力的作品，一般出现于作者职业生涯的成熟期。**"巅峰之作"**是作者写作水准最高的作品，往往出现在作者职业生涯中晚期，以这一部作品为节点，作者的创造力逐步衰退，之后的作品都逊色于这部作品。

成名作、代表作、巅峰之作在少数情况下也会重复。比如，一个作者只写了一本书，不幸英年早逝，故他的成名作就是他的代表作，同时也是他的巅峰之作。在绝大多数情况下，一个作者往往有一本成名作，有多本代表作，多本代表作中有一本是他的巅峰之作。

不同类型读物的"三作"都有哪些？试举几例。

信息类作品：

平克：成名作《语言本能》，代表作《心智探奇》，巅峰之作《当下的启蒙》。

道金斯：成名作与巅峰之作《自私的基因》，代表作《盲眼钟表匠》。

丹尼特：成名作《意向立场》，代表作《心灵种种》《意识的解释》，巅峰之作《达尔文的危险思想》。

叙事类作品：

张爱玲：成名作《第一炉香》，代表作《倾城之恋》《红玫瑰与白玫瑰》，巅峰之作《金锁记》。

纳博科夫：成名作《玛丽》或《普宁》，代表作《微暗的火》《庶出的标志》《爱达或爱欲》，巅峰之作《洛丽塔》。

萨克斯：成名作《睡人》，代表作与巅峰之作《错把妻子当帽子》《火星上的人类学家》。

美感类作品：

海子：成名作《亚洲铜》，代表作《九月》《四姐妹》《面朝大海，春暖花开》，巅峰之作《太阳·七部书》。

内在动机

什么是内在动机？它是相对名利、奖赏惩罚等外在动机而言的。阅读时遵从内在动机，即完全凭借个人兴趣、好奇心而读。动机是人类行为的燃料，驱动着你去做事，这些燃料分成外在动机与内在动机两类，如图 10-2 所示。[7]

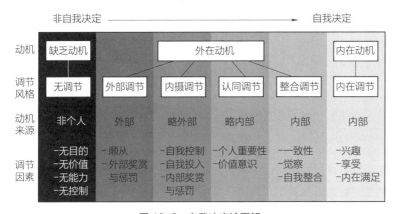

图 10-2　自我决定论图解

最左边的"缺乏动机"很好理解，即类似机器人，有一些人因为特殊原因会表现得近似机器人；最右边的"内在动机"也好理解，即依靠兴趣、内在满足而活的人。较难理解的是外在动机，人们常常不觉得自己是为外在动机而活，事实上却是。

受到外在动机控制的有四类人。

第一类人属于**外部调节**。这类人的阅读受外部奖赏和惩罚影响较大。比如，只读教科书的学生，还有一些人只读那些更畅销、能够带来更多收入的图书，却不知当习惯这种外部奖赏后，一旦失去，也会丧失做事的动力。

第二类人属于**内摄调节**。这类人吸取了很多外在规则，但并没有完全接纳，而是将其整合成自我的一部分。这类人经常体验到因外在规则与内在自我不匹配而导致的冲突。内摄调节是社会上多数人的生活常态。多数时候，人们奔着名利做事，偶尔兴趣来了，内心就会产生冲突。比如有人常常在纠结，究竟是为钱阅读还是为兴趣阅读。

第三类人属于**认同调节**。这类人因为某个规则或价值观能够给自己带来好处而接纳它。相对第二类人来说，第三类人更少体验到冲突，自我决定成分较高。比如有的人喜欢阅读一些哗众取宠的作品，这些作品已经成了他思维模式的一部分，他并没有意识到这种做法有什么不好。这类人依然不是为内在兴趣或自我满足而活，只是因为哗众取宠能给自己带来更多流量，因此将这个价值观作为自我的一部分。

第四类人属于**整合调节**。这种调节相对前三种来说最为隐蔽。如果说外部调节是奔着名利做事，内摄调节偶尔会产生内心冲突，认同调节的人是精致的利己主义者，很少感到内心冲突，那么，整合调节的人是欺骗自己成功的政治家。这类人已经将外在动机完全整合到自我中。虽然他们的自我决定成分高，但其行为依然是指向那些与兴趣、热情等内在动机分离的外在动机。比如，有些人读了不好的书，还引以为豪，甚至津津乐道。

你也许认为，当你开始为某个目标奋斗时，它就能带给你源源不断的动力。然而并不是这样。只有靠近内在动机的那些目标，才能让你更好地持续努力。来自内在动机的阅读，更容易令人享受阅读的乐趣。

你可以给自己读的每一本书评定一个"内在动机指数"，按照10

分制来评分。如果你阅读一本书的时候，完全是从兴趣、内在满足出发，你可以把这本书评为 9~10 分；如果受外部奖赏和惩罚影响很大，你可以评为负分；如果你因为"为工作阅读还是为兴趣阅读"这类问题而痛苦，你可以评为 1~3 分；如果你是因为这本书会给自己带来好处，并且认同这种价值，你可以评为 4~6 分；如果你已经将外在的名利整合到自我中，自欺成功，你可以评为 7~8 分。

如何区分自己究竟属于哪种动机类型？教你一个思维小技巧，先假设最坏的情况：自己是由外在动机驱使的人。人类不喜欢承认自己的不足，然而，一旦你先把自己放在一个最差的情况，认为自己就是一个外在动机驱使的人，然后再来观察自己的行为模式，可能更易理解自己在什么情境下偏向外在动机。

综合应用

通过这些方法，我们可以明白这本书对于我们的综合价值。你可以按照以上四个维度给一本书打分，将分数相加之后取平均值，再转换为百分数，这样你就可以计算出一本书的分值。假设你要对比《超越智商》《原则》这两本书对你的价值。

《超越智商》在"内容品质"上得分是 8.5，"版本价值"得分是 3，"社会评价"得分是 9，"内在动机"得分是 8，总得分是 28.5，取平均值为 7.125，转换百分数为 71.25%；《原则》在"内容品质"上得分是 6，"版本价值"得分是 3，"社会评价"得分是 7，"内在动机"得分是 8，总得分是 24，取平均值为 6，转换百分数为 60%。《超越智商》对你的价值要高于《原则》。

你也可以调整各项指标之间的权重。比如，你认为阅读《超越智商》这本书，内容品质是最重要的，所以赋予它最大权重 0.5，而书的版本价值对你来说并不重要，赋予它 0.1 的权重。那么，《超越智商》

的综合评价结果为：

$$8.5 \times 0.5 + 3 \times 0.1 + 9 \times 0.2 + 8 \times 0.2 = 7.95$$

转换为百分数后为 79.5%。

从哪儿选书

这么多图书，我们从哪里找呢？我将成千上万的书目信息获取渠道整理为两类：大众信息源和专业信息源。

大众信息源

大众信息源指的是面向个人消费的与图书相关的信息源。比如，社交读书网站、电商网站、电子书网站等。

社交网站

指读者对图书发表评论意见的网站。国外专攻读书的主流社交网站是亚马逊收购的 GoodReads；国内专攻读书的社交网站有豆瓣读书、微信读书等。需要注意，社交网站上的书籍得分不一定符合一本书的真实价值，请慎重参考。

电商网站

指读者可以直接购买实体书的网站。国外主流图书电商网站是亚马逊图书、巴诺在线书店（Barnes&Noble），各个语种的图书相对较多。国内主流图书电商网站是京东图书、当当图书。中国台湾地区可以通过博客来网站购买图书。

电子书网站

指以提供数字版图书为主的网站。国外使用相对较多的是 kindle 电子书以及各个专业出版社的电子书阅读平台。国内使用较多的是微信读书、京东电子书与当当电子书。阅读 kindle 电子书需要使用专用的 kindle 电子书阅读器。若阅读微信、京东、当当电子书，在安卓电子书阅读器上安装相关 App 即可。

专业信息源

专业信息源相对大众信息源，更适合专业知识工作者、出版行业从业者、藏书爱好者参考，它涉及一些鲜为人知的专业信息源。比如，图书馆、书目数据库、出版商、书评、图书奖项、书店等。

图书馆

图书馆是一个用于查找专业图书的优质信息源，但是很多人忽略了这个渠道，以下是世界上一些重要的、收录图书极多的图书馆。其中，有两类图书馆尤其值得注意：国家图书馆与大学图书馆。

国际上知名的国家图书馆包括但不限于：大英图书馆、美国国会图书馆、法国国家图书馆、瑞士国家图书馆、荷兰国家图书馆、新西兰国家图书馆、澳大利亚国家图书馆等。

在国内，中国国家图书馆的馆藏丰富不必多说，除此之外，首都图书馆、上海图书馆、广东省立中山图书馆的藏书也比较丰富。

国际上知名的大学图书馆推荐：美国的哈佛大学图书馆、斯坦福大学图书馆、耶鲁大学图书馆、康奈尔大学图书馆、哥伦比亚大学图书馆、芝加哥大学图书馆、弗吉尼亚大学图书馆、华盛顿大学图书馆；

英国的牛津大学图书馆、剑桥大学图书馆。

国内收录图书较多的大学图书馆莫过于清华大学图书馆、北京大学图书馆。除此之外，教育部发起的中国高等教育文献保障系统是事实上的全国大学图书馆联盟，可以一键检索各大学图书馆馆藏。

书目数据库

书目数据库指的是专门收录图书信息的数据库。

国际上常用的有 WorldCat 数据库与谷歌图书两大书目数据库。其中，WorldCat 数据库是世界最大的联机书目数据库。国内常用的有国家图书馆开发的文津搜索和上海图书馆开发的上图发现。

这些书目数据库收录的是通用图书，除此之外，学术专著作为一类特殊图书，也常被学术搜索引擎与学术数据库收录。学术搜索引擎可参考谷歌学术与语义学者。其中，语义学者（网址：semanticscholar.org）是一个较新的人工智能学术搜索引擎。比如，你想找一本关于心理学的图书，可以输入"psychology"，然后在 Publication Types 中选择"book"。

学术数据库可参考国际上公认的四大学术数据库：Web of Science、Scopus、Dimensions、PubMed。四大学术数据库各有特色：Web of Science，简称 WOS，是国际最核心的出版数据库，收录了高质量的学术专著；Scopus 收录了众多丛书；Dimensions 收录了科研资助、临床试验等更丰富的研究资料；PubMed 则聚焦在生命科学、医学领域。

除此之外，一些有特色的学术数据库亦可参考。ProQuest 于 1939 年开始提供博士学位论文访问服务，主要收录欧美大学 1997 年以来授予学位的优秀博士论文全文。一篇博士论文的体量常常相当于一本学术专著。Oxford Bibliographies（网址：oxfordbibliographies.com）于 2010 年推出，邀请各个领域的专家荐书，目前提供了 40 多个学科

5 000多个主题书单。

在国内，学术搜索引擎可使用百度学术，学术数据库可使用中国知网与万方数据库。

针对中文，还有一类特殊的数据库——善本数据库，重要的平台有两个：中华再造善本数据库与中文古籍联合目录及循证平台。前者旨在抢救古籍，复制并出版各大图书馆保存的已破损以及市场上较少出现的古籍。后者收录有上千家机构的古籍馆藏目录，其中上海图书馆的古籍馆藏、伯克利东亚图书馆的中文善本馆藏、哈佛燕京图书馆的中文善本馆藏、澳门大学图书馆的中文古籍馆藏可在线访问部分扫描影像全文。

出版商

优秀的出版商亦是一个重要的专业信息源。每年，各大出版商会推出它们的最新书目以及部分样书，这样能让读者更好地了解到一些出版前沿动态。

国际上著名的出版集团有：施普林格（Springer）、约翰·威利（John Wiley）、爱思唯尔（Elsevier）、泰勒－弗朗西斯（Taylor & Francis）、培生（Pearson）、麦格劳－希尔（McGraw-Hill）。这六大出版集团，在专业图书出版领域，市场占有率较高。企鹅兰登书屋（Penguin Random House）在文学出版领域，奥莱利（O' Reilly）在计算机图书出版领域，亦有口皆碑。

大学出版社亦是前沿图书的重要策源地。牛津大学出版社、剑桥大学出版社、哈佛大学出版社、普林斯顿大学出版社出版了大量好书。

三大顶级学术期刊——CNS，也就是《细胞》（Cell）、《自然》（Nature）与《科学》（Science）皆会荐书，它们也是了解前沿思想的不二之选。

近十年，国内优秀出版商日益增加，与欧美出版市场格局不同，国内出版市场由出版集团、出版社、出版公司三类力量构成。其中，出版集团有中国出版集团、中信出版集团、中国工信出版传媒集团等；出版社有人民出版社、华东师范大学出版社、中国人民大学出版社、广西师范大学出版社等；出版公司有新经典、果麦文化、读客等。

这些优秀的出版力量均在朝专业化方向发展，在自己擅长的图书细分市场上形成了专业口碑。比如，中国古典文化类读物，可参考中华书局、岳麓书社出品；心理学类可参考新曲线心理、万千心理、华章心理、中信出版集团、华东师大出版社、中国人民大学出版社出品；教科书与教育学类可参考人民教育出版社、教育科学出版社出品；经管类可参考中信出版集团、华章经管与人民邮电出版社出品；计算机类可参考图灵教育、博文视点出品；人文社会科学类可参考生活·读书·新知三联书店、商务印书馆与社会科学文献出版社出品；小说类可参考新星出版社、四川科技出版社、上海译文出版社出品。

除主流出版商，还有一些相对小众的出版商。比如社会学领域的群学出版社、心理学领域的心理出版社、计算机领域的 The Pragmatic Bookshelf。世界各地亦有独立出版社联盟，聚集了当地的小众出版社，可以作为一个淘书的信息源。

哪个出版商更有实力？哪本书是畅销书，销量大致如何？在英国，可参考英国尼尔森图书研究公司（Nielsen BookData），该公司最早可追溯到 1858 年发行的《书商》杂志，公司网址为：nielsenbook.co.uk。目前尼尔森为英国图书销量权威记录机构。自从 2001 年起，该公司推出尼尔森图书金奖，颁发给那些在五年内图书销量超过 50 万册的作者与出版商。网址参见：nielsenbestsellerawards.com。

在美国，可参考老牌市场调查公司 NPD 集团旗下的 NPD Books 业务，它涵盖了在美国销售的大约 85% 的在售纸质书籍以及 80% 的在售电子书。颇有特色的是，该公司还专门跟踪了漫画与绘本这类图画书市场数据。相关网址参见：npd.com。

国内可参考开卷公司研发的开卷数据库，该公司前身成立于1998年，目前开卷数据库已跟踪国内1 000多个城市，线上线下10 000多家书店，累计报告近500万本书的销量。

需要提醒的是，尼尔森、NPD、开卷三家市场调查公司提供的数据服务皆为付费产品，价格不菲，仅适用于出版行业从业者。对普通读者来说，如需了解出版市场，阅读这些公司不定期发布的免费报告即可。判断图书销量还有一个不够准确的估算技巧，看京东图书上某本书的评论数有多少条，然后乘以2~5倍系数即可。

书评

好的书评能够帮助我们快速了解一些图书，尤其推荐《纽约时报》和《自然》的书评栏目。你还可以在学术搜索网站中用"book review"与相关关键词搜索书评。

此外，国际上还有美国的《书单》（*Booklist Online*）、《出版人周刊》（*Publishers Weekly*）与《图书馆杂志》（*Library Journal*），法国的《读书》（*Lire Magazine Littéraire*）等经典杂志，专注于书评。

针对童书的书评，有专门的组织与网站。请参考《童书中心公告》（Bulletin of the Center for Children's Books）、《青少年倡导之声》（Voice of Youth Advocates）、《角帜书杂志》（The Horn Book Magazine）、《学校图书馆杂志》（School Library Journal）、《儿童文学综合数据库》（Children's Literature Comprehensive Database）、《获奖童书数据库》（Database of Award-Winning Children's Literature）。

在国内，除了豆瓣书评可资参考，你还可以在百道网、做书等出版行业专业信息渠道上查找相关书评。此外，"蓑翁论书""上海书评""史学研究"等微信公众号均涉及人文社科类书评。

值得关注的是一些喜欢读书的专家会客串书评人。比如，我在认知科学、神经科学与心理科学领域从业 20 余年，又喜欢读书，因此会客串书评人，将这些书评发布在我的个人网站与微信公众号"心智工具箱"上。相对职业书评人来说，专家更了解所在领域前沿动态，因此，此类书评颇有参考价值。

那么，有没有专门的网站，汇总了专家的推荐图书？

有。这个网站就是五本书（网址：fivebooks.com）。自 2009 年以来，该网站邀请了来自不同领域的 1 700 多位专家推荐自己喜欢的五本书，并在此基础上形成年度最佳书单。其中不乏各个领域的顶尖高手，如神经科学家、《情绪》一书的作者莉莎·费德曼·巴瑞特教授推荐了情绪领域的五本书。

除此之外，TED（网址：ted.com）邀请的演讲嘉宾常常会推荐好书。书局（网址：bookauthority.org）整理了各位名人推荐的书单。

图书奖项

读哪些书？在这个从众时代，看看作者的书获过什么奖，也许是读者最爱的一件事。

哇！至少我们会为那些印在封面上的奖项而肃然起敬。

据说，每一年，诺贝尔文学奖评选出来之前，文学类出版社的负责人都会非常紧张，紧盯着"开奖"的那一刻。一旦自己"中奖"，则立即会加印获奖者的作品。

事实上，除了诺贝尔文学奖，还有更多的重要图书奖项。美国有三大文学奖、法国有五大文学奖，中国也有四大文学奖。知道越多奖项，我们会认识世界上越多优秀的作者，读到更多的杰作、神作。

而一些由专业学会评选的图书奖项，更是代表着某个学科的最高水准。图书奖项历史也是一部学科发展史。"我们评选的奖项就代表着这个学科的最高水准！"这种霸气的宣言，对读者来说，多么省心省力啊！

那么，有哪些重要的奖项呢？

以下是我整理的一些经受住时间考验的图书奖项。需要提醒的是，这些历史悠久的奖项，普遍发展成了系列奖项，名目繁多。并且不少奖项曾经改名，或者更换举办方。因此，请留意那些你关心的奖项的最新变化。同时，各大奖项颁发方的政治立场、利益背景大不相同。因此，需要谨慎对待这些奖项评选出来的图书。

世界各国奖项

世界级

» 诺贝尔文学奖（Nobel Prize in Literature）：于 1901 年首次颁发。世界最著名的文学奖，根据诺贝尔的遗嘱，每年表彰"在文学领域创作出具理想倾向的最佳作品者"。

美国

» 普利策奖（Pulitzer Prize）：于 1917 年首次颁发，奖励在新闻、文学、音乐创作领域有杰出表现的相关人员。

» 美国国家图书奖（National Book Award）：于 1950 年首次颁发。美国文学界最高荣誉之一，每年颁发给前一年出版的最佳小说、非虚构、诗歌、翻译文学和青少年文学作品。

» 美国国家书评人协会奖（National Book Critics Circle Award）：于 1976 年首次颁发。每年颁布的奖项有六个：小说，非小说，诗歌，回忆录／自传，传记，批评。自 2014 年开始，在六个奖项下增设"处女作"奖。

» 福克纳文学奖（Faulkner Award）：于 1980 年首次颁发。包括福克纳小说奖、马拉默德短篇小说卓越奖和福克纳文学奖。

» 有声书奖（Audie Awards）：于 1996 年首次颁发。旨在表彰本年度最杰出的有声读物和口语娱乐。

其中，普利策奖、美国国家书评人协会奖与福克纳奖并称为美国最著名的三大文学奖。

法国

» 龚古尔文学奖（Prix Goncourt）：于 1903 年首次颁发。法国文学史上最具影响力的奖项。同序列奖项还包括：龚古尔诗歌奖、龚古尔首部小说奖、龚古尔中篇小说奖、龚古尔传记奖。

» 费米娜文学奖（Prix Fémina）：于 1904 年首次颁发。法国重要文学奖，颁发给当年度最优秀散文或诗歌的作者。包括费米娜奖、费米娜散文奖、费米娜外国小说奖三个部分。

» 法兰西学院文学大奖（Grand prix de littérature de l'Académie française）：于 1912 年首次颁发。法国重要文学奖，该奖项以作家的全部作品为基础，授予作家终身成就奖。

» 勒诺多文学奖（Prix Renaudot）：于 1926 年首次颁发。法国重要文学奖，旨在弥补龚古尔文学奖的评判遗误。

» 美第奇文学奖（Prix Médicis）：于 1958 年首次颁发。法国重要文学奖，旨在奖赏刚出道的作家。此外于 1970 年增设了美第奇外国作品奖，于 1985 年增设美第奇杂文奖。

上述五大文学奖并称为法国最著名的五大文学奖。

英国

» 詹姆斯·泰特·布莱克纪念奖（James Tait Black Memorial Prize）：于 1919 年首次颁发。英国最古老的文学奖，包括"小说奖""传记奖"和"戏剧奖"。

» 豪森登奖（Hawthornden Prize）：于 1919 年首次颁发，包括诗歌奖或散文奖。

» 布克奖（Booker Prize）：于 1969 年首次颁发。被认为是当代英语小说界的最高奖项。2014 年起，全世界所有用英语写作的作家均可参评布克奖。

» 科斯塔图书奖（Costa Book Awards）：于 1971 年首次颁发。既奖励文学价值高的作品，也奖励阅读愉快的作品。

» 沃尔夫森历史奖（The Wolfson History Prize）：于 1972 年首次颁发。英国最负盛名的历史奖。获奖图书由历史学家组成的评审团选出。

» 亚瑟·克拉克奖（Arthur C. Clarke Award）：于 1987 年首次颁发。英国最负盛名的科幻小说奖，颁发给过去一年在英国出版最好的科幻小说。

» 巴美列·捷福奖（Baillie Gifford Prize）：于 1999 年首次颁发。英国非虚构写作类图书最高奖。

德国

» 格奥尔格·毕希纳奖（Georg-Büchner-Preis）：于 1923 年首次颁发。与歌德奖一起被认为是德语文学的最重要奖项，颁发给那些"用德语写作的，其全部作品对当代德国文化生活的形成有着杰出贡献的作家"。

» 歌德奖（Goethepreis der Stadt Frankfurt am Main）：于 1927 年首次颁发。并不限制只有作家方能得奖，旨在奖励那些作品融合个人信念并富有创造力，能反映歌德精神的作家。

日本

» 芥川奖：于 1935 年首次颁发。日本文学最高荣誉之一，侧重高雅小说与新锐作家。

» 直木奖：与芥川奖同时成立，于 1935 年首次颁发。日本文学最高荣誉之一，侧重通俗小说与中坚作家。

西班牙

» 米格尔·德·塞万提斯奖（Premio Miguel de Cervantes）：于1975年首次颁发。西班牙语世界的最高文学荣誉。

中国

曹禺戏剧文学奖、茅盾文学奖、鲁迅文学奖与老舍文学奖并称中国四大文学奖。

» 曹禺戏剧文学奖：于1981年首次颁发。2005年起，被并入新设立的中国戏剧奖（全称为中国戏剧奖·曹禺剧本奖）。

» 茅盾文学奖：于1982年首次颁发。中国文学界最高荣誉之一，旨在奖励长篇小说创作者。

» 鲁迅文学奖：于1986年首次颁发。各单项奖每两年评选一次，每四年评选一次大奖。

» 老舍文学奖：于1999年首次颁发。主要奖励北京作者的创作和在京出版与发表的优秀作品。

此外，国内另有一些重要奖项。

» 国家图书奖：于1992年首次颁发。下设国家图书奖荣誉奖、国家图书奖和国家图书奖提名奖三种奖项。

» 中华优秀出版物奖：于2006年首次颁发。下设"图书奖"前身为中国图书奖。

» 中国政府出版奖：于2007年首次颁发。我国新闻出版领域的最高奖。

» 冰心散文奖：于2000年首次颁发。由中国散文学会评选。

» 文津图书奖：于2004年首次颁发。由国家图书馆主办，分为社科类、科普类和少儿类三类。

专业奖项

专业奖项是各个专业学会评选的图书奖项。我们挑选了一些主要学科，介绍如下。

综合类

» 专业与学术卓越奖（Professional and Scholarly Excellence Awards）：
由美国出版商协会于 1976 年首次颁发，旨在奖励杰出的学术
专著。

» 英国皇家学会科学图书奖（Royal Society Book Prize）：由英
国皇家学会于 1988 年首次颁发，旨在奖励大众科普类著作。

哲学类

» 西格蒙德·弗洛伊德奖（Sigmund Freud Prize）：由德国语言
文学学院于 1964 年首次颁发，旨在奖励用德语写作的哲学
著作。

» 卡尔·雅斯贝尔斯奖（Karl Jaspers Prize）：1983 年由海德堡
市与海德堡大学首次颁发，旨在表彰哲学领域的最高成就。

» 弗里德里希·尼采奖（Friedrich Nietzsche Prize）：由德国萨克
森·安哈尔特州于 1996 年首次颁发，旨在奖励德语散文或哲
学作品。

» 美国哲学协会图书奖（American Philosophical Association's
Book Prize）：由美国哲学协会于 2000 年首次颁发，旨在奖励
青年哲学家的最佳著作。

» 美国美学学会杰出专著奖（American Society for Aesthetics
Outstanding Monograph Prize）：由美国美学学会于 2008 年首
次颁发，旨在奖励杰出的美学专著。

数学类

» 国际亚诺什·博雅伊数学奖（The International János Bolyai
Prize of Mathematics）：由匈牙利科学院于 1905 年首次颁发，

旨在表彰在过去 10 年中取得重要成果的数学家。

» 费兰·苏尼尔·巴拉格尔奖（Ferran Sunyer i Balaguer Prize）：由费兰·苏尼尔·巴拉格尔基金会于 1993 年首次颁发，旨在表彰杰出的数学专著。

» 欧拉图书奖（Euler Book Prize）：由美国数学学会于 2005 年首次颁发。每年颁发给一本或更多优秀的数学图书。

» 诺依曼奖（Neumann Prize）：由英国数学史学会于 2009 年首次颁发，旨在表彰数学史类图书。

» 丹尼尔·索洛作家奖（Daniel Solow Author's Award）：由美国数学学会于 2015 年首次颁发，旨在表彰优秀的数学教科书作者。

物理学类

» 科学传播奖（Science Communication Awards）：由美国物理研究所于 1968 年首次颁发，包括图书、文章、儿童写作、广播新媒体四个类别。

» 安德鲁·杰曼特奖（Andrew Gemant Award）：由美国物理学会于 1987 年首次颁发，旨在表彰为物理学做出重大文化、艺术或人文贡献的个人。

» 物理学世界年度图书奖（Physics World Book of the Year）：由《物理学世界》于 2009 年首次颁发，旨在奖励那些杰出的物理学大众科普著作。

化学类

» 汉斯·克海斯提安·奥斯特银奖（H. C. Ørsted Awards）：由丹麦自然科学传播学会于 1980 创立，旨在奖励那些杰出的大众科普著作。

» 罗伊·G. 内维尔奖（Roy G. Neville Prize）：由科学历史研究所于 2006 年首次颁发，旨在表彰化学或分子科学领域的传记作品。

生物学类

» 苏珊娜·莱文森奖（Suzanne J. Levinson Prize）：由科学史学会于 2006 年首次颁发，旨在奖励生命科学和自然史领域的杰出作品。

史学类

» 赫伯特·巴克斯特·亚当斯奖（Herbert Baxter Adams Prize）：由美国历史协会于 1905 年首次颁发，旨在颁发给研究欧洲史学的年轻学者的杰作。

» 弗朗西斯·帕克曼奖（Francis Parkman Prize）：由美国历史学家协会于 1957 年首次颁发，旨在颁发给研究美国的非虚构历史作品。

» 费正清东亚历史奖（John K. Fairbank Prize）：由美国历史协会于 1969 年首次颁发，旨在颁发给研究东亚历史的杰出作品。

» 沃尔夫森历史奖（Wolfson History Prize）：由沃尔夫森基金会于 1972 年首次颁发，旨在奖励历史写作的杰出作品。

社会学类

» 赖特·米尔斯奖（C. Wright Mills Award）：由美国社会问题研究学会于 1964 年首次颁发，社会学领域最负盛名的图书奖项之一。

» 美国社会学学会理论图书奖（Theory Prize for Outstanding

Book）：由美国社会学学会于 1980 年设立，旨在表彰杰出的社会学理论著作。

» 美国社会学学会杰出学术图书奖（Distinguished Scholarly Book Award）：由美国社会学学会于 1986 年首次颁发，旨在奖励最佳学术专著。

» 查尔斯·蒂利奖最佳书籍奖（Charles Tilly Award for Best Book）：由美国社会学学会旗下分会于 1986 年首次颁发，旨在奖励社会运动领域的最佳学术专著。

» 列文森图书奖（Joseph Levenson Book Prize）：由美国亚洲研究协会于 1987 年首次颁发，旨在表彰以英语写作的研究中国的学术著作。

» 皮埃尔·布尔迪厄奖（Pierre Bourdieu Award）：由美国社会学学会教育社会学分会于 1994 年首次颁发，旨在奖励教育社会学领域的学术专著。

» 雷切尔·卡森奖（Rachel Carson Prize）：由美国国际学术协会科学社会研究协会于 1996 年首次颁发，旨在颁发给科学社会学领域相关著作。

» 理查德·泰特姆斯图书奖（The Richard Titmuss Book Award）：由英国社会政策协会于 2006 年首次颁发，旨在奖励那些促进理解社会政策的学术专著。

经济学类

» 杰拉尔德·勒布奖（Gerald Loeb Award）：由杰拉尔德·勒布本人于 1957 年首次颁发，于 2006 年首次增设商业书籍奖。

» 约瑟夫·斯宾格勒图书奖（Joseph J. Spengler Prize）：由经济学史学会于 2004 年首次颁发，旨在奖励经济学史原创图书。

政治学类

» 艾萨克和塔玛拉·多伊彻纪念奖（Isaac and Tamara Deutscher Memorial Prize）：于 1969 年首次颁发，旨在表彰以英语出版的坚持马克思主义传统的最佳新书。

» 乔治·H. 哈利特奖（George H. Hallett Award）：由美国政治学学会于 1989 年首次颁发。

» 奥威尔奖（Orwell Prize）：由奥威尔基金会于 1993 年颁发，旨在鼓励那些"将政治写作变成一门艺术"的作品。

» 唐纳奖（Donner Prize）：由唐纳加拿大基金会于 1998 年首次颁发，旨在表彰公共政策领域的最佳著作。

» 亚瑟·罗斯图书奖（Arthur Ross Book Award）：由亚瑟·罗斯于 2001 年捐赠，旨在表彰对理解外交政策或国际关系做出杰出贡献的图书。

人类学类

» 维京基金奖章（Viking Fund Medal）：由温纳－格伦人类学研究基金会于 1946 年首次颁发，旨在表彰人类学领域的杰出作品。

» 斯特林奖（Stirling Prize）：由心理人类学学会于 1968 年首次颁发，旨在表彰该领域的最佳作品。

» 玛格丽特·米德奖（Margaret Mead Award）：由应用人类学学会于 1979—1983 年颁发，之后与美国人类学学会联合颁发，旨在奖励人类学领域的青年学者。

» 鲁思·本尼迪克特奖（Ruth Benedict Prize）：由美国人类学学会于 1986 年首次颁发，旨在表彰从人类学角度撰写的性别著作。

» 新千年图书奖（New Millennium Book Award）：由医学人类学

学会于 2006 年首次颁发，旨在表彰该领域的图书。

» 米歇尔·罗萨尔多图书奖（Michelle Rosaldo Book Prize）：由女性主义人类学协会于 2015 年首次颁发，旨在鼓励对女权主义人类学做出重大贡献的作品。

管理学类

» 乔治·特里图书奖（George R. Terry Book Award）：由美国管理学院于 2010 年创立，颁发给过去两年内出版的管理学著作。

» CMI 年度管理书籍奖（The CMI Management Book of the Year）：由英国特许管理学院于 2019 年创立，旨在表彰管理与领导力领域的作者。

心理学类

» 美国心理学女性杰出出版物奖（AWP Distinguished Publication）：由美国心理学女性学会于 1977 年首次颁发，旨在表彰促进人们对女性心理学、性别心理学理解的作品。

» 威廉·詹姆斯奖（William James Book Award）：由美国心理学会下属普通心理学分会于 1986 年首次颁发，旨在表彰创造性综合的心理学学术专著。

» 英国心理学会图书奖（British Psychological Society Book Award）：由英国心理学会于 1993 年首次颁发，旨在表彰在心理学领域发表的优秀著作。奖项类别分为学术专著、从业教材、教科书、大众科普。

» 麦考比图书奖（Eleanor Maccoby Book Award）：由美国心理学会下属发展心理学分会于 1996 年首次颁发，旨在鼓励发展心理学的重要作品。

- » 认知发展协会图书奖（Cognitive Development Society Book Award）：由美国认知发展协会于 2003 年首次颁发。
- » 人际关系研究国际协会图书奖（The International Association for Relationship Research's Book Award）：由人际关系研究国际协会于 2004 年首次颁发，旨在表彰对人际关系研究做出重大原创贡献的图书。
- » SPSP 社会和人格科学促进图书奖（The SPSP Book Prize for the Promotion of Social and Personality Science）：由人格与社会心理学学会于 2012 年首次颁发，旨在鼓励提高公众对人格与社会心理学理解的著作。

语言学类

- » 伦纳德·布卢姆菲尔德图书奖（Leonard Bloomfield Book Award）：由美国语言学学会于 1992 年首次颁发，旨在表彰对人们理解语言和语言学做出杰出贡献的书籍。

医学类

- » 刘易斯·托马斯科学写作奖（Lewis Thomas Prize for Writing about Science）：由美国洛克菲勒大学于 1993 年首次颁发，旨在表彰取得了重大文学成就的科学家或医生。
- » BMA 医学图书奖（BMA Medical Book Awards）：由英国医学学会于 1995 年首次颁发，旨在鼓励和奖励医学出版方面的卓越表现。
- » 生物医学和健康学术作品奖（Awards for Scholarly Works in Biomedicine and Health/Publications）：由美国国家医学图书馆于 1997 年首次颁发，旨在表彰生物学、医学、健康科学领域的重要作品。

童书奖项

专门为儿童和青少年读物设置的奖项。

国际

» 国际安徒生奖（Hans Christian Andersen Awards）：始于 1965 年，目前由国际青少年读物评审委员会管理。

» 布拉迪斯拉发国际插画双年展（Biennial of Illustrations Bratislava）：始于 1967 年，目前由联合国教科文组织和国际儿童读物联盟支持，斯洛伐克共和国文化部提供资金。

美国

» 纽伯瑞奖（John Newbery Medal）：始于 1922 年，目前由美国图书馆协会的分支机构美国儿童图书馆服务协会管理。

» 凯迪克奖（Randolph Caldecott Medal）：始于 1937 年，目前由美国图书馆协会管理。

» 儿童之选书单（Children's Choices List）：始于 1974 年，之后于 2008 年设置儿童之选童书奖。与众不同之处在于，该书单与奖项由儿童投票选出。

» 爱德华兹奖（Margaret A. Edwards Award）：始于 1988 年，目前由美国图书馆协会管理，旨在表彰青少年文学优秀作品。

» 艾利克斯奖（Alex Awards）：始于 1988 年，目前由青少年图书馆服务协会管理，旨在鼓励 12~18 岁的青少年作品。

英国

» 卡内基奖（Carnegie Medal）：英国最古老、最负盛名的儿童文学奖。由英国图书馆协会于 1936 年设立，每年表彰一本优秀的儿童或青少年英语新书，奖项由英国图书馆和信息专业学会颁发。

» 英国凯特·格里纳韦奖（Kate Greenaway Medal）：由英国图书馆协会于 1955 年为儿童绘本创立的奖项。

德国

» 德国青少年文学奖（Deutscher Jugendliteraturpreis）：始于 1956 年，由德国青少年文学协会评选。

意大利

» 意大利博洛尼亚儿童书展（Bologna Children's Book Fair）：始于 1964 年，两大亮点是"最佳童书奖"和"国际插画奖"。

中国

中国有四大儿童文学奖：全国优秀儿童文学奖、陈伯吹儿童文学奖、宋庆龄儿童文学奖、冰心儿童文学新作奖。

» 全国优秀儿童文学奖：始于 1980 年，分小说、幼儿文学、诗歌、散文、纪实文学五类。

» 陈伯吹儿童文学奖：始于 1981 年。

» 宋庆龄儿童文学奖：始于 1986 年。

» 冰心儿童文学新作奖：与冰心儿童图书奖、冰心作文奖同属冰心奖，始于 1990 年。

此外，重要的儿童绘本奖项有：

» 丰子恺儿童图画书奖：始于 2009 年。

» 信谊图画书奖：始于 2009 年，旨在鼓励华文原创图画书作品。

更多奖项

上述图书奖项仅仅是部分创设较早、影响力较大、颁发届数较多的奖项。

看了这么多奖项，是不是有点眼花缭乱了？那么，有没有专门的网站，汇总了这些奖项？

当然有，以下是一些专门汇集各个图书奖项及获奖图书的网站。

1. GoodReads 整理的图书奖项清单：goodreads.com/award

2. 维基百科整理的图书奖项清单：en.wikipedia.org/wiki/List_of_literary_awards

3. 获奖童书数据库：dawcl.com

4. 伟大的书：thegreatestbooks.org

书店

在今天，书店似乎成了一个稀缺物种。实际上，它依然在我们的读书生涯中起着重要作用。比如我的新书发布会，常常在书店举行。这里是作者与读者近距离交流的好场所。书店的那种氛围，依然难以被取代。书店常常分为独立书店、连锁书店两种。各国的独立书店可参考以下清单。

» 欧盟：欧洲和国际书商联合会（The European and International Booksellers Federation，EIBF），代表欧盟及其他地区的书商协会。

» 英国：英国和爱尔兰书商协会（Booksellers Association of the UK and Ireland），列出了英国的主要独立书店。

» 美国：美国书商协会（American Booksellers Association），美国的独立书店名单可以在该协会找到相应的名单。

» 日本：日本书店商业协会联合会，聚集了日本的主要独立书店。

各国知名连锁书店，可参考以下清单：

» 美国：巴诺书店，于 1873 年成立，美国最大的零售连锁书店。

» 英国：水石书店（Waterstones），于 1982 年创立，英国最大的连锁书店。

> » 日本：日本连锁书店较多，规模较大的老牌连锁书店有三省堂书店、丸善书店、纪伊国屋书店。此外还有茑屋书店，因在我国设有分店而被国人知悉。

中国暂无独立书店协会，相关独立书店可以参考个人或机构发布的榜单或清单。早些年曾出版有《中国独立书店漫游指南》等书，但风吹雨打去，不少独立书店已经静悄悄消失。

中国知名连锁书店请参考三联书店与中信书店。此外，新华书店是国内最大的连锁书店。

动态书单

在今天这个众生喧嚣的时代，大数据正在打败专家，由机器维护或者众包维护的动态书单，成为我们获取优质图书的重要信息源。推荐两大动态书单。

一个是 Reddit Reads，网址参见：redditreads.com，该网站借助爬虫技术，自动汇总了社交网站 Reddit 上提及的所有图书，并且根据提及次数，自动形成最佳书单。

这类机器维护的动态书单，不仅局限在 Reddit，基于推特、脸书等的图书数据抓取，亦形成了类似动态书单。

另一个是开源项目托管网站 Github 上的 awesome list（网址参见：github.com/sindresorhus/awesome），它汇总了极客们热爱的新鲜事物，当然，也包括各类好书，尤其是技术类图书。比如学习自然语言处理时可以参考 awesome-nlp 中提及的书籍（网址参见：github.com/keon/awesome-nlp#books），已有 13 400 人标星。

这类众包维护的动态书单，在各个小众社群，均可留意到。

如何编制一份好书单

选书的成果，建议及时沉淀为书单，可以作为下一步主题阅读的起点。具体请参考第七章"主题阅读"。

20 多年来，我在个人网站、豆瓣、微信公众号上先后发布了数百个书单，得到了成千上万人的关注，其中，"育儿百书""开智正典""心智黑客""开始写作吧"与"寻找牛人与智者清单"等书单广为流传。

如何编制一份好书单呢？以下是几个建议。

书单有大小之分。我开的书单，大书单如"育儿百书""开智正典""寻找牛人与智者清单"，包括的图书均在百本之上。而开设的小书单，如"读了这四本书，你会更懂人性""读了这四本书，你会更聪明""读了这四本书，你会更懂情绪"等包括的图书皆为四本。

大、小书单解决的问题大不相同。大书单反映的是你对某个领域的知识结构的认识，追求博观；小书单反映的是你对某个领域的知识深度的认识，追求约取。因此，大书单尽量不要错过重要的作者，小书单尽量不要错过反驳意见。

以"育儿百书"为例，该书单是我从购买的数千本育儿书中精挑细选百本，按照"育儿观念的破与立""写给家长的育儿书：分龄""写给家长的育儿书：专题""写给专业工作者的育儿书：分龄""写给专业工作者的育儿书：专题""写给家长的图画书""更多育儿书单"七个方面整理，基本覆盖了育儿方方面面的知识。[8]

以"读了这四本书，你会更懂情绪"为例，该书单则介绍了情绪科学领域，相互对立的两个流派的最新著作，分别是《情绪》《理解情绪》。同样，"读了这四本书，你会更懂技能资本"这一书单在介绍了《刻意练习》一书之后，马上又介绍了反驳《刻意练习》的著作

《专长的科学》。[9]

约束书单涉及的图书数量。 书单包括的图书数量并非越多越好。根据我多年开设书单的经验，读者最容易接受大书单收录的图书数量在 20 本书左右。小书单，读者最容易接受的大概是 4 本。当然，组织结构到位，可以容纳更多。对应不同体量的学习，我建议如此约束书单涉及的图书数量。

1. 刚刚接触一个领域，立即创建一份大书单，大书单包括的图书数量越多越好，追求广博，尽量突破 100 本。

2. 读完大书单中最重要的或者最受欢迎或者最感兴趣的四本书之后，开始修正最初的大书单，剔除不够好的书，减少数量；同步创建一个小书单，只包括该专题下最重要的若干本著作。

3. 重复上述操作，继续精简。

如此一来，兼顾博观约取。在精简过程中，那些被淘汰下去的书成为保留下来的书的相关阅读读物。以下是我编制"开智正典"书单时罗列的一些淘汰标准，以资参考。

1. 作者出生年份：作者出生于 1900—1960 年。因为越盖棺论定的作者越不会浪费我们的阅读时间。

2. 图书类型：不是教科书、主编图书或论文合集，而是个人专著。因为个人专著比教科书、主编图书、论文合集更能体现作者个人风格。

3. 引用数量：已成经典，学术界广泛引用，谷歌学术引用在千次以上。因为高被引图书的内容品质可能更高。

4. 尚未过时：目前依然正确，淘汰已经被证据否定的著作，如马斯洛的《动机与人格》，因为只有少数著作经得起时间考验。

这是一些相对客观的标准。当然，编制一份书单更有一些相对主观的判断，比如，文笔优美、思想深刻是我挑书的重要标准。每个人都可以有自己的挑书标准，在人生发展的不同阶段，即使是同一个人，挑书标准也可能大不相同。但请记住，有标准比没标准好。一份好的书单常常不是因为平庸取胜，而是因为深刻取胜。

有一个经验法则，类似心理学这样的一级学科，经典著作通常在 100 本到 200 本左右的体量，其中的 100 本是心理学界公认的必读经典，比如威廉·詹姆斯的《心理学原理》、斯金纳的《超越自由与尊严》、埃里克森的《童年与社会》、罗杰斯的《个人形成论》、班杜拉的《思想和行动的社会基础》等，而剩余的 100 来本则因流派不同而不同。类似认知心理学这样的二级学科，经典著作通常在 40~100 本的体量，其中的 40 本是认知心理学家的共识，从业者必读，比如西蒙的《认知》，史蒂芬·平克的《语言本能》《心智探奇》，卡尼曼的《思考，快与慢》，剩余的 60 来本则因人而异。

再到认知心理学之下的"有限理性"这样的专题，经典著作通常在 20~40 本的体量，其中 20 本为从事该领域研究的博士生必读，比如西蒙的《现代决策理论的基石》、吉仁泽的《有限理性》，这些书往往会出现在博士论文的参考文献之中。

一份书单之所以好，其实就是因为它击中了一个领域的关键知识。

重要书单必有文字介绍。尽量将每一份重要书单写成文章。建议文章的结构包括书单开设背景、组织逻辑、重点推荐图书及其介绍、相关阅读等内容。具体写法，可参考我的相关文章，本书第十一章"通识千书"和附录"关于阅读的阅读"，亦是书单文示范。

如果实在没时间，那么在整理书单时，请随手标注这本书在书单中的位置、意义及其核心内容。

书单文亦可结合读书札记写法，比如我每年发布的年度读书报告，既是一份书单文，也是读书札记大总结。

书单，重点是让高手与高手过招。人类群星闪耀，智慧浩瀚，究竟有哪些智者值得追寻？

这是一个曾长期困扰我的问题。从 2009 年开始，我拥有了数年奢侈的独立研究时间。因此，我盘点了中英文上万本传记，购买了其中数千本，在此基础上，整理出一份书单——"寻找牛人与智者清单"。[10]我在认知科学领域关于智力、天才、创造力、专业技能习得的诸多研究，都起源于此。

在这份书单里面，我挑选出 20 世纪出生的 200 多位牛人。然后让他们捉对厮杀，看哪些智者能最终胜出。比如，我既选了钱锺书，又选了赵元任。此时，我让钱锺书"大战"赵元任，看两人是否较量过。最终找到证据，钱锺书的确讽刺过赵元任。而钱锺书又的确成功说服我了，于是删赵留钱。

这才是书单最独特的地方，也是书单文与单本书的读书笔记最大的不同。请你在整理书单时，不断思考高手与高手是如何过招的，他们各自提出了什么大问题，又是如何解决的；以及他们各自是如何抓住论敌的漏洞，展开激烈攻击的。长此以往，你的阅读能力、独立思考能力会日益提高，知识结构日趋完善。

小结

世间好书何其多，优美的诗歌、深刻的思想、动人的故事，一本又一本神奇的书正在等待着你的发现。

你既可以在社交网站、电商网站上与一本好书相遇，也可以在书店、图书馆与一本好书邂逅。散发出浓郁的知识芬芳，实体书的书香令你沉醉；而那在旅途中随手拿出的电子书阅读器，立即带你来到另一个神奇的世界。

但愿你的旅程漫长，充满奇迹充满发现，好书常伴，心流常在。

第十一章
通识千书：智者的代表作

哪些书是成年人通识教育优先阅读的基本书？本章选取了十大类五十个主题，四百二十位智者的代表作，共一千余本书。①

写在前面

书单背景

这是一个不自量力的工作，作者将邀请人类智识历史上的四百二十位大人物，荟萃一堂。何谓大人物？就是那些人类历史上的英雄。德国哲学家卡尔·雅斯贝尔斯说："人类有历史，而大人物用历史给人们讲述过去。"1

大人物无处不在，政治家如秦始皇、亚历山大大帝与拿破仑，他们远见卓识，合纵连横，以弱胜强，一统六合；艺术家如梵高、达利与艾舍尔，他们不眠不休，麻醉自己，放浪形骸，只为捕捉生命中那丝灵感；作家如毛姆、奥威尔与茨威格，他们理解人性，讲述故

---

① 本章推荐书目的参考版本，请访问：https://www.yangzhiping.com/books/reader/1000books.pdf。

事，唤醒人类文本与良知自觉；思想家如康德、休谟与尼采，他们隐居避世，探究终极，成为思想王国的君主；科学家如达尔文、爱因斯坦与费曼，他们穷尽心力，使用一个时代既有的知识，揭示人类在下一个时代的生存之道。

而在所有大人物中，有一类智识领域的大人物引人注目。他们因为直面人类生存与发展的基本命题，解答"人何以为人"的大问题而名垂青史。这类回答人类大问题的大人物，我们习惯将他们称为"智者"。

积累知识向来有两条路径：分而治之与合而御之。前者，我们称之为专门教育；后者，我们称之为通识教育。奇怪的是，我们竞相将大人物认领成自己所在学科或领域的祖师爷，却忘记大人物实质性解决的大问题。今天，我们习惯看到心理学、经济学等具体学科领域的书单，却再难看到综合性的"通识书单"。

然而在 18 世纪，法国启蒙思想家狄德罗在编撰《百科全书》时，总结了一份"人类知识体系图"。[2] 在中国目录学传统下，张之洞编撰的《书目答问》与余嘉锡的《四库提要辨证》，同样为我们展示了另一条不同的学习路径：先读目录书，后读目录书中提及的基本书，逐一攻破，不断循环往复；继而游学天下，著书立说，成为一代宗师。[3]

今天的人类，面对浩瀚无垠的知识之海，早就丧失了合而御之的勇气。我们默认自己只能了解一两个专业领域的知识，无法建立对人类知识的全局认识。只是，这真的对吗？鲜为人知的是，狄德罗编撰《百科全书》、张之洞编撰《书目答问》时，年仅 30 余岁。

而在 21 世纪，虽然我们所处的是一个信息爆炸时代，但是文献计量学、信息计量学与科学计量学等分析技术日趋成熟，我们是不是可以利用 21 世纪的新技术重新回答这一问题：理解万事万物，哪些称得上 21 世纪的人类基本知识？作为承载人类基本知识的重要载体，哪些图书属于应该优先阅读的成年人通识教育的基本书？

生而为人，十分好奇。对上述问题的初步回答，正是"通识千书"。

技术思考

挑选多少本书比较合适?

假设你想掌握某个学科或领域下的一个专题,那么 30~100 本书是合理的;假设你想掌握一个学科或领域,那么 100~300 本书是合理的;假设你想掌握多个学科或领域,并且初步了解人类基本知识谱系,那么一千余本书是合理的。

如何组织这一千余本书?

人类文明数千年积累,使得我们现在习惯分而治之的学习倾向。尤其在工业革命之后,西方学界形成用一个学科解决一类问题的治学倾向。但是中国经学与目录学传统并非如此。传统是先读目录书,后读基本书,再围绕基本书写注疏。每一本基本书,实际上在回答为人处世常常面临的那些大问题。吸纳中西文明各自精华,"通识千书"采取"大问题"—"学科或领域"—"智者"—"代表作"的组织逻辑。

如何组织"大问题"?

何谓"大问题"?就是那些短短人生百年,上至帝王将相,下至平民百姓,每个人都会反复面对的大问题;就是那些人类历史上,智者们前赴后继,始终有人在探讨的大问题。"大问题"因为与每一个人的人生发展息息相关而"大","大问题"因为成为人类文明历史基本命题而"大"。

为了便于记忆,我们将其按照中国传统哲学观念的"天地人"三分法来归类。"天"指的是我们如何理解自己所处的世界、历史与时代。"地"指的是我们如何理解自己所处的社会、组织与家庭。"人"指的是我们如何理解自己或他人的人性、身体与信仰。

在具体解答时，我们离不开两类知识。一类是"源知识"，也就是人类文明发源之处。潺潺溪流，肆意大海，今日盛行的各大人类文明离不开十余本源头著作，我将其称为"元典：人类文明十三经"。这一节单独处理，作为"通识千书"的开篇。另一类是"元知识"，也就是"知识的知识"，人类文明积累的各项知识背后的知识是什么。它是所有大问题的前置问题。因此，九大问题，加上"知识的知识"，总计十大问题。

如何组织"学科或领域"？

对同一个大问题，多个学科或领域往往会有不同的解答。考虑到人类工作记忆广度的限制[4]，我们将其约束成"总论"+"四个方向"共五个主题的结构。"总论"从整体层面回答"大问题"，"四个方向"从侧面回答"大问题"，每个方向涉及若干学科或领域。一个小小的约定是，总论下面，我们默认挑选经受住百年以上时间考验的智者；具体方向下面，我们默认挑选经受住 20 年以上时间考验的智者。

如何组织"智者"？

人类大脑习惯记忆"人"，而非"抽象概念"。尝试对比两种记忆脉络：先记住 10 个人，再记住每个人提出的 10 个术语；另一种记忆次序是，直接记忆 100 个术语。显然，我们更容易通过人来记住术语。

任何一个学科或领域的历史都是由人写就的。每一个学科或领域中，都有成千上万的工作者，他们创作了汗牛充栋的著作。我将那些远超学科或领域平均水准以上的人称为"智者"，他们或是某个学科的创始人，或是某个领域的集大成者。"智者"用作品说话，直面人类文明基本命题。在每个主题下，我们挑选 7~10 位智者（少数主题例外）。需要提醒的是，少数作者在多个学科或领域均有突出贡献，因此出现多次。

如何组织"代表作"？

如果只读一位智者的一本书，出于翻译质量原因或者心境原因，你可能会读不下去，导致身在福中不知福，错过大师而不自知。反过来，如果连续读一位智者的多本书，而这些书都是他的"代表作"，读不下去的概率就小多了。因此，每位智者，挑选 1~5 本代表作，如有自传或传记，另行备注。

编制过程

当我们确定了"通识千书"采纳"大问题"—"学科或领域"—"智者"—"代表作"的四级组织结构后（其中 10 个大问题、50 个主题是我一上来就确定的），接下来的难题就是敲定智者及其代表作。

人类智者何其多！挑哪些智者，又不挑哪些智者呢？"通识千书"从编制开始，就是在创建一个"智者库"。该工作是我 2010 年以来长期跟进的一项基础设施工作。"智者库"分别有以下几个来源。

传记

雁过留声，人过留名。那些被人写过传记的人，在历史上可能更重要。我从 2010 年开始，长期维护了一个智者传记库。中文传记有数千本，是从豆瓣、国家图书馆网站等地方挑选出来的。英文传记同样有上千本，是从英文的书目数据库、GoodReads、亚马逊等书目信息源挑选出来的。

科学计量学

我们统计了谷歌学术、WOS 数据库中所有 H 指数大于 100 的学者。截至 2021 年 1 月，总计 4 700 余人。同时，我们抽取了数百本来自各个学科的世界顶级期刊，对每一本期刊进行科学计量学分析，汇总出该期刊中的高被引学者。以顶级期刊《人格与社会心理学杂志》（*Journal of Personality and Social Psychology*，简称 *JPSP*）为例，在 *JPSP* 上发文量前三的作者为小罗伯特·韦尔、理查德·佩蒂和埃德·迪纳。

我们还参考了学界已有的科学计量研究成果。比较重要的有两类。一类是整体性的科学计量工作，也就是全球科学家排名。除了各大学术数据库每年颁发的"高被引学者"，颇有参考价值的是美国斯坦福大学的约翰·约安尼迪斯教授的工作。[5] 2019 年，他提出了一种与高被引学者排名完全不同的科学家排名，从近 700 万科学家中筛选出世界排名前 2% 的科学家，即全球最顶尖的 10 万科学家。本书第七章提及的两个网站，即网络测量学（网址：webometrics.info）、学术影响力（网址：academicInfluence.com），还有研究网（网址：research.com）也做了类似工作。

另一类是各个专业领域的学者们进行的科学计量学工作。我们以"最有影响力"（most influential）、"顶尖"（top）、"排名"（ranking）等关键词，检索不同学科已有的研究。以心理学为例，2002 年，史蒂文·哈格布卢姆等人基于期刊引用、心理学教材引用和调查回应排名，整理了 20 世纪 100 位最有影响力的心理学家清单[6]；迪纳等人于 2014 年整理了一份二战之后 200 位最有影响力的心理学家清单。[7] 在其他学科领域，同样有大量类似研究。[8] 这些信息汇总之后，可以作为我们的参考信息源。

奖项

我们查阅了世界上主要学科的代表性奖项，比如美国心理学会颁发的终身成就奖、美国社会学会颁发的终身成就奖、计算机领域的图灵奖，以及各大通用奖项，比如诺贝尔奖，将历年获奖者名单增补在智者库之中。

我们还重点查阅了各领域的名人堂，如会计名人堂、计算机名人堂等。汇总了常见名人堂的网址参见：en.wikipedia.org/wiki/List_of_halls_and_walks_of_fame。

关于书的书

我们以关键词"书单"（booklist）、"经典"（classics）、"导读"（introduction）等关键词，检索了 WorldCat 数据库、谷歌图书等书目数据库。

我们购买、查阅了数百本关于书的书，比如《大哲学家》《西方正典》《经典之门》《巨匠与杰作》《西方经典英汉提要》《中国哲学文献选编》《怎样读经典》《一生的读书计划》《当代哲学经典》《西方大观念》《汉译世界学术名著丛书书目提要》等。参考这些图书，将其中提及的重要作者挑选出来，继续进行增补。[9]

同时，我们参考了各国经典的通识教育丛书与课程设计。国外的，参考了牛津大学出版社出版的"牛津通识读本""牛津人人须知系列""牛津世界经典系列"三大丛书，以及美国不列颠百科全书出版社的"西方世界的伟大著作"丛书，另外还有哈佛大学、哥伦比亚大学、芝加哥大学的通识教育课程介绍。国内的，参考了清华大学出版社的《清华大学荐读书目》、北京大学出版社的"名家通识讲座书系""未名讲坛丛书""未名·学科学习研究方法指导丛书"、浙江大学出版社的"人文社会科学基础文献选读丛书"、重庆大学出版社的"思想家和思想导读丛书"、江西人民出版社的"西方学术名著提要丛书"，将这些图书、课程提及的作者，继续增补在智者库之中。

个人藏书

我本人是一位藏书爱好者，20 余年来，购买了数万本书，写了数百篇书评，成千上万条读书札记，增补了给我留下深刻印象的作者。

***

在智者数据库基础上，使用以下标准挑选智者。

1. 年龄：出生于 1960 年之前，少数学科或领域例外。作者的成就、人品已经（或接近）盖棺论定。

2. 时间：在总论中，我们侧重挑选人品、言论经得住百年以上时间考验的智者；在具体方向上，我们侧重挑选言论经得住 20 年以上时间尺度考验的智者。

3. 职业：以学者、作家为主，数十年如一日，专攻某个领域或方向，而非偶然客串。

4. 作品：侧重适合作为大众通识读物的作品，而非专业性较强的作品。

接下来，我们决定选哪些书，以及不选哪些书，标准如下。

优先挑选那些文笔优美流畅，大众可读的个人专著。有的智者在学术界非常有名，但他一辈子只在专业领域发表了很多论文，为数不多的专著也是论文合集。这类智者我们只能遗憾地放弃。那些多人合著的书我们也放弃，只有少数情况例外，比如思想主要来自作者本人，但另一位作者在原作者去世后继续更新该版本，或者协助原作者润色书稿。

优先挑选那些被学术圈广泛引用的著作。有的畅销书，市场价值较大，但学术价值不大，这类图书我们放弃。

优先挑选那些在未来百年依然重要的著作。对于自然科学、社会科学与工程类图书，我们优先挑选具备知识新鲜感、代表未来趋势的著作；关于哲学、文学等，我们首选历史上经久不衰的经典之作。

书目编制完毕，形成"通识千书"内测版。我们邀请来自不同领域的专家学者审查。根据各位专家学者的反馈进行微调，从而成为你看到的"通识千书"1.0版。需要说明的是，上述工作还在不断进行与完善。伴随本书的修订，"通识千书"未来将同步更新。

体例约定

为了便于阅读，"通识千书"正文体例约定如下。

1.作者名、书名挑选的是较为常见的译名，如为外国作者，外文全名请参考书目，正文为保持行文简洁，取作者外文译名的名字而非全名，加粗表示。

2.部分作者在多个学科或领域都有突出贡献，因此会出现多次。再次出现时会用括号标注。

3.有少数图书，尚无中文版，在括号中用斜体备注英文书名。

4.有少数作者，只有论文或思想口口相传，尚无正式著作，因此挑选他人介绍其思想的著作，在括号中注明作者名。

5.作者先后次序，默认按照导言提及次序；图书先后次序，按照重要性排序，第一本建议优先阅读。

6.因为出版商常常肆意命名图书副标题，并且文字较长，默认不收录图书副标题，少数例外。

现在，我们来了解是哪些智者与图书吧。

元典：人类文明十三经

儒家有十三经，分别是《周易》《诗经》《尚书》《周礼》《仪礼》《礼记》《左传》《公羊传》《穀梁传》《论语》《尔雅》《孝经》《孟子》。其中，《左传》《公羊传》《穀梁传》三传解释《春秋》，

《春秋》与《诗经》《尚书》《周易》《礼记》并称儒家五经。

儒家十三经成型较早，始于先秦，成熟于南宋。在中国传统文化中有着重要地位。近代之后，道家、佛家亦有人模仿，但说法不一。

1994年宁志新编撰《道教十三经》，1995年于平主编《道家十三经》，两人收录的书只有六本重合，两人不约而同地收录了以下图书：《道德真经》《南华真经》《太平经》《阴符经》《清静经》与《玉皇经》。

佛家十三经同样版本不一，目前通行版本有晚清佛教学者杨仁山居士编写的《释氏十三经注疏》，中国佛学院1989年出版的《释氏十三经》，以及赖永海2010年主持编译的《佛教十三经》。三人皆收录的版本是《心经》《金刚经》《无量寿经》《楞严经》《维摩诘经》《楞伽经》。《心经》《金刚经》也许是佛教最广为人知的经典。

此外，有人将《圣经》《古兰经》列为人类重要经书；有人从全球发行量的角度，评选了全球四大经书，即《心经》《圣经》《周易》《吠陀经》；还有人从信徒数量的角度，评选了世界四大经书，即《佛典》《圣经》《道藏》《古兰经》。

综合来看，这些过往的说法，最大的缺憾是居于一隅，没有兼容不同人类文明。雅斯贝尔斯在《论历史的起源与目标》中提到，公元前800年至公元前200年之间，世界上的四大文明——中国、古希腊、古印度与古希伯来，同时取得了思想的重大突破和人性的整体飞跃，奠定了今日人类文明的精神底蕴。他将这一时代称为"轴心时代"，亦在《四大圣哲》一书中将孔子、苏格拉底、佛陀与耶稣称为"轴心时代"的核心人物。[10]

效法先贤，从理解人类文明的源头角度，我们挑选这一时期诞生的十三本重要经典，将其称为"元典：人类文明十三经"。

《庄子》与《理想国》。在人类文明历史上，有的人文采风流，比如中国的李白、杜甫、辛弃疾，西方的莎士比亚、毛姆、纳博科夫，但他们智慧一流吗？没有人会承认他们是顶尖智者。中国的朱熹、王阳明、王船山智慧一流，西方有尼采、叔本华、维特根斯坦，但他们的文采在当时那个时代没有对手吗？没有人会承认。

在人类文明历史上，智慧和文采在一个时代可以同时一流，几乎没有对手，空前绝后。这样的人万年一遇，是中国的**庄子**，也是西方的**柏拉图**。思想深度的极限是数学论文，但少了美感。美感的极限是诗歌，但少了思想深度。两者兼顾极其困难。庄子与柏拉图是例外，他们的作品不仅仅是哲学经典，也是文学经典。

《庄子》一书是一本直接回答"人何以为人"的元典。虚己以游世，人生意义是什么？北冥有鱼，其名为鲲。鲲之大，不知其几千里也；化而为鸟，其名为鹏。鹏之背，不知其几千里也；怒而飞，其翼若垂天之云。

柏拉图的著作以对话录形式流传后世，存世25篇，最为后人传诵的是《国家篇》《会饮篇》《斐多篇》《美诺篇》《申辩篇》《斐德若篇》《诡辩篇》《高尔吉亚篇》《智者篇》《泰阿泰德篇》，而成书于公元前380年的《国家篇》又名《理想国》，是柏拉图于壮年时写就的。在《理想国》中，柏拉图描述了人类历史上最早的乌托邦，并提出了著名的洞穴隐喻："若身处洞穴，使自己的灵魂得以转而向上，看见智慧及真理之光。若离开洞穴，哲学家同样不可以只耽溺在真理之光中，他们还要重回洞穴中引领束缚在洞穴中的人离开洞穴，远离无知。"

庄子的《庄子》与柏拉图的《理想国》代表着单一作者能达到的人类文明真善美的至高境界。

中国

《论语》。儒家第一位大宗师是孔子，由他的学生辑录而成的《论语》是一本绕不过的书。《论语》的仁与礼构成了中华文明的基本秩序。什么是仁与礼？即人类同理心及秩序。仁与礼带来的是中国文化的权变与自强，越是生死存亡之际，越显威力。

《老子》。"道可道，非常道。"道家思想对中国人的深远影响，正是来自《老子》。

《墨子》。墨学曾是先秦显学，正如《韩非子》所言，当时儒墨相提并论。今日墨学日渐式微，一方面在于墨家遵循"非乐"思想，知美而不求美，由墨子门徒整理而成的《墨子》一书写作质朴无华，难以吸引读者注意；另一方面在于墨学推崇大众利益，难以得到官方宣传加持。即使如此，百科全书式的《墨子》一书，涉及政治、经济、伦理、科学、语文、逻辑与军事，价值非凡，流传千古。

《周易》。《周易》分为经传两部分，《易经》为本经，亦简称为《易》；《易传》是对本经的解释。抛开神秘学的一面，《周易》有其独特价值，作为预测系统的《易》与作为符号系统的《易》，在今天依然可以发光发热。所谓：一阴一阳之谓道；刚柔相推而生变化；《易》与天地准。然而，《易》亦有可怕的一面，它像一个文化旋涡，吸引无数聪明人投入无数时间。越自信，越容易在此耗尽无穷精力。百年后再看，那些曾经为《易》而疯狂的人，做的工作意义并不大。

《诗经》。阳春三月，与童子六七人，风乎舞雩，踏歌而行，心气和平，听者自然悦怿兴起。这是中国古代儒家羡慕的"曾点气象"。人们对于儒家有很多误解，最大的误解莫过于只看到儒家讲规矩的一面，没看到儒家灵动的一面。

古希腊

《苏格拉底的申辩》。苏格拉底、柏拉图与亚里士多德三人被认为是西方理性文明的源头。苏格拉底并无著作行世，但因为学生柏拉图的《苏格拉底的申辩》与色诺芬的《回忆苏格拉底》，他的思想、事迹流传至今，成为西方文明史公认的圣人。

《形而上学》。它是亚里士多德最重要的哲学著作。"求知是所有人的本性。"《形而上学》追求普遍、永恒的真理,从根本上奠定了西方哲学思想的基本概念和问题。

《伊索寓言》。既然诗歌可以成经,为什么寓言不能成经? 就像中国先秦期间,既有《论语》,也有《诗经》。在古希腊文明,既有强调科学理性的《理想国》与《形而上学》,也有强调故事讽喻的《伊索寓言》。与苏格拉底、柏拉图与亚里士多德出身上层精英不同,《伊索寓言》相传为公元前 6 世纪的古希腊奴隶伊索所著。

古印度

《薄伽梵歌》。它是印度古代史诗《摩诃婆罗多》中的一部。《吠陀经》一分为四,印度现存最古老的四部吠陀经典是《梨俱吠陀》《娑摩吠陀》《夜柔吠陀》和《阿达婆吠陀》,《摩诃婆罗多》则被誉为"第五吠陀"。

《阿含经》。佛教开枝散叶,各有各的经典,真伪难辨。在释迦牟尼去世不久后,五百僧徒结集而成的《阿含经》是时空上距离佛陀最近的原始文献。它较好地记录了佛陀生平、僧团活动,以及佛陀提出的三学、四谛、十二缘起与三十七道品等修行原理与方法。

古希伯来

《希伯来圣经》。即《塔纳赫》,犹太教的第一部重要经籍。基督教也称之为《旧约圣经》,但编排并不相同。《塔纳赫》由《妥拉》、《先知书》与《圣录》三部分构成。《妥拉》共五卷,通常被称为摩西五经,即《创世记》《出埃及记》《利未记》《民数记》《申命记》。

***

源自中华文明的《庄子》《论语》《老子》《墨子》《周易》《诗经》,

源自古希腊文明的《理想国》《苏格拉底的申辩》《形而上学》《伊索寓言》，源自古印度文明的《薄伽梵歌》《阿含经》，以及源自古希伯来文明的《希伯来圣经》，是为"人类文明十三经"。

以下为具体书目。

- » 中国：庄子（约前 369 年—约前 286 年）《庄子》（成书于战国中后期）

- » 中国：孔子（前 551—前 479 年）《论语》（成书于战国前期）

- » 中国：老子（生卒年不详）《老子》（成书于春秋战国时期）

- » 中国：墨子（约前 468 年—前 376 年）《墨子》（成书于战国中后期）

- » 中国：作者不确定《周易》（《易经》成书于西周后期，《易传》成书于春秋至战国中期）

- » 中国：集体作品《诗经》（成书于西周初年至春秋中叶）

- » 古希腊：苏格拉底（前 469—前 399 年）《苏格拉底的申辩》（柏拉图，成书于公元前 4 世纪）

- » 古希腊：柏拉图（约前 428—约前 347 年）《理想国》（成书于公元前 4 世纪）

- » 古希腊：亚里士多德（前 384—前 322）《形而上学》（成书于公元前 4 世纪）

- » 古希腊：伊索（约前 620—前 564）《伊索寓言》（成书于公元前 6 世纪）

- » 古印度：集体作品《薄伽梵歌》（成书于公元二、三世纪）

- » 古印度：释迦牟尼（前 565—前 486）逝世后结集的《阿含经》（成书于公元前 1 世纪前后）

- » 古希伯来：集体作品《希伯来圣经》（成书于公元前 11 世纪至公元前 2 世纪）

1. 知识的知识

总论

哲学家关心问题的问题、知识的知识。似乎很多人会将知识理解为一个简单的问题。但在哲学家看来，知识是一个并不简单的问题。试看例子：

我正躺在床上做梦，

一个噩梦控制着我，

我在一个黑客帝国中。

我们获得的知识，从何而来？这些知识真的可靠吗？它们真的为"真"吗？应用知识的边界又是什么？知识与个人信仰、心灵肉体之间又是什么关系？

关于"知识的知识"的谜题的探索，构成了哲学史上的认识论或知识论。在今天，有七位智者的思想值得我们重点学习，他们是培根、笛卡儿、休谟、康德、胡塞尔、维特根斯坦和波兰尼。

培根在《新工具》中提出了实验方法论，影响至今。笛卡儿的《谈谈方法》提出了人类理性思考四原则。休谟在《人性论》与《人类理解研究》中，提出了人类知识的三个定律：类似律、接近律、因果律，并且提出了到今天为止依然困惑无数哲学家的难题，即休谟难题：从"是"能否推出"应该"？康德则从另一个角度提出了三大批判：《纯粹理性批判》《实践理性批判》《判断力批判》。

这些构成了西方古典哲学的观念，我们今天关于知识的普遍认知，建构在这些学者的思想基础之上。然而知识比我们预期的还要复杂。

在 20 世纪，**胡塞尔**从现象学角度进行了新的阐释；**维特根斯坦**则在《逻辑哲学论》与《哲学研究》中，对古希腊从亚里士多德以来的传统进行了颠覆式的研究，用"原型范畴论"取代亚里士多德在《工具论》中提出的"经典范畴理论"。

对你来说，也许知识意味着书面的知识、那些官方的知识、那些教科书里的知识，然而哲学家**波兰尼**在《个人知识》中提出了"默会知识"的重要理论，也就是认知科学家经常讲的"内隐知识"。我们人类的知识不仅以书面语言的形式分布在文本中，更以内隐知识的形式沉淀在人与情境的互动之中。

波兰尼的内隐知识理论深深影响了诺贝尔经济学奖得主哈耶克的思想观念，他从这个角度反对苏联的计划经济制度，认为我们人类无法提前预知人类的内隐知识，所以计划经济制度注定低效。

当我们承认知识的复杂，我们才开始真正理解人类智者创作的智慧。马奇说：智慧在于适应环境与优雅地诠释经验。在人类智者探索真理之谜的路上，我们存在寻求智慧的三条路径：笛卡儿信徒、讲故事的人与达尔文信徒。

笛卡儿信徒

这一类人崇尚科学，擅长分析。他们喜欢一板一眼的演绎，追求简练但推广性强的理论。他们的历史观是，历史是蹒跚前进的，智慧伴随历史发展而增长。笛卡儿信徒们主要来自数学、逻辑学、科学计量学、科学哲学与学习科学这几个学科，以及受到这几个学科影响的相关学科。

数学与逻辑学是从底层原理来探讨知识的知识。先看数学，数学尤其侧重将万事万物表征为形式化的知识。21 世纪的数学已经发展成高度专业化、极其小众的庞大学科体系，我们今天已经很难掌握数学的全貌。不妨从数学思想入手。无论你从事什么工作，你始终应该掌握的是那些关键的数学思想，可参考**波利亚**的《怎样解题》、**哈代**的《一个数学家的辩白》。《怎样解题》启发了认知科学的元认知研究——人类是如何发现问题与解决问题的。《一个数学家的辩白》让数学门外汉看到数学之美。数学趣味题可参考**马丁·伽德纳**的《啊哈，灵机一动》。

《数学史》《数学的语言》《数学经验》《什么是数学》《一个数学家的叹息》以及伊恩·斯图尔特的《自然之数》《生命之数》《迷人的对称》《谁在掷骰子?》等数学科普读物，还有《知无涯者》《素数之恋》《我的几何人生》等数学家相关的传记可以参考。

进一步深入数学，《高观点下的初等数学》《普林斯顿数学指南》以及"普林斯顿救生圈学习指南系列"、《现代数学概念》(*Concepts of Modern Mathematics*) 亦可参考。

再看逻辑学。回到逻辑学的诞生源头来看，世界有三大逻辑学传统，包括：中国先秦以《公孙龙子·名实论》《墨子·小取》和《荀子·正名》为代表的名辩学；古印度以陈那所著《因明正理门论》和《集量论》、法称所著《因明七论》为代表的因明学；古希腊以亚里士多德的《工具论》为代表的逻辑学。

这三大逻辑学源头的共同特征是什么呢? 研究名实之辩。所谓名，即名词、概念，也就是思维的语言外显化，比如对事物的命名、分类；所谓实，即实质、实际，也就是实际存在的事物。

如今，我们无法再简简单单地使用大前提、小前提、结论三个术语来把握所有学科的"实"。此时，我们需要一套新的逻辑学体系。先是**乔治·布尔**的逻辑代数和奥古斯都·德·摩根的关系逻辑，针对古典逻辑学开了第一枪。前者见于布尔 1847 年出版的《逻辑的数学分析》和 1854 年出版的《思维规律的研究》，后者见于摩根 1847 年出版的《形式逻辑》。

与此同时，一些逻辑学家受近代数学发展启发，尝试在逻辑学中引进数学方法，模拟数学运算来处理思维运算，从而诞生了"数理逻辑"。其中，第一代代表人物是**弗雷格、罗素与塔斯基**。

继而，**哥德尔**、格奥尔格·康托尔、保罗·寇恩、谢拉赫纷纷登场。一句话来概括数理逻辑，它是数学应用于数学本身。其中，最值得关注的是哥德尔。

在德国数学家戴维·希尔伯特看来，数学可以成为一个严密、不可击倒、不证自明的体系。他在 20 世纪三四十年代提出了一个宏大的计划——希尔伯特计划，聚集了同一时代最杰出的数学家，试图将所有数学形式化，建立一套统一的公理系统。

然而哥德尔通过"哥德尔完备定律"与"哥德尔不完备定律"，证明了希尔伯特计划永远是一个幻想，也让我们更深刻地理解了人类理性的局限。

遗憾的是，哥德尔并没有撰写面向大众的相关图书，所以我们特意挑选了被称为"心智第一奇书"的《哥德尔、艾舍尔、巴赫》，在这本书中，美国认知科学家**侯世达**对哥德尔的思想进行了深刻的阐释。同时我们挑选了哥德尔的朋友、数学家王浩的《逻辑之旅：从哥德尔到哲学》与欧内斯特·内格尔的《哥德尔证明》作为补充读物。

与哥德尔同时，维特根斯坦的学生**图尔敏**在《论证的使用》一书中，挑战了传统逻辑学。传统的逻辑学越来越像数学，小众、复杂、专业，对于普通人来说没有丝毫作用。逻辑学界习惯将这些像数学的逻辑学称为形式逻辑。图尔敏从修辞学、语言学角度出发，提出了与形式逻辑对立的非形式逻辑。如果说形式逻辑解决的是那些数学可以判定为真的问题，那么非形式逻辑解决的是我们人类真实生活中那些难以立即判定是否为真的问题。如果说形式逻辑是几何学，那么非形式逻辑就是法学，它更像是法庭陪审团投票的过程。

今天我们关于科学有很多误解，依然有不少人推崇一些伪科学。如果你读了**波普尔**在《科学发现的逻辑》一书中提出的"可证伪性"，那么你会理解科学的本质是"定义—验证—质疑"。无论是魔法世界还是修真世界，都存在一个基本准则：对事物进行定义并选取衡定标准，然后记录它，让实践碰撞它，最终促进新的诞生，这是真理之道。定义、验证与质疑，是为科学精神。

另一个关于科学的误解，是以为科学是一个突变式的革命。**库恩**在《科学革命的结构》中告诉我们，科学发展是一个范式革命。科学计量学的奠基者**普赖斯**则在《巴比伦以来的科学》中，用翔实的数据，披露了科学史的发展。今天关于文献引用的很多思想，都来自普赖斯。

知识如此之多，那么究竟应该如何分类？率先做这一工作的是**狄德罗**。他在编撰《百科全书》时，总结了一份"人类知识体系图"。在现代科学诞生后，教育心理学家**布卢姆**的《教育目标分类学》将知识分为认知、情感与运动三大类。认知类知识侧重对概念的掌握与习得，分为记忆、理解、应用、分析、评估与创建六个层次；情感类知识侧重共情与情绪反应，分为接受、反应、评价、组织与内化五个层次；运动类知识则侧重人们动用大脑操作外部工具。

自从布卢姆的分类体系诞生以来，一直在不断完善。教育学家**马扎诺**的《教育目标的新分类学》使得教育目标分类学成为一个更严谨的理论。

如今，教育心理学结合认知科学、神经科学等，诞生了一个新的学科——学习科学，它分别从微观与宏观的角度探讨了人类如何学习知识。其中从微观角度探讨学习的是**哈蒂**的《可见的学习》系列丛书。学习并不是发生在单个情景，而是发生在人与人之间，**温格**则在《实践社团》一书中强调认知学徒的重要。人总是从边缘学徒慢慢成为大师。

讲故事的人

这一类人强调语言、暗喻、阐释意义。他们喜欢将自己放在权威与成规定见对面，捍卫弱势群体尊严。他们主要来自符号学、叙事学、神话学、编剧、修辞学等领域。

无论是书面语言中的文字和印刷文字，还是电影故事，在符号学研究者看来，它们都是符号。继索绪尔之后最重要的符号学家**皮尔士**，提出了人类的三种符号：图像符号、指索符号和象征符号。

艾柯以《符号学理论》成名，但又不像传统学者只发论文，他活跃在电台、电视、博物馆，并且写了大量专栏文章、小说，同时编制画册来展示自己的符号学理论。

神话是众人的梦，梦是众人的神话；英雄只有一个，但会以不同的面孔出现。**坎贝尔**从神话学的角度，探讨了人类英雄故事的结构。叙事学的奠基者**普林斯**在《叙事学》一书中，揭示了故事何以成为故事，定义了故事的语法。好莱坞编剧教练**麦基**在《故事》中，分析了上千部好莱坞经典电影，探讨了哪些故事更能打动人们。作为认知革命的领军人物，心理学家**布鲁纳**却罕见地关心叙事的意义，强调叙事是人类的一种基本认知方式，参见他的《故事的形成》等著作。

他们尤其喜欢雕琢语言的细微之处，从中挖掘出意义。比如修辞学家**佐藤信夫**的《修辞感觉》让我们意识到，修辞不是雕虫小技，而是寻找人生意义的重要手段。

达尔文信徒

如果说笛卡儿信徒是科学主义者，讲故事的人是人文主义者，那么达尔文信徒则是行动主义者。以达尔文之名，他们强调适应环境。他们更关心人类如何从知识到行动，更专注于探讨那些如何使用理论的理论。

行动科学早期最重要的著作是**瓦茨拉维克**的《改变》。他深受老师**贝特森**的"心灵生态学"影响。在《改变》一书中，保罗·瓦茨拉维克结合罗素和维特根斯坦的逻辑类型论，以及数学中的群论，发现人类在实际行动的时候会形成第一序改变与第二序改变。就像做一场噩梦，你在梦中的奔跑、打跳都是第一序改变；你想获得更好的行动效果，你应该跳出这场噩梦，这是第二序改变。

自《改变》之后，**阿吉里斯、舍恩**等人实际开创了行动科学，参见《行动科学》《实践理论》等书。**彼得·圣吉**则在畅销书《第五项修炼》中，将行动科学与管理学的重要思想整理成大众容易理解的大白话。

成为创新者

理解知识、应用知识不等于创造知识。学了这么多的知识，我们还要知道如何创造新的知识——优美的诗歌、动人的故事、好用的产品、伟大的公司等。

为什么有的人创造力出类拔萃，能够取得无与伦比的成就？**契克森米哈赖**关注了创造者本身，在《心流》等书中提出了心流理论。诺贝尔物理学奖得主**钱德拉塞卡**则在《莎士比亚、牛顿和贝多芬》一书中，比较了文学家、物理学家与音乐家不同的创造模式。

与这些关心创造者的著作不同，苏联发明家**阿奇舒勒**的《创新算法》基于他对数百万份发明专利与个人发明经历而写成，提供了一套全新的创新方法论。我将其誉为天才之作——人类20世纪最重要的著作。**诺曼**从认知心理学角度，在《设计心理学》系列著作中，提出了一系列至今有影响力的产品设计的重要原则，比如可供性与可用性。

知识管理奠基者**野中郁次郎**则结合内隐知识理论，在《创造知识的企业》中探讨了如何加速企业创新，以及企业内部研发的好产品，如何才能转变为市场接受的好产品。**罗杰斯**在《创新的扩散》中探讨了人们是如何接受一个创新产品的。**克里斯坦森**在《创新者的窘境》中探讨了如何应用那些极具创新性的破坏性技术。

具体书目

1.1 总论

哲学：认识论、知识论

· 弗朗西斯·培根（Francis Bacon，1561—1626，英国）：《培根随笔》《新工具》《学术的进展》，传记参见 *Francis Bacon*, by Perez Zagorin

· 勒内·笛卡儿（René Descartes，1596—1650，法国）：《第一哲学沉思录》《谈谈方法》《哲学原理》，传记参见 *Descartes*，by Desmond Clarke

· 大卫·休谟（David Hume，1711—1776，英国）：《人性论》《人类理解研究》《休谟经典文存》，传记参见《大卫·休谟传》（欧内斯特·C. 莫斯纳）

· 伊曼努尔·康德（Immanuel Kant，1724—1804，德国）：《纯粹理性批判》《实践理性批判》《判断力批判》，传记参见《康德传》（曼弗雷德·库恩）

· 埃德蒙·胡塞尔（Edmund Husserl，1859—1938，德国）：《逻辑研究》《现象学的观念》《第一哲学》，传记参见《回忆埃德蒙·胡塞尔》（马尔维娜·胡塞尔等）

· 路德维希·维特根斯坦（Ludwig Wittgenstein，1889—1951，英国）：《逻辑哲学论》《哲学研究》，传记参见《维特根斯坦传》（瑞·蒙克）

· 迈克尔·波兰尼（Michael Polanyi，1891—1976，英国）：《个人知识》《隐性维度》（*The Tacit Dimension*）《认知与存在》，传记参见 *Michael Polanyi*, by Scott & Moleski

1.2 笛卡儿信徒

数学

· 乔治·波利亚（George Polya，1887—1985，美国）：《怎样解题》《数学与猜想》《数学的发现》，传记参见 *The Random Walks of George Polya*, by Gerald L. Alexanderson

· 戈弗雷·哈罗德·哈代（Godfrey Harold Hardy，1877—1947，英国）：《一个数学家的辩白》《纯数学教程》，纪念文集参见 *The G. H. Hardy Reader*, by Donald J. Albers et al.

· 马丁·伽德纳（Martin Gardner，1914—2010，美国）：《啊哈，灵机一动》《啊哈！原来如此》，自传参见《缤纷人生》

逻辑学

- 乔治·布尔（George Boole, 1815—1864, 英国）：《逻辑的数学分析》(*The Mathematical Analysis of Logic*)《思维规律的研究》, 传记参见 *The Life and Work of George Boole*, by Desmond MacHale

- 弗里德里希·弗雷格（Friedrich Gottlob Frege, 1848—1925, 德国）：《算术基础》《弗雷格哲学论著选辑》, 传记参见 *Frege*, by Dale Jacquette

- 伯特兰·阿瑟·威廉·罗素（Bertrand Arthur William Russell, 1872—1970, 英国）：《数学原理》(*Princiapia Mathematica*)（合著）《数理哲学导论》, 传记参见《罗素传》(瑞·蒙克)

- 阿尔弗雷德·塔斯基（Alfred Tarski, 1901—1983）：《逻辑导论》(*Introduction to Logic*)《逻辑、语义与元数学》(*Logic, Semantics, Metamathematics*), 传记参见 *Alfred Tarski*, by Feferman & Feferman

- 库尔特·哥德尔（Kurt Gödel, 1906—1978, 美国）：《逻辑之旅》(王浩)《哥德尔证明》(欧内斯特·内格尔), 传记参见《哥德尔传》(斯蒂芬·布迪安斯基)

- 侯世达（Douglas R. Hofstadter, 1945— , 美国）：《哥德尔、艾舍尔、巴赫》《我是个怪圈》

- 斯蒂芬·图尔敏（Stephen E. Toulmin, 1922—2009, 英国）：《论证的使用》《推理导论》(*An Introduction to Reasoning*)《重返理性》(*Return to Reason*), 纪念文集参见 *The Toulmin Method*, by Tanner

科学计量学

- 德瑞克·普赖斯（Derek John de Solla Price, 1922—1983, 英国）：《巴比伦以来的科学》《小科学，大科学……及其他》(*Little Science, Big Science... and Beyond*)

科学哲学

- 卡尔·波普尔（Karl Popper, 1902—1994, 奥地利）：《科学发现的逻辑》《猜想与反驳》《通过知识获得解放》, 传记参见《无尽的探索》

- 托马斯·库恩（Thomas S. Kuhn, 1922—1996, 美国）：《科学革命的结构》《哥白尼革命》《必要的张力》, 自传参见《结构之后的路》

教育科学、学习科学

- 德尼·狄德罗（Denis Diderot, 1713—1784, 法国）：《狄德罗的百科全书》《狄德罗哲学选集》, 传记参见《狄德罗与自由思考的艺术》(安德鲁·S. 柯伦)

- 本杰明·布卢姆（Benjamin S. Bloom, 1913—1999, 美国）：《教育目标分类学》《布卢姆教育目标分类学》(洛林·W. 安德森著), 传记参见 *Benjamin S. Bloom*, by Thomas R. Guskey

- 罗伯特·马扎诺（Robert J. Marzano, 1946— , 美国）：《教育目标的新分类学》

- 约翰·哈蒂（John Hattie, 1950— , 新西兰）：《可见的学习》《可见的学习与学习科学》(合著)

- 埃蒂纳·温格（Etienne Wenger, 1952— , 美国）：《实践社团》《情景学习》(合著)

1.3 讲故事的人

符号学

- 查尔斯·皮尔士（Charles Sanders Peirce, 1839—1914, 美国）：《皮尔斯：论符号》《皮尔士精粹》（*The Essential Peirce*）《如何形成清晰的观点》，传记参见 *Charles Sanders Peirce*, by Joseph Brent
- 翁贝托·艾柯（Umberto Eco, 1932—2016, 意大利）：《符号学理论》（*A Theory of Semiotics*）《美的历史》《无限的清单》，传记参见 *Umberto Eco, The Da Vinci Code, and the Intellectual in the Age of Popular Culture*, by Douglass Merrell

神话学、叙事学与编剧

- 约瑟夫·坎贝尔（Joseph Campbell, 1904—1987, 美国）：《千面英雄》《英雄之旅》，传记参见《英雄的旅程》（菲尔·柯西诺主编）
- 杰拉德·普林斯（Gerald Prince, 1942—   , 美国）：《叙事学》《故事的语法》《叙述学词典》
- 罗伯特·麦基（Robert McKee, 1941—   , 美国）：《故事》《对白》《人物》，访谈录参见《遇见罗伯特·麦基 2011—2012》
- 杰罗姆·布鲁纳（Jerome S. Bruner, 1915—2016, 美国）：《故事的形成》《有意义的行为》《教育过程》，传记参见《杰罗姆·布鲁纳》（大卫·奥尔森）

修辞学

- 佐藤信夫（1932—1993, 日本）：《修辞感觉》《修辞认识》，解读参见《中日当代修辞学比较研究》（肖书文）

1.4   达尔文信徒

行动哲学

- 王阳明（1472—1529）：《青年王阳明》（杜维明），传记参见《王阳明大传》（冈田武彦）
- 毛泽东（1893—1976）：《实践论》，传记参见《毛泽东传》（罗斯·特里尔）

行动科学

- 格雷戈里·贝特森（Gregory Bateson, 1904—1980, 英国）：《迈向心灵生态学》（*Steps to an Ecology of Mind*）《心灵与自然》，传记参见其女儿的著作 *With a Daughter's Eye*, by Mary Catherine Bateson
- 保罗·瓦茨拉维克（Paul Watzlawick, 1921—2007, 美国）：《改变》（合著）《人类沟通的语用学》《虚构现实》（*The Invented Reality*），传记参见 *Paul Watzlawick*, by Andrea Köhler-Ludescher
- 克里斯·阿吉里斯（Chris Argyris, 1923—2013, 美国）：《教聪明人如何学习》（*Teaching Smart People How to Learn*）《行动科学》（合著）《实践理论》（合著）

- 唐纳德·舍恩（Donald A. Schön，1930—1997，美国）：《培养反映的实践者》《反映的实践者》《反映回观》
- 彼得·圣吉（Peter M. Senge，1947—　，美国）：《第五项修炼》

1.5　成为创新者

创新学与设计学
- 米哈里·契克森米哈赖（Mihaly Csikszentmihalyi，1934—2021，美国）：《心流》《创造力》《自我的进化》
- 钱德拉塞卡（Subrahmanyan Chandrasekhar，1910—1995，美国）：《莎士比亚、牛顿和贝多芬》，传记参见《孤独的科学之路》（卡迈什瓦尔·瓦利）
- 根里奇·阿奇舒勒（Genrich Altshuller，1926—1998，苏联）：《创新算法》《哇！发明家诞生了》《创新 40 法》《作为精确科学的创造力》（*Creativity as an Exact Science*）
- 唐纳德·诺曼（Donald A. Norman，1935—　，美国）：《设计心理学 1：日常的设计》《设计心理学 2：与复杂共处》《设计心理学 3：情感化设计》
- 野中郁次郎（Ikujiro Nonaka，1935—　，日本）：《创造知识的企业》（合著）《知识创造的螺旋》（合著）《创新的本质》（合著）
- 埃弗里特·罗杰斯（Everett M. Rogers，1931—2004，美国）：《创新的扩散》《传播学史》
- 克莱顿·克里斯坦森（Clayton M. Christensen，1952—2020，美国）：《创新者的窘境》，去世前的演讲集参见《你要如何衡量你的人生》

2. 如何理解世界

总论

　　有一种认知跃迁，润物细无声，对你我来说却意义重大。它就是世界观。我们常常说人有三观——世界观、价值观与人生观，其中世界观处在首位。世界观的第一步就是思考：构成世界的本体是什么？在中国古代哲学家看来，世界是由"金木水火土"的本体构成的；在古希腊哲学家看来，世界是由"土气水火"四大元素构成的。无论是金木水火土，还是土气水火，都是古代哲人对世界的描述。

　　本体究竟是什么？它是指事物的原样或自身，在哲学上延伸为事物的根本。在哲学史上，关于本体的定义（什么是本体，什么不是本体），以及本体的分类（什么是本体，一个本体何以属于另一个本体），构成了我们理解世界的关键。所谓本体论的"ontology"，源自希腊文的 on，而在拉丁文中译为 ens，英文译为 being。因此，本体论、存在论常常相提并论。

自柏拉图、亚里士多德之后，西方哲学史关于本体论最重要的三本书也许是：黑格尔的《逻辑学》、海德格尔的《存在与时间》与萨特的《存在与虚无》。

现代科学诞生之后，人类关于世界的认识日益深刻，我们开始用更复杂的学科来描述本体与本体之间的关系。比如物理学用电子、质子、原子来描述本体与本体之间的关系，化学用原子、离子、分子来描述本体与本体之间的关系，生物学用细胞、组织、器官来描述本体与本体之间的关系。这样就构成了三大学科：物理学、化学与生物学。

打破学科分界，从整体的科学史与科学哲学角度来探讨世界观的著作，推荐阅读德威特的《世界观》一书。世界观作为整个人类认知体系的反映，先后历经多次跃迁。从亚里士多德时代的世界观到牛顿时代的世界观，人类跨越了将近 2 000 年。如今，从牛顿时代的世界观步入 21 世纪的世界观，又大不相同。

综合来看，21 世纪人类的世界观，受到以下三大思潮的影响。

（1）进化论的影响：19 世纪的世界观最重要的突破，莫过于进化论。达尔文的《物种起源》使得我们逐步放弃人类中心论，不再认为人类是上帝设计的优雅的物种，而是在自然选择下逐步演化而成的物种。

（2）相对论的影响：以相对论为代表的现代物理学。其中最重要的人物莫过于爱因斯坦，著有《狭义与广义相对论浅说》等。

（3）复杂性研究的影响：绕不过的源头之作莫过于西蒙的《人工科学》。

进化论与复杂科学

达尔文进化论思想的影响，体现在方方面面。捍卫进化论最用力的四人被称为"进化论四骑士"，我们在智者清单中挑选了其中的道金斯与丹尼特两人。

道金斯的著作《自私的基因》不仅普及了进化论，更是非虚构写作典范。与道金斯齐名的则是**古尔德**，两人同为进化论捍卫者，同为科学作家，但观点、文风颇为不同。

丹尼特的著作《达尔文的危险思想》让我们意识到，原来达尔文的进化论不仅是一种生物学理论，更会影响到人文学科、社会科学等诸多领域。**威尔逊**的著作《社会生物学》即为实例，尝试将进化生物学开拓到社会科学领域，虽然社会生物学在学术史上算不上成功，但接班人——进化心理学如今已经在学术殿堂占有一席之地。进化心理学既有**托比**等人合著的《适应的心灵》等书，也有**邓巴**撰写的《进化心理学》。

有了进化论与相对论铺垫，那么，看世界的角度已经接近 20 世纪了，此时还需要用 21 世纪的"复杂性研究"进一步升级自己的世界观：从线性思维到非线性思维，从关心事物本身到关心事物之间的关系，从简单还原论到复杂整体论，从均衡、控制到非均衡、涌现。

相关著作可读**瓦茨**的《六度分隔》、**杰克逊**的《人类网络》、**巴拉巴西**的《巴拉巴西网络科学》。

宇宙天文、山川地理

康德说："有两种东西，我对它们的思考越是深沉和持久，它们在我心灵中唤起的惊奇和敬畏就越历久弥新，一个是我们头顶浩瀚灿烂的星空，另一个就是我们心中崇高的道德法则。"如何理解在宇宙中的人类个体呢？请参考天文学家、科学作家**萨根**的《宇宙》《暗淡蓝点》、宇宙学家**格林**的《隐藏的现实》《宇宙的结构》《宇宙的琴弦》、诺贝尔物理学奖得主**温伯格**的《最初三分钟》、**彭罗斯**的《通向实在之路》《宇宙的轮回》《新物理狂想曲》等著作。

霍金的《时间简史》与《果壳中的宇宙》同样可以参考，而与霍金的观点并不一致的著作可参考**萨斯坎德**的《黑洞战争》。更多可参考：《无中生有的宇宙》《量子宇宙》《弯曲的旅行》等。

当我们把视线从亿万年的星空，转到生活的大地后，地理学著作可以参考**诺尔**的《地球简史》与**杰弗雷·马丁**的《地理学思想史》。爱登堡的《我们星球上的生命》亦可参考。与传统地理学不同，**戴蒙德**从人类演化的角度来撰写人类地理变迁历史，他的著作《枪炮、病菌与钢铁》备受好评。

在 21 世纪，环保主义受人关注，人人向往梭罗的《瓦尔登湖》宁静自然的生活。科学作家**卡森**的《寂静的春天》正是继承梭罗的传统。西方环保主义的先驱之作，让我们意识到生态平衡的重要性，要珍惜地球这个属于我们每个人的家园。

物质规律

理解物质的规律并不容易，物理学的两位巨人分别是牛顿与爱因斯坦。我们在总论中介绍了爱因斯坦，而回到知识源头，**牛顿**的《自然哲学的数学原理》值得参考。

物理学的大厦是由一位又一位物理学大师的思想构筑的。那么，除了牛顿、爱因斯坦，还有哪些物理学大师呢？由物理学大师**伽莫夫**撰写的物理学科普《物理大师》值得一读。经典物理学史著作可参考《物理学史》（弗·卡约里）。

无论哪种评选名单，这些物理学大师中必然有**费曼**一席之地。

费曼以他诙谐幽默、通俗易懂的科学作品引人注目，推荐阅读《别闹了，费曼先生》与《费曼物理学讲义》。费曼让我们铭记，人之为人，在于好奇心。

费曼流传后世的文字，多半是后人根据其讲授的课程整理的，而**温伯格**都是自己撰写文字，他甚至用写一本书、讲一门课的方式来学习一个新学科或领域。他的《终极理论之梦》《引力和宇宙学》《亚原子粒子的发现》以及文集《仰望苍穹》《湖畔遐思》，颇值一读。

化学与物理学一样，皆为自然科学的基础科学，化学是在原子、分子水平上研究物质的组成、结构、性质、转化及其应用等。**波义耳**的《怀疑的化学家》揭示了化学学科的起源；**拉瓦锡**的《化学基础论》命名了氧气；**道尔顿**的《化学哲学新体系》提出了科学原子论。**鲍林**则将化学带入量子时代，他在《化学键的本质》中提出的许多概念如今被广泛使用。

生物奥秘

地球上不仅活跃着人类，还是更多生物的活动区域，其中小的如细菌，大的如早已消失在历史长河中的恐龙。生物的起源与奥秘，可以参考**孟德尔**的《遗传学经典文选》。昆虫学经典可参考**法布尔**的《昆虫记》，动物学经典可参考**洛伦茨**的《所罗门王的指环》。

了解生物学历史，可以参考**迈尔**的《生物学思想发展的历史》《进化是什么》。**沃森**等人提出 DNA 双螺旋结构，开启了分子生物学的黄金时代。关于分子生物学的发展历史，可参考沃森本人的《双螺旋》与**贾德森**的《创世纪的第八天》。

从小小的基因到更多的物种，物种和物种之间、物种和环境之间究竟会构成一个什么样的生态关系呢？恩斯特·海克尔最早提出了生态学一词。重要的生态学著作可以参考：**奥德姆**的《生态学基础》，正是他开创了系统生态学，并将生态学介绍给大众；马尔滕的《人类生态学》将久经考验的生态学原理与复杂系统理论结合，使得人们更易理解生态系统组织和发挥作用的机制。

具体书目

2.1 总论

哲学：本体论或存在论

· 弗里德里希·黑格尔（Georg Wilhelm Friedrich Hegel, 1770—1831, 德国）：《逻辑学》，传记参见《青年黑格尔》（卢卡奇）

· 马丁·海德格尔（Martin Heidegger, 1889—1976, 德国）：《存在与时间》，传记参见《来自德国的大师》（吕迪格尔·萨弗兰斯基）

· 让-保罗·萨特（Jean-Paul Sartre, 1905—1980, 法国）：《存在与虚无》，传记参见西蒙娜·德·波伏瓦的著作《告别的仪式》

世界观、科学哲学史

· 理查德·德威特（Richard DeWitt, 美国）：《世界观》

世界观的三大升级

· 查尔斯·达尔文（Charles Darwin, 1809—1882, 英国）：《物种起源》《人类的由来》《乘小猎犬号环球航行》《人类和动物的表情》，自传参见《达尔文回忆录》，传记参见《达尔文传》（欧文·斯通）

· 阿尔伯特·爱因斯坦（Albert Einstein, 1879—1955, 美国）：《狭义与广义相对论浅说》《我的世界观》，传记参见《爱因斯坦传》（沃尔特·艾萨克森）

· 赫伯特·西蒙（Herbert A. Simon, 1916—2001, 美国）：《人工科学》《我生活的种种模式》（自传），传记参见《穿越小径分岔的花园》（亨特·克劳瑟－海克）

2.2 进化论与复杂科学

进化论、社会生物学与进化心理学

· 理查德·道金斯（Richard Dawkins, 1941— , 英国）：《自私的基因》《盲眼钟表匠》《地球上最伟大的表演》，自传参见《道金斯传》

· 斯蒂芬·古尔德（Stephen Jay Gould, 1941—2002, 美国）：《生命的壮阔》《自达尔文以来》《熊猫的拇指》《人类的误测》，自传参见 *The Richness of Life*

· 丹尼尔·丹尼特（Daniel C. Dennett, 1942— , 美国）：《达尔文的危险思想》，传记参考《丹尼特》（塔德乌什·维斯劳·扎维德斯基）

- 爱德华·威尔逊（Edward O. Wilson, 1929—2021，美国）：《论人的本性》《缤纷的生命》《社会生物学》《给年轻科学家的信》，自传参见《博物学家》
- 罗宾·邓巴（Robin I.M. Dunbar, 1947—　，英国）：《梳毛、八卦及语言的进化》《人类的演化》《进化心理学》
- 约翰·托比（John Tooby, 1952—　，美国）：《适应的心灵》（*The Adapted Mind*）（合著）

复杂科学

- 邓肯·瓦茨（Duncan J. Watts, 1971—　，澳大利亚）：《六度分隔》《小小世界》《反常识》
- 马修·杰克逊（Matthew O. Jackson, 1962—　，美国）：《人类网络》《社会与经济网络》
- 艾伯特-拉斯洛·巴拉巴西（Albert-László Barabási, 1967—　，罗马尼亚、匈牙利、美国）：《巴拉巴西网络科学》《巴拉巴西成功定律》《链接》

2.3　宇宙天文、山川地理

宇宙学、天文学

- 卡尔·萨根（Carl Sagan, 1934—1996，美国）：《宇宙》《接触》《暗淡蓝点》《魔鬼出没的世界》，传记参见 *Carl Sagan*, by William Poundstone
- 布莱恩·格林（Brian R. Greene, 1963—　，美国）：《隐藏的现实》《宇宙的结构》《宇宙的琴弦》，传记参见 *Theoretical Physicist Brian Greene*, by Matt Doeden
- 史蒂文·温伯格（Steven Weinberg, 1933—2021，美国）：《最初三分钟》《仰望苍穹》《引力和宇宙学》《给世界的答案》
- 罗杰·彭罗斯（Roger Penrose, 1931—　，英国）：《通向实在之路》《宇宙的轮回》《新物理狂想曲》
- 史蒂芬·霍金（Stephen Hawking, 1942—2018，英国）：《时间简史》《果壳中的宇宙》《宇宙的起源与归宿》，自传参见《我的简史》，传记参见《斯蒂芬·霍金传》（迈克尔·怀特，约翰·格里宾）
- 伦纳德·萨斯坎德（Leonard Susskind, 1940—　，美国）：《黑洞战争》《宇宙景观》（*The Cosmic Landscape*）

地球与环境科学

- 安德鲁·诺尔（Andrew H. Knoll, 1951—　，美国）：《地球简史》（*A Brief History of Earth*）、《年轻星球上的生命》（*Life on a Young Planet*）
- 杰弗雷·马丁（Geoffrey J. Martin, 1934—　，美国）：《地理学思想史》（合著）
- 贾雷德·戴蒙德（Jared Diamond, 1937—　，美国）：《枪炮、病菌与钢铁》《崩溃》《第三种黑猩猩》
- 蕾切尔·卡森（Rachel Carson, 1907—1964，美国）：《寂静的春天》《海风下》《海洋传》《万物皆奇迹》，传记参见《自然的见证人》（琳达·利尔）

2.4 物质规律

物理学

- 艾萨克·牛顿（Isaac Newton，1643—1727，英国）：《自然哲学的数学原理》《光学》，传记参见《牛顿传》（迈克尔·怀特）

- 乔治·伽莫夫（George Gamow，1904—1968，美国）：《从一到无穷大》《物理大师》《物理世界奇遇记》《震撼物理学的三十年》（*Thirty Years that Shook Physic*），自传参见《伽莫夫自传》

- 理查德·费曼（Richard P. Feynman，1918—1988，美国）：《费曼物理学讲义》《发现的乐趣》，自传参见《别闹了，费曼先生》，传记参见《理查德·费曼传》（劳伦斯·克劳斯）

- 史蒂文·温伯格（Steven Weinberg，1933—2021，美国）：《终极理论之梦》《亚原子粒子的发现》

化学

- 罗伯特·波义耳（Robert Boyle，1627—1691，英国）：《怀疑的化学家》，传记参见 *The Aspiring Adept*，by Lawrence M. Principe

- 安托万-洛朗·德·拉瓦锡（Antoine-Laurent de Lavoisier，1743—1794，法国）：《化学基础论》，传记参见 *Antoine Lavoisier*，by Arthur Donovan

- 约翰·道尔顿（John Dalton，1766—1844，英国）：《化学哲学新体系》，传记参见 *John Dalton*，by Grifiths & Wenley

- 莱纳斯·卡尔·鲍林（Linus Carl Pauling，1901—1994，美国）：《化学键的本质》，传记参见《鲍林》（托马斯·哈格）

2.5 生物奥秘

生物学

- 格雷戈尔·孟德尔（Gregor Mendel，1822—1884，奥地利）：《遗传学经典文选》，传记参见 *The Monk in the Garden*，by Robin Marantz Henig

- 让-亨利·法布尔（Jean-Henri Casimir Fabre，1823—1915，法国）：《昆虫记》，传记参见《法布尔传》（乔治-维克托·勒格罗）

- 康拉德·洛伦茨（Konrad Lorenz，1903—1989，奥地利）：《所罗门王的指环》《攻击的秘密》《狗的家世》，传记参见 *Konrad Lorenz*，by Franz M. Wuketits

- 恩斯特·迈尔（Ernst W. Mayr，1904—2005，德国、美国）：《进化是什么》《这就是生物学》（*This Is Biology*）《生物学思想发展的历史》

- 詹姆斯·沃森（James D. Watson，1928—　　，美国）：《双螺旋》《DNA：生命的秘密》（合著），自传参见 *Avoid Boring People: Lessons from a Life in Science*

- 霍勒斯·贾德森（Horace Freeland Judson，1931—2011）：《创世纪的第八天》

生态学

- 奥德姆（Eugene Odum，1913—2002，美国）：《生态学基础》（合著），传记参

见 *Eugene Odum*，by Betty Jean Craige

· 杰拉尔德·马尔滕（Gerald G Marten，1940—2020，美国）:《人类生态学》

3. 如何理解历史

总论

今天发生的所有事情，在历史上都可以找到一些类似的事情。通古今之变，方能在一个不确定的时代游刃有余。在司马迁的《史记》之前，在修昔底德的《伯罗奔尼撒战争史》之前，无论是中国历史还是西方历史，都已有相应的著作：中国有《春秋》等书，西方有希罗多德的《历史》等书。然而正是司马迁与修昔底德的严谨写作，使得很多史学史研究者将他们分别称为中西史学的开创者。

历史学著作一方面记录过去，另一方面提醒后人。从阅读历史的角度，我们可以将史学类著作分成三大类：第一大类是关于史学本身的反思，包括史学史、历史哲学、元史学等著作；第二大类是通史类著作，包括中国通史与西方通史；第三类是专题史与断代史。

关于史学史的著作，中国古典史学的集大成者是司马光的《资治通鉴》，而明末清初大儒王船山对其点评的《读通鉴论》，堪称一绝，文采飞扬，新见迭出。

民国时期受西方思潮影响，反思传统史学的有梁启超、严耕望等人。其中梁启超的《中国历史研究法》，直到今天依然有其独特价值。严耕望的《治史三书》，则是用白话文写的中国传统史学治史方法的集大成之作。对于中国传统史学、西方人文学科与社会科学的关系，也进行了深入的探讨。内藤湖南的《中国史学史》、金毓黻的《中国史学史》亦可参考。

西方史学经历了三次重要变革。第一次变革始于 19 世纪黑格尔的《历史哲学》的出版，历史决定论开始盛行。接着是 20 世纪上半叶的法国年鉴派的出现，通过三代年鉴派学者的努力，最终让我们重视史学的大历史观。其中第二代年鉴派的集大成者**布罗代尔**被视为 20 世纪最伟大的史学家。最后一次变革是到了 20 世纪下半叶，由于历史学受到了社会科学各种新思潮以及计算机科学的影响，出现了新史学与计量史学等新的思潮。

接着，我们再来看看通史、专题史与断代史。

中国通史

中国人向来有写通史的习惯，但到了今天，好读的通史读本并不多。民国史学大师**吕思勉**堪称中国史学著作专业户，一生著有两部中国通史、四部断代史、五部专门史，读书札记 100 余万字。1923 年出版的《白话本国史》开一时先河，之后于 20 世纪 40 年代出版的《中国通史》亦是经典名作。

同为民国四大史学家的**钱穆**，于 1940 年出版的《国史大纲》，被称为才、识、学三者兼具。这本书出版之际，恰逢抗日战争之时，坚持国人必对国史具有温情和敬意，鼓舞国人斗志，功不可没，遗憾的是成书较快，笔调有所疏漏。**张荫麟**的《中国史纲》亦为一时之选，同为 1940 年首次出版，可惜由于作者去世，并没有完成。**傅乐成**先生的《中国通史》与**许倬云**的《万古江河》亦可参考。

也许是当局者迷，中国作者写中国通史，似乎会有意无意模糊某些细节或真相。因此，我们特意挑选了西方作者的中国通史著作，包括**费正清**主编的《剑桥中国史》与**卜正民**主编的《哈佛中国史》。通过不同地区的中国通史的描述，我们可以看到不同历史观念的对撞。同一个中国，同样的史实，但在不同的历史学家的认知下，会呈现不同的认知观念。

世界通史

远在世界通史流行之前，哲学家**雅斯贝尔斯**敏锐地注意到，我们今天读到的历史书多半持欧洲中心论，在《论历史的起源与目标》一书中，他创造性地提出轴心期理论，将人类文明历史划分为史前、古代文明、轴心期、科学技术时代四个时代。

众所周知，西方文明不像中华文明那样，单一文明横贯上下五千年，在西方历史上存在诸多国别、新旧文明。因此与中国不同，西方史学家更喜欢撰写专题史著作，较少撰写通史类著作，但有少数历史学家的世界通史类著作影响至今。其中，**汤因比**的历史研究巨著《历史研究》十二卷，此书以综合的观点展望了整个人类历史。**斯塔夫里阿诺斯**将整个世界看作一个不可分割的有机统一体，最终形成"全球史观"三部曲：《全球通史》《全球史纲》与《全球分裂》。曾担任美国历史学会主席、美国世界史学会主席的**麦克尼尔**与汤因比齐名，被誉为"20 世纪对历史进行世界性解释的巨人"，他的《西方的兴起：人类共同体史》与《世界史》，开辟了一个西方世界史学的新时代。

与注重国别的传统世界通史学家不同，**克里斯蒂安**提出了新的大历史观，不再以民族、地区、国家为单位去撰写世界通史，而是将人类史视为宇宙历史的一个章节，他的著作《时间地图：大历史导论》从人类进化的角度来撰写人类历史。尤瓦尔·赫拉利的《人类简史》深受其影响。

这些世界通史著作，动辄近千页。那么，有没有简明扼要的世界通史类著作呢？有，这就是年鉴派史学家**布罗代尔**撰写的《文明史》与艺术史家**贡布里希**撰写的《世界小史》。

中国断代史与专题史

中国治史者向来讲究先博后专。只有对历史有了通透见解之后，才写断代史与专题史。断代史可以简单理解为时间切片的专题史。专题史则往往围绕制度史、地理史、社会经济文化史、科学技术史、思想文化史等专题展开。用钱穆的话来说，"制度史与地理史是历史的两只脚"。专题史追求考据，要求严谨。

制度史研究的代表人物如**陈寅恪**，其著作有《隋唐制度渊源略论稿》《唐代政治史述论稿》。再如师从钱穆的**严耕望**，他的成名作是《秦汉地方行政制度》与《唐仆尚丞郎表》。严耕望也是地理史大家，他费尽心血的作品《唐代交通图考》，直到今天依然是研究唐朝地理的最佳工具书。

社会经济史代表人物如**傅衣凌**，他的《福建佃农经济史丛考》为中国经济史学开拓时期的力作。

中国最有名的科学技术史书籍，反而不是国人所著，而是由英国科技史专家**李约瑟**主编的。在《中国科学技术史》中，他提出了著名的李约瑟难题：中国为何没有走向科学和工业革命？

思想文化史在传统中国并不流行，受现代社会科学影响，逐步成为显学。其中，**傅斯年**的《民族与古代中国史》《中国古代文学史讲义》是文学史的重要研究著作。再如钱穆的《先秦诸子系年》写先秦时期的思想文化史；《中国近三百年学术史》写清代学术史，反驳梁启超同名著作。钱穆的学生**余英时**的著作《论戴震与章学诚》《朱熹的历史世界》则是中国思想文化史研究的代表。

专题史与断代史结合，专攻秦汉魏晋南北朝史的**田余庆**，《东晋门阀政治》《秦汉魏晋史探微》可参考；专攻中国近现代史的**罗志田**，《再造文明之梦》《权势转移》可参考；专攻晚清民国的**桑兵**，《庚子勤王与晚清政局》《晚清民国的国学研究》亦可参考。

西方断代史与专题史

与中国的断代史与专题史研究集中在秦汉和唐宋元明清时期不同，西方的研究集中在罗马帝国时代以及中世纪，地域集中在地中海地区。前者推荐阅读**吉本**的《罗马帝国衰亡史》；后者推荐阅读**马基雅维利**的《佛罗伦萨史》、**伏尔泰**的《路易十四时代》、**基佐**的《欧洲文明史》、**托克维尔**的《旧制度与大革命》、**布克哈特**的《意大利文艺复兴时期的文化》，以及年鉴派代表人物**布罗代尔**的《地中海与菲利普二世时代的地中海世界》《十五至十八世纪的物质文明、经济和资本主义》。

兰克的《教皇史》与**勒华拉杜里**的《蒙塔尤：1294—1324 年奥克西坦尼的一个山村》亦可参考。前者关心教皇这样的大人物，后者关心农民这样的小人物。**伯克**（又译柏克）的《知识社会史》则探讨了知识在西方历史上扮演的角色，他的新作《博学者与他们的时代》让我们重温另一条不同的治学路径。

具体书目

3.1 总论

史学的源头

* 司马迁（约前 145 或前 135—？）：《史记》，传记参见《司马迁传》（李长之）
* 修昔底德（Thucydides，前 460—约前 400，古希腊）：《伯罗奔尼撒战争史》，传记参见《修昔底德》（彼得·罗德）

史学的集大成者

* 司马光（1019—1086）：《资治通鉴》，传记参见《司马光大传》（宋衍申）

史学的反思

中国

- 王船山（1619—1692）：《读通鉴论》《宋论》《春秋世论》，传记参见《王夫之评传》（萧萐父），轻松版可读《船山大传》（王立新）《王船山的船和山》（胡哲等）
- 梁启超（1873—1929）：《中国历史研究法》《中国近三百年学术史》《清代学术概论》，传记参见《梁启超传》（解玺璋）
- 严耕望（1916—1996）：《治史三书》，传记参见《充实而有光辉》（严耕望先生纪念集编辑委员 + 会编）

西方

- 费尔南·布罗代尔（Fernand Braudel，1902—1985，法国）：《论历史》，传记参见 *Fernand Braudel*, by Giuliana Gemelli

3.2 中国通史

中国

- 吕思勉（1884—1957）：《中国通史》《白话本国史》《吕思勉读史札记》，自传参见《吕思勉自述》
- 钱穆（1895—1990）：《国史大纲》，传记参见《钱穆传》（陈勇）
- 张荫麟（1905—1942）：《中国史纲》，传记参见《张荫麟先生纪念文集》（广东省东莞市政协主编）
- 傅乐成（1922—1984）：《中国通史》，传记参见《中国史论集》（傅乐成教授纪念论文编辑委员会编）
- 许倬云（1930—　）：《万古江河》，口述实录参见《许倬云谈话录》，另可参考《许倬云问学记》

西方

- 费正清（John King Fairbank，1907—1991，美国）：《剑桥中国史》，自传参见《费正清中国回忆录》
- 卜正民（Timothy Brook，1951—　，加拿大）：《哈佛中国史》

3.3 世界通史

- 卡尔·雅斯贝尔斯（Karl Jaspers，1883—1969，德国）：《论历史的起源与目标》《大哲学家》
- 阿诺德·汤因比（Arnold Joseph Toynbee，1889—1975，英国）：《历史研究》
- 勒芬·斯塔夫罗斯·斯塔夫里阿诺斯（Leften Stavros Stavrianos，1913—2004，美国）：《全球通史》《全球史纲》《全球分裂》
- 威廉·麦克尼尔（William H. McNeill，1917—2016，美国）：《西方的兴起》《世界史》，自传参见《追求真理》
- 大卫·克里斯蒂安（David Christian，1946—　，美国）：《时间地图：大历史导论》
- 费尔南·布罗代尔（Fernand Braudel，1902—1985，法国）：《文明史》（第二次

出现）

- 恩斯特·贡布里希（Ernst H. Gombrich，1909—2001，英国）：《世界小史》，自传参见《艺术与科学》

3.4　中国断代史与专题史

- 陈寅恪（1890—1969）：《隋唐制度渊源略论稿》《唐代政治史述论稿》《柳如是别传》，传记参见《陈寅恪的最后20年》（陆键东）《陈寅恪评传》（汪荣祖）
- 严耕望（1916—1996）：《秦汉地方行政制度》《唐仆尚丞郎表》《唐代交通图考》（第二次出现）
- 傅衣凌（1911—1988）：《福建佃农经济史丛考》，传记参见《傅衣凌学述》（杨国桢）
- 李约瑟（Joseph Needham，1900—1995，英国）：《中国科学技术史》，传记参见《爱上中国的人》（西蒙·温切斯特）
- 傅斯年（1896—1950）：《民族与古代中国史》《中国古代文学史讲义》，传记参见《傅斯年》（王汎森）
- 钱穆（1895—1990）：《中国历代政治得失》《中国近三百年学术史》《先秦诸子系年》（第二次出现）
- 余英时（1930—2021）：《论戴震与章学诚》《朱熹的历史世界》《士与中国文化》《方以智晚节考》，自传参见《余英时回忆录》
- 田余庆（1924—2014）：《东晋门阀政治》《秦汉魏晋史探微》《拓跋史探》，传记参见《田余庆先生九十华诞颂寿论文集》（北京大学中国古代史研究中心编）
- 罗志田（1952—　）：《再造文明之梦》《权势转移》《乱世潜流》
- 桑兵（1956—　）：《庚子勤王与晚清政局》《晚清民国的国学研究》《晚清学堂学生与社会变迁》

3.5　西方断代史与专题史

- 爱德华·吉本（Edward Gibbon，1737—1794，英国）：《罗马帝国衰亡史》，自传参见 Memoirs of My Life
- 尼科洛·马基雅利（Niccolo Machiavelli，1469—1527，意大利）：《佛罗伦萨史》，传记参见《尼科洛的微笑》（毛里齐奥·维罗利）
- 伏尔泰（Voltaire，1694—1778，法国）：《路易十四时代》，传记参见《伏尔泰传》（安德烈·莫洛亚）
- 弗朗索瓦·基佐（François Pierre Guillaume Guizot，1787—1874，法国）：《欧洲文明史》，传记参见《基佐的欧洲观》（皮埃尔·特里奥姆夫）
- 亚历西斯·德·托克维尔（Alexis de Tocqueville，1805—1859，法国）：《旧制度与大革命》，自传参见《托克维尔回忆录》
- 雅各布·布克哈特（Jacob Burckhardt，1818—1897，瑞士）：《意大利文艺复兴时期的文化》，传记参见《雅各布·布克哈特》（卡尔·洛维特）
- 费尔南·布罗代尔（Fernand Braudel，1902—1985，法国）：《地中海与菲利普二世时代的地中海世界》《十五至十八世纪的物质文明、经济和资本主义》（第三次出现）
- 利奥波德·冯·兰克（Leopold von Ranke，1795—1886，德国）：《教皇史》

（*The History of the Popes*），传记参见 *Leopold Von Ranke: A Biography*，by Andreas D.Boldt

· 埃马纽埃尔·勒鲁瓦·拉迪里（Emmanuel Le Roy Ladurie，1929—　，法国）：《蒙塔尤：1294—1324 年奥克西坦尼的一个山村》，自传参见 *Une vie avec l'histoire. Mémoires*

· 彼得·伯克（Peter Burke，1937—　，英国）：《知识社会史》《博学者与他们的时代》

4. 如何理解时代

总论

我们所在的世界、我们民族的历史、我们所处的时代，都在不知不觉制约着我们的人生发展。一个世界有一个世界的精神，一个民族有一个民族的精神，同样，一个时代也有一个时代的精神。正如**黑格尔**在《精神现象学》中率先注意到的，时代精神不同于世界精神、民族精神。人生的重大发展机遇来自时代精神，那么，21 世纪的时代精神是什么呢？

20 世纪的时代精神离不开这些关键词：工业革命大爆发、实用主义、战争与和平、全球变暖与环保主义、知识经济、信息时代、文化冲突与全球化。如果用一个词来形容 20 世纪的时代精神，那么就是"承认"，一切都在祈求"承认"。过去百年，无数新的学科、新的大学院系、新的学术期刊、新的学术指标诞生，期待学术上的"承认"；无数殖民地脱离帝国，走向独立，期待国际社会的"承认"；无数思潮风起云涌，各种"主义"轮番上阵，都希冀得到群众的"承认"；大家庭走向小家庭，夫妻开始期待得到彼此的"承认"；各类品牌生产的电器、产品的数量是过去所有世纪都达不到的，期待得到消费者的"承认"。

因为整个时代都是如此渴望彼此的"承认"，到了 21 世纪之初，叠加互联网科技，我们整个时代开始疯狂"加速"，但可以持久吗？我对此表示怀疑。如果选一个不同于 20 世纪的关键词来概括 21 世纪的时代精神，那么正是"互联"：从人与人的信息互联开始，扩展到物与物的互联；从城市与城市的互联开始，扩展到星球与星球的互联。

要了解 20 世纪的时代精神，可读德国哲学家霍耐特的《为承认而斗争》；要了解 21 世纪的时代精神，可读加拿大传播学家麦克卢汉的《理解媒介》。

理解一个时代的精神有两种角度："破坏性的力量"与"建设性的力量"。前者，我将其称为"暴力"，它有以"军事"与"法律"为代表的"直接暴力"，侧重从肉体上消灭他人或控制他人；也有以"教育"与"文化"为代表的"间接暴力"，侧重从精神上同化他人或引导他人。后者，我将其称为"作品"，一个时代的建设性的力量指的是万众一心，共同创造作品，这些作品包括伟大的工程、学术贡献、艺术作品、城市建筑等。而一个时代总有不同于另一个时代的独特作品，21 世纪就是"互联时代"。

人们常常容易理解和平，却忽略战争。深刻影响 20 世纪的正是两次世界大战，以及两次世界大战之后的重建工作。在 21 世纪，人类会遇到第三次世界大战吗？这一问题并没有答案，但我们可以掌握一些理解这一时代命题的方法论，它们包括地缘政治学、国际关系学、战略学与博弈论等。

从地缘政治学出发，正如亨廷顿的《文明的冲突与世界秩序的重建》所言，今天的中美冲突是文明的冲突。这一观点在 21 世纪已经屡受挑战与质疑，但因为信奉者众多，从而依然影响着时代的走向。从国际关系学出发，正如阿隆的《民族国家间的和平与战争》所言，如何使用和平的道德力量来避免国家与国家之间使用战争来解决冲突，是我们始终要面对的时代主题。

从战略学出发，正如**波特**的《国家竞争优势》所言，一个国家不可能在所有产业都胜出，但可以通过优化竞争要素，如生产要素、需求条件、相关产业和支持产业的表现等，从而获得相对优势。

从博弈论出发，人与人之间，组织与组织之间，国家与国家之间，既存在零和博弈，也存在非零和博弈。可参考博弈论提出者**纳什**的《纳什博弈论论文集》，以及西尔维娅·娜萨撰写的纳什传记《美丽心灵》。**冯·诺伊曼**的《博弈论与经济行为》也是一本绕不过的经典读物。

一个时代会成就人，也会异化人。不同时代对抗异化有不同特色，在21世纪，如何对抗异化呢？这就是直面我们这个时代需要考虑的四大问题：直接暴力、间接暴力、互联时代、对抗异化。接下来将一一进行阐述。

直接暴力

直接暴力侧重从肉体上消灭他人或控制他人，典型代表如军事、法律。

中国的军事经典著作，可参考**孙武**的《孙子兵法》。西方的军事经典著作可参考**克劳塞维茨**的《战争论》、马汉的《海权对历史的影响》、**杜黑**的《制空权》、米切尔的《空中国防论》。

21世纪已经是一个信息时代，信息战变得日益重要，情报收集、信息获取在战争中变得日益重要，人们的情报分析同样也是一个认知加工过程，相关经典著作可参考**霍耶尔**的《情报分析心理学》。

中国法律的经典著作，请参考史学家**瞿同祖**的《中国法律与中国社会》。西方的法学经典名著，请参考**孟德斯鸠**的《论法的精神》、**卢梭**的《社会契约论》、**潘恩**的《常识》《人的权利》。

了解中国和西方的法律渊源之后，再来理解今日法律就容易知其所以然，然后就可以开始读今日各家法学著作以及法规解读、法务实战类著作。同时需要注意的是，今天的法律不仅受自身发展历史的影响，还受社会的深度影响，请参考**卢曼**的《法社会学》。

间接暴力

间接暴力与直接暴力不同，它并不限制你的人身自由，或进行肉体的伤害或惩罚。间接暴力侧重从精神上同化他人或引导他人，不知不觉改变你的观念，典型代表如教育与文化，涉及的主要学科是教育社会学、文化社会学与经济社会学。

社会既得利益者编造了大量教育的谎言。我们默认将教育看作神圣的、文明的、纯洁的、公平的，我们默认将教育看作正向的、多赢的、投资必有回报的；我们苦苦挣扎，将教育看作阶层跃迁的唯一通道。但历史上真的如此吗？对此提出质疑的智者有很多。这些智者的著作，构成了批判教育社会学的整个学科根基。他们揭穿教育的谎言，带我们见识那些看似神圣、文明、纯洁、公平的教育背后的黑暗；见识那些众所周知的事情背后野蛮的、功利的、粗暴的一面；见识那些看似留给底层的教育通道，又是如何进一步捍卫既得利益阶层的利益的。这是独立思考的一个重要环节。

在识别教育的谎言这件事上，最尖锐的武器莫过于**布尔迪厄**的文化资本理论。布尔迪厄是谁？他是法国社会学家，被誉为马克思之后欧洲最伟大的思想家。布尔迪厄最负盛名的作品是他 40 岁时出版的《再生产》和 49 岁时出版的《区分》。

除了布尔迪厄，对欧美各种教育制度如何维系统治阶层利益进行分析的经典著作还有：**涂尔干**的《教育思想的演进》、**弗莱雷**的《被压迫者教育学》、**阿普尔**的《意识形态与课程》、**伯恩斯坦**的《教育、符号控制与认同》以及**拉鲁**的《不平等的童年》。

关于文化社会学，亦可参考格尔茨的《文化的解释》、克利福德与马库斯编写的《写文化》等著作。经济社会学可参考**泽利泽**的《道德与市场》《给无价的孩子定价》《亲密关系的购买》等著作，她是一名经济社会学家，喜欢研究经济的文化与道德维度，将那些看上去神圣之物，如寿命、孩子、亲密关系，放在独特的金钱视角下考察其社会文化意义。

互联时代

21 世纪与 20 世纪相对比，最不同的作品是"互联"，互联网、物联网、元宇宙等种种主题都在指向一个"互联时代"。因此，为了更好地理解时代，你需要了解计算机科学、掌握编程。

了解计算机科学，推荐阅读**冯·诺伊曼**的《计算机与人脑》、**高德纳**的《计算机程序设计艺术》、**雷蒙德**的《UNIX 编程艺术》。**图灵**的传记《艾伦·图灵传》亦可参考。

对互联时代进行狂热吹捧的莫过于**凯文·凯利**，他的著作《失控》激励了一代又一代互联网从业者。然而互联时代并不完全是好的，伴随而来的是暗网。在越来越多的资本家利用技术平台来垄断与操纵人心的同时，与之背道而驰的则是去中心化，更具备创新精神的黑客文化蓬勃兴起。黑客文化的经典作品请参考：**雷蒙德**的《大教堂与集市》、硅谷创业之父**格雷厄姆**的《黑客与画家》。前者是开源运动的圣经，促进了今日开源软件的盛行。后者是一本奇书：奇在作者文质并茂，文字流畅优美，妙语连珠，堪称 21 世纪的散文写作典范，思想又极深刻，处处远见卓识；奇在作者知识渊博，左手黑客、算法、编程语言，右手设计、历史、文学艺术；奇在作者知行合一，不仅自己这么想，这么做，还以此指导他人，众多创业者因此取得极大成功。

人工智能的突飞猛进，使得互联时代越来越智慧。其中离不开各位人工智能专家的努力。今日人工智能之流行，始于杰弗里·辛顿、杨立昆与约书亚·本吉奥等人开创的深度学习，他们因此而荣获图灵奖。**杨立昆**的自传《科学之路》可参考。另一位图灵奖得主**珀尔**代表的贝叶斯网络流派，是我格外看好的人工智能流派，他的著作《为什么》重新整理因果关系，是他的学术专著《因果论》的通俗版，值得阅读。介绍所有图灵奖得主的图书可参考吴鹤龄的《图灵和 ACM 图灵奖》。

计算机科学领域亦有大量多人合作的经典名作，但受限于我们书单收录的图书以单一作者为主，因此不列入，这些作品如《设计模式》《深度学习》《算法导论》《程序员修炼之道》《数据库系统概念》《深入理解计算机系统》《人工智能：一种现代的方法》等。

对抗异化

什么是异化？它有多重含义，广为流传的含义来自德国哲学家，侧重个人与社会的疏离，而这种疏离恰巧是自我生成。在德国古典哲学家看来，所谓"异化"是指主体发展到一定阶段，产生出自己的对立面，产生出客体，这个客体又成为一种外在的、异己的力量。

马克思在《1844 年经济学哲学手稿》中，提出了著名的"四个异化规定"。第一个规定是劳动对象的异化，即劳动产品与劳动者本身的对立。你生产出来的作品并不属于你，而是属于一个庞大的生态。第二个规定是劳动自身的异化。劳动不再是自发的，而是强迫的。第三个规定是人同人的本质的异化。人的自由自觉的生产活动，从此转变为谋生的活动。第四个规定是人同人相异化。

马克思的异化观念流传最广，使得在现代话语体系中，异化一般就被用来专指人们被社会排斥在外的感觉，人们找不到自己在社会中的归属。在某种意义上，异化开始等同于社会学奠基者**涂尔干**在《社会学方法的规则》和《自杀论》中提出的失范（anomie），沿袭他在博士论文《社会分工论》中反对单一的功利主义道路继续前进。也像马尔库塞在《单向度的人》中所说的一样，人们内心中的否定性、批判性、超越性等多向度被压制，从而成为单向度的人。

步入新世纪，每个人依然需要面对异化危机。"996""35岁危机""内卷"等新的词汇层出不穷。就像对抗信息垄断平台，最好的方法是让自己成为一名黑客，掌握去中心化的力量。同样，对抗异化危机，最好的方法是成为创作者。在这里，创作者是指广义的创作者，从企业家、创业者、投资者，再到写作者、程序员、导演与编剧，以及摄影师、艺术家、设计师等。

你可以像柳井正、乔布斯一样，创造自己的公司；像尤努斯一样，创造一家社会企业；像芒格、塔勒布一样，成为投资者。你也可以像库哈斯一样离经叛道，成为一名特立独行的建筑师；像兰格一样创办多家公司，成为一名改变世界的工程师。

你还可以成为自由职业者，依赖个人作品谋生，比如要想成为小说家、诗人与专栏作家，可参考《写作这回事》《古典风格》《风格感觉》；要想成为程序员，可参考《程序员修炼之道》《软件随想录》；要想成为导演与编剧，可参考《故事》《对白》《作家之旅》。还可以成为摄影师、艺术家、设计师等，有无穷无尽的新职业等着你创造，成为第一人。

最后就是成为自己，可参考心理学家阿德勒的《自卑与超越》、罗杰斯的《个人形成论》、弗兰克的《活出生命的意义》。

具体书目

4.1 总论

哲学：时代精神及其他
· 弗里德里希·黑格尔（Georg Wilhelm Friedrich Hegel，1770—1831，德国）：《精神现象学》（第二次出现）

- 阿克塞尔·霍耐特（Axel Honneth，1949— ，德国）：《为承认而斗争》《承认》《物化》，介绍参见 *Axel Honneth*，by Christopher Zurn
- 马歇尔·麦克卢汉（Marshall McLuhan，1911—1980，加拿大）：《理解媒介》《机器新娘》《谷登堡星汉璀璨》，访谈录参见《麦克卢汉如是说》，传记参见《麦克卢汉传》（菲利普·马尔尚）

和平与战争：地缘政治、国际关系、战略学与博弈论

- 塞缪尔·亨廷顿（Samuel P. Huntington，1927—2008，美国）：《文明的冲突与世界秩序的重建》
- 雷蒙·阿隆（Raymond Aron，1905—1983，法国）：《民族国家间的和平与战争》《知识分子的鸦片》，自传参见《雷蒙·阿隆回忆录》
- 迈克尔·波特（Michael E. Porter，1947— ，美国）：《国家竞争优势》《竞争战略》《竞争论》，传记参见《战略简史》（沃尔特·基希勒）
- 约翰·纳什（John Nash，1928—2015，美国）：《纳什博弈论论文集》，传记参见《美丽心灵》（西尔维娅·娜萨）
- 约翰·冯·诺伊曼（John von Neumann，1903—1957，美国）：《博弈论与经济行为》，传记参见 *The Man from the Future*，by Ananyo Bhattacharya

4.2 直接暴力

军事

- 孙武（前545年—前470年或前496年）：《孙子兵法》，传记参见《孙武》（韩静霆）
- 卡尔·冯·克劳塞维茨（Carl von Clausewitz，1780—1831，德国）：《战争论》，传记参见《克劳塞维茨传》（威廉·冯·施拉姆）
- 阿尔弗雷德·塞耶·马汉（Alfred Thayer Mahan，1840—1914，美国）：《海权对历史的影响》，传记参见《马汉》（罗伯特·西格）
- 朱利奥·杜黑（Giulio Douhet，1869—1930，意大利）：《制空权》，传记参见《杜黑》（袁德金）
- 威廉·米切尔（William Lendrum Mitchell，1879—1936，美国）：《空中国防论》，传记参见 *Billy Mitchell*，by Emile Gauvreau et al.
- 小理查兹·J.霍耶尔（Richards J. Heuer, Jr.，1927—2018，美国）：《情报分析心理学》

法律

- 瞿同祖（1910—2008）：《中国法律与中国社会》
- 孟德斯鸠（Montesquieu，1689—1755，法国）：《论法的精神》，传记参见《孟德斯鸠传》（路易·戴格拉夫）
- 让-雅克·卢梭（Jean-Jacques Rousseau，1712—1778，法国）：《社会契约论》《论人类不平等的起源和基础》，自传参见《忏悔录》，传记参见 *Jean-Jacques Rousseau*，by Leo Damrosch
- 托马斯·潘恩（Thomas Paine，1737—1809，美国）：《常识》《人的权利》，

传记参见《潘恩与革命时期的美国》（埃里克·方纳）

4.3 间接暴力

教育社会学、文化社会学与经济社会学

- 皮埃尔·布尔迪厄（Pierre Bourdieu, 1930—2002, 法国）：《区分》《再生产》《国家精英》《学术人》《男性统治》，自传参见《自我分析纲要》[11]，传记参见《布尔迪厄传》（让－路易·法比尼亚）
- 埃米尔·涂尔干（Émile Durkheim, 1858—1918, 法国）：《教育思想的演进》，传记参见 Émile Durkheim, by Marcel Fournier
- 保罗·弗莱雷（Paulo Freire, 1921—1997, 巴西）：《被压迫者教育学》《希望教育学》（Pedagogy of Hope）《自由教育学》（Pedagogy of Freedom），传记参见《保罗·弗莱雷》（丹尼尔·斯库格伦斯基）
- 迈克尔·阿普尔（Michael Apple, 1942—, 美国）：《意识形态与课程》《官方知识》
- 巴兹尔·伯恩斯（Basil Bernstein, 1924—2000, 英国）：《教育、符号控制与认同》，传记参见 Basil Bernstein, by Rob Moore
- 安妮特·拉鲁（Annette Lareau, 1952— , 美国）：《不平等的童年》
- 维维安娜·泽利泽（Viviana A. Zelizer, 1946— , 美国）：《道德与市场》《给无价的孩子定价》《亲密关系的购买》

4.4 互联时代

计算机科学

- 约翰·冯·诺伊曼（John von Neumann, 1903—1957, 美国）：《计算机与人脑》（第二次出现）
- 高德纳（Donald Ervin Knuth, 1938— , 美国）：《计算机程序设计艺术》《研究之美》《文学式编程》（Literate Programming）
- 艾伦·图灵（Alan Turing, 1912—1954, 英国）：传记参见《艾伦·图灵传》（安德鲁·霍奇斯）

黑客文化

- 埃里克·雷蒙德（Eric S. Raymond, 1957— , 美国）：《大教堂与集市》《UNIX编程艺术》（第二次出现）
- 凯文·凯利（Kevin Kelly, 1952— , 美国）：《失控》《必然》《科技想要什么》
- 保罗·格雷厄姆（Paul Graham, 1964— , 美国）：《黑客与画家》

人工智能

- 杨立昆（Yann LeCun, 1960— , 法国）：自传参见《科学之路》
- 朱迪亚·珀尔（Judea Pearl, 1936— , 美国）：《为什么》《因果论》

4.5　对抗异化

关于异化的理论
- 卡尔·马克思（Karl Marx，1818—1883，德国）：《1844年经济学哲学手稿》，传记参见《卡尔·马克思》（以赛亚·伯林）
- 埃米尔·涂尔干（Émile Durkheim，1858—1918，法国）：《社会分工论》《自杀论》《社会学方法的规则》（第二次出现）
- 赫伯特·马尔库塞（Herbert Marcuse，1898—1979，美国）：《单向度的人》，传记参见 *Herbert Marcuse and the art of liberation*，by Barry Katz

成为创作者
- 柳井正（1949—　，日本）：《一胜九败》《经营者养成笔记》，自传参见《一胜九败》
- 史蒂夫·乔布斯（Steve Jobs，1955—2011，美国）：传记参见《史蒂夫·乔布斯传》（沃尔特·艾萨克森）
- 穆罕默德·尤努斯（Muhammad Yunus，1940—　，孟加拉国）：《穷人的银行家》，传记参见 *The Price of a Dream*，by David Bornstein
- 查理·芒格（Charlie Munger，1924—　，美国）：演讲录合集参见《穷查理宝典》（彼得·考夫曼编），传记参见《查理·芒格传》（珍妮特·洛尔）
- 纳西姆·尼古拉斯·塔勒布（Nassim Nicholas Taleb，1960—　，美国）：《反脆弱》《黑天鹅》《随机漫步的傻瓜》《非对称风险》
- 雷姆·库哈斯（Rem Koolhaas，1944—，荷兰）：《癫狂的纽约》《小，中，大，超大》（*S, M, L, XL*）《建筑要素》（*Elements*）
- 罗伯特·萨缪尔·兰格（Robert S. Langer，1948—　，美国）：自传参见《罗伯特·兰格的奋斗与梦想》（*The Struggles and Dreams of Robert Langer*）

人如何成为自己
- 阿尔弗雷德·阿德勒（Alfred Adler，1870—1937，奥地利）：《自卑与超越》，传记参见《人生的动力》（爱德华·霍夫曼）
- 卡尔·罗杰斯（Carl R. Rogers，1902—1987，美国）：《个人形成论》，传记参见《卡尔·罗杰斯传》（霍华德·基尔申鲍姆）
- 维克多·弗兰克（Viktor E. Frankl，1905—1997，奥地利）：《活出生命的意义》，自传参见《弗兰克尔自传》

5. 如何理解社会

总论

　　社会抽象又具体。它听上去有点抽象，你是社会的一员，却在社会中吃尽了苦头，那些"有关部门"总是神秘地躲在幕后，无数人聚集成一个抽象的社会概念。但社会又那么具体，你在社会上遇到的每一个人，都不可替代，都是活生生的人，再庞大的社会也是由一个又一个具体的人构成的。

"社会"善良又邪恶。相信人心向善，人们可以进行理性的沟通，通过人与人、人与机构之间的社会契约，社会能够走向更好的未来——这是卢梭的《社会契约论》。与卢梭相反，意大利的马基雅维利在《君主论》中强调人是自私的。今天，马基雅维利主义成了心理学上形容黑暗人格的一个代名词，与自恋、精神变态并称为"黑暗人格三联体"。

这正是早期理解社会的关键——从个人与国家之间的义务与权利关系出发。到了18世纪，随着工业革命兴起，越来越多的思想家发现，在传统意义的哲学与政治研究中需要分化出一个新的学科，来帮助我们更好地理解工业革命时代各种各样的社会现象。因此，三位社会学奠基者分别从不同的路径，建立了今天的社会学乃至社会科学，他们分别是马克思、涂尔干与韦伯。大家公认马克思、涂尔干与韦伯是社会学的三大奠基者，同时大家也承认齐美尔对社会学的贡献常常被人低估。

与此同时，亚当·斯密的《国富论》为经济学奠定了基础，政治学、人类学在此同时成熟。

现代意义上的社会学、经济学、政治学与人类学，在19世纪末、20世纪初先后正式诞生并成熟，从传统的哲学思辨成为学科建制。在此期间，各大社会科学出现明显分界线：史学、社会学、经济学、政治学研究现代文明世界；人类学研究非现代世界，比如各大少数族裔；同为研究现代文明世界，史学研究过去，社会学、经济学与政治学研究当下；同为探讨当下的现代文明世界的普遍规律，社会学研究市民社会，经济学研究市场，政治学研究国家。

这就构成了理解社会的四条主要的途径：社会学、经济学、政治学与人类学。

社会交换

最早的社会学中心在欧洲，尤其是法国。法国社会学家福柯、**布尔迪厄**都毕业于巴黎高师。从《疯癫与文明》到《规训与惩罚》，福柯文采飞扬、思想深刻的著作到了今天依然对我们非常有启发。在来自社会的各种"权力"想方设法对人施加各种限制的同时，人如何寻找"自由"？

如果说理解福柯的三个关键词是权力、自由与主体性，那么理解布尔迪厄的关键词就是习性、资本与场域。不同于传统社会学，布尔迪厄用社会空间、场域取代了虚无缥缈的"社会"一词。从大而化之的"社会"转为中观的社会空间、学术场域、文学场域等，不同的场域有相应共享的行为规范、独特的价值观，在此基础上讨论更容易达成共识。

布尔迪厄一生著述 340 种，构建了一套庞大的理论体系，以分析一切社会现象与生活空间，从教育、学术、文化、艺术、生活到阶级。《再生产》和《国家精英》侧重教育领域，《区分》侧重流行文化与中产阶级的生活方式，《学术人》侧重学术领域，《男性统治》侧重女权主义。甚至，他还将其应用于自我分析，这就是《自我分析纲要》。

二战之后，当学术中心从欧洲转移到美国，社会学也不例外，重心也从德国、法国、英国来到美国。美国的三位重要的社会学家分别是戈尔曼、伯格与格兰诺维特。

戈尔曼的《日常生活中的自我呈现》揭示了人在社会上是如何戴着面具扮演一个又一个不同的角色的，他的理论深深影响到了中国台湾地区的社会心理学家黄光国，他在戈尔曼的基础上提出了中国人的人情与面子理论。戈尔曼同时注意到了社会如何对一个人污名化。今天我们发现社会对人的污名依然无处不在，比如性别中的荡妇羞辱与处女羞辱，找工作时的年龄歧视与第一学历歧视。

伯格则在他的经典之作《现实的社会构建》中，将知识社会学的考察范围，从少数人关心的科学和理论知识，拓展到一般人在日常生活中用以指导行动的知识，揭示了作为"客观现实"和"主观现实"的社会到底是如何构成的，又具有怎样的特性。

传统的社会学家更多使用的是个案归纳法与回归等线性统计方法，与他们不同，格兰诺维特受社会心理学家莫雷诺等人的影响，率先将对社会的基本分析单位从个人真正地转向为关系，将社会网络分析方法从二战后的低谷期推进到一个新的高峰。他的《找工作》与《社会与经济》提出了诸多创新的概念，比如影响至今的"弱联系"概念——那些我们联系较少的人，却对我们找工作有着重要意义。

社会心理学的奠基者勒温首次让我们意识到，社会由人构成，我们受制于人与环境构成的"生活空间"。比如，人们比想象的要从众，最著名的莫过于津巴多的斯坦福监狱实验。同样，人类比我们想象的更容易受到少数极端分子的影响，欧洲社会心理学奠基者莫斯科维奇将其称为"少数人影响"。你会发现，传销组织、邪教与极端组织总是类似金字塔结构一样，一层一层摞在一起。

当单独的人集合为"社会"这个抽象实体，人类的人性发生了重大的变化。在20世纪，社会心理学最重要的突破之一，莫过于由肯尼提出社会关系模型（social relation model，简称为 SRM），因为能区分家庭效应等，目前已经针对人际互动提出众多全新解释。

另一个重要的社会心理学模型是菲斯克提出的刻板印象内容模型（stereotype content model，简称为 SCM），她将人类的社会认知区分为两个维度：热情与能力。当我们试图理解别人的时候，如果对方和我们的立场一致，我们就会觉得他们是值得信任的、真诚的、友好的，简而言之，是热情的；在明确对方意图之后，我们需要知道对方实现目标的能力如何，如果他们拥有很高的地位，我们往往认为他们是有才华的、技艺精湛的、行事高效的，也就是有能力的。

例如，绝大多数国家都认为他们的城市居民和中产阶级是热情而有能力的，无家可归的人和非法移民则不具备上述两种特质而被排斥；老人和残疾人往往被认为是热情但缺乏能力的，因而受到人们的同情；富人和商人被认为是有能力的，但他们缺乏热情、冷漠，因此常常受人嫉妒。

随着社会心理学等相关学科的发展，更多关于人性的基本模型正在被建构。

经济交易

现代经济学，绕不过亚当·斯密和**凯恩斯**两人。有的学者更推崇亚当·斯密，认为国家与社会应该更鼓励自由市场；有的学者更推崇凯恩斯，强调加强国家与社会机构对市场经济的控制。在斯密阵营中，我们挑选了芝加哥学派的**弗里德曼**、新制度经济学派的代表人物**诺斯**、奥地利经济学派的代表人物**米塞斯**，以及与奥地利经济学派、芝加哥学派关系密切的**哈耶克**。在凯恩斯阵营中，我们挑选了他本人与新凯恩斯学派的代表人物**萨缪尔森**。

所有这些学者，共同构成了经济学群星璀璨的黄金时代。他们无不著作等身、思想深刻、文笔优美，与其说他们的著作是无聊的学术著作，不如说是战斗檄文——向自己、向经济学同行、向历史的大师发起思想挑战。

弗里德曼作为第二代芝加哥学派领军人物，强调小政府、尊重市场的自由意志。弗里德曼的铅笔已经成了市场派的一个常用梗。诺斯作为新制度经济学派的集大成者，其独特的历史视角让我们意识到，推动经济发展不仅要依靠科技，更要依靠制度。米塞斯同样大大挑战了传统经济学，在巨著《人的行为》中，他采取了自上而下的演绎式论证逻辑，与所有经济学著作风格大不相同。哈耶克作为米塞斯最好的学生，在1956年的纽约接待会上，认为《货币理论》《社会主义》《人的行为》是米塞斯最重要的三本代表作。60多年以后看，《货币理论》的影响力日隆；而《社会主义》一书成为全景式展示两种主义对立的杰作；《人的行为》已成神作，奠定了米塞斯一代宗师的地位。哈耶克自己亦成为大师。

凯恩斯作为一个常常被这些经济学家挑战的人，自身也是一位挑战者，在《凡尔赛和约的经济后果》中，挑战和约不合理之处，在经典之作《就业、利息和货币通论》中提出国家积极干预，挑战古典经济学；萨缪尔森将严谨的数学、统计学应用到经济学，并且回应凯恩斯的挑战。上述学者的主要著作在国内均已出版，然而只有萨缪尔森的著作出版最少。国内只出版了萨缪尔森编写的经典教材《经济学》与他的博士论文《经济分析基础》，但收录了他的所有论文的《萨缪尔森科学论文集》七卷本迟迟没有出版，直到2020年，经济学者赖建诚从第7卷中挑选文章，编为《萨缪尔森自述》一书。该书多数为萨缪尔森松散的文章，有采访录、演讲录、回忆录。印象深刻的是他的文笔，幽默简洁，也是正面了解萨缪尔森的最佳材料。

经济学默认假设人是理性的，但在西蒙看来，人是有限理性的。西蒙作为20世纪最伟大的通才，其书名喜欢以模型为名——人的模型、思维模型、发现模型等，而他在经济学领域的成果都汇编在《有限理性模型》三卷本之中。可惜此套丛书国内并未出版。但有西蒙亲自审订的经济学文集《西蒙选集》可参考。另有《基于实践的微观经济学》一书可参考，这本书由演讲改编而成。

西蒙的有限理性学说最终在经济学中开花结果，成为行为经济学流派。行为经济学代表人物包括卡尼曼、阿克洛夫与理查德·泰勒等人，相关著作《思考，快与慢》《错误的行为》可参考。

其他诺贝尔经济学奖得主，如乔治·阿克洛夫的《现实主义经济学之路》、安格斯·迪顿的《经济学与消费者行为》、阿比吉特·班纳吉与埃斯特·迪弗洛夫妻的《贫穷的本质》亦可参考。更多可参阅"诺贝尔经济学奖获得者丛书"。

好的经济学教材，还可以参考格里高利·曼昆的《经济学原理》、赫尔曼·戴利的《生态经济学》、张夏准的《每个人的经济学》。

阿马蒂亚·森的《贫困与饥荒》、杰弗里·萨克斯的《贫穷的终结》、加布里埃尔·祖克曼的《不公正的胜利》与托马斯·皮凯蒂的《21世纪资本论》亦可参考。

关于经济学本身的争议，反方可参考斯蒂夫·基恩的《经济学的真相》，正方可参考丹尼·罗德里克的《经济学规则》。

政治博弈

当利益与成组织的暴力机关结合在一起，就构成了政治学永恒的话题。胡适曾说，多研究些问题，少谈些主义，但这一点对政治学家来说不成立。理解21世纪的政治博弈离不开四大主义：功利主义、自由主义、极权主义、民族主义。

如果说现代经济学理论围绕亚当·斯密和凯恩斯展开，那么现代政治学理论围绕卢梭与**边沁**展开。边沁不满意卢梭的社会契约论，将每个人的理性同意作为政治权力的合法性基础，他认为这种假设并不符合实际。边沁主张所有人都是"趋乐避苦"的，因此，最好的政体是能为最大多数人谋求最大幸福的政体。

边沁的功利主义因为其可操作性，更符合政治家的预期，因此得到了很多人的支持。其中，**穆勒**的《论自由》是继承边沁的功利主义传统的名著，被誉为古典自由主义的高峰。**罗尔斯**潜心写就的《正义论》，是一部回归卢梭的社会契约论路线的代表作，对功利主义针对卢梭的批评发起了回应，提出了自己的正义理论——一种更抽象的社会契约论来替代传统社会契约论。该书关键的论证建立在一个思想实验的基础之上，它就是"无知之幕"——你即将投胎，你能思考，但你的未来已被"无知之幕"挡住，你不知道自己投胎之后的父母是谁、在哪个城市生活、社会制度如何。

此时此刻，你会期待自己出生在什么样的社会？什么样的政治制度堪称合理？如此一来，反驳边沁的功利主义就容易理解了——并非每次绩优导向的受益者都是你自己。就像那个分饼的笑话一样，两个人来分饼，每人都觉得自己吃亏了，那么让一个人来切，另一个人来挑就好了。正义建立在分配正义基础之上，社会公平必须照顾最少受益者。

然而，罗尔斯的论证真的无懈可击吗？与他同校任教的**诺齐克**在《无政府、国家和乌托邦》中质问道：大饼从何而来呢？大饼如果是你做的，凭什么分给别人？如果政府采取平等主义导向，那么就会不断干涉人们的生活，最后陷入一个不可实现的乌托邦主义。但是如果我们从一个乌托邦到 N 个乌托邦呢？那么，反而是现实的，多个乌托邦可以共存。如此一来，不如让国家干预最小化，这正是诺齐克的自由意志主义。

在另一位政治学家**桑德尔**看来，无论是功利主义还是正义论，都有问题。在《自由主义与正义的局限》一书中，他提出了"正义内在于善"的思想。"无知之幕"忽视了我们与生俱来的那些关系。为什么人不能优先照顾自己的孩子和自己的亲人？政治必然成为伪善。

无论是边沁、穆勒，还是罗尔斯、诺齐克、桑德尔，都是在借助自己的论述，捍卫西方自由主义传统，为现代政体提供治理方法论与理论基石。而另一位政治思想家**阿伦特**亲历纳粹德国大屠杀，深刻反思了极权主义，在《艾希曼在耶路撒冷》中提出了"平庸的恶"的概念：恶的化身未必是狂暴的恶魔，也有可能是平凡、敬业、忠诚的小公务员。阿伦特的《人的境况》则让我们重新思考"人何以为人"的那些基本命题。比如，人类活动的领域可以分为公共领域与私人领域，前者是政治性的，后者是社会性的；而人类活动可以分为劳动、工作与行动。人的劳动维系生命，生命终止即停止劳动；人的工作建立世界，而工作的产物——那些你创造的作品，则可能抵达永恒；人的行动则是创造故事，你的言行可能令你抵达不朽。

政治学的基本思考对象是国家，但是国家从何而来？安德森在《想象的共同体》中研究了民族主义如何导致一个国家的创生，也就是想象的共同体的诞生。关于全球化之下的民族主义，亦可参考安德森的其他著作《比较的幽灵》《全球化时代》。自诩现代马基雅维利主义者的亨廷顿则在《变化社会中的政治秩序》中注意到，国家间最重要的区别不在于统治形式，而在于统治的有效程度，它依赖于两个关键变量——民众政治动员程度和政治组织化程度，一个高动员度与高组织度的国家更容易保持高效的政治秩序。

从宏观的国家制度聚焦到微观的人际互动现象，两位政治学家给予了我们全新启发。帕特南的《独自打保龄》，讲的是社会机制如何受到破坏，在他看来，"独自打保龄"的现象意味着美国社会资本的流失，导致公民参与的衰落。福山在《信任》一书中，考察了社会信任度在各国经济生活中的角色，我们可以从中清楚地看到不同文明的信任机制如何影响一个国家的发展。

人类的多样性

当我们讨论社会和解决社会问题的时候，不同国家的人习惯从自己所在的国家出发，下意识地忽略自己所属的族群与人种的影响。欧洲中心论、美国中心论在各类场合屡见不鲜。此时此刻，你需要掌握一些人类学知识，理解人类的多样性。

莫斯的《礼物》，披露了人类是如何与物以及通过物而与他人彼此互相关联的。接下来，你可以在本尼迪克特的《菊与刀》中欣赏日本人的性格，在米德的《萨摩亚人的成年》中观察南太平洋的岛民生活，在列维－斯特劳斯的《忧郁的热带》中访问南美原始部落风情，在贝特森的《纳文》中参加雅特穆尔人的庆祝仪式。还可以跟随中国人类学奠基者费孝通，在《江村经济》中，看看你所忽略的中国乡村生活。

人类学研究了这么多不同民族、不同地区、不同国家的生活方式，我们该如何形成一个关于人类的整体认知呢？道格拉斯的群格分析框架也许能给你启发。她在《自然象征》一书中，以个人的角色规范（grid，称"格"）和群体约束力量（group，称"群"）两个维度，将各种社会中的个人分为四种类型：群强格强，群强格弱，群弱格强，群弱格弱。

什么是群？就是那些有明显社会界限的群体，如各类组织、国家或民族。什么是格？就是个人与他人交往的准则，如角色、类别、范畴。该理论最早发源于道格拉斯对种种文化种群的观察。在道格拉斯眼里，中国人是一个群最强、格也最强的种群；位于苏丹南部和埃塞俄比亚西部的部落联盟努尔人则居中；位于尼罗河流域，没有中央集权领袖，由分散部落构成的丁卡人则群最弱、格最弱。

身处群弱格弱的族群，你使劲发展个人能力，能够获得多大的幸福感？反之，身处群弱格强的文明中，你使劲发展人际关系，能获得多大的提升？当你开始思考这些问题，你会隐隐发现，从你所在的族群到个人命运，不同选择导致的结果截然不同。

在很多时候，我们是另一种文化的他者。从另一种文化的视角来推己及人，我们才更容易理解对方，不容易出现极端的民族主义。理解文化，可参考格尔茨的《文化的解释》。该书为格尔茨论文精选，他强调了"深描"不同族群文明的重要性。

人类学发展到今天，已经形成了更多的分支学科：

> » 进化人类学，参见邓巴的《人类的演化》等著作；
>
> » 认知人类学，参见莫里斯·布洛克的《人类学与认知挑战》等著作；
>
> » 科学人类学，参见布鲁诺·拉图尔的《科学在行动》等著作；
>
> » 语言人类学，参见保罗·科克尔曼的《鸡和格查尔》(*The Chicken and the Quetzal*)等著作；
>
> » 心理人类学，参见许烺光的《祖荫下》、布拉德·肖尔的《心智中的文化》(*Culture in Mind*)等著作；
>
> » 数字人类学，参见丹尼尔·米勒的《脸书故事》、娜塔莎·道·舒尔的《运气的诱饵》等著作；
>
> » 医学人类学，参见莎伦·考夫曼的《生死有时》、南希·谢珀-休斯的《无人哭泣的死亡》(*Death Without Weeping*)等著作。

这些新的学科正在蓬勃发展，帮助我们更清晰地理解人类的多样性。

具体书目

5.1 总论

光明与黑暗
· 让 - 雅克·卢梭 (Jean-Jacques Rousseau，1712—1778，法国)：《社会契约论》《论人类不平等的起源和基础》《忏悔录》《一个孤独漫步者的遐想》(第二次出现)
· 尼科洛·马基雅维利 (Niccolo Machiavelli，1469—1527，意大利)：《君主论》(第二次出现)

社会科学五巨头

- 卡尔·马克思（Karl Heinrich Marx，1818—1883，德国）:《资本论》（第二次出现）
- 埃米尔·涂尔干（Émile Durkheim，1858—1918，法国）:《社会分工论》《社会学方法的规则》《自杀论》（第三次出现）
- 马克斯·韦伯（Max Weber，1864—1920，德国）:《新教伦理与资本主义精神》《学术与政治》《经济与社会》《儒教与道教》《宗教社会学》，传记参见其妻子的著作《马克斯·韦伯》（玛丽安妮·韦伯）
- 齐美尔（Georg Simmel，1858—1918，德国）:《社会学:关于社会化形式的研究》《货币哲学》，研究著作参见《齐美尔:生存形式》（北川东子）
- 亚当·斯密（Adam Smith，1723—1790，英国）:《国富论》《道德情操论》，传记参见《亚当·斯密传》（杰西·诺曼）

5.2　社会交换

社会学

- 米歇尔·福柯（Michel Foucault，1926—1984，法国）:《规训与惩罚》《疯癫与文明》《性经验史》《词与物》《知识考古学》，传记参见《米歇尔·福柯传》（迪迪埃·埃里蓬）
- 皮埃尔·布尔迪厄（Pierre Bourdieu，1930—2002，法国）:《区分》《再生产》《国家精英》《学术人》《男性统治》《自我分析纲要》《反思社会学》（第二次出现）
- 欧文·戈夫曼（Erving Goffman，1922—1982，美国）:《日常生活中的自我呈现》《污名》《精神病院》（*Asylums*），研究性合集参见 *The Contemporary Goffman*，by Michael Hviid Jacobsen
- 彼得·伯格（Peter L. Berger，1929—2017，美国）:《现实的社会构建》《与社会学同游》《神圣的帷幕》，自传参见《柏格欧吉桑的社会学奇幻旅程》
- 马克·格兰诺维特（Mark Granovetter，1943—　，美国）:《找工作》《社会与经济》

社会心理学

- 库尔特·勒温（Kurt Lewin，1890—1947，美国）:《拓扑心理学原理》《社会科学中的场论》《个性动力论》，评传参见《勒温》（李明）
- 菲利普·津巴多（Philip G. Zimbardo，1933—　，美国）:《路西法效应》《态度改变与社会影响》《津巴多普通心理学》，传记参见《津巴多口述史》
- 塞奇·莫斯科维奇（Serge Moscovici，1925—2014，法国）:《群氓的时代》《社会表征》，讨论文集参见 *Serge Moscovici's Work*，by Papastamou & Moliner，亦可参考 *The Making of Modern Social Psychology*
- 戴维·肯尼（David A. Kenny，1946—　，美国）:《人际知觉》（*Interpersonal Perception*）
- 苏珊·菲斯克（Susan T. Fiske，1952—　，美国）:《社会认知》《社会人》（*Social Beings*）

5.3 经济交易

经济学

· 约翰·梅纳德·凯恩斯（John Maynard Keynes，1883—1946，英国）：《就业、利息和货币通论》《凡尔赛和约的经济后果》《劝说集》，传记参见《凯恩斯传》（罗伯特·斯基德尔斯基）

· 米尔顿·弗里德曼（Milton Friedman，1912—2006，美国）：《资本主义与自由》《自由选择》《美国货币史：1867—1960》，自传参见《两个幸运的人》

· 道格拉斯·诺斯（Douglass C. North，1920—2015，美国）：《制度、制度变迁与经济绩效》《暴力与社会秩序》《经济史上的结构和变革》《西方世界的兴起》

· 路德维希·冯·米塞斯（Ludwig von Mises，1881—1973，奥地利）：《人的行为》《反资本主义的心态》《自由与繁荣的国度》《社会主义》《货币与信用理论》，自传参见《米塞斯回忆录》，传记参见《米塞斯大传》（约尔格·吉多·许尔斯曼）及其妻子著作《米塞斯夫人回忆录》

· 弗里德里希·哈耶克（Friedrich Hayek，1899—1992，英国）：《通往奴役之路》《自由宪章》《致命的自负》《个人主义与经济秩序》《法律、立法与自由》，传记参见《哈耶克传》（艾伦·艾伯斯坦）

· 保罗·萨缪尔森（Paul A. Samuelson，1915—2009，美国）：《经济学》《经济分析基础》《萨缪尔森科学论文集》（*Collected Scientific Paper of Paul A. Samuelson*），自传参见《萨缪尔森自述》，传记参见《萨缪尔森传》（罗杰·巴克豪斯）

· 赫伯特·西蒙（Herbert A. Simon，1916—2001，美国）：《有限理性模型》（*Models of Bounded Rationality*）《西蒙选集》《基于实践的微观经济学》（第二次出现）

5.4 政治博弈

政治学、政治哲学

· 杰里米·边沁（Jeremy Bentham，1748—1832，英国）：《道德与立法原理导论》《政府片论》《论一般法律》，传记参见 *The Happiness Philosophers*，by Bart Schultz

· 约翰·穆勒（John Stuart Mill，1806—1873，英国）：《论自由》《功利主义》，自传参见《约翰·穆勒自传》，传记同上

· 约翰·罗尔斯（John Rawls，1921—2002，美国）：《正义论》《政治哲学史讲义》《政治自由主义》，传记参见 *John Rawls*，by Andrius Gališanka

· 罗伯特·诺齐克（Robert Nozick，1938—2002，美国）：《无政府、国家与乌托邦》，纪念合集参见《罗伯特·诺齐克》（大卫·施密茨）

· 迈克尔·桑德尔（Michael J. Sandel，1953— ，美国）：《公正》《自由主义与正义的局限》《金钱不能买什么》

· 汉娜·阿伦特（Hannah Arendt，1906—1975，德国）：《人的境况》《艾希曼在耶路撒冷》《极权主义的起源》，传记参见《爱这个世界》（伊丽莎白·扬 - 布鲁尔），电影参见《汉娜·阿伦特》

- 本尼迪克特·安德森（Benedict Anderson，1936—2015，美国）：《想象的共同体》《比较的幽灵》《全球化时代》，传记参见《椰壳碗外的人生》
- 塞缪尔·亨廷顿（Samuel P. Huntington，1927—2008，美国）：《变化社会中的政治秩序》（第二次出现）
- 罗伯特·帕特南（Robert D. Putnam，1941—　，美国）：《独自打保龄》《我们的孩子》
- 弗朗西斯·福山（Francis Fukuyama，1952—　，美国）：《信任》《政治秩序的起源》《历史的终结与最后的人》

5.5　人类的多样性

人类学

- 马塞尔·莫斯（Marcel Mauss，1872—1950，法国）：《礼物》《巫术的一般理论》，传记参见 *Marcel Mauss*, by Marcel Fournier & Jane Marie Todd
- 鲁思·本尼迪克特（Ruth Benedict，1887—1948，美国）：《菊与刀》《文化模式》，传记参见 *Ruth Benedict: Stranger in This Land*, by Margaret M. Caffrey
- 玛格丽特·米德（Margaret Mead，1901—1978，美国）：《萨摩亚人的成年》《三个原始部落的性别与气质》《代沟》，传记参见《人类学之母的传奇人生》（玛丽·鲍曼 - 克鲁姆）
- 克洛德·列维 - 斯特劳斯（Claude Lévi-Strauss，1908—2009，法国）：《忧郁的热带》《野性的思维》《结构人类学》，传记参见《实验室里的诗人》（帕特里克·威肯）
- 费孝通（1910—2005）：《江村经济》《乡土中国》《生育制度》，传记参见《费孝通传》（大卫·阿古什）
- 玛丽·道格拉斯（Mary Douglas，1921—2007，英国）：《自然象征》（*Natural Symbols*）《洁净与危险》《作为文学的〈利未记〉》，传记参见 *Mary Douglas*, by Richard Fardon
- 克利福德·格尔茨（Clifford Geertz，1926—2006，美国）：《文化的解释》《地方知识》《爪哇的宗教》（*The Religion of Java*），传记参见《追寻事实》

6. 如何理解组织

总论

组织有大有小，大型组织如宗教组织，在全世界有几千万甚至几十亿信徒，还有军事组织，在一个强权国家的军队也拥有数百万人；中型组织，如互联网平台企业，人数在数万人；小型组织，如会计师事务所、律师事务所、中小型科技企业，人数在数十人、数百人不等。如何高效地管理这么多人？这促进了现代管理学的诞生。早期最重要的学者，一位是来自美国的**泰勒**，他在 1911 年出版的《科学管理原理》中提出了一整套如今被称为"泰勒制"的科学管理方法及制度；另一位是来自法国的**法约尔**，他在 1916 年出版的《工业管理与一般管理》一书贡献了十四项管理原则和五项管理要素，成为如今管理实践与管理教育的基本逻辑。

管理学诞生之后，众说纷纭。**孔茨**在《管理学》一书中形象地总结了管理理论的丛林，将管理理论总结为管理过程流派、经验流派、人类行为流派、社会系统流派、决策理论流派与数量流派六大流派。在他看来，管理是通过正式组织的团队中的人完成事情的艺术。

21 世纪的组织不同于传统组织之处是什么？是知识型组织的蓬勃兴起与发展。如果说传统组织以工人为主，那么，知识型组织以知识工作者为主，这一概念正是来自**德鲁克**。从工业时代到信息时代之后，德鲁克注意到组织的主要参与者，从工人转向知识工作者，他在《卓有成效的管理者》等书中提供了众多远见卓识，并且强调了知识工作者如何管理自身。

在传统组织看来，人是完成生产目标的工具，但在**西蒙**与**马奇**合著的《组织》看来，人是有血有肉的人，受到动机与情绪的驱使，个人目标与组织目标必然并不相同，在个人被动接受组织目标的过程中，必然会产生冲突。同时，组织成员都受到有限理性的局限，我们的大脑算力有限，我们的任何决策必然是在信息不够完善的情况下的满意解而非最优解。西蒙的《管理行为》、马奇的《决策是如何产生的》进一步强化了决策在组织与管理中的核心地位。

明茨伯格则更关心管理者的角色与组织结构设计。他在博士论文改编而成的著作《管理工作的本质》中将管理者从事的活动划分为三大类：人际关系、信息联系与决策，并据此将管理者的角色划分为 10 种：（1）人际关系类角色，包括挂名首脑、领导者与联络者；（2）信息联系类角色，包括信息接受者、信息传播者与发言人；（3）决策类角色，包括企业家、故障排除者、资源分配者与谈判者。继而，在《卓有成效的组织》中总结了常见的五种组织结构：简单结构、机械式官僚结构、专业式官僚结构、事业部制结构与变形虫结构。

组织何以成为组织？本质上是因为组织内部的交易成本小于组织外部的交易成本，因此组织存在的根本理由就是价值创造、价值评价与价值分配。除了宗教组织、军事组织、社会组织使用的是特殊的价值评判体系，如国家利益、精神信仰与社会福祉，绝大多数组织采取的评判标准是相对简单直接的评价体系：金钱与财富。

按照价值链逻辑来看，要理解组织，有三个关键点：（1）组织中的人：它是组织创造价值的根本；（2）组织中的钱：它是组织中的核心资源，人因钱而聚，又因钱而散；（3）组织中的事：人与钱聚集在一起，总得做点事吧？而组织中最关键的事莫过于两类：准备产品与服务、推广产品与服务。

人有生老病死，组织同样存在生命周期。一代人有一代人推崇的组织，那么如何创建组织？从科技企业、专业服务组织再到社会企业，不同类型的组织有其独特之处，我们可以阅读这些领域中最优秀的人物传记来减少试错成本。

以上就是理解组织至关重要的四个命题：组织中的人、组织中的钱、组织中的事、创建组织。接下来，我们一一阐述。

组织中的人

这是组织行为学、人力资源管理领域研究的话题。该领域存在四大经典模块，是沿着一个人加入再到离开一个组织分别展开的，它们分别是：招聘、培训、绩效与文化。

第一个模块是招聘。如何招募到更合适的人才？这是每一位管理者关心的话题。推荐两本经受住时间考验的著作给管理者们。一本是介绍**麦克利兰**胜任力模型招聘法的《才能评鉴法》。其中，胜任力模型也常常译作能力模型、素质模型。

1973 年，麦克利兰发表了经典论文《测量胜任力而非智力》。在该篇论文中，麦克利兰认为招聘应该更侧重被招聘者对某一岗位的胜任力，而非智力。组织应该建立自己的胜任力模型。1965 年，麦克利兰创办 McBer & Company（后与其他公司合并，改名为合益集团）。《才能评鉴法》一书正是由该公司负责人莱尔·斯宾塞撰写的。

麦克利兰自己的《成就社会》首次出版于 1961 年。在书中，他提出一个大胆的观点：决定经济增长的不是种族、气候或人口增长，文化习俗和动机——尤其是成就动机——才是经济增长的主要催化剂。成就动机，影响了文明兴衰、国家经济增长。对一个国家来说，最聪明的做法是投资那些成就动机高的人，并且引导整个社会创造一种追求高成就动机的文化。同样，对一个企业的招聘来说，也是如此。

作为一种统治至今的招聘方法，基于胜任力模型的招聘方法有其优点：系统、科学、高效。但在 21 世纪，胜任力模型理论受到诸多挑战，今天的招聘重心开始从重视确定岗位的胜任力转向不确定事业的潜力。

另一本是**霍根**的《领导人格与组织命运》。传统人事测评，将重心放在选拔足够"好"的应聘者上，而霍根更关心人们在高压力下的失常表现与不良行为。他也是如今人格心理学流行的黑暗人格研究的首倡者。这本书简略介绍了霍根理论，尤其关注了那些"失败的"管理者。

第二个模块是培训。当一个新员工进入组织中，如何让他尽快上手？如何让一个企业员工快速掌握新设备、新技能？这些都涉及培训。高效的组织学习离不开行动科学，**阿吉里斯**的《组织学习》再次让我们反思学习本身。

组织培训领域的实务手册则可参考**碧柯**的众多著作，尤其是她的《培训的艺术与科学》一书。她编写的《ATD 培训与人才发展手册》荟萃了 ATD（人才发展协会）的百余位专家的建议和相关实践，是企业培训领域的入门必读。

第三个模块是绩效。我们该如何评定一个人的绩效？薪资制度如何激励组织中的人？从早期**赫茨伯格**的经典著作《赫茨伯格的双因素理论》，到今天如何使用动机科学中的新理论——"自我决定论"去激励一个人，始终是绕不过的话题。

在绩效管理领域，每年都有新的框架、新的指标诞生，但经受住时间考验的莫过于平衡计分卡，该方法 1992 年由哈佛大学**卡普兰**教授与合作伙伴首次提出，可参见《平衡计分卡》等书。国际绩效改善协会主席罗杰·考夫曼博士的《促进企业成功的需求评估：企业成功指南》亦可参考。

第四个模块是文化。企业文化的经典著作，推荐**沙因**的《组织文化与领导力》与**霍夫斯泰德**的《文化与组织》。前者提出了企业文化的三层次模型：人造物品、信奉价值与基本假设。后者从权力距离、集体主义 - 个体主义、阴柔气质 - 阳刚气质与不确定性规避四个维度，比较了同一家跨国公司的不同国家与地区之间的企业文化差异。

除了上述四大基本模块，组织中的人亦有其他模块，可参考我的译作《工作评价》与参编教材《人力资源管理》等书。近些年备受瞩目的是员工心理援助。组织不仅仅要将组织中的人看成一种核心资源，更需要将组织中的人看成活生生的人，每个人都有自己的想法，有坚强之处，更有脆弱一面。在一个信息爆炸的时代，以抑郁症、焦虑症为代表的心理问题层出不穷，如何降低企业员工心理健康风险，提升心理资本，成了一个热门话题。

而这一切离不开马斯拉奇提出的"职业倦怠"理论。什么是职业倦怠？它是由马斯拉奇在 1976 年发现的一种现象。她发现在服务业、教育业、医疗行业，容易出现一种现象：随着工作年限增加，工作热情却消失了，对工作中涉及的人漠不关心，对工作敷衍了事，持有负面态度。之后，她在 1982 年正式定义了职业倦怠：一种情绪衰竭、去人性化以及个人成就感低落的现象。她在《倦怠的真相》与新作《倦怠的挑战》等著作中，呼吁组织高度重视员工的职业倦怠现象。

组织中的钱

这是会计学、金融学重点研究的话题。先说会计学。会计是一个兼具理论与实务的学科。蒙哥马利本人即为典范，他从未接受过高等教育，却成为会计实务界的领袖，不仅创办了美国公共会计师协会、《会计杂志》，还创办了自己的会计师事务所——Coopers & Lybrand，之后与其他公司合并成世界最大的专业服务机构——普华永道会计师事务所。他的早年著作如今以《蒙哥马利审计学》之名，由会计界人士继续完善，成为该领域的权威著作。

会计的核心领域包括财务会计与管理会计。财务会计侧重对企业收入支出的登记、核查与确认，即人们日常提及的会计，管理会计侧重从成本出发，提高企业运营效率与整体效益。

在财务会计领域中，既存在大量专业类的教材，也存在一些旨在帮助人们轻松入门的好书。前者如安东尼的《会计学基础》、亨格瑞的《财务会计教程》；后者如达雷尔·穆利斯等人合著的《世界上最简单的会计书》、肖星的《一本书读懂财报》。

安东尼、亨格瑞两位同样是管理会计的领军人物。安东尼的《管理控制系统》、亨格瑞的《成本与管理会计》分别解答了管理会计领域的两大关键命题：管理控制与成本会计。以发明平衡计分卡而闻名于世的**卡普兰**则大大促进了管理会计领域的理论与实务发展，他与人合著的《管理会计兴衰史》清晰介绍了管理会计的变迁。

罗斯等人合著的《公司理财》则从公司价值链出发，分析了公司财务管理的核心问题，包括财务报表、资产定价、长期财务规划、短期财务管理，以及公司投资风险管理等。

会计学作为管理组织中的钱的庞大学科，并不局限于财务会计与管理会计两大分支，行为会计、法务会计亦在兴起。前者可参考安东尼·霍普伍德的《会计与人类行为》等著作，后者可参考霍华德·施利特与人合著的《财务诡计》等著作。

再来看看金融学。金融学与会计学重合部分不少，但会计学并不包括常常被划在金融学之下的证券分析与证券投资。**格雷厄姆**的《聪明的投资者》是该领域一本绕不过的经典。该书阐述的是一种投资的智慧而非技巧，格雷厄姆明确了"投资"与"投机"的区别，阐述了投资的基本原则。

问题是，知易行难，人们往往会给容易健忘的大脑增加很多乱七八糟的想法。格雷厄姆凭借投资实践经验，将这些想法予以摒弃。而一位杰出的诺贝尔经济学奖得主卡尼曼，沿着另一位诺贝尔经济学奖得主西蒙开辟的"人类有限理性"的道路，进行了科学意义上的分析。《聪明的投资者》与卡尼曼的《思考，快与慢》搭配阅读，你会有收获。

会计学与认知心理学结合，有了行为会计学；金融学与认知心理学结合，有了行为金融学。但人类真的能避免自己的认知偏差吗？我深表怀疑。与其反复受困于人类投资者的大脑缺陷，不如让机器人上阵，这就是正在蓬勃兴起的量化金融学。作为量化金融领域的领军人物，**威尔莫特模仿会计界**的先驱们，创造了一个类似于注册会计师的新型认证体系——量化金融分析师（Certificate in Quantitative Finance，简称 CQF）。他还创办了量化金融门户网站（网址：wilmott.com），并通过《金融方程式》《量化金融常见问题解答》《数量金融》等作品，大大推进了量化金融领域的发展。

组织中的事

当组织中的人与钱汇集成功，组织的创建者不可能让人们天天晒太阳，不可能让钱躺在银行账户上吃利息。此时此刻，我们就需要动用组织中的人与钱去创造价值，俗称：做点事。

一个人做点事，凭借我们的大脑，就可以轻松记住，但当人数多到一定程度，金额大到一定数额，就需要借助专业的项目管理知识。可以说，组织中的事多数都会组织成"项目"的形式。今天，项目管理已经发展成一个成熟的领域，它源自早期的两个关键成果：关键路径方法和工作分解结构。前者侧重确定项目中的活动安排先后次序，保证给关键活动留出更多时间与资源；后者侧重拆解项目，将项目拆解成一个又一个可交付的成果。相关读物，可参考美国项目管理协会（PMI）编写的《项目管理知识体系指南》一书，它已经成为该领域事实上的国际标准。

约束理论与敏捷项目管理亦可参考。前者由艾利·高德拉特于1984年在商业小说《目标》中首次提出，后者由吉姆·海史密斯在2004年出版的《敏捷项目管理》中首次提出。

我们人类常常高估自己项目管理的能力，但低估项目本身的复杂性，以及项目参与者的心态。**布鲁克斯**的《人月神话》对此进行了精彩描述，该书已经成为软件工程师、项目管理人员的必读书。另一本类似的著作是《人件》。

组织中的项目，最关键的莫过于两类：第一类是准备产品与服务，涉及需求分析、用户体验、研发管理、产品制造、产品分发与流通等等。而在开始所有事情之前，更重要的是战略管理，也就是商业模式的选择。推荐**斯莱沃斯基**的《利润模式》。

在具体的事情上，需求分析推荐参考迈克·科恩的《用户故事实战》；用户体验推荐参考诺曼的《设计心理学》系列、杰西·詹姆斯·加勒特的《用户体验要素》以及福格的《福格说服技术》；研发管理推荐参考马丁·卡根的《启示录》、梅丽莎·佩里的《卓越产品管理》；产品制造可参考伯乐父子推广丰田精益生产模式的《金矿》；产品分发与流通推荐参考苏尼尔·乔普拉等人的《供应链管理》。

第二类是推广产品与服务。酒香不怕巷子深在今天越来越不现实。目前绝大多数行业市场竞争充分，因此我们需要让更多的人知道自己的组织可以提供的产品与服务。这涉及消费者行为学、市场营销学、广告学、品牌管理学、公共关系等相关学科或领域。

消费者行为学，推荐**西奥迪尼**的《影响力》，津巴多的《态度改变与社会影响》、罗伯特·加斯的《说服心理学》亦可参考；市场营销学推荐**特劳特**的《定位》、**科特勒**的《营销管理》；广告学推荐**阿姆斯特朗**的《广告说服力》，马修·威尔科克斯的《畅销的原理》亦可参考。品牌管理则可参考卢泰宏的《品牌思想简史》，这本书整理了品牌管理领域的经典名作；公共关系可参考**李普曼**的《公众舆论》。

组织中的事不仅包括准备与推广产品与服务，还包括知识管理、信息管理等。为了提高组织效率，降低交易成本，我们需要管理在组织中流通的知识与信息。推荐野中郁次郎的系列著作《创造知识的企业》《知识创造的螺旋》《创新的本质》等。

创建组织

绝大多数人先是在一个到多个组织中谋生，通过出售自己的时间与体力获得经济回报。少数人则通过创建自己的组织，获得经济回报。

按照组织类型，创建风险投资驱动的大型公司，可参考格雷厄姆的《黑客与画家》、蒂尔的《从 0 到 1》、大前研一的《企业参谋》。关于布兰克的精益创业理论，可参考《四步创业法》等著作。

与一轮又一轮拿融资、奔着上市的公司不同，还有一类公司并不以上市为目标。这在专业服务公司中极为常见。什么是专业服务公司？比如律师事务所、管理咨询公司、会计师事务所、独立软件工作室。推荐阅读温伯格的《咨询的奥秘》与马斯特的《专业服务公司的管理》。沙因的《过程咨询》系列丛书；碧柯的《咨询业基础和超越》《咨询师迅速起步指导》；贾森·弗里德与戴维·海涅迈尔·汉森合著的《重来》系列亦可参考。

除了以营利为目的的公司，还有一类特殊的组织，就是"社会企业"。不同于传统企业以金钱作为价值评判标准，社会企业更关心如何提高社会福祉。推荐戴维·伯恩斯坦的《如何改变世界》《梦想的价格》（*Price of a Dream*）。

商业英雄往往不算智者，但有少数企业家不仅白手起家，创办或参与创办了知名企业，更以思想独特著称。我们从中挑选了 10 位，分别是美国的沃尔顿（沃尔玛公司）、巴菲特（伯克希尔·哈撒韦公司）、乔布斯（苹果公司）、索罗斯（索罗斯基金）、鲍尔（麦肯锡公司），欧洲的迪奥（法国 LVMH 集团）、坎普拉德（宜家公司），日本的盛田昭夫（索尼公司）、稻盛和夫（稻盛集团），以及孟加拉国的尤努斯（格莱珉银行），并将他们的个人著作与传记整理在书目中，供读者参考。

具体书目

6.1 总论

组织与管理：源头

- 弗雷德里克·泰勒（Frederick Winslow Taylor，1856—1915，美国）：《科学管理原理》，传记参见 *The One Best Way*，by Robert Kanigel
- 亨利·法约尔（Henri Fayol，1841—1925，法国）：《工业管理与一般管理》

关键思想家

- 哈罗德·孔茨（Harold D. Koontz，1909—1984，美国）：《管理学》（*Principles of Management*，合著）《管理学精要》（合著）
- 彼得·德鲁克（Peter F. Drucker，1909—2005，美国）：《卓有成效的管理者》《管理的实践》《管理》《创新与企业家精神》，自传参见《旁观者》
- 赫伯特·西蒙（Herbert A. Simon，1916—2001，美国）：《管理行为》《组织》（合著）《管理决策新科学》（第三次出现）
- 詹姆斯·马奇（James G. March，1928—2018）：《决策是如何产生的》《组织》（合著）《经验的疆界》《马奇论管理》《论领导力》
- 亨利·明茨伯格（Henry Mintzberg，1939—　，加拿大）：《卓有成效的组织》《战略历程》《管理工作的本质》

6.2 组织中的人

招聘

- 戴维·麦克利兰（David C. McClelland，1917—1998，美国）：《成就社会》（*The Achieving Society*）《才能评鉴法》（莱尔·斯宾塞著）
- 罗伯特·霍根（Robert Hogan，1937—　，美国）：《领导人格与组织命运》

培训

- 克里斯·阿吉里斯（Chris Argyris，1923—2013，美国）：《组织学习》《克服组织防卫》（第二次出现）
- 伊莱恩·碧柯（Elaine Biech，1947—　，美国）：《培训的艺术与科学》（*The Art and Science of Training*）《ATD 培训与人才发展手册》（*ATD's Handbook for Training and Talent Development*）

绩效

- 弗雷德里克·赫茨伯格（Frederick Herzberg，1923—2000，美国）：《赫茨伯格的双因素理论》
- 罗伯特·卡普兰（Robert S. Kaplan，1940—　，美国）：《平衡计分卡》（合著）《战略地图》《组织协同》（合著）

文化

- 埃德加·沙因（Edgar H.Schein, 1928—　, 美国）:《组织文化与领导力》《企业文化生存与变革指南》, 自传参见 *Becoming American*
- 吉尔特·霍夫斯泰德（Geert Hofstede, 1928—2020, 荷兰）:《文化与组织》《文化的后果》（*Culture's Consequences*）

其他

- 克里斯蒂娜·马斯拉奇（Christina Maslach）:《倦怠的真相》（*The Truth About Burnout*）《倦怠的挑战》（*The Burnout Challenge*）（合著）

6.3 组织中的钱

会计学

- 罗伯特·蒙哥马利（Robert Hiester Montgomery, 1872—1953）:《蒙哥马利审计学》
- 罗伯特·安东尼（Robert N. Anthony, 1916—2006, 美国）:《会计学基础》《管理控制系统》
- 查尔斯·亨格瑞（Charles T. Horngren, 1926—2011, 美国）:《成本与管理会计》《财务会计教程》
- 罗伯特·卡普兰（Robert S. Kaplan, 1940—　, 美国）:《管理会计兴衰史》（合著）（第二次出现）
- 斯蒂芬·罗斯（Stephen A. Ross, 1944—2017, 美国）:《公司理财》（合著）

金融学

- 本杰明·格雷厄姆（Benjamin Graham, 1894—1976, 美国）:《聪明的投资者》《证券分析》（合著）, 传记参见《格雷厄姆》
- 保罗·威尔莫特（Paul Wilmott, 1959—　, 英国）:《金融方程式》（合著）《量化金融常见问题解答》《数量金融》

6.4 组织中的事

项目管理

- 弗雷德里克·布鲁克斯（Frederick P. Brooks Jr, 1931—　, 美国）:《人月神话》《设计原本》

提供产品与服务

- 亚德里安·斯莱沃斯基（Adrian J. Slywotzky, 1951—　）:《利润模式》《发现利润区》

推广产品与服务

- 罗伯特·西奥迪尼（Robert Beno Cialdini, 1945—　）:《影响力》
- 杰克·特劳特（Jack Trout, 1935—2017）:《定位》（合著）《营销战》（合著）

- 菲利普·科特勒（Philip Kotler, 1931—　）：《营销管理》，传记参见《我的营销人生》
- 斯科特·阿姆斯特朗（J. Scott Armstrong, 1937—　）：《广告说服力》
- 沃尔特·李普曼（Walter Lippmann, 1889—1974，美国）：《公众舆论》《幻影公众》，传记参见《李普曼传》（罗纳德·斯蒂尔）

6.5 创建组织

创业学

- 彼得·蒂尔（Peter Thiel, 1967—　，美国）：《从0到1》，传记参见《彼得·蒂尔传》（托马斯·拉波尔德）
- 大前研一（Ohmae Kenichi, 1943—　，日本）：《企业参谋》《思考的技术》《无国界的世界》，以及主编的《创业圣经》《新企业战略》《差异化经营》等书，传记可参考其姐姐的著作：《大前研一不爱上学》（大前伶子）
- 史蒂夫·布兰克（Steve Blank, 1953—　，美国）：《四步创业法》《创业者手册》（合著）《创业成功范式》（合著）

专业服务

- 杰拉尔德·温伯格（Gerald M. Weinberg, 1933—2018，美国）：《咨询的奥秘》《你的灯亮着吗》（合著）《系统化思维导论》
- 大卫·马斯特（David H. Maister, 1947—　，美国）：《专业服务公司的管理》《值得信赖的顾问》（合著）

创始人

美国

- 山姆·沃尔顿（Sam Walton, 1918—1992，美国）：传记参见《富甲美国》
- 沃伦·巴菲特（Warren Buffett, 1930—　，美国）：《巴菲特致股东的信》，传记参见《巴菲特传》（罗杰·洛温斯坦）
- 史蒂夫·乔布斯（Steve Jobs, 1955—2011，美国）：传记参见《史蒂夫·乔布斯传》（沃尔特·艾萨克森）（第二次出现）
- 乔治·索罗斯（George Soros, 1930—　，美国）：《金融炼金术》《开放社会》《超越金融》，传记参见《索罗斯传》（罗伯特·斯莱特）
- 马文·鲍尔（Marvin Bower, 1903—2003，美国）：《管理意志》（*The Will to Manage*）《领导意志》（*The Will to Lead*），传记参见《麦肯锡传奇》（伊丽莎白·哈斯·埃德莎姆）

欧洲

- 克里斯汀·迪奥（1905—1957，法国）：《迪奥的时尚笔记》，传记参见《克里斯汀·迪奥与我》
- 英格瓦·坎普拉德（Ingvar Kamprad, 1926—2018，瑞典）：传记参见《宜家传》（伯迪·托尔卡）

日本

- 松下幸之助（1894—1989，日本）：《自来水哲学》《经营沉思录》，传记参见《松下幸之助传》（北康利）
- 稻盛和夫（1932—2022，日本）：《活法》《稻盛和夫的实学》《阿米巴经营》，传记参见《稻盛和夫自传》《稻盛和夫的人生哲学》（北康利）

孟加拉国

- 穆罕默德·尤努斯（Muhammad Yunus，1940— ，孟加拉国）：《穷人的银行家》（第二次出现）

7. 如何理解家庭

总论

　　家是我们最重要的根据地。在家庭中，我们亲历人生四季、春夏秋冬，从咿呀学语、蹒跚学步的小朋友慢慢长大成人，直到组建自己的家庭，生儿育女。

　　家庭有两个特殊之处，一方面它始终在不断变化，家庭成员时增时减，家庭居所或南或北。另一方面，家庭承载的是我们的亲密关系，长辈如爸爸妈妈，同辈如兄弟姐妹，子辈如儿女甥侄，这些亲密关系会相互影响。没有人与世隔绝，没有人独立于家庭而存在，没有孩子不受家人情绪影响。

　　因此，理解家庭需要两个视角：发展的视角与系统的视角。前者侧重从人生发展的全程来看待家庭中的重要事宜，涉及发展科学，主要包括儿童发展、青少年发展、成年发展与老年发展等；后者将家庭当作一个系统，而非就事论事，涉及家庭科学，主要包括家庭生活教育、家庭治疗与家庭个案管理等。

　　发展科学的先驱包括亚伯拉罕·雅各比（儿科医学先驱）、普莱尔（儿童发展心理学先驱）、皮亚杰（儿童认知发展奠基者）等。其中皮亚杰最为人所知，正是他在《发生认识论原理》中率先将布尔数学、逻辑学、认识论引入对儿童认知发展的研究，将儿童认知发展划分为感知运动阶段、前运算阶段、具体运算阶段和形式运算阶段。之后，沿着皮亚杰的路线继续前进，才有了今日儿童心理学中的众多成果。

与皮亚杰不同，**维果茨基**更关心孩子的语言，他在《思维与语言》中认为语言是人类创造的伟大心智工具，并认为社会文化是对人的成长影响最大的因素。维果茨基还提出了"最近发展区"的概念，对教育实践影响深远。

在**埃里克森**看来，人生发展会经历八个阶段——婴儿期、幼儿期、儿童期、学龄期、青春期、成年早期、成年后期、老年期。每个阶段有每个阶段要解决的冲突。比如，青春期要解决的是"同一性"冲突，需要成为自己，知道我是谁，要去哪里；老年期要解决的是"生成性"冲突，需要总结一生，以免带着遗憾离世。

好的家庭关系会令人受益，然而，坏的家庭关系亦会伤人。这就是**鲍尔比**的依恋理论。该理论认为，爸爸妈妈与孩子在婴儿期的互动模式塑造了孩子的安全感，甚至影响孩子长大成人后的婚恋与家庭等等。详情可参考鲍尔比的依恋系列著作《依恋》《分离》《丧失》。

再来看看系统视角。我们的家庭镶嵌在一个更大的系统中，这是**布朗芬布伦纳**在《人类发展生态学》中提出的"生态系统论"，家庭是一个小的系统，当我们从家庭来到学校，学校就成了一个中观系统。无论是家庭小系统，还是学校中观系统，都受到社会环境宏观系统的影响。层层相互影响，就构成了家庭所处的大环境。在今天，以布朗芬布伦纳命名的奖项，成为发展心理学领域的终身成就奖。

如果家庭关系出现问题，该怎么办？此时，需要家庭治疗。作为家庭治疗的先驱，**鲍文**与**贝特森**不约而同地倡导将家庭当作一个系统来看待。当弗洛伊德的弟子们将婚姻问题仍然看作个体问题时，鲍文通过半辈子的努力，将人们的视野慢慢地引向家庭整体感与个人自主性的平衡上，最终导致了今日家庭系统观的盛行。鲍文的众多核心概念中，最吸引我的是他关于家庭中夫妻的"自我分化"的研究。

什么是"自我分化"？在鲍文看来，未分化程度越高的人，越倾向于牺牲自我，努力取悦他人，最终还可能欺骗自己，觉得这一切都是真的；而分化程度高的人，则拥有较强大的自我，有清晰的价值观与明确的信念。在预测谁跟谁结婚上，鲍文认为人们倾向于选择与自己的"自我分化"水平相当的人。

贝特森像是一名老顽童，与人类学家米德结婚又离婚，写出了人类学经典之作《纳文》。他又研究系统论、控制论这些看似自然科学领域的理论，并将这些理论引入社会科学。他提出的双重束缚理论，至今影响家庭治疗。例如，当一名妈妈对孩子说"你必须爱我"时，这句话包括两层命令，即必须和出自自发的爱。当这句话说出时，指令与禁令同时形成。贝特森参与创办的美国心智研究所（MRI）成了家庭治疗的重镇，影响了一代又一代家庭治疗师。

沿着家庭的发展周期，我们关心四个重要话题。（1）创建家庭：婚姻与恋爱；（2）扩大家庭：生儿育女；（3）改善家庭：家庭治疗；（4）离开家庭：安度晚年与告别世界。

创建家庭：婚姻与恋爱

当我们长大成人后，会谈婚论嫁，并尝试组建自己的家庭。巴斯的《进化心理学》告诉我们，人类是带着石器时代的大脑生活在信息时代。人类的择偶行为受到进化影响，比如不同种族的人类都偏好一致的腰臀比。

在热恋时，人们都希望相守到老；在离婚时，人们都痛恨自己瞎了眼。为什么一个人会爱上另一个人？为什么原本的佳侣会劳燕分飞？除了腰臀比，是否还有更科学的指标可以预测婚姻与恋爱？早在家庭科学诞生之初，欧内斯特·伯吉斯就做出了尝试。他在与人合著的《预测婚姻成败》一书中开发了一个用于预测婚姻能否成功的图表。这项工作备受争议，因为它没有包括任何与爱相关的指标。讽刺的是，伯吉斯本人终身未娶。

不同于伯吉斯，**欧尔森**与妻子通过合作编制的 PREPARE、ENRICH 这两个评估婚前关系与婚后关系的心理测验，告诉我们借助科学工具，可以更清晰地评定婚前恋爱与婚后关系质量。这两位来自明尼苏达大学的婚姻研究者以自己美满的婚姻长跑，向人们形象地展示了实践与理论的融合。不过坦率地讲，PREPARE、ENRICH 这两个测验中的有些维度不适用于中国文化。

戈特曼同样关心离婚预测。他在 1994 年出版的图书《什么预示着离婚？》（*What Predicts Divorce?*）如今已有上千次引用。20 年前，受两位科学家启发，我尝试开发适合中国人的婚恋测评系统，在我的理论体系中，我将预测离婚的变量总结为两类指标：匹配度与容忍度。匹配度是指夫妻双方的社会经济地位、人格特质、认知能力、家庭教养方式等的相似程度；容忍度是指夫妻双方对不相似之处的弹性。

门当户对才是美满婚姻的惯例，互补常常会埋下隐患。但是，美好的婚姻不仅在于相似，更在于对不相似的容忍。举个例子，即使这对夫妻非常不相似，但是夫妻两人的心理弹性极好，都善于包容与宽容对方，离婚的概率就会大大下降。因此，夫妻之间的彼此沟通非常重要。此处参见**卢森堡**的《非暴力沟通》。

婚姻与恋爱不仅是家庭系统自身的事情，同时也深受社会观念的影响。关于这点可参考三位女性思想家的著作。**霍克希尔德**的《心灵的整饰》《职场妈妈不下班》让我们反思商业社会中的亲密关系，以及工作与家庭之间的平衡；**努斯鲍姆**的《善的脆弱性》《女性与人类发展》让我们看到弱者的正义与一种可能的理想社会；**巴特勒**的《性别麻烦》《身体之重》让我们意识到，性别不是静态的，而是

　　　　　　　　　　　　　　　　聪明的阅读者

动态的，欲望不是不变的，而是变化的。如果说那些关于婚恋的心理学倾向的著作是心灵鸡汤，那么这些著作则称得上是刺向男权统治社会的尖矛利刃。

为了更好地了解婚姻与恋爱，相关教材亦可作为参考。婚恋心理学推荐罗兰·米勒的《亲密关系》，该书汇总了婚恋心理学领域的诸多科学研究发现。婚恋社会学推荐大卫·诺克斯的《情爱关系中的选择》与尼霍尔·本诺克拉蒂斯的《婚姻家庭社会学》，这是两本广为流传的家庭社会学教材。

扩大家庭：生儿育女

成功组建家庭之后，面临一个重要的变化是生儿育女。此时我们需要掌握抚养下一代的知识，也就是发展科学，尤其是儿童发展、青少年发展与成人发展。

先说儿童发展。今天育儿最重要的知识，源头来自鲍尔比、皮亚杰与维果茨基三人。

鲍尔比提出依恋理论之后，安斯沃思设计了"陌生情境实验"，从而可以科学评估亲子依恋类型。安全感是父母能提供给孩子的重要人生基础。如何培养安全感强的孩子？如果你希望快速落地到育儿中，可从《养育有安全感的孩子》一书入手。这本书的三位作者在依恋理论的基础上提出了"安全感圆环法"，指导父母培养孩子的安全依恋。进一步了解，可参考他们的《依恋创伤的预防与修复》一书以及布莱恩·巴伯的《侵入式教养》一书。

皮亚杰开启了儿童发展领域两个重要的知识脉络：心理理论与道德发展。身为皮亚杰的粉丝，弗拉维尔在《认知发展》中提出"元认知"的概念。什么是"元认知"？也就是认知的认知。但元认知涉及的东西太多，成了一个什么都能往里放的大箩筐。因此，弗拉维尔与学生们在元认知研究的基础上提出了心理理论（theory of mind，简称为 ToM）。

什么是"心理理论"？指对自己和他人心理状态的理解能力。具体来说，理解他人的心理状态包括理解他人的行动、欲望、信念三大基石。小明为什么想去游泳？去游泳（行动），是因为想去（欲望），而且认为游泳池开放（信念）。

自从心理理论提出之后，整个儿童发展科学日新月异，取得了众多突破性成果。其中，**威尔曼**、**高普尼克**两人最为知名。威尔曼是心理理论的集大成者，高普尼克是心理理论的创新实验设计者，两人亦撰写了多本写给家长的育儿好书，如威尔曼的《孩子如何社交》，高普尼克的《园丁与木匠》《孩子如何学习》《宝宝也是哲学家》。

保罗·哈里斯的《想象的世界》与斯科特·米勒的《心理理论》亦是了解心理理论的两本杰作。

科尔伯格在皮亚杰的《儿童的道德判断》基础上，设计了伦理道德两难故事来考查儿童道德发展，将其分成六个阶段三种水平：前习俗水平、习俗水平和后习俗水平。前习俗水平：只关心自己，不了解社会习俗；习俗水平：遵从社会规范；后习俗水平：了解社会规范之后，追求良心与自我道德完善。

托马塞洛则从维果茨基的传统出发，重视社会文化对人类发展的重要性。他在《人类认知的文化起源》中提出了人类认知的棘轮效应：人类的文化传统和人造物品随着时间的推移不断积累改进。这是人类认知与动物认知的根本差异，也是人类认知的起源。之后又在《人类思维的自然史》中阐述了共享意图之于人类的重要性。

传统发展科学存在一些缺点，比如只重视行为研究，缺乏更底层的实证证据。因此，近些年来，教育神经科学诞生了。**戈斯瓦米**是该领域的领导者与开创者，推荐阅读她编写的教材《认知发展》，以及她为牛津大学通识系列撰写的小书《儿童心理学》。

再说青少年发展。霍尔的《青春期》一书，开创了青少年发展科学研究领域。在该书中，他提出了青春期理论，让我们意识到孩子在青春期的各种风险。新一代青少年心理学领军人物斯坦伯格的科普读物《不是青春惹的祸》与教材《青少年心理学》亦可参考。

很多父母不知道，为什么有的孩子长大后善于抵制诱惑，没那么容易分心，有的则延迟满足能力较差，很容易走神。其实这与"执行功能"相关。什么是"执行功能"？它通常是指个体对思想和行动进行有意识控制的心理过程。执行功能就像是大脑中的指挥官，计划、组织信息、做出判断、解决问题都要受到这个指挥官的控制。青少年的执行功能会深深影响孩子的发展，相关著作可参考《聪明却混乱的孩子》《中小学生执行力训练手册》等。

最后再说成人发展。24~36岁的年轻人会面临形形色色的困惑，其中最典型的四类困惑莫过于：人生价值、良师益友、终身志业和爱的寻求。这就是耶鲁大学发展心理学家莱文森在《男人四季》《女人四季》中提出的理论：人生四季。

莱文森原本研究的是35~45岁的中年人的生活，探讨为什么有些中年人生活愉快，职业生涯发展很好，而有的中年人命运悲惨，一事无成。结果他发现了一个有趣的现象，中年的发展不得不追溯回其青年时期。在17~33岁间，青年的四个大梦会持续地影响一生。第一个大梦是寻求人生的多元价值，希望自己将来成为一个什么样的人；第二个大梦是找到能够与自己同行的良师益友；第三个大梦是找到终身志业；第四个大梦是爱情、友情、亲情等爱的寻求。

改善家庭：家庭治疗

任何一类知识必有其脉络，家庭治疗研究的源头正是鲍文、贝特森等人。同样，一个新兴的学派必然有其学术中心。就像1984年在美国新墨西哥州圣塔菲市创办的圣塔菲研究所是复杂性研究的世界中心，1958 年在美国硅谷帕洛·阿尔托创办的心智研究所是家庭治疗的世界中心，由唐纳德·杰克逊创办。从 1953 年到 1962 年，他与贝特森等人先后发展了双重束缚理论。不幸的是，身处精神疾病学研究前沿，他却在 1968 年 48 岁时自杀离世，但传承至今的心智研究所给世界留下了宝贵财富。

家庭治疗诞生之初，那是一个群星闪耀的黄金时代，而**瓦茨拉维克、米纽庆、萨提亚**是其中最闪耀的明星。这些家庭治疗师的影响一直持续至今。而他们或多或少都与心智研究所有关。现在，我们来简短回顾一下这段历史吧。

瓦茨拉维克。1960 年，瓦茨拉维克加入心智研究所。1967 年，他在贝特森的理论基础之上出版《人类沟通的语用学》（与杰克逊合著），在该书中奠基人类交流理论。其间，他与心智研究所的同事们发展出短程治疗法，1974 年，作为介绍该方法的《改变》一书出版，不仅影响到家庭治疗，更开启了行动科学的新脉络。介绍短程治疗法的《困难案例的短程心理治疗》亦可参考。

米纽庆。1959 年，杰·海利担任心智研究所主任，而他的好友正是米纽庆。米纽庆时不时到心智研究所学习。当海利离开心智研究所之后，他就去费城投奔米纽庆担任负责人的费城儿童辅导中心。两人相互影响，成就了家庭治疗史的一段佳话。米纽庆是一位光芒万丈的家庭治疗师，以高明的咨询技艺著称。1974 年出版的《家庭与家庭治疗》堪称经典。

萨提亚。1964 年，出版《萨提亚治疗实录》，在这本书中，萨提亚完整披露了自己的家庭治疗方法，她提出的新的家庭治疗模式也得到了广泛认可。而这本手册即为心智研究所学生编写。1988 年出版的《新家庭如何塑造人》继续得到了读者认可。需要提醒的是，很多伪科学导向的流派经常引用萨提亚的言论。

心智研究所不仅影响了这些流派，还影响了更多流派。可以说，家庭治疗，言必谈系统论、控制论的局面正是始于鲍文、贝特森，又经当时心智研究所来来往往的家庭治疗师们放大。另两个受心智研究所影响较深的是米兰小组与焦点解决疗法。前者参见**帕拉佐利**的《悖论与反悖论》《家庭游戏》，以及介绍米兰小组模式的《米兰系统式家庭治疗》；后者参见**德·沙泽尔**与茵素的相关著作，如德·沙泽尔的《超越奇迹》，以及茵素的《焦点解决短期治疗》。

由**苏·约翰逊**独立发展起来的情绪聚焦疗法受依恋理论影响较大，大众读物可参考《依恋与亲密关系》，专业一点的读物可参考《依恋与情绪聚焦治疗》。在日常生活中，夫妻之间不要讲道理，而要聚焦情绪时刻，从而改善依恋关系。

迈克尔·怀特最初也被贝特森在心理研究所的工作吸引，但他不太关心系统论，而是更关心人们在日常生活中是如何实际解释世界的。为了打破双重束缚，由他奠基的叙事治疗尤其关心人们的双重倾听，不仅倾听一方讲述家庭故事，而且倾听另一方。怀特开发了很多叙事模板——基于信件的行为合同、家庭作业等。相关著作可参考《叙事治疗的力量》。

离开家庭：安度晚年与告别世界

当孩子长大成人，离开家庭，开始组建自己的家庭后，我们的家庭于是成了孩子的原生家庭。人生如同四季，春夏秋冬，一代人老去，一代人正年轻。我们不仅要正视上一辈的老去与离世，还要正视自己的老去与离世。这涉及老年学与生死学。

老年学奠基者一般公认是弗拉基米尔·科伦切夫斯基和埃利·梅奇尼科夫。

科伦切夫斯基在 1939 年创建了"英国老龄研究俱乐部"，后更名为英国老龄研究学会。1945 年创建了牛津大学老年学实验室。1950 年成立了国际老年学学会，后更名为国际老年学和老年医学学会。

梅奇尼科夫因为发现巨噬细胞而在 1908 年获得诺贝尔生理学或医学奖，他在 1903 年提出"老年学"一词。他曾在保加利亚旅行，发现当地有很多百岁老人，而当地居民常常饮用发酵乳，因此他认为乳酸菌可用来延寿。为了证明此理论，他每天坚持喝酸奶。

今天的老年学当然不是劝人喝酸奶，如今已经演变成对衰老的生理、心理和社会进行全面研究的大学科。在生理方向，最受关注的是关于衰老基因的研究，关于这方面可参考生物学家**柯克伍德**的《人生几何》。

另一个引人注目的话题是关于阿尔茨海默病的研究，基础知识类著作可参考史蒂文·萨瓦特为牛津通识系列撰写的《阿尔茨海默病》，以及盖亚特莉·德维的《阿尔茨海默病：你和你家人需要知道的》。由专家撰写的故事类读物可参考凯博文的《照护》、约瑟夫·杰贝利的《追寻记忆》与莉萨·吉诺瓦的《我想念我自己》。

在心理方向，最受关注的是**弗里德曼**领导的大型长寿研究项目。相关成果参见《长寿项目》一书。这是一本介绍"长寿项目"的著作，它源自一个 80 年之久的跟踪中产家庭的智力研究项目。

多年来，我们一直被告知，如果想要长寿，要监控吃什么、吃多少，以及多健身。但是《长寿项目》这本书的结论出乎意料，比如：（1）许多工作最努力的人实际上活得最久；（2）结婚并不是通向健康的神奇门票；（3）长寿者不是一帆风顺的，而是谨慎而执着的人。类似结论还有很多。总之，这是一本极有启发意义的、从心理学角度探讨人如何长寿的好书。

另一个受关注的项目是如何帮助老人写传记。这是由老年学领军人物**伯伦**发起的项目。2003 年，他创建了伯伦自传研究中心，指导老人更好地撰写自传，安度晚年。伯伦的相关著作可参考《从这到那》与《通过引导式自传小组讲述生活故事》等。

在社会方向，最受关注的是如何改造合适老龄人的居住环境等，可参考**雷格涅尔**的《辅助生活设计：为身心脆弱者提供住房指南》。其他社会学取向的研究，可参考罗伯特·阿奇利的相关著作。

罗斯·安妮·肯尼是一位爱尔兰老年病学家，她领导着一个大型项目——爱尔兰老龄化纵向研究，从生理、心理与社会多方面跟踪研究了数千位老人，在新书《年龄证明》中总结了有关成果，颇值得参考。

在梅奇尼科夫 1903 年提出"老年学"一词时，他的构想是有两个研究方向：老年学与生死学。前者研究人们如何老去；后者研究人们如何面对生死。然而，今天老年学研究斐然可观，生死学却仍处于起步阶段，这也许与人类忌讳谈论生死有关。推荐阅读生死学行者**余德慧**的《生死学十四讲》。**欧文·亚隆**的《直视骄阳》探讨了人类如何直面死亡，亦可参考。还可以参考《最好的告别》《当呼吸化为空气》《死亡之书》等著作。

具体书目

7.1　总论

发展的视角

- 让·皮亚杰（Jean Piaget，1896—1980，瑞士）:《发生认识论原理》《智力心理学》《儿童的语言与思维》《儿童的道德判断》，传记参见《让·皮亚杰》（理查德·科勒）
- 列夫·维果茨基（Lev Vygotsky，1896—1934，苏联）:《思维与语言》《社会中的心智》《教育心理学》，传记参见《维果茨基导论》（桑德拉·斯米特）
- 埃里克·埃里克森（Erik H. Erikson，1902—1994，美国）:《童年与社会》《身份认同与人格发展》《同一性》《甘地的真理》《青年路德》，传记参见 *In the Shadow of Fame, by Sue Erikson Bloland*
- 约翰·鲍尔比（John Bowlby，1907—1990，英国）:《依恋》《分离》《丧失》，

传记参见 *Encounters with John Bowlby*, by Arturo Ezquerro

系统的视角

- 尤里·布朗芬布伦纳（Urie Bronfenbrenner，1917—2005，美国）:《人类发展的生态学》（*The Ecology of Human Development*）《人之为人》（*Making Human Beings Human*）
- 默里·鲍文（Murray Bowen，1913—1990，美国）:《家庭评估》（*Family Evaluation*）《鲍文家庭系统理论》（*Bowen Family Systems Theory*, by Daniel V. Papero）《鲍文家庭系统理论之八大概念》《非凡的关系》（*Extraordinary Relationships*, by Roberta M. Gilbert），传记参见《理解人类生活》（*Making Sense of Human Life*, by Catherine M. Rakow）
- 格雷戈里·贝特森（Gregory Bateson，1904—1980，英国）:《迈向心灵生态学》（*Steps to an Ecology of Mind*）《心灵与自然》（第二次出现）

7.2 创建家庭：婚姻与恋爱

婚恋心理学

- 戴维·巴斯（David M. Buss，1953—　，美国）:《进化心理学》《欲望的演化》《当男人行为不端时》（*When Men Behave Badly*）
- 戴维·奥尔森（David H. Olson，1935—　，美国）:《婚姻与家庭》（*Marriages and Families*）《夫妻关系体检》（*The Couple Checkup*）
- 约翰·戈特曼（John M. Gottman，1942—　，美国）:《爱的博弈》《幸福的婚姻》《爱的八次约会》
- 马歇尔·卢森堡（Marshall Bertram Rosenberg，1934—2015，美国）:《非暴力沟通》

婚恋社会学

- 阿莉·拉塞尔·霍克希尔德（Arlie Russell Hochschild，1940—　，美国）:《心灵的整饰》《职场妈妈不下班》《我们如何捍卫私人生活》
- 玛莎·努斯鲍姆（Martha C. Nussbaum，1947—　，美国）:《女性与人类发展》《善的脆弱性》《欲望的治疗》
- 朱迪斯·巴特勒（Judith Butler，1956—　，美国）:《性别麻烦》《身体之重》《消解性别》

7.3 扩大家庭：生儿育女

儿童发展

- 玛丽·安斯沃思（Mary D. Salter Ainsworth，1913—1999，加拿大）:《依恋模式》（*Patterns Of Attachment*）《乌干达的婴儿期》（*Infancy in Uganda*）《育儿与爱》（*Child Care and the Growth of Love*）（合著），传记参见《陌生情境实验》
- 约翰·弗拉维尔（John H. Flavell，1928—　，美国）:《认知发展》（合著）《皮

亚杰的发展心理学》(*The Developmental Psychology of Jean Piaget*)

- 亨利·威尔曼(Henry M. Wellman, 1948—　, 美国):《读心》《孩子的心理理论》(*The Child's Theory Of Mind*)《塑造心智》
- 艾莉森·高普尼克(Alison Gopnik, 1955—　, 美国):《园丁与木匠》《孩子如何学习》《宝宝也是哲学家》
- 劳伦斯·科尔伯格(Lawrence Kohlberg, 1927—1987, 美国):《道德发展心理学》
- 迈克尔·托马塞洛(Michael Tomasello, 1950—　, 美国):《人类认知的文化起源》《人类沟通的起源》《人类思维的自然史》《成为人类》(*Becoming Human*)
- 乌莎·戈斯瓦米(Usha Goswami, 1960—　, 英国):《认知发展》《儿童心理学》

青少年发展

- 斯坦利·霍尔(G. Stanley Hall, 1846—1924, 美国):《青春期》
- 劳伦斯·斯坦伯格(Laurence Steinberg, 1952—　, 美国):《不是青春惹的祸》《青少年心理学》《青少年心理学手册》(主编)

成人发展

- 丹尼尔·莱文森(Daniel J. Levinson, 1920—1994, 美国):《男人四季》(*The Seasons of a Man's Life*)《女人四季》(*The Seasons of a Woman's Life*)

7.4 改善家庭:家庭治疗

黄金时代

- 保罗·瓦茨拉维克(Paul Watzlawick, 1921—2007, 美国):《改变》《人类沟通的语用学》(第二次出现)
- 萨尔瓦多·米纽庆(Salvador Minuchin, 1921—2017, 美国):《家庭与家庭治疗》《大师的手艺与绝活》《家庭与夫妻治疗》, 传记参见《回家》
- 维吉尼亚·萨提亚(Virginia Satir, 1916—1988, 美国):《新家庭如何塑造人》《心的面貌》《萨提亚治疗实录》, 传记参见 *Virginia Satir*, by Steve Andreas
- 玛拉·塞尔维尼·帕拉佐利(Mara Selvini Palazzoli, 1916—1999, 意大利):《悖论与反悖论》(*Paradox and Counterparadox*)《家庭游戏》(*Family Games*)
- 史蒂夫·德·沙泽尔(Steve de Shazer, 1904—2005, 美国):《超越奇迹》《短期治疗中解决方法的关键因素》(*Keys to Solution in Brief Therapy*)《线索:短期治疗中解决方法的探究》(*Clues: Investigating Solutions in Brief Therapy*), 传记参见 *Encounters with Steve de Shazer and Insoo Kim Berg*, by Manfred Vogt et al.

其他流派

- 苏·约翰逊(Sue Johnson, 1947—　, 加拿大):《依恋与亲密关系》《依恋与

情绪聚焦治疗》《爱的感觉》(*Love Sense*)
- 迈克尔·怀特(Michael White, 1948—2008, 澳大利亚):《叙事治疗的力量》《叙事治疗的工作地图》《说故事的魔力》

7.5　离开家庭:安度晚年与告别世界

老年学

- 汤姆·柯克伍德(Tom Kirkwood, 1951—　, 英国):《人生几何》《机会、发展和衰老》(*Chance, Development, and Aging*)
- 霍华德·弗里德曼(Howard S. Friedman, 美国):《长寿项目》(*The Longevity Project*)《自愈人格》(*The Self-Healing Personality*)《牛津健康心理学手册》(*The Oxford Handbook of Health Psychology*)
- 詹姆斯·伯伦(James Birren, 1918—2016, 美国):《从这到那》(*Where to Go from Here*)《通过引导式自传小组讲述生活故事》(*Telling the Stories of Life through Guided Autobiography Groups*)《老年心理学手册》(*Handbook of the Psychology of Aging*)
- 维克托·雷格涅尔(Victor A. Regnier, 1947—　, 美国):《辅助生活设计:为身心脆弱者提供住房指南》(*Design for Assisted Living*)《老龄化时代的居住环境设计》
- 罗斯·安妮·肯尼(Rose Anne Kenny, 爱尔兰):《年龄证明》(*Age Proof*)

生死学

- 余德慧(1951—2012):《生死学十四讲》《临终心理与陪伴研究》
- 欧文·亚隆(Irvin D. Yalom, 1931—　, 美国):《直视骄阳》《一日浮生》, 自传参见《成为我自己》, 传记参见《在生命最深处与人相遇》(朱瑟琳·乔塞尔森)

8. 如何理解人性

总论

　　每位哲学家都要走过一座桥;所有走过这座名为康德之桥的人都要在桥那头面对一位 18 岁的少年。1729 年, 出身名门, 自幼父亲去世, 家境贫寒的苏格兰少年, 在哲学上取得了重大突破。8 年之后, 在他 26 岁时, 正式完善了他的哲学突破。这位少年就是休谟, 这本著作就是《人性论》。

从哲学诞生伊始，关于人性的探索前赴后继，到了休谟、康德这里，堪称西方古典哲学探讨人性不可逾越的两座高峰。然而，科学诞生之后，仅仅凭借哲学家的思想实验论证人性，或多或少令人不满。于是，以认知科学、神经科学与心理科学为代表的人性科学取代哲学，成为 21 世纪研究人性的主流。

认知科学诞生于 20 世纪六七十年代，现代意义上的神经科学与心理科学诞生于 19 世纪末期，短短百年，群星璀璨，给我们留下深刻印象的智者数不胜数，而我最推崇以下七人，将其称为"人性大师"，因为他们相对其他科学家，更能给我们提供关于人性的整体认识。他们分别是：**弗洛伊德、斯金纳、班杜拉、奥尔波特、凯利、西蒙与吉布森**。

与其说**弗洛伊德**是一名伟大的科学家，不如说他是一位伟大的作家。他通过自己发明的大量术语，从"潜意识""力比多""自我 – 本我 – 超我"再到"俄狄浦斯情结"，改写了人类关于人性的认识，影响深远。20 年前，当我在心理学系就读时，弗洛伊德的思想被当作伪科学批判，然而，20 年后，我越来越理解弗洛伊德的伟大之处。正是他首次重视人性的深层次冲突，早在 1926 年便在《压抑、症状和焦虑》中指出，心理冲突是神经症的征兆。弗洛伊德尤其擅长提出关于人性的大问题，并给予创新解答。这类风格在他的经典著作中格外鲜明，如《梦的解析》(1899)、《精神分析引论》(1915)。在关于人性的科学研究中，提出大问题，与给出漂亮解答同等重要。

有种职业叫作工程师。工程师最重要的任务，就是——解决问题，发明工具。**斯金纳**就是一名伟大的工程师，是在心理学界各类指标中，都排名第一的心理学家，是公认超越弗洛伊德的心理学家。他发明的"斯金纳箱""育儿箱""教学机器"以及其他大量设备，大大推进了心理学从弗洛伊德式的文学写作到实验科学的演进。斯金纳一生做了数千个实验，而所有这些实验都归纳在一个大主题之下——行为主义。

在斯金纳眼中，人性很简单，一切行为皆是受限于"S-R"（刺激、反应与强化）公式。他将这一理论的精髓阐述为强化原则：如果行为的后果是坏的，那么该行为很可能不会重复；如果结果是好的，那么重复该行为的概率就会变大。他甚至从此出发，在1948年出版的《桃源二村》中设计了一个乌托邦社会，在晚年出版的《超越自由与尊严》（1971）与自传三部曲则是一位行为主义者最后的战斗宣言。

弗洛伊德在世时，就不断有学生推翻他的理论体系，打上一层又一层补丁。阿德勒、荣格、霍妮等，都先后修正过弗洛伊德的观点。斯金纳的理论则来自实验证据，多年后依然正确，深深影响今日行为改变实践，在自闭症、抑郁症等研究领域，斯金纳的行为主义如今声望日隆。

弗洛伊德认为，行为由刺激和合成物驱使。而斯金纳认为，行为由环境塑造和引导。我们能否更好地调和两位人性大师的观点呢？早在1936年，社会心理学奠基者勒温在《拓扑心理学原理》一书中提出著名的勒温公式：$B=f(P, E)$，其中的 B 是行为，P 是个人，E 是环境，f 是函数。勒温公式表明，人的行为是个人与所处环境的函数。

受惠于勒温，**班杜拉**认为人既不会表现出被环境力量控制的无能为力，也没有想成为谁就可以成为谁的绝对自由，而是由"人 – 环境 – 行为"三个变量相互决定的。环境与行为互为起因，这就是班杜拉的社会认知论。1963年，班杜拉与他的博士生沃特斯合作出版《社会学习和人格发展》一书，首次提出能解释间接学习的观察学习和替代性强化。1977年，班杜拉出版的《社会学习理论》系统性地总结了自己的社会学习理论。1986年，班杜拉在《思想与行为的社会基础：社会认知论》将其升级为一个关于人性的系统性理论。

这些人性大师关于人性的整体性描述，或多或少近似于盲人摸象。

弗洛伊德的理论建立在对少数病人的观察之上；斯金纳、班杜拉的理论建立在精巧设计的心理学实验之上。然而，**奥尔波特**告诉我们，语言更重要。1921 年，他与身为社会心理学家的哥哥共同出版了自己的第一本书《人格特质：分类和测量》。他使用了一种极其特殊的方法来研究人性：词汇学方法。他把词典上所有描述人性的词汇全部找出来，总共 13 000 多个。然后使用各类统计方法进行分类与精简。

这些关于人性的词汇，奥尔波特将其称为特质（trais）。人性的基本单元就是特质，可以分成两类：一类是共同特质，指在某一社会文化形态下，大多数人或一个群体共有的相同的特质；另一类是个人特质。个人特质又分为首要特质（最典型）、中心特质（构成你的独特性）和次要特质。

然而，奥尔波特的徒子徒孙们却忘记了他最初提出特质论的初心——描述人性，如今却停留在统计技术的炫技之中。汉斯·艾森克将其精简为三个主要特质；雷蒙德·卡特尔将其精简为十六个主要特质；今日流行的大五人格模型将其精简为五个人格特质：神经质、外向性、宜人性、尽责性与开放性。讽刺的是，我们越深入人格特质，距离人性的整体性描述越远。

从弗洛伊德的力比多、斯金纳的操作性条件反射、班杜拉的观察学习，再到奥尔波特的人格特质，这些真的能描述人性吗？凯利在《个人建构心理学》中深表怀疑。我多次在不同场合表示，凯利是心理学史上最被低估的天才心理学家。凯利认为，将人割裂为人格、认知、情绪、动机来分别研究是愚蠢的。无论心理学家提出什么样的理论概念，最后都会落在人类大脑中，表现为个人构念，包括：内向 - 外向、聪明 - 笨拙、易怒 - 平和、孤独 - 合群等。改变一个人的行为模式，需要修改个人构念，反过来，个人构念一旦修改，行为模式也将发生变化。

凯利的理论具备一种大道至简的美感。从此，心理学在这里呈现出一种优雅的知性美。心理学界常常关心凯利技术层面的贡献，但是，凯利的伟大之处并不是体现在他对技术层面的贡献上，而是自心理学诞生以来，他是唯一一个从哲学、理论、技术、临床四个方面都创设了独一无二知识体系的心理学家。他在哲学层面提出建构选择主义，成为建构主义的源头之一；他在理论层面提出个人建构心理学，成为人格心理学教材绕不过的流派；他在技术层面提出凯利方格技术，成为心理测量、消费者行为学常用的研究方法；在临床层面担任美国心理学会临床与咨询分会主席，今天仍然深深影响心理治疗与心理咨询。

百年历史，迄今只有极少数心理学家做到这种地步。这才是最难的。塞利格曼实验做得好，在临床方面有贡献，但在哲学层面没有丝毫贡献，肤浅平庸，反而大大退步，理论、技术更谈不上；斯金纳在哲学、理论、技术方面都有贡献，但临床差点；弗洛伊德在哲学、理论、技术、临床方面都有贡献，但太多观点被证伪了；罗杰斯在理论、临床方面有贡献，但哲学、技术用的是别人的，哲学用现象学、技术用 Q 分类。只有凯利，四个层面都是他自己发明的新知识体系。这太难做到了。

凯利生不逢时，当时恰逢认知革命兴起，所以他常常被误认为是认知心理学的先驱，然而，凯利自己回应道："个人建构心理学是关于人的整体科学，不是认知理论，不是人本主义，不是存在主义。"

西蒙才是真正的认知心理学家。作为 20 世纪最伟大的跨学科通才，这是西蒙第四次在"通识千书"中出现。他也是唯一一个出现四次的智者。从复杂性研究、经济学、管理学再到认知科学，西蒙在四个领域都取得了杰出成就。与其他心理学家尝试搞明白人性不一样，西蒙反其道而行之，在《人工科学》《思维模型》等著作中提出，人们常常容易高估人性，却低估环境复杂度。千百年以来，人性的积极面还是仁义礼智信；人性的消极面还是七宗罪——傲慢、嫉妒、暴怒、懒惰、贪婪、暴食和色欲。然而，今天人类面对的环境复杂度远远超过想象。与其研究人性，不如研究人类在处理环境信息、进行信息加工时，存在哪些瓶颈。

西蒙亦是中国认知心理学的发展推手。早在 1993 年，他在北大举办了认知心理学短期培训班。在这个短期培训班上，他系统介绍了认知心理学体系及自己的研究方法。当时由荆其诚和张厚粲老师根据西蒙授课的内容整理的中文讲义，即如今流传于世的《认知》一书。

令人惊喜而又愉悦的阅读体验，正是来自见识人类历史上这些高手相互过招。一山还有一山高，令人不禁感叹，人类历史上怎么会存在如此聪明之人！为什么我如今才读到他们的著作？而在所有人性大师中，**吉布森**就是这样的聪明人。

先说一个段子，可以帮助我们来理解吉布森的智慧。乌尔里克·奈塞尔常常被视作"认知心理学之父"，他在 1967 出版的《认知心理学》是世界上第一本认知心理学著作。这本书的目录，到了今天依然被各种认知心理学教科书目录模仿。

然而，他在十年后出版了《认知与现实》一书，开始批评认知心理学。为什么呢？因为他"不幸"有个同事，名字叫作吉布森。在吉布森的影响下，奈塞尔认识到早期第一代认知心理学存在不可避免的缺陷，于是奈塞尔逐步退出认知心理学研究，改投吉布森阵营。而导致这些缺陷的错误——研究人性，太把人当回事，弗洛伊德、斯金纳、班杜拉、奥尔波特、凯利、西蒙统统犯过。

所有心理学家从研究一开始，默认假设存在一个叫作"人"的主体存在。他的喜怒哀乐很重要，他的行为反馈很有价值。然而，吉布森敏锐地注意到，环境中的物，其价值和意义是可以被直接感知的。甚至相对常规心理学研究经常探讨人如何改变环境中的物，环境中的物提供给我们的可能性反而更大，更有意义，更润物细无声。因此，他在 1966 年出版的《视觉感知的生态学方法》一书中创造了一个新词——可供性（affordance），将其定义为物提供给人或动物的行为可能性。

在传统心理学家那里，人在物之前；而在吉布森这里，物在人之前。正如李白的诗歌所言："石径入丹壑，松门闭青苔。闲阶有鸟迹，禅室无人开。"山中寻僧不遇，这是人在物之前。然而，无论你是否去，那山中的石径、丹壑、松门、闲阶、禅室依然存在，这是物在人之前。当你来了，遇到石径，自然会顺着小径蜿蜒前行；当你遇见松门，自然会推开；当你看到闲阶，自然会迈过；当你来到禅室，自然会敲门。

数千年以来，我们对人性进行探讨，但竟然对物提供给人类或动物的行为可能性一无所知。这也许正是某种意义上的"人类中心主义"在作怪！

从此出发，吉布森构建了一整套生态心理学理论体系，并且深深影响到设计界、工程界等实务领域。日本设计师深泽直人提出的"无意识的设计"正是源自吉布森的影响。

在凯利那里，人性的一切都会落实为你的个人构念；在西蒙那里，环境开始变得重要，研究人性的复杂不如研究环境的复杂；而在吉布森这里，则干脆利落地让人类暂时走开。结果，我们反而获得了越来越多关于人性的全新认识。正是一代又一代的人性大师的努力，让我们越来越理解人性。

在理解人性之路上，留下深刻印迹的智者数不胜数，群星闪耀，接下来，我们将沿着"人性的生理基础""人性的心理学理解""人类的语言学理解"与"人性的文学理解"四个方向，继续深入理解人性。

人性的生理基础

神经科学专注于研究人性的生理基础。现代意义上的神经科学最早诞生于19世纪末期。对这个领域的开拓做出杰出贡献，被称为

"现代神经科学之父"的是**圣地亚哥·拉蒙－卡哈尔**。他的神经解剖学研究与他提出的神经元理论，成了现代神经科学发展的主要起点。圣地亚哥·拉蒙－卡哈尔本人不仅是一名神经科学家，更是一名艺术家，他一生绘制了 3 000 多幅脑图，堪称艺术品，关于他的这些作品，可参见《大脑之美》。此外，他的《致青年学者》是一本所有有志做学问的人的必读之书，尤其是第二章"意志力之病"。读完该书，可以避免自己成为嗜书狂、理论家与仪器崇拜者。

自现代神经科学诞生以来，历经百年发展，神经科学家们取得了众多研究成果。具体来说，神经科学的底层突破集中在细胞与分子神经科学、发育神经科学、系统神经科学与神经病学四个方向。也许因为神经科学仍然处在高速发展、日新月异的状态中，多数神经科学家忙于发表论文，只有少数神经科学家有志于撰写面向大众的通识读物。结合神经科学的发展，我们从四个方向上各挑选一位在神经科学的科普与科研两方面都做得非常杰出的科学家。

在细胞与分子神经科学领域，诞生了众多诺贝尔奖得主，其中最受人关注的是研究记忆的学者。认知科学家、神经科学家、心理学家向来将记忆视为研究的桂冠，因为人类没有记忆就没有一切。**坎德尔**因为对于记忆的神经科学基础研究而荣获 2000 年诺贝尔生理学或医学奖，当年的颁奖词是："……坎德尔的工作向我们展示了这些递质如何通过第二递质和蛋白磷酸化，创造出短时和长时记忆，形成我们存在并与这个世界进行有意义互动的根基。"坎德尔的自传《追寻记忆的痕迹》亦是一部 20 世纪神经科学发展史，同时他主编的《神经科学原理》也是神经科学领域的经典教材。

在发育神经科学领域，最受人关注的莫过于对神经可塑性的研究。什么是神经可塑性？它是指神经系统为不断适应外界环境变化而改变自身结构的能力。传统观念认为，人到成年后，脑细胞发育趋于停滞。不过，近年研究发现，感觉刺激及新技能学习可以促进人的大脑的发展，即神经具备可塑性。神经可塑性还能促进人们的大脑相互代偿。当视觉通道出现问题，能够换用其他通道，例如触觉，来代替眼睛吗？同样，能让盲人借助舌头获得视觉吗？这些看似充满科幻色彩的想法，正是神经可塑性研究的领域。

该领域推荐关注**梅日尼奇**。梅日尼奇是神经可塑性圈内翘楚，他早年创办致力于大脑教育的公司，成功上市十余年后，又看到了欧美老龄化社会带来的机遇，再次创业，创办了致力于提高老年人大脑能力、延缓认知老化的公司。他带领团队在《美国国家科学院院刊》上发表的研究报告指出，60~87岁的老年人，经过每天1小时，一周5天，持续8~10周的听觉记忆训练后，很多人把他们的记忆时钟往回拨了10年左右，有的人甚至可以往回拨了25年。梅日尼奇的相关著作可参考《软连线》《改变大脑》等。

关于系统神经科学领域，在20世纪初，我们只了解大脑的47个区域。不过到了今天，光是大脑皮层我们就了解了98个区域。受复杂科学研究的影响，脑科学领域在近20年正在经历一场变革，人们越来越关心神经元之间的连接模式，同时正在发现越来越多的神经网络。其中最受人瞩目的成果就是"大脑默认模式网络"的发现。这是由马库斯·雷切尔首先发现的一类神经网络，当我们安静休息时，大脑依然在工作，背后起到支撑作用的就是"大脑默认模式网络"。而巴瑞特教授将其发扬光大，提出新的情绪理论。详细介绍，可参见后文"人性的心理学理解"一节。

另一个重要成果则是波斯纳提出的"注意力神经网络"理论。他在《注意力的神经科学》中，将人类的注意力网络分成三种：定向、警觉与执行网络。波斯纳也是认知神经科学与教育神经科学的奠基者。他在《人脑的教育》中总结了最近几十年来与学习相关的神经科学研究。

在神经病学领域，按照影响力大小，分别推荐关注**弗里斯**与**勒杜**。

弗里斯是率先从神经科学角度研究精神分裂症的专家，他的科普名作《心智的构建》值得一读。勒杜是研究恐惧症、焦虑症等与情绪相关的精神病的专家，他的科普名作《突触自我》《情绪大脑》《重新认识焦虑》值得一读。

神经科学作为一个大学科，涉及日常生活的方方面面。在此，再推荐 10 本由知名神经科学家撰写的通识读物参考。

- » 迈克尔·加扎尼加（1939—　，美国）：《谁说了算?》
- » 克里斯·弗里斯（1942—　，英国）：《心智的构建》
- » 安东尼奥·达马西奥（1944—　，美国）：《笛卡尔的错误》
- » 约翰·卡乔波（1951—　，美国）：《孤独是可耻的》
- » V. S. 拉马钱德兰（1951—　，美国）：《会讲故事的大脑》
- » 克里斯托夫·科赫（1956—　，美国）：《意识探秘》
- » 罗伯特·萨波斯基（1957—　，美国）：《行为》
- » 米格尔·尼科莱利斯（1961—　，巴西）：《脑机穿越》
- » 斯坦尼斯拉斯·迪昂（1965—　，法国）：《脑的阅读》
- » 承现峻（1967—　，美国）：《神奇的连接组》

认知科学、神经科学与心理科学的大一统理论?

认知科学、神经科学、心理科学，以及语言学、哲学总是从不同层面来研究人性。从基因、分子、神经网络，到认知结构、个体行为、社会行为，最终我们获得的对人性的认识，似乎依然是片面与碎片化的。

在牛顿提出力学三定律之前的物理学，有的学者着力于研究力的大小速度，有学者用望远镜观察太空。在达尔文提出进化论之前，有的学者从神学角度研究人类的诞生与演化，有的学者从民族志角度研究人类文明的起源。那么，关于人性的研究，能否像 17 世纪牛顿以及 19 世纪的达尔文一样，诞生一个大一统的理论，能够有力地整合与概括目前人性的既有研究？

目前来看，认知科学、神经科学与心理科学领域，最接近大一统理论的是**弗里斯顿**在 2010 年提出的"自由能理论"。[12] 简单介绍一下弗里斯顿，他是目前论文被引数最高的神经科学家，也是神经成像技术的奠基者之一，他开发的分析脑成像数据的软件包 SPM，是神经科学领域应用最广泛的软件。如果你在职业生涯早期已经取得了如此之高的成就，那么可能会满足于既有的成绩。然而弗里斯顿没有停下前进的脚步，在四五十岁时逐步将自己的研究疆域扩展到理论神经科学，并尝试提出一个大一统理论。

什么是自由能理论？让我们先来看一下自由能的概念。自由能的概念出自热力学、统计物理学领域，它原意是指对能量有效做工的度量。传统自由能概念仅用于物理世界的度量，然而，在 21 世纪，人类更关心的是虚拟世界与心理世界。将传统自由能概念与信息论结合，就诞生了"弗里斯顿自由能"。这是我发明的一个调侃性词汇，用来形容传统自由能之外的信息论自由能，它专指对世界的表征方式与其真实状态之间差异的度量。这就是弗里斯顿的最大贡献——他使用预测误差来度量"弗里斯顿自由能"这类信息论的自由能。

什么是预测误差呢？举个例子，当我们头脑中已经建立了一个关于椅子的预测模型，看到办公室的人体工学椅，会认为它是椅子，看到宜家的休闲椅，也会认为它是椅子。然而有一天，你看到一个非常奇怪的东西，没有四条腿，只有一条腿，但描述者始终对你说，这是一把椅子，这时候你的大脑就开始混乱了。它是椅子吗？这就产生了预测误差。从数学上讲，预测误差始终大于系统的意外水平，传统信息论的概念"熵"，正是"意外"的长期均值。弗里斯顿发现，所有可变的量，只要作为自适应系统的一部分，都会将自由能最小化。这就是"自由能原则"。

与众不同的是，自由能理论并非定性描述，弗里斯顿通过一系列极其简洁又优美的数学表达，用这一理论解释神经系统的各个要素，并揭示出人类感知、推理、记忆、注意、学习和行动背后的深层次原理。从人脑的总体形态，到大脑的认知结构，再到行为层面，自由能理论不仅可以整合过往认知科学、神经科学与心理科学领域的众多成果，还能赋予我们更高维、更深刻的新认识。目前市面上介绍自由能理论的图书较少，只有弗里斯顿参编的一本教材《主动推理》与安迪·克拉克的《预测算法》。

自从自由能理论诞生之后，认知科学家、神经科学家、心理学家、心灵哲学家纷纷与弗里斯顿展开争辩，讨论它是否成立、如何完善。它是否能成为一个真正意义上的大一统理论，还有待学界定论。在这里让我们做一个大胆的预测：如果评选一位 21 世纪的牛顿、达尔文，那么桂冠非弗里斯顿莫属。有一些学者，所有同行都公认他终有一日会荣获诺贝尔奖，弗里斯顿就是这样的学者。

人性的心理学理解

虽然在今天，神经科学已经取得了突飞猛进的进展，然而我们理解人性，依然需要注意不能简单地将生理层面等同于行为层面。今天的心理科学在认知科学、神经科学的加持之下，同样取得了突飞猛进的发展。

在总论，我们强调合而御之的治学路径，尝试建立人性的整体认识；而在这一节，我们将强调分而治之的治学路径，尝试理解人性的四大关键模块。如果从心理学角度，挑选关于人性最重要的四个模块，那么在我看来，它们分别是人的认知、情绪、动机与行动，也就是认知心理学、情绪心理学、动机心理学、行动心理学主攻的领域。

认知

认知是指人类处理外界信息并做出反馈，比如通过嗅觉、视觉、听觉等五感收集外界信息，然后在大脑中处理掉之后，成为当下决策或问题解决的起点，或者用于未来学习与记忆。过去 20 年，认知心理学最重要的研究成果莫过于三重心智模型。

2002 年，**卡尼曼**荣获诺贝尔经济学奖，获奖的理由是："把心理研究的成果与经济学融合到了一起，特别是在有关不确定状态下人们如何做出判断和决策方面的研究。"在《思考，快与慢》这本书中，卡尼曼提出了人类的大脑存在双系统（我们可以把他想象为张飞与诸葛亮，一个行事冲动，一个深思熟虑），并详细整理了人类非理性的各类认知偏差。与卡尼曼的观点并不相同，**吉仁泽**认为认知偏差在对人类产生消极作用的同时，也会产生积极的作用，因而强调生态理性，参见《适应性思维》等书。

双系统理论由英国认知科学家乔纳森·埃文斯最早提出，然后由加拿大认知科学家**斯坦诺维奇**发扬光大。之后，斯坦诺维奇将双系统理论更新为双过程理论，并提出了三重心智模型，将人类的认知能力分为自主心智、算法心智与反省心智。感兴趣的读者可以阅读我引入并组织翻译的著作《超越智商》和《机器人叛乱》。附带说一句，斯坦诺维奇的成名作《这才是心理学》被无数人列为心理学入门第一课。

平克堪称认知心理学领域的明星。他撰写的《心智探奇》风靡一时，将认知心理学庞大的知识体系总结为计算主义与进化主义两条主线，娓娓道来，实为认知心理学或认知科学入门必读。之后，平克并没有停留在简单的认知心理学科普写作上，结合人类文明史，连续出版了《人性中的善良天使》《当下的启蒙》《理性是什么？》等佳作。

情绪

情绪是指我们对自己认知经验的主观感受，基本情绪如喜、怒、哀、乐，高级情绪如羞愧、内疚。同样是认知，但各种情绪体验大不相同。

也许，你听说过以下说法：人性是"理性"和"兽性"相互博弈；情绪好比大象，控制情绪好比骑象人；因为进化的不同，我们的大脑会重现人类演化的历史，最终在大脑中呈现为爬虫脑、哺乳脑和皮质脑三重脑，情绪控制不当往往在于三重脑失调。

然而，**巴瑞特**教授告诉你这一切统统都错了。情绪是一种依赖社会现实的概念习得。这就是她提出的情绪建构论。对她的理论的详细介绍，请参考《情绪》一书。

动机

动机是维系人类行为的燃料和食物。生理动机如温饱，社会动机如取得成就，得到他人认可。做同样的事，背后的动机原因可能大不相同。

在今天的互联网上，马斯洛的需求层次论非常流行。很多人喜欢引用需求金字塔图，说明人们会先寻求温饱，再寻求自我实现。不过，今天的科学研究进展告诉我们，这也是错误的。这就是由**德西**与理查德·瑞安提出的自我决定论。自我决定论最出乎人意料的研究结论是：奖赏会伤人。成为自己，才是对自己的奖赏。相关研究的详细介绍，可以阅读《内在动机》一书。

行动

行动是指我们对外界事物的控制与输出。再大、再复杂的行动，也是由一个又一个动作组合而成的。

如何提高你的行动力？也许你费了很大力气去做时间管理、学习各类课程，然而有一位天才的认知心理学家，发明了一种截然不同的方法。这就是执行意图。它是由彼得·戈尔维策发明的，参见《行动心理学》。

戈尔维策将"我要减肥十斤"这种制订计划的方式称为"目标意图"，他强迫自己的实验对象换成一种"执行意图"的目标制定方式，使用"如果……那么……"的句式来设定目标。比如：把"我要多运动"改成"如果到了每周三、周五的傍晚五点，我就去操场跑步"；把"我要减肥"改成"如果今天已经摄入了 1 800 卡路里，就不能再吃了"。

关于人性的心理学理解，过去 20 年最重要的研究成果，如果每个领域只取一个大成果，它们分别是认知领域的三重心智模型、情绪领域的情绪建构论、动机领域的自我决定论、行动领域的执行意图理论。这四大理论，都正在见证心理科学的从本质主义到操作主义、从小实验到大理论、从粗陋进化论到复杂科学论的大转向。在 21 世纪，我们终将更加深刻地理解人性。

心理学作为一个学习与研究者众多的大学科，近 20 年的重要进展不仅限于以上介绍的理论与成果。更多通识读物，可参考以下精选的 10 本。

> » 罗伯特·比约克（1939—　，美国）:《成功的记忆和成功的遗忘》(*Successful Remembering and Successful Forgetting*, by Aaron Benjamin)
> » 伊丽莎白·洛夫特斯（1944—　，美国）:《目击者证词》
> » 丹尼尔·夏克特（1952—　，美国）:《找寻逝去的自我》
> » 丹尼尔·威林厄姆（1961—　，美国）:《为什么学生不喜欢上学?》
> » 米哈里·契克森米哈赖（1934—2021，美国）:《心流》

- » 马丁·塞利格曼（1942—　，美国）:《真实的幸福》
- » 达契尔·克特纳（1952—　，美国）:《理解情绪》(*Understanding Emotions*)
- » 阿尔菲·科恩（1957—　，美国）:《奖励的惩罚》
- » 海蒂·格兰特·霍尔沃森（1973—　，美国）:《如何达成目标》
- » 加布里埃尔·厄廷根（1953—　，美国）:《WOOP思维心理学》

人性的语言学理解

语言是洞察人性之窗。语言学家关于人性的见解也会给我们深刻的启发。**索绪尔**在《普通语言学教程》中奠基了现代语言学。可惜他以西方语言为讨论对象。汉语作为几千年代代相传的一种语言，究竟是如何演变而来的呢？关于这一话题，可参考**王力**的《汉语史稿》。

语言学是一个众说纷纭的大学科，并不是所有的语言学家都懂中文。王力的学生**韩礼德**是个例外。他曾在中国留学过，受王力等名家指导，对包括汉语在内的全球语言进行研究，最终提出了系统功能语言学，并发展出了篇章语言学。与传统语言学只注重语法分析不同，韩礼德更将语言学推进到重视语用（语言的社会功用）。

在我看来，**齐夫**的《最省力原则》也许是语言学家关于人性的最优雅的描述。齐夫统计人类语言的词频分布，发现在英语单词中，只有极少数的词被经常使用，而绝大多数词很少被使用。这就是著名的齐夫法则，也可以理解为语言学的二八定律。

齐夫的研究没有止步于语言学，而是更进一步，尝试构建一个新学科——人类行为生态学。他认为人类行为在任何一个生态系统中，都会朝向最省力的方向演化。举个例子，你现在要登山，有最节省时间的方法，比如坐飞机飞越大山；也有最节省空间的方法，比如在山脚下打一个隧道，穿隧道而过；还有一种最节省成本的方法，就是沿着山脚慢慢走过去。长期来看，过一座山最容易流传下来的方法是最节省成本的方法，而不是最快或最短的方法。

不仅语言如此，人类的一切行为均是如此。齐夫的人类行为生态学，是不是与弗里斯顿的"自由能理论"有异曲同工之妙？

乔姆斯基是公认的 20 世纪最重要的语言学家。他在《句法结构》一书中尝试化繁为简，总结人类语言的普遍结构。然而，**平克**在《语言本能》中强烈反驳乔姆斯基的观点。也许是平克的写作能力太强悍，导致该书上市伊始，反乔姆斯基似乎成了一种"政治正确"。多年后，我们才又重新回归乔姆斯基的语言路线，发现平克的语言学更多只是观点而已，而乔姆斯基提出的才是一整套语言学的体系。

莱考夫从另一个角度，开创了认知语言学与第二代认知科学。如果说第一代认知科学家将人类理解为一台简单的计算机，莱考夫则重视具身认知，认为人是有血有肉的人，而不是简单的计算机。人的认知受到我们所在的肉体、所处环境与文化的影响。

人性的文学理解

伟大的文学作品也是伟大的人性说明书。如果一部电影作品是平庸的，你看了它的开头就能猜到结尾，此时你可以在电影院椅子上大睡一觉。然而一位伟大小说家的作品，你看了开头始终猜不出结尾。你只好愉快地跟随作者，感受那人性幽微之处。

在伟大的作家笔下，坏人总是没那么坏，有令你欣赏之处；好人总是没那么好，有令你愤怒之处。按照不同作品关于人性描述的价值观取向，我将作家分成三类：光明阵营、黑暗阵营与介于两者之间的灰色阵营。

在"光明阵营"的小说家看来，善有善报，恶有恶报，付出努力必有回报，坚持理想主义是一件好事，即使没有回报，也可以努力。这类著作推荐阅读塞万提斯的《堂吉诃德》、狄更斯的《雾都孤儿》、卡罗尔的《爱丽丝漫游奇境》、毛姆的《月亮和六便士》、海明威的《老人与海》、圣－埃克苏佩里的《小王子》、沈从文的《边城》、阿西莫夫的《基地》、卡尔维诺的《如果在冬夜，一个旅人》与泽拉兹尼的《光明王》。

在"黑暗阵营"的小说家看来，活在人世间是一场悲剧，好人不一定有好报，坏人不一定有恶报，付出努力不一定有回报，理想主义本身就是虚无。这类著作推荐阅读莎士比亚的《哈姆雷特》、曹雪芹的《红楼梦》、歌德的《浮士德》、鲁迅的《阿Q正传》、卡夫卡的《变形记》、纳博科夫的《洛丽塔》、奥威尔的《1984》、太宰治的《人间失格》、三岛由纪夫的《金阁寺》与田中芳树的《银河英雄传说》。

"灰色阵营"是含笑饮毒酒。人生以忧伤打底，偶有一丝亮色，那么不妨以讽刺、幽默的姿态与命运相处。这类著作推荐阅读简·奥斯汀的《傲慢与偏见》、易卜生的《玩偶之家》、马克·吐温的《汤姆·索亚历险记》、契诃夫的《契诃夫短篇小说选》、夏目漱石的《我是猫》、福克纳的《喧哗与骚动》、博尔赫斯的《小径分岔的花园》、张爱玲的《金锁记》、莱姆的《未来学大会》与王小波的《黄金时代》。

需要提醒的是，这些伟大的作家在这些著作中给你描述的不是一个没有缺点的好人或者没有优点的坏人。这些作品，都展现了人性足够复杂的一面。不同阵营的划分，只是相对区分，并没有绝对的界线。作者本人在这部小说中倾向"光明阵营"，在另一部小说中也可能倾向"黑暗阵营"，比如狄更斯在《雾都孤儿》中倾向"光明阵营"，但在《双城记》中倾向"黑暗阵营"，反之亦然，比如莎士比亚的四大悲剧流芳百世，但还有四大喜剧流传于世。

从文学角度来描述人性的不仅仅有小说家，还有诗人、编剧、散文家、剧作家、传记作家等。我以诗人为例，从中国历朝历代总计挑选六位，其他各国大诗人总计挑选六位，并称为十二诗神。他们分别是来自中国的**陶渊明**（东晋）、**王维**（初唐）、**李白**（盛唐）、**苏轼**（北宋）、**辛弃疾**（南宋）、**海子**（当代）；来自日本的**松尾芭蕉**、来自法国的**波德莱尔**、来自美国的**狄金森**、来自印度的**泰戈尔**、来自奥地利的**里尔克**与来自芬兰的**索德格朗**。

光明、黑暗与灰色三大阵营，三十位小说家，加上十二诗神，是为"四十二文豪"。

每一位伟大的作家也是伟大的读者，他们的文学见解，常常深刻而令人启发，比如毛姆的《巨匠与杰作》、纳博科夫的《文学讲稿》《俄罗斯文学讲稿》与卡尔维诺的《为什么读经典》《新千年文学备忘录》。**伍尔夫**的《普通读者》成为文学评论典范，《一间只属于自己的房间》更是女性必读。**本雅明**的《发达资本主义时代的抒情诗人》看似写诗人波德莱尔，实际是用诗意语言书写人性。**帕乌斯托夫斯基**的《金蔷薇》同样是用诗一般的语言，描绘风光旖旎的作家之旅。

除了客串文学评论家的作家，那些伟大的文学评论家提出的理论，提升了我们关于伟大作品的理解。**库尔提乌斯**的《欧洲文学与拉丁中世纪》与**奥尔巴赫**的《摹仿论》堪称双雄，它们是文学评论史上不容错过的经典著作。没有模仿，就没有欲望，**基拉尔**在《浪漫的谎言与小说的真实》中进一步发展出"欲望的模仿理论"，帮助我们更好地理解文学作品与真实世界中的人性。**哈罗德·布鲁姆**以自己的高产，通过《西方正典》等作品捍卫了文学评论家的尊严。

如果没有**夏志清**，张爱玲、钱锺书也许会晚上多年才广为人知。夏志清的成名作《中国现代小说史》，令人拍案叫绝，彰显大师气象。

当年夏志清耶鲁大学博士刚毕业，三年不问发达，寄居学校，埋头治学。学术著作，写出浓郁感情，令人动容。

大多数人阅读经典犹如走迷宫，总是希望早日通关。**宇文所安**却像游手好闲的浪子一样阅读中国古典诗歌。他只关心诗里传递的欲望与记忆，从不关心它是中国的还是西方的。在宇文所安的《追忆》《盛唐诗》《初唐诗》《迷楼》四本经典中，文本大于观点，欲望重于逻辑。在我们心目中，原本清晰的古典诗歌，从此面目模糊。

具体书目

8.1　总论

人性大师

· 西格蒙德·弗洛伊德（Sigmund Freud，1856—1939，奥地利）：《梦的解析》《精神分析引论》《自我与本我》，传记参见《弗洛伊德传》（彼得·盖伊）

· 斯金纳（B. F. Skinner，1904—1990，美国）：《超越自由与尊严》《桃源二村》，自传参见自传三部曲：《我的生活细节》（*Particulars of My Life*，1976）《成为行为主义者》（*The Shaping of a Behaviorist*，1979）与《事关后果》（*A Matter of Consequence*，1983），传记参见 B. F. Skinner，by Daniel W. Bjork

· 阿尔波特·班杜拉（Albert Bandura，1925—2021，美国）：《思想与行为的社会基础》《社会学习理论》，传记参考 *Albert Bandura*，by Richard I. Evans

· 戈登·奥尔波特（Gordon W. Allport，1897—1967，美国）：《人格特质：分类和测量》（*Personality Traits: Their Classification and Measurement*）《偏见的本质》《成为》（*Becoming*）《人格的模式与成长》（*Pattern and Growth in Personality*），传记参见 *Gordon Allport*，by Richard I. Evans

· 乔治·凯利（George Kelly，1905—1967，美国）：《个人建构心理学》（*Psychology of Personal Constructs*）《个人构念心理咨询实务》（费·弗兰赛拉等），传记参见 *George Kelly*，by Fay Fransella

· 赫伯特·西蒙（Herbert A. Simon，1916—2001，美国）：《认知》《人工科学》《思维模型》（*Models of Thought*）（第四次出现）

· 詹姆斯·吉布森（James J. Gibson，1904—1979，美国）：《视觉感知的生态学方法》（*The Ecological Approach to Visual Perception*），传记参见吉布森妻子著作：*Perceiving the Affordances*，by Eleanor J. Gibson

8.2 人性的生理基础

神经科学

- 圣地亚哥·拉蒙-卡哈尔（Santiago Ramóny Cajal，1852—1934）：《大脑之美》《致青年学者》，自传参见 *Cajal: Recollections of My Life*
- 埃里克·坎德尔（Eric R. Kandel，1929—　，美国）：《无序的心灵》（*The Disordered Mind*）《启示的年代》（*The Age of Insight*）《神经科学原理》（主编），自传参见《追寻记忆的痕迹》
- 迈克尔·梅日尼奇（Michael Merzenich，1942—　，美国）：《软连线》（Soft-Wired）《改变大脑》（*Changing Brains*）
- 迈克尔·波斯纳（Michael I. Posner，1936—　，美国）：《注意力的神经科学》（*Cognitive Neuroscience of Attention*）《社会世界中的注意力》（*Attention in a Social World*）《人脑的教育》
- 克里斯·弗里斯（Chris Frith，1942—　，英国）：《心智的构建》《精神分裂症》（*Schizophrenia*）《三十秒大脑》（*30-Second Brain*）
- 约瑟夫·勒杜（Joseph E. LeDoux，1949—　，美国）：《突触自我》（*Synaptic Self*）《情绪大脑》（*The Emotional Brain*）《重新认识焦虑》
- 卡尔·弗里斯顿（Karl J. Friston，1959—　，英国）：《主动推理》（*Active Inference*，合著）《预测算法》（安迪·克拉克）

8.3　人性的心理学理解

认知、情绪、动机与行动

- 丹尼尔·卡尼曼（Daniel Kahneman，1934—　，美国）：《思考，快与慢》《选择、价值与决策》（合编），传记参见《思维的发现》（迈克尔·刘易斯）
- 吉仁泽（Gerd Gigerenzer，1947—　，德国）：《适应性思维》《简捷启发式》《有限理性》（合编）
- 基思·斯坦诺维奇（Keith E. Stanovich，1950—　，加拿大）：《超越智商》《机器人叛乱》《这才是心理学》
- 史蒂芬·平克（Steven Pinker，1954—　，美国）：《心智探奇》《人性中的善良天使》《当下的启蒙》《理性是什么?》
- 莉莎·费德曼·巴瑞特（Lisa Feldman Barrett，1963—　，美国）：《情绪》《关于大脑的七又二分之一堂课》《情绪手册》（*Handbook of Emotions*）
- 爱德华·德西（Edward L. Deci，1942—　，美国）：《内在动机》《自我决定论》（*Self-Determination Theory*，合编）
- 彼得·格尔维茨（Peter M. Gollwitzer，1950—　，美国）：《行动心理学》（*The Psychology of Action*，合编）《WOOP思维心理学》（加布里埃尔·厄廷根）

8.4　人性的语言学理解

语言学

- 费尔迪南·德·索绪尔（Ferdinand de Saussure，1857—1913，瑞士）：《普

通语言学教程》《普通语言学手稿》，传记参见《索绪尔》（乔纳森·卡勒）

- 王力（1900—1986）：《汉语史稿》《中国语言学史》，传记参见其女儿、女婿著作《王力传》（张谷 & 王缉国）

- 韩礼德（Michael Halliday，1925—2018，英国）：《功能语法导论》《英语的衔接》《汉语语言研究》，学术传记参见《韩礼德研究》（丁建新）

- 乔治·齐夫（George Kingsley Zipf，1902—1950，美国）：《最省力原则》

- 诺姆·乔姆斯基（Noam Chomsky，1928— ，美国）：《句法结构》《语言与心智》《语言知识》《论自然与语言》，传记参见《乔姆斯基》（尼尔·史密斯）

- 史蒂芬·平克（Steven Pinker，1954— ，美国）：《语言本能》《思想本质》《白板》《风格感觉》（第二次出现）

- 乔治·莱考夫（George Lakoff，1941— ，美国）：《我们赖以生存的隐喻》《女人、火与危险事物》《肉身哲学》

8.5 人性的文学理解

光明阵营

- 米格尔·德·塞万提斯（Miguel de Cervantes Saavedra，1547—1616，西班牙）：《堂吉诃德》，参见《塞万提斯传》（安德烈斯·特拉彼略）

- 查尔斯·狄更斯（Charles Dickens，1812—1870，英国）：《雾都孤儿》，传记参见 *Charles Dickens*, by Claire Tomalin

- 刘易斯·卡罗尔（Lewis Carroll，1832—1898，英国）：《爱丽丝漫游奇境》，传记参见 *Lewis Carroll*, by Morton N. Cohen

- 威廉·萨默塞特·毛姆（William Somerset Maugham，1874—1065，英国）：《月亮和六便士》，传记参见《毛姆传》（赛琳娜·黑斯廷斯）

- 欧内斯特·海明威（Ernest Miller Hemingway，1899—1961，美国）：《老人与海》，传记参见 *Ernest Hemingway*, by Carlos Baker

- 安东尼·德·圣-埃克苏佩里（Antoine de Saint-Exupéry，1900—1944，法国）：《小王子》，传记参见《小王子的星辰与玫瑰》（斯泰西·希夫）

- 沈从文（1902—1988）：《边城》，传记参见《他从凤凰来》（金介甫）

- 艾萨克·阿西莫夫（Isaac Asimov，1920—1992，美国）：《基地》，自传参见《人生舞台》

- 伊塔洛·卡尔维诺（Italo Calvino，1923—1985，意大利）：《如果在冬夜，一个旅人》，自传参见《巴黎隐士》

- 罗杰·泽拉兹尼（Roger Zelazny，1937—1995，美国）：《光明王》

黑暗阵营

- 威廉·莎士比亚（William Shakespeare，1564—1616，英国）：《哈姆雷特》，传记参见《莎士比亚传》（彼得·阿克罗伊）

- 曹雪芹（约1715—1763）：《红楼梦》，传记参见《曹雪芹传》（周汝昌）

- 歌德（Johann Wolfgang Von Goethe，1749—1832，德国）：《浮士德》，自传参见《歌德自传》

- 鲁迅（1881—1936）：《阿Q正传》，传记参见《无法直面的人生》（王晓明）

- 弗朗茨·卡夫卡（Franz Kafka，1883—1924，奥地利）：《变形记》，传记参见《卡夫卡传》（莱纳·施塔赫）
- 弗拉基米尔·纳博科夫（Vladimir Nabokov，1899—1977，美国）：《洛丽塔》，传记参见《纳博科夫传》（布赖恩·博伊德）
- 乔治·奥威尔（George Orwell，1903—1950，英国）：《1984》，传记参见《奥威尔传》（杰弗里·迈耶斯）
- 太宰治（1909—1948，日本）：《人间失格》，传记参见《向着光明》（太田治子）
- 三岛由纪夫（1925—1970，日本）：《金阁寺》，传记参见《美与暴烈》（亨利·斯各特·斯托克斯）
- 田中芳树（1952— ，日本）：《银河英雄传说》

灰色阵营

- 简·奥斯汀（Jane Austen，1775—1817，英国）：《傲慢与偏见》，传记参见《简·奥斯丁传》（克莱尔·托马林）
- 亨里克·易卜生（Henrik Johan Ibsen，1828—1906，挪威）：《玩偶之家》，传记参见《易卜生传》（埃德蒙·葛斯）
- 马克·吐温（Mark Twain，1835—1910，美国）：《汤姆·索亚历险记》，传记参见《马克·吐温自传》
- 安东·契诃夫（Anton Chekhov，1860—1904，俄罗斯）：《契诃夫短篇小说选》，传记参见《契诃夫的一生》（伊莱娜·内米洛夫斯基）
- 夏目漱石（1867—1916，日本）：《我是猫》，传记参见《我的先生夏目漱石》（夏目镜子）
- 威廉·福克纳（William Cuthbert Falkner，1897—1962，美国）：《喧哗与骚动》，传记参见《成为福克纳》（菲利普·韦恩斯坦）
- 豪尔赫·路易斯·博尔赫斯（Jorge Luis Borges，1899—1986，阿根廷）：《小径分岔的花园》，传记参见《博尔赫斯大传》（埃德温·威廉森）
- 张爱玲（1920—1995）：《金锁记》，传记参见《张爱玲传》（刘川鄂）
- 斯坦尼斯瓦夫·莱姆（Stanislaw Lem，1921—2006，波兰）：《未来学大会》，传记参见 *Holocaust and the Stars*, by Agnieszka Gajewska
- 王小波（1952—1997）：《黄金时代》，传记参见其哥哥的著作《我的兄弟王小波》（王小平）

十二诗神

中国

- 陶渊明（约365—427）：《陶渊明全集》，传记参见《陶渊明传论》（李长之）
- 王维（701—761）：《王维集校注》，传记参见《王维传》（毕宝魁）
- 李白（701—762）：《李太白全集》，传记参见《李白》（李长之）
- 苏轼（1037—1101）：《苏东坡全集》，传记参见《苏东坡传》（林语堂）
- 辛弃疾（1140—1207）：《辛弃疾词集》，传记参见《辛弃疾传》（邓广铭）
- 海子（1964—1989）：《海子诗全集》，传记参见《海子传》（边建松）

世界

- 松尾芭蕉（1644—1694，日本）:《芭蕉全集》，传记参见 *Matsuo Basho*, by Makoto Ueda

- 夏尔·波德莱尔（Charles Baudelaire, 1821—1867，法国）:《恶之花》，传记参见《波德莱尔传》（克洛德·皮舒瓦）

- 艾米莉·狄金森（Emily Dickinson, 1830—1886，美国）:《狄金森诗全集》，传记参见《我居于无限可能》（多米尼克·福捷）

- 泰戈尔（Rabindranath Tagore, 1851—1964，印度）:《吉檀迦利》《飞鸟集》《新月集》，传记参见《泰戈尔传》（克里希那·克里巴拉尼）

- 莱内·马利亚·里尔克（Rainer Maria Rilke, 1875—1926，奥地利）:《里尔克全集》，传记参见《里尔克传》（唐纳德·普拉特）

- 伊迪特·索德格朗（Edith Södergran, 1892—1923，芬兰）:《我必须徒步穿越太阳系》，传记参见 *Kampen om Edith*, by Agneta Rahikainen

文学评论

- 弗吉尼亚·伍尔夫（Virginia Woolf, 1882—1941，英国）:《普通读者》《一间只属于自己的房间》，传记参见其外甥著作《弗吉尼亚·伍尔夫传》（昆汀·贝尔）

- 瓦尔特·本雅明（Walter Benjamin, 1892—1940，德国）:《发达资本主义时代的抒情诗人》，传记参见《本雅明传》（霍华德·艾兰 & 迈克尔·詹宁斯）

- 康斯坦丁·帕乌斯托夫斯基（Konstantin Paustovsky, 1892—1968，俄罗斯）:《金蔷薇》《文学肖像》，自传体小说参见《生活的故事》

- 恩斯特·库尔提乌斯（Ernst Robert Curtius, 1886—1956，德国）:《欧洲文学与拉丁中世纪》

- 埃里希·奥尔巴赫（Erich Auerbach, 1892—1957，德国）:《摹仿论》

- 勒内·基拉尔（René Girard, 1923—2015，法国）:《浪漫的谎言与小说的真实》《祭牲与成神》《莎士比亚：欲望之火》，传记参见 *Evolution of Desire*, by Cynthia L. Haven

- 哈罗德·布鲁姆（Harold Bloom, 1930—2019，美国）:《西方正典》《如何读，为什么读》《读诗的艺术》《影响的焦虑》

- 夏志清（1921—2013）:《中国现代小说史》《中国古典小说》，传记参见《夏志清的人文世界》（殷志鹏）

- 宇文所安（Stephen Owen, 1946—　，美国）:《追忆》《盛唐诗》《初唐诗》《迷楼》

9. 如何理解身体

总论

　　我们的身体，是与我们相处时间最多但又对其所知最少的一位

"朋友"。如何更好地理解身体？我们需要了解身体的构成及其规律，这涉及人体解剖学、生物医学等学科。前者侧重关于身体的整体形态研究，后者侧重身体的运作机制研究。

人体解剖学。最早探索身体的莫过于解剖学家。**奈特**在 1989 年出版的《奈特人体解剖学彩色图谱》，流传至今。在 21 世纪，从手绘图到照片，**亚伯拉罕**主编的《McMINN 和 ABRAHAMS 临床人体解剖学图谱》成为主流教材，而他编写的《人体运转手册》是更通俗的版本，是了解身体的必备图书。另一个需要深入了解身体的职业则是艺术家。戈特弗里德·巴梅斯在 1964 年出版的《人物形体：艺术解剖学教学手册》同样流传至今，亦可参考。

同样，各个关键器官，也可以阅读有关著作。皮肤是人体最大的器官，若想了解皮肤，可读耶尔·阿德勒的《皮肤的秘密》；眼睛被誉为心灵之窗，是收集外界信息的主力，可读深作秀春的《拯救视力图解指南》；心脏是血液循环之源，可读桑迪普·乔哈尔的《心脏简史》；大脑是我们处理信息与意识的中枢，可读桑德拉·阿玛特等人的《大脑开窍手册》与安德斯·汉森的《大脑健身房》；肝脏是身体内执行代谢功能的关键器官，可读孙胜振等著的《肝脏的秘密》；肠道系统组成了人体三分之二的免疫系统，可读朱莉娅·恩德斯的《肠子的小心思》与贾斯汀·索尼堡等人的《好肠道》。

若想了解女性的身体，可以读希拉·德利兹的《身体由我》；若想帮助孩子更好地了解身体，可读加古里子的"身体科学"绘本系列与七尾纯的"可爱的身体"绘本系列。

生物医学。想要更好地理解身体，你还需要补充一些进化论与基因组学领域的知识。

身体何以演化成这样？进化论诞生之后，我们更多地将身体看成是一个自然进化选择的结果。推荐参考进化医学奠基者**威廉斯**的著作《我们为什么会生病》。丹尼尔·利伯曼的《人体的故事》、比尔·布莱森的《人体简史》与詹姆斯·汉布林的《如果身体会说话》亦可参考。

人的身体是如何从一个小小的受精卵长大成人的呢？这经历了无数奇妙的过程。基因组学正在快速改变我们关于身体的认知。**柯林斯**与**文特尔**都是人类基因组计划中的领军人物，前者曾任美国国立卫生研究院院长，领导人类基因组计划，并发现了多种致病基因，相关著作参见《生命的语言》；后者创办企业，参与基因测序竞争，相关著作参见《生命的未来》《解码生命》。**普罗明**开创的行为遗传学，则侧重研究基因对人类行为的影响，相关著作参见《行为遗传学》《基因蓝图》。

悉达多·穆克吉的《基因传》是广受欢迎的大众科普，亦可参考。更多基因组学的科普，可参考马特·里德利的《基因组》与尼古拉斯·韦德的《天生的麻烦》。

如何将身体保持在一个健康的状态，这涉及生理健康、心理健康与环境健康三大话题。当我们病了，还需要求医问诊，这涉及疾病与医疗。

生理健康

如何保持生理健康？营养、运动与睡眠是基础条件，这涉及营养科学、运动科学与睡眠科学。

营养科学。最重要的著作是中国营养学会定期根据当前医学成果更新的《中国居民膳食指南》，它既有通用的指导，也有针对妇女、儿童的营养建议。如果进一步深入学习，可以参考弗朗西斯·显凯维奇·赛泽编写的营养学教材《营养学：概念与争论》。营养学在运动领域的应用，可补充参考克里斯蒂安·冯·勒费尔霍尔茨的《健身营养全书》。

升级我们的营养学观念,可以读**尤德金**的《甜蜜的,致命的》一书,作为最早提倡减糖的科学家,他在这本书中深入分析了糖带来的危害。出版不久的类似著作可读罗伯特·卢斯蒂格的《代谢》,接着可以读**威利特**的《吃喝和健康》、**马特森**的《间歇性禁食》与**斯佩克特**的《饮食的迷思》《饮食真相》,这些都是营养学领域的经典作品。

运动科学。经典著作推荐查尔斯·科尔宾的《健身与健康概念》与《健身与生活》。

日常健身可参考瑞比托的《力量训练基础》、阿诺德·尼尔森的《拉伸运动系统训练》、布拉德·舍恩菲尔德的《肌肉训练图解》、保罗·劳森等人的《高强度间歇训练的科学与应用》(*Science and Application of High Intensity Interval Training*)。解决肌肉酸痛,可参考赛门·尼尔–亚瑟的《激痛点简明手册》与托马斯·迈尔斯等人的《解剖列车》。

当你成为运动爱好者,你会参加一些更专业的竞技运动,若想升级你对竞技运动的认知,推荐以下图书:

» 吉姆·阿弗莱莫:《通往卓越之路》

» 马克·巴伯斯:《运动健护全书》

» 杰克·威尔莫尔:《运动生理学》(合著)

» 罗伯特·温伯格:《体育与训练心理学》(合著)

» 鲍勃·默里:《运动生理学应用指南》

» 杰弗里·波特伊格:《运动科学导论》(*ACSM's Introduction to Exercise Science*)

» 理查德·施密特:《运动学习和表现》(*Motor Learning and Performance*)(合著)

» 美国体能协会:《力量训练和调理要点》(*Essentials of Strength*

Training and Conditioning）

睡眠医学。与很多人的认知不同，睡眠对于人类身体健康的重要性远远超过我们认为的那样。**罗斯**是睡眠医学的重要创始人之一，他与人合编的《睡眠医学原理与实践》是该领域的权威著作。克里斯·温特的《睡眠解决方案》与盖伊·勒施齐纳的《脑子不会好好睡》从临床角度探讨如何改善睡眠，亦可参考。

吃好、运动好、睡好，看似简单，然而长期坚持并非易事。这是为什么呢？实际是因为人性比我们想象的更复杂。健康心理学则是从人性的角度，让我们理解如何更好地保持健康的习惯，若想了解相关知识，推荐阅读习惯心理学领军人物**伍德**的著作《习惯心理学》。查尔斯·都希格的《习惯的力量》与福格的《福格行为模型》亦可参考。

在生理健康领域，从营养、运动再到睡眠，伪科学非常流行，批判性著作可参考本·戈德契的《小心！不要被"常识"骗了》、保罗·奥菲特的《坏建议》、盖里·陶比斯的《我们为什么会发胖？》与尼古拉斯·蒂勒的《怀疑论者的运动科学指南》。

心理健康

在 21 世纪，光是生理健康还不够，心理也要健康。心理治疗与咨询产业、临床心理学与精神病学等学科经历了多年的发展，出现了众多流派。在这些流派中，有的经过大浪淘沙，被实践证伪了；有的老树新芽，改头换面后焕发生机；有的诞生不久，正年轻气盛。在众多心理治疗与咨询流派中，我推荐 16 个科学原理清晰、临床实践效果突出的流派，并将其分成四组。

第一组是认知行为导向的疗法，包括理性情绪疗法、认知行为疗法、行为激活疗法与接纳承诺疗法。第二组是心理动力学取向或者说精神分析影响下的疗法，包括核心冲突关系主题疗法、心智化疗法与情绪聚焦疗法。第三组是家庭治疗取向的疗法，包括系统家庭疗法、策略家庭疗法、结构家庭疗法、体验家庭疗法等。第四组是其他取向的疗法，包括个人构念疗法、森田疗法、心理剧疗法、叙事疗法与焦点解决疗法等。

其中，情绪聚焦疗法、叙事疗法、焦点解决疗法与家庭治疗取向的疗法在"如何理解家庭"部分已介绍；个人构念疗法在"如何理解人性"部分已介绍，因此，本节不再赘述。最后，针对被保留下来的总计八种疗法，我分别推荐一位创始人或代表人物。

在认知行为取向上，我推荐关注：理性情绪疗法的创始人艾利斯，参见《理性情绪行为疗法》等书；认知行为疗法的创始人贝克，参见《抑郁症》等书；行为激活疗法的创始人查尔斯·费斯特，参见介绍该流派思想的《抑郁症的行为激活疗法》等书；接纳承诺疗法的创始人海斯，参见《接纳承诺疗法》等书。其中，理性情绪疗法可以理解为认知行为疗法先驱，接纳承诺疗法可以理解为认知行为疗法的接班人。行为激活疗法可以理解为抛弃掉认知行为无用但又耗时的"认知"部分，只保留"行为"部分，进行行为干预与行为强化，受斯金纳的行为主义影响较深的疗法。

在心理动力学取向上，我推荐关注核心冲突关系主题疗法的创始人卢博斯基，相关著作参见《理解移情》；心智化疗法的创始人福纳吉，相关著作参见《心智化临床实践》。其中，核心冲突关系主题疗法可以理解为对传统精神分析的"心理冲突"部分进行科学编码，与现代科学接轨，方便更好地检验循证效果的疗法。心智化疗法可以理解为吸纳精神分析与依恋理论两家之长，拿将心比心的"心智化能力"作为心理治疗与咨询重心。

在其他取向上，我推荐关注森田疗法的创始人森田正马，相关著作参见《神经衰弱和强迫观念的根治法》《神经质的实质与治疗》。

心理剧疗法的创始人**莫雷诺**，相关著作参见《心理剧：心理治疗的基础》。

成年人的三大典型心理疾病是抑郁症、焦虑症和恐惧症。从不同流派的实践效果来看，目前治疗抑郁症较好的疗法是行为激活疗法，治疗焦虑症较好的疗法是森田疗法，治疗恐惧症较好的疗法是认知行为疗法。而涉及婚姻、恋爱与家庭的，较好的疗法是家庭治疗取向的各种疗法。

儿童与青少年的五大常见心理健康疾病是：自闭症、多动症、抑郁症、阅读障碍与学习障碍。

自闭症。国外科普著作，推荐牛津通识系列丛书的《自闭症》；国内科普推荐邹小兵的《与你同行：自闭症儿童家长必读》。自闭症的测量推荐凤华的《自闭症儿童发展本位行为评量系统》一书。自闭症的干预推荐凤华的《自闭症儿童社会情绪教育实务工作手册》一书与藤坂龙司等人的《早期密集训练实战图解》一书。

多动症。关于多动症的研究，注意力研究的大师波斯纳的《人脑的教育》是必读书目。再就是罗素·巴克利的《如何养育多动症孩子》，亦可参考。

抑郁症。儿童抑郁症越来越普及。推荐从牛津通识系列丛书的《抑郁症》入手，了解相关基础知识。《我的孩子得了抑郁症》（弗朗西斯·马克·蒙迪莫等著）和《天才儿童的悲剧》（爱丽丝·米勒）亦可参考。

阅读障碍。阅读障碍主要是指一个人尽管智力正常，但语音解码能力受到较大影响，导致他无法如正常人一样阅读。若想了解这方面的知识，推荐阅读《聪明的笨小孩》（萨莉·施威茨）一书与孟祥芝的《走出迷宫：认识发展性阅读障碍》一书。

学习障碍。参见让娜·西奥-法金的《如何养育有学习障碍的孩子》与刘翔平的《学习障碍儿童的心理与教育》等书。

然而，应对心理健康疾病，我们真的能像现代医学一样，采取临床随机试验作为唯一的标准吗？答案存疑。美国心理学家布鲁斯·瓦姆波尔德在《心理治疗大辩论》一书中仔细审查了传统心理治疗的方法，提出心理治疗的情境模型，把我们关于心理健康疾病的认知升级了。

心理健康是一个错综复杂的问题。除了心理咨询、心理治疗与临床心理学、精神病学这些研究实践，还有更多新方法在涌现，比如免疫精神病学。它结合免疫科学，研发新型抑郁症治疗药物，可参考爱德华·布尔莫尔的《发炎的大脑》一书；再如数字心理健康，使用便携设备与移动互联网来提升人们的心理健康，参考白皮书《赋能于 80 亿颗心灵》（*Empowering 8 Billion Minds*）。

心理健康不仅是一个临床问题，更是一个社会问题，相关问题可参考托马斯·英塞尔的著作《治愈》（*Healing*）。作者曾担任美国国家心理健康研究所（NIMH）所长，又曾先后创办、领导多家数字健康公司，该书从业内资深人士的角度，回顾了美国心理健康事业发展的不足，以及如何弥补这些不足。

污名心理健康患者，也是一个较为常见的社会现象。如何反污名，客观认识一些心理健康疾病？相关著作，可参考皮特·厄雷的《疯狂》、罗伊·波特的《疯狂简史》。

在具体病症上，抑郁症可参考戴维·卡普的《诉说忧伤》；自闭症可参考史提夫·希伯曼的《自闭群像》；少数族群可参考格林等人编写的《我们太有耐心了》（*We've Been Too Patient*）。

环境健康

我们的身体还受到我们所在环境的影响。人不是处在真空环境中，而是处在自然世界与社会世界中。那么，我们每天生活的环境对人的认知有何影响？我们该如何利用形式、材料、图案、光线、声音等来构建一个更适合人类体验的世界？

1977 年，美国建筑师**亚历山大**出版了《建筑模式语言》一书。他在人类历史上第一次提出建筑的模式语言，描述了城镇、邻里、住宅、花园和房间总计 253 种模式。环境对身体的影响润物细无声，比如在小区里，一种是塑胶保护、安全性极高的儿童乐园，一种则是粗犷、没那么安全的自然环境。小孩子在前一种环境下总是小心翼翼，在后一种环境下更容易培养冒险精神。**戈德哈根**的《欢迎来到你的世界》亦可参考。

环境如何影响我们的生理健康？室内主要通过空气、微生物等途径。可参考**布鲁森**的《室内环境手册》《健康的室内环境》等书。室外主要通过微生物、景观等途径。可参考**布莱泽**的《消失的微生物》与**威廉斯**的《大自然的修复》。前者强调微生物在日常生活的重要性，建议慎用抗生素；后者强调了大自然对人的健康的重要性。

环境不仅影响我们的生理健康，还影响我们的心理健康。**段义孚**的《恋地情结》与**史坦伯格**的《治愈空间》可参考。改善居家空间布局，不仅变得实用，还能提升心情。近藤典子的《家庭收纳 1000 例》、逯薇的《小家，越住越大》《小家大变局》等书可参考。

疾病与医疗

人的健康如同一个光谱，当健康突破临界值之后，就容易出现病症，此时需要求医问诊。因此，我们多少需要掌握一些医学知识。

中国医学传统，始于神农尝百草，继而扁鹊的"讳疾忌医"、华佗的五禽戏流芳百世。在中国传统医学看来，人体是一个复杂系统，体现着阴阳平衡和五行兼备。这使得中国古代在医学尚不发达之际，能初步应对各种疾病，并且在这些基础上发展出一些中国独特的治疗传统，比如望闻问切、针灸推拿等。若想了解中国传统医学史，推荐参考**陈邦贤**的《中国医学史》。

医学史中的一些专门史读物，比如德劳因·伯奇的《药物简史》和理查德·巴奈特的《病玫瑰》亦可参考。一些趣史亦可参考，例如乔纳森·艾格的《魔丸的诞生》关心避孕丸，托马斯·海格的《显微镜下的恶魔》关心最早的抗生素——磺胺，卡尔·齐默的《病毒星球》关心无处不在的病毒。

西方医学传统，从希波克拉底开始，再到维萨里提出人体解剖学，帕雷奠基现代外科，以及弗拉卡斯托罗出版《论传染》，圣托里奥率先在医疗实践中使用度量仪器，使得西方医学逐步步入科学轨道。理解现代医学与传统医学的关键，在于双盲实验、临床检验等，推荐阅读《柳叶刀临床研究基本概念》。

工业革命之后，西方医学分化成更细分的科室。专业分工带来的是效率提升，更易规模化，从而使得西方医学成为现代医学的代名词。要想了解西方医学史，推荐阅读**罗伊·波特**的《血与胆：疾病与医学的故事》及其主编的《剑桥医学史》。

身体出毛病了需要去医院进行处理，如果去之前，我们已经掌握了一些基础知识，那么会更容易与医师沟通。推荐《默克家庭医学手册》。这是一本经典手册。需要提醒的是，临床医学知识变化较快，图书常常跟不上实践发展。因此，要想了解具体病症不建议看书，而是直接查阅最新的权威医学知识。这里推荐两个渠道：（1）腾讯医典小程序。该小程序整理了常见疾病的基础知识。（2）中华医学期刊网。网址参见：medjournals.cn，登录后，找到"指南集锦"栏目，即可看到整理的专家共识。以"儿科学领域指南集锦（2015—2020）"为例，该专题遴选了近5年在中华医学会系列期刊上发表的指南、共识、指南解读、海外翻译指南的文献。

更多循证医学证据，可参考循证医学图书馆（The Cochrane

Library），网址参见：cochranelibrary.com。

当然，一些医学人文类著作是了解疾病与医疗的最佳读物，经典著作可参考**刘易斯·托马斯**的《最年轻的科学》《细胞生命的礼赞》、**舍温·努兰**的《死亡之书》《生命之书》与**萨克斯**的《错把妻子当帽子》《火星上的人类学家》。更多可参考：李清晨的《心外传奇》、张羽的《只有医生知道》系列、阿图·葛文德的《阿图医生》系列、马特·摩根的《重症监护室的故事》。

悉达多·穆克吉的《众病之王》讲述了癌症在几千年前首次被记录，一直到 21 世纪人类认识、治疗和征服癌症的过程。作为目前最难被人类征服的病症，我们需要更多的支持。**吉米·霍兰奠基**的心理肿瘤学提供了系统性的理论建设与临床实践支持，可参考她的著作《癌症人性的一面》。

福柯的《临床医学的诞生》一开始就告诉我们，医学不是一个抽象的学科，它与社会密切相关。**凯博文**的《疾痛的故事》《苦痛和疾病的社会根源》可参考。医疗产业处理你的身体，依然会受到各种经济利益的驱动，相关著作可参考本·戈德契的《制药劣迹》（*Bad Pharma*）。

具体书目

9.1　总论

人体解剖学、艺术解剖学

· 弗兰克·奈特（Frank H. Netter，1906—1991，美国）：《奈特人体解剖学彩色图谱》，传记参见其女儿著作 *Medicine's Michelangelo*，by Francine Mary Netter

· 彼得·亚伯拉罕（Peter H. Abrahams，1947—　　，英国）：《人体运转手册》《McMINN 和 ABRAHAMS 临床人体解剖学图谱》

生物医学：进化医学与基因组学

· 乔治·威廉斯（George C. Williams，1926—2010，美国）：《我们为什么会生病》

（合著）《适应与自然选择》
- 弗兰西斯·柯林斯（Francis Collins, 1950— ，美国）：《生命的语言》
- 克雷格·文特尔（J. Craig Venter, 1946— ，美国）：传记参见《生命的未来》《解码生命》（自传）
- 罗伯特·普罗明（Robert Plomin, 1948— ，美国）：《基因蓝图》《行为遗传学》
- 悉达多·穆克吉（Siddhartha kherjee, 1970— ，美国）：《基因传》《众病之王》《医学的真相》

9.2 生理健康

营养科学
- 约翰·尤德金（John Yudkin, 1910—1995, 英国）：《甜蜜的，致命的》
- 沃尔特·威利特（Walter C. Willett, 1945— ，美国）：《吃喝和健康》（*Eat, Drink, and Be Healthy*）
- 马克·马特森（Mark P. Mattson, 1957— ，美国）：《间歇性禁食》
- 蒂姆·斯佩克特（Tim D Spector, 1958— ，英国）：《饮食的迷思》《饮食真相》

运动科学
- 查尔斯·科尔宾（Charles B. Corbin, 1940— ，美国）：《健身和健康的概念》（*Concepts of Fitness And Wellness*）《健身与生活》

睡眠医学
- 托马斯·罗斯（Thomas Roth, 1945— ，美国）：《睡眠医学原理与实践》（*Principles and Practice of Sleep Medicine*，合著）

健康心理学
- 温迪·伍德（Wendy Wood, 1954— ，美国）：《习惯心理学》

9.3 心理健康

认知行为取向
- 阿尔伯特·艾利斯（Albert Ellis, 1913—2007, 美国）：《理性情绪行为疗法》《理性生活指南》《控制焦虑》，自传参见 *All Out*
- 阿伦·贝克（Aaron T. Beck, 1921—2021, 美国）：《抑郁症》《人格障碍的认知行为疗法》《这样想，你才不焦虑》，传记参见 *Aaron T Beck, by MarJorie Weishaar*
- 史蒂文·海斯（Steven C. Hayes, 1948— ，美国）：《接纳承诺疗法》，相关著作参见路斯·哈里斯（Russ Harris）的《ACT，就这么简单》《幸福的陷阱》等。

心理动力学取向
- 莱斯特·卢博斯基（Lester Luborsky, 1920—2009, 美国）：《理解移情》

（*Understanding Transference*），相关著作参见《短程动力取向心理治疗实践指南》（霍华德·布克著）《实用主义动力取向心理治疗》（理查德·萨默斯等著）

- 彼得·福纳吉（Peter Fonagy，1952— ，英国）：《依恋理论与精神分析》《心智化临床实践》（合著）《人格障碍的心智化治疗》（合著），相关著作参见《创伤与依恋》（乔恩·艾伦）《情绪心智化》（埃利奥特·尤里斯特）

其他取向

- 森田正马（1874—1938，日本）：《神经衰弱和强迫观念的根治法》《神经质的实质与治疗》
- 雅各布·莫雷诺（Jacob Levy Moreno，1889—1974）：《心理剧：心理治疗的基础》（*Psychodrama: Foundations of Psychotherapy*），更多介绍心理剧的著作参见《心理剧疗法》《易术》《二十一世纪心理剧》，自传参见 *Jacob Levy Moreno*，传记参见《莫雷诺》（保罗·黑尔等人）

9.4　环境健康

建筑学与建筑工程

- 克里斯托弗·亚历山大（Christopher Alexander，1936— ，美国）：《建筑模式语言》
- 莎拉·威廉姆斯·戈德哈根（Sarah Williams Goldhagen，1959— ，美国）：《欢迎来到你的世界》
- 菲洛梅娜·布鲁森（Philomena M. Bluyssen，荷兰）：《室内环境手册》（*The Indoor Environment Handbook*）《健康的室内环境》（*The Healthy Indoor Environment*）

微生物学、自然疗愈

- 马丁·布莱泽（Martin J. Blaser，1948— ，美国）：《消失的微生物》
- 弗洛伦斯·威廉斯（Florence Williams，1967— ，美国）：《大自然的修复》（*The Nature Fix*）

人文地理学与环境心理学

- 段义孚（1930—2022，美国）：《恋地情结》《空间与地方》，自传参见《回家记》《人文主义地理学》
- 埃丝特·M. 史坦伯格（Esther M. Sternberg，1951— ，美国）：《治愈空间》（*Healing Spaces*）

9.5　疾病与治疗

医学史

- 陈邦贤（1889—1976）：《中国医学史》，传记参见《陈邦贤学术评传》（张镜源）
- 罗伊·波特（Roy Porter，1946—2002，英国）：《血与胆：疾病与医学的故事》《剑桥医学史》

医学人文学

- 刘易斯·托马斯（Lewis Thomas，1913—1994，美国）：《最年轻的科学》《细胞生命的礼赞》《水母与蜗牛》
- 舍温·努兰（Sherwin B. Nuland，1930—2014，美国）：《死亡之书》《生命之书》
- 奥利弗·萨克斯（Oliver Sacks，1933—2015，美国）：《错把妻子当帽子》《火星上的人类学家》《幻觉》，自传参见《说故事的人》

医学社会学

- 吉米·霍兰（Jimmie C. Holland，1928—2017，美国）：《癌症人性的一面》（*The Human Side of Cancer*）
- 凯博文（Arthur Kleinman，1941—   ，美国）：《疾痛的故事》《苦痛和疾病的社会根源》，自传参见《照护》

10. 如何理解信仰

总论

　　人是不断寻找意义的动物。从懂事开始，就不断思考：我是谁？我从哪里来？我要去哪里？无神论者信仰理性或名利，有神论者信仰自己宗教的神明。每位信仰者都有意无意在试图说服别人投奔自己的阵营。

　　现在，无神论阵营略占上风。它来自历史上一轮又一轮精彩的辩论。**休谟**的《宗教的自然史》，否定上帝设计了整个世界；**罗素**的《为什么我不是基督教徒》，以才华横溢的美文，再次对宗教发起攻击。他的金句鼓舞人心，令人信仰爱与智慧——"有三种质朴而又十分强烈的激情一直支配着我的人生，这就是对爱的渴望、对知识的求索和对人类苦难的无限怜悯。"

　　最近一轮有力的攻击来自**道金斯**与**萨根**。道金斯在《上帝的错觉》中继续捍卫了进化论的天择立场，强调无神论既有益于个体，也有益于整个社会。萨根在《卡尔·萨根的上帝》中以广博的知识，论证了上帝不存在。在萨根看来，科学本身就是"有智的崇拜"，但我们不能把探索真理过程中的任何一步神圣化，神圣的只是求索过程本身。

人的信仰本质上是在追求人生超越的意义感，获取一个更大的精神追求。在庄子看来，至人无己，神人无功，圣人无名。无己，无功，无名，摆脱外物束缚，方得人生大逍遥、大自在。到了**王阳明**心学这里，则是人人皆可成圣，无论贩夫走卒、引车卖浆，还是高官富豪、名流俊彦。

这种超越性的精神追求，现代心理学诞生后，美国心理学之父**詹姆斯**在《心理学原理》中，将其称之为"灵性"（spirituality），**海特**在《象与骑象人》一书中将其称为"提升感"（elevation）。

信仰，也许来自探索爱与智慧的路上；也许来自对祂的膜拜与推崇。那么，究竟应该选择什么样的信仰呢？这是你的自由。

儒家

中国历史上的大儒，无论道德修养，还是人生发展境界，在今天，依然值得我们学习。理解中国儒家，有绕不过的七位大儒：**孔子、孟子、韩愈、张载、朱熹、王阳明与王船山**。他们本身的著作以及关于他们的研究性著作，构成了中国古典文化的一座座高峰。

东方宗教

中国本土宗教，主要包括道教与佛教。道教的经典著作可读十三经。尤其是**老子**的《道德真经》（《老子》）、**庄子**的《南华真经》（《庄子》）两本书。佛教的经典著作亦有十三经参考，尤其是**惠能**的《坛经》。

从古典到现代，离不开一代又一代人的解读。过去 100 年，传承道教杰出者可参考**陈撄宁**、胡孚琛、任法融等道士居士的著作，任继愈、陈鼓应、刘笑敢、李养正等研究者的著作亦可参考。传承佛教杰出者可参考弘一、虚云、印光、太虚、净空、一行与铃木大拙等高僧大德的相关著作，**方东美**等研究者的著作亦可参考。

东方宗教，除了中国本土盛行的宗教之外，还有印度教、日本神道教。了解印度教，可读**韦伯**的《印度的宗教》、邱永辉的《印度教概论》等书。要了解日本神道教，可读岛薗进的《国家神道与日本人》等书。

西方宗教

麦克斯·缪勒被认为是现代宗教学创始人。他在 1873 年出版的《宗教学导论》一书中正式提出了现代意义上的宗教学，也就是比较宗教学。缪勒认为，就像只掌握一种语言，是难以理解语言本质的，需要比较不同语言才可以；同样，只了解一种宗教，那么我们也很难理解宗教的本质，因此需要将不同宗教放在一起来比较。

自从现代宗教学诞生之后，又有不同的学者从社会学、人类学、心理学、史学等不同的角度进行研究，其中从社会学角度研究的经典作品是涂尔干的《宗教生活的基本形式》，该书揭示了宗教的起源和本质。从人类学角度研究宗教的经典作品是**弗雷泽**的《金枝》，该书是一部阐述巫术和宗教起源的权威之作。从心理学角度研究宗教的经典著作是**荣格**的《金花的秘密》，该书将西方的精神分析与中国的道家思想放在一起，碰撞出火花。荣格在《原型与集体无意识》《文明的变迁》等书中，进一步论述了自己的宗教心理学思想。

蒂利希在其名作《基督教思想史》中，详细介绍了基督教思想的发展历史，他被认为是 20 世纪最有影响力的神学家之一，他的《存在的勇气》《信仰的动力学》亦可参考。如何解决你的信仰与他人信仰之间的冲突？**希克**在他的经典名著《信仰的彩虹》中提出了一个精彩的比喻，不同的信仰都是神性之光的彩虹的投射，我们可以更好地理解别人的信仰，从而让世界兼容不同信仰传统。

到了 21 世纪，受强科学主义的影响，越来越多的人都相信理性而非上帝，投奔无神论阵营。不过为了保持开放的心态，不妨来关注一下 20 世纪最重要的两位神学家：**斯温伯恩**与**汉斯·昆**。斯温伯恩在《上帝是否存在？》一书中论证上帝依然可以存在；汉斯·昆在《基督教大思想家》中论证了对上帝的信仰，依然有助于人类理性的发展。当然，这些著作仅供参考，请批判性阅读。

新道学

不同的人会选择不同的信仰。有的人选择了西方宗教，也有的人选择了东方宗教。对他人的信仰，不妨持有包容之心。

说说我的信仰，仅供各位读者参考。我选择这样的信仰：新道学。

什么叫作道学？修心养性之理。多年前，**梁启超**在北大讲授《传习录》时，开篇语谈"道学与科学"之分。

> 道学与科学，界线最当分明。道学者，受用之用也，自得而无待于外者也，通古今中外无二者也。科学者，应用之学也，藉辩论积累而始成者也，随社会文明程度而进化者也。故科学尚新，道学则千百年以上之陈言，当世哲人无以过之。科学尚博，道学则一言半句，可以毕生受用不尽。老子曰："为学日益，为道日损。"学谓科学也，道谓道学也。[13]

科学尚博，道学则一言半句，可以毕生受用不尽。然而今天我们越来越熟悉科学，并不熟悉道学。事实上，中国古典文化，尤其是以孔子、庄子、墨子为代表的春秋诸子，以及以张载、王阳明、王船山为代表的宋明理学，精彩纷呈，意义非凡。

当传统道学遇上科学，这就是我心目中的新道学。什么是新道学？我将新道学定义为用认知科学、心灵哲学、本土心理学与行动科学改造之后的中国古典文化。认知科学与行动科学，在前文多次提及，这里说一下心灵哲学与本土心理学。

了解心灵哲学，推荐阅读丹尼特与安迪·克拉克的著作。丹尼特的博士论文在1969年，也就是其27岁时，以《内容与意识》为书名结集出版。丹尼特的博士论文昭示了他未来在心灵哲学领域的三个主要研究方向：意向性、意识与自由意志。这三大概念也是心灵哲学经常探讨的基本命题。分别参见《心灵种种》《意识的解释》《自由的进化》三书。安迪·克拉克则是另一位重磅级的心灵哲学家，他的新作《预测算法》，尝试结合弗里斯顿的自由能理论，将人类理解为一台有血有肉的预测机器人，我们改变我们的预测以适应世界，改变世界以适应我们的预测。

至于本土的心理学研究领域，则推荐阅读李亦园、杨国枢、黄光国与杨中芳的著作。个人信仰的迷失与追寻，读李亦园，参见《宗教与神话》；中国人的性格，读杨国枢，参见《国人性格与现代化》；官场运作、人情往来、面子鬼话，读黄光国，参见《人情与面子》；中庸读杨中芳，参见论文《中庸实践思维体系探研的初步进展》。郑伯壎、黄曩莉的相关著作亦可参考，前者专攻中国式领导，后者专攻华人人际和谐与冲突。

如果说科学追求的是理解万事万物，那么道学追求的是修心养性，即信仰、职业、志业的三位一体。信仰、职业与志业的分离，源自工业革命与大学的创办。当时出现这种变化，更多是适应工业革命对人的需求，这三者的分离是合理的。但是到了21世纪，从工业时代到信息时代，新的知识层出不穷。此时信仰、职业、志业三者的分离，也许就不足以适应当前时代了。因此，我们不妨换一种思维方式，尝试重新回归信仰、职业与志业的三位一体。

以创作者的姿态，用现代科学诠释中国古典文化，在人类智慧迷宫中遨游，文理并蓄，美感先行，心灵自由第一，这就是我的信仰、职业与志业。

具体书目

10.1　总论

- 大卫·休谟（David Hume，1711—1776，苏格兰）：《宗教的自然史》《自然宗教对话录》（第二次出现）
- 王阳明（1472—1529）：《王阳明全集》（第二次出现）
- 威廉·詹姆斯（William James，1842—1910，美国）：《心理学原理》，传记参见《就这样，他成了威廉·詹姆斯》（霍华德·马文·范斯坦）
- 伯特兰·阿瑟·威廉·罗素（Bertrand Arthur William Russell，1872—1970，英国）：《为什么我不是基督教徒》《我的信仰》（第二次出现）
- 卡尔·萨根（Carl Sagan，1934—1996，美国）：《宇宙》《接触》《暗淡蓝点》《魔鬼出没的世界》（第二次出现）
- 理查德·道金斯（Richard Dawkins，1941—　，英国）：《自私的基因》《盲眼钟表匠》《地球上最伟大的表演》（第二次出现）
- 乔纳森·海特（Jonathan Haidt，1963—　，美国）：《象与骑象人》

10.2　儒家

- 孔子（前551—前479）：《论语》，传记参见《孔子传》（钱穆）
- 孟子（前372—前289）：《孟子》，传记参见《孟子传》（孟祥才）
- 韩愈（768—824）：《韩昌黎文集》，传记参见《韩愈》（李长之）
- 张载（1020—1077）：《张载集》，传记参见《"民胞物与"中国心》（宣朝庆）
- 朱熹（1130—1200）：《朱熹文集编年评注》，传记参见《朱子大传》（束景南）
- 王阳明（1472—1529）：《王阳明全集》（同上，第二次出现）
- 王船山（1619—1692）：《船山全书》，只读一卷，推荐《张子正蒙注》（第二次出现）

10.3　东方宗教

大宗师

- 老子（生卒年不详）：《老子》，传记参见《老子评传》（陈鼓应＆白奚）
- 庄子（约前369—前286）：《庄子》，传记参见《庄子传》（王新民）《庄子评传》（颜世安），另可参考《庄子哲学及其演变》（刘笑敢）
- 惠能（638—713）：《坛经》，传记参见《惠能评传》（洪修平＆孙亦平）

传承者

- 陈撄宁（1881—1969）：《陈撄宁文集》，自传参见《道教与养生》
- 弘一（1880—1942）：《弘一大师文集》，传记参见《弘一大师传》（陈慧剑），纪念文集参见《弘一法师永怀录》（夏丏尊、蔡冠洛等）

研究者

- 方东美（1899—1977）：《方东美作品系列》，传记资料参见《方东美传记资料》（朱传誉）
- 马克斯·韦伯（Max Weber，1864—1920，德国）：《新教伦理与资本主义精神》《学术与政治》《经济与社会》《儒教与道教》《宗教社会学》（第二次出现）

10.4 西方宗教

宗教学

- 麦克斯·缪勒（Friedrich Max Muller，1823—1900，英国）：《宗教学导论》，传记参见其妻子编写著作 *The Life and Letters of the Right Honourable Friedrich Max Müller*，by Georgina
- 詹姆斯·乔治·弗雷泽（James George Frazer，1854—1941，英国）：《金枝》，传记参见 *J. G. Frazerr: His Life and Work*，by Robert Ackerman
- 卡尔·荣格（Carl Gustav Jung，1875—1961，瑞士）：《金花的秘密》《原型与集体无意识》《文明的变迁》，自传参见《荣格自传》
- 保罗·约翰内斯·蒂利希（Paul Johannes Tillich，1886—1965，美国）：《基督教思想史》《存在的勇气》《信仰动力学》，传记参见《蒂利希》（维尔纳·叔斯勒）
- 约翰·希克（John Harwood Hick，1922—　，英国）：《信仰的彩虹》，自传参见 *John Hick*
- 汉斯·昆（Hans Küng，1928—　，瑞士）：《基督教大思想家》，自传参见 *My Struggle for Freedom*
- 理查德·斯温伯恩（Richard Swinburne，1934—　，英国）：《上帝是否存在?》

10.5 新道学

大宗师

- 梁启超（1873—1929）：《饮冰室合集》（第二次出现）

心灵哲学

- 丹尼尔·丹尼特（Daniel C. Dennett，1942—　，美国）：《意向立场》《意识的解释》《自由的进化》（第二次出现）
- 安迪·克拉克（Andy Clark，1957—　，美国）：《预测算法》《心智构件》（*Mindware*）《天生电子人》（*Natural-Born Cyborgs*）

本土心理学

- 李亦园（1931—2017）：《宗教与神话》《文化的图像》《李亦园自选集》，纪念文

集参见《李亦园与中国人类学》（田敏等主编）

- · 杨国枢（1932—2018）：《杨国枢文集》（共十一册，推荐其中的《国人性格与现代化》《孝道与家庭》《华人本土化心理学》（一）（二）四册），传记参见《杨国枢文集》第二册《生平纪事》

- · 黄光国（1945—　）：《人情与面子》《知识与行动》《社会科学的理路》《儒家关系主义》

- · 杨中芳（1945—　）：《如何理解中国人》《如何研究中国人》，口述实录参见《重建中国社会学》（周晓虹）

最小限度书单

梁启超在《国学入门书要目及其读法》和《要籍解题及其读法》中，给年轻读者开设了学习国学的各类书单，最后再精简为26本书，称为《最低限度之必读书目》。[14] 为了降低各位读者的认知负荷，以一个问题作为主题，挑选回答这个问题最好的5本书，总计50本书，构成"最小限度书单"。

1. 知识的知识

> 勒内·笛卡尔（1596—1650，法国）：《第一哲学沉思录》

> 乔治·波利亚（1887—1985，美国）：《怎样解题》

> 杰拉德·普林斯（1942—　，美国）：《叙事学》

> 保罗·瓦茨拉维克（1921—2007，美国）：《改变》

> 根里奇·阿奇舒勒（1926—1998，苏联）：《创新算法》

2. 如何理解世界

> 查尔斯·达尔文（1809—1882，英国）：《物种起源》

> 理查德·道金斯（1941—　，英国）：《自私的基因》

» 卡尔·萨根（1934—1996，美国）：《宇宙》

» 艾萨克·牛顿（1643—1727，英国）：《自然哲学的数学原理》

» 让 – 亨利·法布尔（1823—1915，法国）：《昆虫记》

3. 如何理解历史

» 费尔南·布罗代尔（1902—1985，法国）：《论历史》

» 钱穆（1895—1990）：《国史大纲》

» 卡尔·雅斯贝尔斯（1883—1969，德国）：《论历史的起源与目标》

» 余英时（1930—2021）：《朱熹的历史世界》

» 爱德华·吉本（1737—1794，英国）：《罗马帝国衰亡史》

4. 如何理解时代

» 弗里德里希·黑格尔（1770—1831，德国）：《精神现象学》

» 卡尔·冯·克劳塞维茨（1780—1831，德国）：《战争论》

» 皮埃尔·布尔迪厄（1930—2002，法国）：《区分》

» 保罗·格雷厄姆（1964—　，美国）：《黑客与画家》

» 埃米尔·涂尔干（1858—1918，法国）：《社会分工论》

5. 如何理解社会

» 亚当·斯密（1723—1790，英国）：《国富论》

» 米歇尔·福柯（1926—1984，法国）：《规训与惩罚》

» 路德维希·冯·米塞斯（1881—1973，奥地利）：《人的行为》

» 约翰·穆勒（1806—1873，英国）：《论自由》

» 鲁思·本尼迪克特（1887—1948，美国）：《菊与刀》

6. 如何理解组织

» 彼得·德鲁克（1909—2005，美国）：《卓有成效的管理者》

» 戴维·麦克利兰（1917—1998，美国）：《成就社会》

» 本杰明·格雷厄姆（1894—1976，美国）：《聪明的投资者》

» 菲利普·科特勒（1931—　，美国）：《营销管理》

» 沃伦·巴菲特（1930—　，美国）：《巴菲特致股东的信》

7. 如何理解家庭

» 让·皮亚杰（1896—1980，瑞士）：《发生认识论原理》

» 戴维·巴斯（1953—　，美国）：《进化心理学》

» 乌莎·戈斯瓦米（1960—　，英国）《认知发展》（*Cognitive Development and Cognitive Neuroscience*）

» 萨尔瓦多·米纽庆（1921—2017，美国）：《家庭与家庭治疗》

» 欧文·亚隆（1931—　，美国）：《直视骄阳》

8. 如何理解人性

» 乔治·凯利（1905—1967，美国）：《个人建构心理学》（*Psychology of Personal Constructs*）

» 埃里克·坎德尔（1929—　，美国）：《追寻记忆的痕迹》

» 丹尼尔·卡尼曼（1934—　，美国）：《思考，快与慢》

» 乔治·齐夫（1902—1950，美国）：《最省力原则》

» 安东尼·德·圣-埃克苏佩里（1900—1944，法国）：《小王子》

9. 如何理解身体

» 彼得·亚伯拉罕（1947—　　，英国）：《人体运转手册》

» 约翰·尤德金（1910—1995，英国）：《甜蜜的，致命的》

» 阿伦·贝克（1921—2021，美国）：《抑郁症》

» 克里斯托弗·亚历山大（1936—　　，美国）：《建筑模式语言》

» 刘易斯·托马斯（1913—1994，美国）：《最年轻的科学》

10. 如何理解信仰

» 大卫·休谟（1711—1776，苏格兰）：《宗教的自然史》

» 王船山（1619—1692）：《船山全书》，只读一卷，推荐《张子
正蒙注》

» 马克斯·韦伯（1864—1920，德国）：《新教伦理与资本主义
精神》

» 詹姆斯·乔治·弗雷泽（1854—1941，英国）:《金枝》

» 梁启超（1873—1929）：《饮冰室合集》，只读一文，推荐
《少年中国说》

小结：成为智者

伴随人类文明潮起潮落，我们拜访了人类智识史上的四百二十
位智者。他们既有千古流芳的哲人学者，也有仅在小众圈子内知名
的专家讲师。他们有什么共同之处？又给生活在 21 世纪的我们什么
启发呢？以下，是我从他们身上学到的五点。

作品！作品！作品！思想的载体要么是单独一本杰作，要么是

系列著作构成的鸿篇巨制。智者之所以成为智者，不在于他们的性格缺点，不在于他们的绯闻八卦，而在于他们的作品。人们记住的不是海明威、纳博科夫、卡尔维诺曾经与谁是好友，甚至连他们恋人的名字都记不住。而是记住了《老人与海》《洛丽塔》《树上的男爵》。

伟大！伟大！伟大！ 他们思考的是人类的基本命题，不是为图书销量写作，更不会有意去写一些讨好读者的作品。不少智者的传记中都提及类似的"八卦"：第一本书出版时连连被拒，勉强出版后销量惨淡，无人问津，如休谟和本雅明。当你选择与众不同，知音注定会很少。只是有的人在这个过程中屈于名利，随波逐流，以致作品越来越差；而少数人坚持自我，不断直面人类的基本问题，最终胜出。

批判！批判！批判！ 同时代的人、历史上的大人物，都是有理有据的批判。思想交锋在智者著作中颇为常见。维特根斯坦对亚里士多德的"经典范畴论"的批判，才有了"原型范畴论"；米塞斯对传统经济学的批判，才有了《人的行为》；凯利对弗洛伊德与斯金纳的批判，才有了"个人建构心理学"。在智者的著作中，亦可见对社会现象的批判与反思。尤德金挑战制糖产业；布尔迪厄反思教育与文化如何维系统治阶级利益；马尔库塞反抗社会对人的异化，剥夺了人类的多向度，从而成为"单向度的人"。虽然这些批判常常引发非议，甚至使批判者的事业、名声乃至生命受损，然而，正如梁启超在《李鸿章传》开篇所言："天下惟庸人无咎无誉。"

创新！创新！创新！ 在批判的同时，提供了与众不同的方法论、理论、模型、观点。他们要么是一个学科的奠基者，如孟德尔之于遗传学，普赖斯之于科学计量学，皮尔士之于符号学，普林斯之于叙事学，贝特森之于家庭治疗；要么是一个学科的集大成者，如费曼之于物理学，王船山之于宋明理学，布罗代尔之于历史学，萨缪尔森之于经济学；要么是一个学科的创新者，代表着一个学科的未来，如齐夫之于语言学，弗雷格之于分析哲学，弗里斯顿之于神经科学，格兰诺维特之于社会科学。全部智者涉及100余个学科，可以说，他们的成长史就是学科史。

表达！表达！表达！表达流畅，业内同行与普通读者都看得懂，有所收获。文质彬彬，然后君子。不是所有的重要著作都能过表达这一关。如果说批判、创新保证了一本著作的"质"，也就是内容美，那么，"表达"就是一本著作的"文"，也就是形式美。那些能在历史上反复传阅的著作，无不是内容美与形式美的高度统一。类似《墨子》那样知美而弃美，从来不是历史的主流。

当四百二十位智者集结在一起，给我们的启发远非如此。比如他们普遍长寿。智者们的平均年龄为七十余岁，寿命在五十岁以下的智者不到二十人。孰因孰果？颇为有趣。

唯一出现四次的智者是西蒙，他在复杂性科学、经济学、管理学与认知科学四个大学科都取得了最高成就。出现三次的是涂尔干、布罗代尔两人，出现两次的是王阳明、王船山、休谟、卢梭、黑格尔、马克思、韦伯、罗素、梁启超、钱穆、冯·诺伊曼、贝特森、严耕望、瓦茨拉维克、阿吉里斯、亨廷顿、布尔迪厄、史蒂文·温伯格、卡尔·萨根、尤努斯、卡普兰、道金斯、丹尼特、平克与乔布斯等人。

我在本书开篇提及了一条与众不同的学习路径：先读目录书，后读目录书中提及的基本书，再写自己的书。只是在21世纪不再存在静态的目录书，需要自己动手，构建基于科学计量学的动态目录书。21世纪的基本书被泛化为基本材料，例如关键图书、关键论文、关键视频与关键代码等。在古代，人们从围绕基本书写注疏开始写自己的书，而在21世纪，这种方法被第八章介绍的"卡片大法"取代。

这条路，看似笨拙，然而它是治学的真正捷径。先自上而下，围绕目录书，搭建一个对学科或领域的全局认识；再自下而上，读基本书、写读书札记，创作作品；不断循环往复，最终学问越做越深，终究有一天抵达无人之境。

这条路，看似孤独，然而它是心灵充盈之路。与人为友，青春美丽，盛宴华筵，欢乐终有时；与书为友，安然静坐，促膝长谈，乐哉新相知。

"通识千书"仅代表我的个人偏好，沧海一粟，难免遗珠。世间智者何其多，不妨像他们一样，将有限生命投身于理解伟大的智慧，创作解决大问题的大作品。而不是将有限生命浪费在格子间的钩心斗角，成为制造业绩的工具人；浪费在短视频直播间的流连忘返，成为消费主义的奴隶；浪费在家长里短与鸡毛蒜皮，成为望子成龙的鸡血爸妈。

生命何其壮哉，智慧何其浩瀚，四百二十位智者的一生告诉我们，人生也许还有另一种选择——成为宇宙间的智慧生命与人类文明历史上的创作者。

附录 关于阅读的阅读

　　自从阅读诞生以来，关于阅读的著作层出不穷。"阅读学"也许是每个人都会终身受益的一个"元学科"。我将其整理成"阅读的历史""阅读的科学""阅读的技法"与"阅读的选择"四大脉络。

　　"阅读的历史"涉及书籍史、阅读史、知识史等研究；"阅读的科学"涉及阅读的认知科学、神经科学、心理科学与语言科学等研究；"阅读的技法"涉及读书法、阅读教育与文学评论等研究；"阅读的选择"涉及目录学、藏书与书话等研究。我从每个领域各挑 3 本代表性读物，总计 12 本读物供参考。

阅读的历史

书 1:《书史导论》[1]

　　书籍史、阅读史、知识史是三个相互关联又略有区分的概念。书籍史指以书籍为中心，研究书籍从创作、生产再到流通的整个生命周期在历史上的变化。书籍史包括了关于书籍的各种研究：编辑史、印刷史、出版史、发行史、藏书史与阅读史等。阅读史一般被看作书籍史的一个研究分支，它更关心整个社会阅读方式与阅读理论的历史变迁，以及具体到单个作家学者或普罗大众的个人阅读史。[2]知识史常常以书籍史、阅读史为基础，探讨知识的获取、创新、分类、销售、传播及相关制度化建设，但它又不局限于书籍与阅读，还涉及以口语为载体的俗文化等知识。[3]

《书史导论》是一本较为典型的体现西方书籍史架构的著作，全书七章，总计三章论述"人"。而更适合大众阅读的书籍史可参考罗德里克·凯夫等人的《极简图书史》、马丁·里昂斯的《书的历史》。[4]

更多西方书籍史可参考费夫贺等人的《印刷书的诞生》、罗杰·夏蒂埃的《书籍的秩序》、理查德·谢尔的《启蒙与书籍》、戴维·斯科特·卡斯坦的《莎士比亚与书》与阿比盖尔·威廉姆斯的《以书会友》等著作。[5]

中国书籍史研究源远流长，曹之的《中国古代图书史》、李致忠的《简明中国古代书籍史》、耿相新的《中国简帛书籍史》、周绍明的《书籍的社会史》与肖东发编写的《中国图书史十讲》亦可参考。[6]

书 2:《中国阅读通史》[7]

这是由王余光主编的一套阅读通史类著作。全套总计九卷十册，先是"理论卷"总述；接着沿着朝代展开，分别是"先秦秦汉卷""魏晋南北朝卷""隋唐五代两宋卷""辽西夏金元卷""明代卷""清代卷（上）""清代卷（下）"与"民国卷"，最后编有一册"图录与索引"。该书收录的历朝历代阅读思想、阅读技法以及读家小传较为完整。

书学三大史，除了阅读史，另两大史为出版史与藏书史，两者亦有通史类著作参考。

出版通史：由中国出版科学研究所组织编写的《中国出版通史》全套总计八卷九册，分别是："先秦两汉卷""魏晋南北朝卷""隋唐五代卷""宋辽夏金元卷""明代卷""清代卷（上）""清代卷（下）""中华民国卷""中华人民共和国卷"，其摘要版为《中国出版通史简编》。[8]

藏书通史：由傅璇琮与谢灼华组织编写的《中国藏书通史》分为上下两册，总计八编，分别是："先秦藏书""秦汉藏书""魏晋南北朝藏书""隋唐五代藏书""宋辽夏金元藏书""明代藏书""清代藏书""二十世纪中国藏书"。[9]

书 3:《知识社会史》[10]

历史学家彼得·伯克在本书中考察了从谷登堡发明活字印刷术到狄德罗陆续出版《百科全书》总计 300 年间，欧洲知识生产与传播系统结构变迁的历史。续集《知识社会史（下卷）》亦可参考。[11]

作者颇为博学，研究博学者的著作《博学者与他们的时代》（*The Polymath*）的书末总结了西方世界 500 位博学者的清单，在某种意义上，亦可以被视为一份智者清单。[12]

阅读的科学

书 4:《牛津阅读手册》[13]

这是由两位阅读科学领域的领军人物亚历山大·波拉塞克与瑞

贝卡·特雷曼主编的研究手册。该手册汇集了阅读科学领域的中坚力量，从"引论""单词识别""句子与文本阅读""阅读与拼写的发展"到"阅读教学"五部分，45位科学家集体撰写30章，涵盖了当前阅读研究领域的诸多热门话题。遗憾的是，这本书依然以英语与欧美作者为主，只有李兴珊等人贡献了《中文阅读中词语的作用》一章。

如果说《牛津阅读手册》更侧重阅读的基础性研究，那么另一位阅读科学领域的领军人物戴维·皮尔逊主编的《阅读研究手册》（*Handbook of Reading Research*）系列丛书更注重阅读的应用性研究，该系列最新版是2020年出版的第五卷。[14]

书5:《阅读心理学》[15]

由于中文的独特性，西方的阅读科学研究结论没法照搬到中文阅读上。中国阅读科学领域的早期先驱是沈有乾、刘廷芳等老先生，建立学科建制的奠基者则是张必隐、沈德立与彭聃龄。张必隐在1992年出版的《阅读心理学》是国内第一本阅读心理学专著；沈德立在2001年出版的《学生汉语阅读过程的眼动研究》推动了阅读的眼动研究；彭聃龄在1997年主编的《汉语认知研究》，汇集了国内最强的汉语研究阵容。[16]

说句题外话，我在20多年前负责的第一个心理学研究课题，由郭德俊先生担任指导老师，而她是中国动机与情绪心理学研究的先驱，并且是自我决定论的引入者，我那么提倡自我决定论，这也许是一种人生的必然，而郭老师的爱人正是张必隐老师。我的第一本个人专著讨论阅读，这也许是命运最好的安排。

自20世纪八九十年代以来，高尚仁、莫雷与白学军等人纷纷在阅读领域发力。高尚仁1986年出版的《书法心理学》开创了书法心理学研究分支，他提出的书法心理治疗系统颇受关注。莫雷等人2009 年出版的《文本阅读信息加工过程研究》不仅综述了西方文本理解领域的相关成果，更是系统介绍了自己团队提出的"文本阅读双加工理论"。[17]白学军与老搭档闫国利等人于 2017 年出版的《阅读心理学》综述了近 20 年来阅读科学的诸多新成果。

书 6：《阅读的习得》[18]

这是阅读发展科学研究领域的领军人物凯瑟琳·麦克布莱德的经典著作。该书非常清晰地呈现了儿童习得阅读的原理。难得的是，作者的日常研究常常涉及多国合作，本人又长期在香港任教，因此书中结论多数适用于中文阅读。

这本书是"国际儿童阅读研究丛书"中的一本。在这套丛书中，由李文玲、舒华主编的《儿童阅读的世界》四卷本综述了儿童早期阅读领域的最新进展，由萨莉·施威茨所著的《聪明的笨小孩》讨论了儿童阅读障碍。[19]

孟祥芝的《走出迷宫：认识发展性阅读障碍》、谢锡金的《幼儿综合高效识字法》、周兢的《早期阅读发展与教育研究》《汉语儿童早期阅读与读写能力发展研究》与丹尼尔·威林厄姆的《让孩子爱上阅读》亦可参考。[20]

阅读的技法

书 7：《读书法》[21]

中国古代学者向来讲究读书法。历史学家桑兵在这本书中节选了从春秋战国到民国时期，中国古代学者谈论读书法的名篇佳作。若想了解中国古代学者的读书法，此书不可不读。桑兵为此书所作长序"大众时代的小众读书法"，讲读书方法讲得通透（亦有质疑声音，参见注释），其读书法受历史学家严耕望《治史三书》的影响。桑兵的《治学的门径与取法》，以及罗志田主编的《名家治史：方法与示范》与所著的《近代读书人的思想世界与治学取向》亦可参考。[22]

中国古典文化取向的读书法著作，还可参考《朱子读书法》（朱熹）、《书目答问补正》（张之洞撰，范希曾补正）、《曾国藩治学方法》（胡哲敷）、《读书指南》（梁启超）与《怎样读古书》（胡怀琛）。《怎样读经典》一书，由《中华读书报》组织王宁、彭林、孙钦善等39位专家导读中国古典文化中的50本经典，亦可参考。多数专家文字中正平和，但亦不乏直爽文字。以《庄子》为例，市面流行的版本陈鼓应的《庄子今注今译》，被章启群指为"意趣全无，味同嚼蜡"。[23]

近现代以来学者的读书法，则可参考胡适的《读书与治学》、王云五的《我怎样读书》、朱光潜的《朱光潜谈读书》、范寿康编写的《我们怎样读书》，以及肖东发编写的《北大学者谈读书》等书。[24]

书8:《如何阅读一本书》[25]

西方阅读教育最有名的专著莫过于莫提默·艾德勒的《如何阅读一本书》。这本书写于1940年，至今依然长盛不衰，受到一代又一代读者的推崇。斯蒂芬·克拉生的《阅读的力量》、珍妮弗·塞拉瓦洛的《美国学生阅读技能训练》与尼尔·麦考的《如何阅读不同的文本》亦可参考。[26]

中国阅读教育最有名的著作莫过于叶圣陶的《阅读与讲解》。这本书中收录的文章多写于1949年以前，但今天读来，依然受用。吕叔湘的《语文常谈》亦可参考。[27]

书9:《西方正典》[28]

哈罗德·布鲁姆在这本首次出版于1994年的书中，讨论了从莎士比亚到贝克特的26位西方伟大的作家及其作品，并在书末开设了一个包括更多作家及其作品的"经典书目"。从诗歌评论、小说评论再到戏剧评论，哈罗德·布鲁姆以丰富的作品树立了评论界新风范，他坚持让文学回归文学本身，摒弃政治、伦理、宗教与道德等与文学无关的讨论。

庞德的《阅读ABC》是西方文学评论类著作典范，以机智的教学形式，帮助读者提高品位。[29]特里·伊格尔顿的《文学阅读指南》、罗伯特·奥尔特的《阅读的乐趣》、大卫·达姆罗什的《如何阅读世界文学》、詹姆斯·伍德的《小说机杼》以及托马斯·福斯特的《如何阅读一本小说》《如何阅读一本文学书》亦可参考。[30]

中国的文学评论类著作亦颇为丰富。古代文话汇编，可参考王水照整理的《历代文话》与余祖坤整理的《历代文话续编》。[31]这些文话中包括极其丰富的阅读技法与评论示范。中国古典诗词评论，可参考顾随的《中国古典诗词感发》与叶嘉莹的《唐宋词十七讲》。中国新诗评论，可参考张定浩的《取瑟而歌》。中国现代小说评论，可参考马原的《小说密码》与王安忆的《小说课堂》。更多文学评论类著作请参考"通识千书"之"人性的文学理解"。[32]

阅读的选择

书10:《目录学发微》[33]

余嘉锡在该书开篇写道："目录治学，由来尚矣！《诗》《书》之序，即其萌芽。"目录学，是中国最古老的学问，然而在今天不被重视。我一直提倡，从目录书到基本书入手学习任意一个学科或领域，才是最快速的治学路径。中国目录学，名家辈出，而在 20 世纪，最重要的学者莫过于余嘉锡与张舜徽，前者的著作包括《目录学发微》与《四库提要辨证》，后者的著作包括《中国文献学》《四库提要叙讲疏》。王重民的《中国善本书提要》记录中国古籍善本书 4 400 余种，来新夏的《古典目录学》《近三百年人物年谱知见录》亦可参考。[34]

书 11:《理想藏书》[35]

正如主编皮埃尔·蓬塞纳在序言开篇所言："无序的好奇心带来的快乐被某种有序排列的需要所取代，而藏书室，无论是私人的还是公共的，所体现的正是这种有序排列的物质性。"这本书是法国《读书》杂志的专题书单精选集。总计包括 49 种主题，每个主题下面 49 种书，并且将这 49 种书按照重要性分为三个等级：前 10 种、前 25 种、前 49 种。全部书目总计收录 2 401 本书。

西方类似综合性的书目，还可以参考克利夫顿·费迪曼等人编写的《一生的读书计划》以及《如何阅读一本书》的作者莫提默·艾德勒主编的《西方世界的伟大著作》（*Great Books of the Western World*）系列丛书。[36]

西方出版界有一类图书品类，叫作"关于书的系列书"，知名的有 50 系列、501 系列、1001 系列。50 系列，如《心理们：50 位大师的 50 本书》等；501 系列，如《501 本必读书籍》（*501 Must-Read Books*）等；1001 系列，如《有生之年一定要读的 1001 本书》《长大之前一定要看的 1001 本童书》等。[37]

书 12:《文雅的疯狂》[38]

这是尼古拉斯·巴斯贝恩的书话著作，于 1995 年首次问世，它是书话类著作中罕见的鸿篇巨制，写尽藏书家的故事乐趣。巴斯贝恩的《疯雅书中事》亦可参考。[39]

西方书话著作，还可参考爱德华·纽顿的《藏书之乐》、约翰·凯里的《阅读的至乐》等书。更多西方书话著作，可参考商务印书馆的"小书虫系列"，包括安德鲁·朗的《书海历险记》与巴顿·伍德·柯里的《书林钓客》等。[40]

中国书话著作，可参考周作人的《知堂书话》、郑振铎的《西谛书话》、梁实秋的《梁实秋读书札记》、叶灵凤的《读书随笔》、黄裳的《榆下说书》与董桥的《今朝风日好》等。丛书可参考上海书店出版社的"海上文库"，收有陆灏、沈昌文、吕大年等众多作者的书话。[41]

注释

1. 身为一本谈阅读的书，提及各类图书必不可少，但像本书一样，总计提及三千多本书，较为少见。如果全部列入注释与参考文献，过于冗长。因此，作者约定如下，本书正文涉及图书，若没有直接引用该书中的观点或者文字，仅用作举例，那么不列入注释与参考文献。同理，正文中已经注明作者，直接引用的诗词短句，均不再列入注释与参考文献。
2. 本书注释采取尾注形式，详细条目，可以在参考文献中找到。参考文献采用美国心理学会第七版格式。
3. 本书征引文献较多，虽已多方考证，或仍有疏漏，欢迎各位读者指正，作者将在新版中及时更正，作者邮箱：y@anrenmind.com。

自序
1. 摘自李贽的《焚书》"卷六·四言长篇·读书乐并引"，全诗参见（李贽，2018）。
2. 该译文为意译与摘译，完整译文参见（李贽，2018）。

第一篇 阅读的科学：何为读
第一章
1. 德国哲学家叔本华在《人生的智慧》中将人类的快乐分为三种：源自生命力的快乐，比如吃、喝、休息、睡眠等；源自体力的快乐，比如散步、休息、击剑、骑马等；源自怡情的快乐，比如阅读、学习、发明创造等。参见（叔本华，2015）。我们在本书中将前两者称为"感性的快乐"，将后者称为"知性的快乐"。
2. 请参考第二章《阅读的学习机制》中关于必要难度理论的介绍。
3. 请参考拙著《人生模式》第十七章《怎样将书读得通透》，参见（阳志平，2019b）。
4. 参见（丹尼尔·卡尼曼，2012）。
5. 参见（Evans，1989）。格式说明：如有中文版，正文中直接引用中文书名；若暂无中文版，正文译为中文书名，括号中注明外文书名；书名只取主标题，省略副标题。下同本例。

6. 参见（基思·斯坦诺维奇，2015b）。

7. 加里·克莱因（Gary Klein）的《洞察力的秘密》，参见（加里·克莱因，2014）；吉仁泽（Gerd Gigerenzer）的《适应性思维》《有限理性》，参见（吉仁泽，2006；吉仁泽 & 莱茵哈德·泽尔腾，2016）。

8. 罗纳德·霍华德（Ronald A. Howard）的《决策分析基础》参见（罗纳德·霍华德，2019）；霍华德·雷法（Howard Raiffa）等人的《多目标决策》（*Decisions with Multiple Objectives*）参见（Keeney & Raiffa, 1993）。

9. 出自《文白对照曾国藩家书全编》中的"咸丰九年四月廿一日与纪泽书"，参见（曾国藩，2011）。

10. 更多中国古人读书法介绍，可参考《中国阅读的历史与传统》（熊静 & 何官峰，2017）与《读书法》（桑兵等，2014）。

11. 参见（艾德勒 & 查尔斯·范多伦，2004）。

12. 目前公认的心理情境定义由美国心理学家朱利安·罗特（Julian B. Rotter）提出，参见（Rotter, 1981）。

13. 《四库全书》收录图书详情参见《武英殿本四库全书总目》（纪昀，2019）；中国2020年出版图书详情参见《2020年全国新闻出版业基本情况》。

14. "到秋来入兰堂，看银河，牛女星，伴添香"一句改写自关汉卿《玉镜台》，原句为"到秋来入兰堂、开画屏，看银河、牛女星，伴添香、拜月亭"，参见（关汉卿，2020）。

第二章

1. 参见（Dehaene & Cohen, 2007）。

2. 参见（Selfridge, 1959）。

3. 相关研究在认知科学上称为"记忆的生存优势效应"，参见（Nairne et al., 2007）。

4. 元语言意识与阅读的关系，一个较早的研究参见（Tunmer et al., 1988）；中文阅读相关研究参见（李虹等，2006，2011；吴思娜等，2005），综述参见（许宝慧等，2016）。

5. 参见（Changizi et al., 2006; Changizi & Shimojo, 2005）。

6. 参见（王洪君，2002）。

7. 引自《古诗源》开篇，参见（沈德潜，2011）。

8. 引自陶渊明的《时运·迈迈时运》，参见（陶渊明，2014）。

9. 参见（Siok et al., 2004, 2008; Tan et al., 2001; Tan, Laird, et al., 2005; Tan, Spinks, et al., 2005）。

10. 参见（李辉 & 王晶颖，2016）。

11. 参见（方小萍等，2016）。

12. 参见（Kintsch, 1988, 1994; Kintsch & van Dijk, 1978; Kintsch & Walter Kintsch, 1998）。

13. 引自张爱玲的《金锁记》开篇，参见（张爱玲，2012）。

14. 参见（Kintsch et al., 1990）。

15. 参见（Graesser et al.，1997；Zwaan，Langston，et al.，1995；Zwaan，Magliano，et al.，1995；Zwaan & Radvansky，1998）。

16. 参见（Komeda & Kusumi，2006）。

17. 参见（Graesser et al.，1997；Zwaan，Langston，et al.，1995；Zwaan，Magliano，et al.，1995；Zwaan & Radvansky，1998）。

18. 引自《淮南子·人间训》，参见（刘安，2011）。

19. 对必要难度理论做出最重要贡献的是比约克夫妇，参见（E. L. Bjork & Bjork，2011；R. A. Bjork & Linn，2006）。除此之外，普渡大学的认知与学习实验室负责人 Jeffrey D. Karpicke 教授在比约克研究基础上亦有重要贡献，参见（Karpicke & Blunt，2011；Karpicke & Roediger，2008）。

20. 参见（Roediger & Karpicke，2006）。

21. 参见（Dunlosky et al.，2013）。

22. 参见（Bahrick & Phelphs，1987）。

23. 参见（Bahrick et al.，1993）。

24. 参见（Cepeda et al.，2008）。

25. 参见（Mayfield & Chase，2002）。

26. 参见（Kornell & Bjork，2008）。

27. 参见（Karpicke & Blunt，2011）。

第三章

1. 参见（Reiss，1971）。

2. 参见（Newmark，1973）。

3. 本书所有海子的诗均引自《海子诗全集》（海子，2009），以下不再注明。

4. 参见（Saffran et al.，1996）。

5. 参见（普林斯，2013）。

6. 《契诃夫短篇小说集》参见（契诃夫，2013）；《毛姆短篇小说精选集》参见（毛姆，2012）。

7. 牛津通识读本网址参见：global.oup.com/academic。

8. 名家通识讲座书系网址参见：book.douban.com/series/20。

9. 参见（王宁等，2018）。

10. 参见（彭聃龄，1997）。

11. 牛津手册系列网址参见：global.oup.com/academic。

12. 参见（Asimov，1991；Bishop，1942；White & White，1941）。

13. 普利策非虚构奖网址参见：www.pulitzer.org。

14. 引自《穷查理宝典》，参见（查理·芒格，2021）。

15. 参见（Frith，1985）。

16. 牛津图画书网址参见：global.oup.com/education。

17. 参见（Polanyi，1974）。

18. 参见（汤一介，1984，1990）。

第二篇 阅读的技法：如何读
第四章

1. 引自《柏拉图对话集》，参见（柏拉图，2016）。
2. 引自《朱子读书法》，参见（朱熹，2016）。
3. 引自《第五才子书施耐庵水浒传》开篇《读第五才子书法》，参见（金圣叹，2016）。
4. 引自《〈玩具屋〉九讲》，参见（王文兴，2013）。
5. 引自《为什么读经典》一书同名首篇，参见（伊塔洛·卡尔维诺，2012b）。
6. 参见（Premack & Woodruff, 1978）。
7. 参见（Dunbar, 1998, 2005, 2011）。
8. 引自《故事》，参见（罗伯特·麦基，2016）。
9. 参见（刘劲，2014）。
10. 引自《古希腊散文选》的《人物素描》，参见（泰奥弗拉斯托斯等，2013）。
11. 参见（鲁迅，2014）。
12. 参见（张爱玲，2001）。
13. 参见（宇文所安，2004a）。
14. 引自张爱玲《红玫瑰与白玫瑰》中短篇小说集中的《鸿鸾禧》，参见（张爱玲，2012a）。
15. 参见（王安忆，2012）。
16. 引自《鲁迅全集》的《孔乙己》，参见（鲁迅，2014）。
17. 引自《寂寞的十七岁》，参见（白先勇，2010）。
18. 转引自《修辞认识》，参见（佐藤信夫，2013）。原诗出自小野小町所著《小町集》。
19. 引自《钱锺书集》中《写在人生边上的边上》的《论交友》开篇，参见（钱锺书，2007）。
20. 参见（林南，2020）。
21. 参见（弗朗西斯·福山，2016）。
22. 引自《看不见的城市》一书中的《城市与记忆之二》，参见（伊塔洛·卡尔维诺，2012a）。
23. 引自《为什么读经典》一书中的同名首篇，参见（伊塔洛·卡尔维诺，2012b）。
24. 主题句译自作者原文，网址为：paulgraham.com/taste.html；中文版翻译亦可参考《黑客与画家》一书中的《设计者的品味》一文，参见（保罗·格雷厄姆，2022）。
25. 详情参见我的文章《创作者的品味》，参见我的个人公众号：@心智工具箱。
26. 详情参见我的文章《纪念艾利克森，兼谈刻意练习为什么错了》，参见我的个人公众号：@心智工具箱。
27. 引自《中国现代小说史》，参见（夏志清，2005）。
28. 引自傅雷《论张爱玲的小说》，参见（傅雷，1944）。
29. 参见（Rosch, 1973）。
30. Coh-Metrix 介绍参见（Graesser et al., 2004），我带队开发的写匠参见：aiwriter.net。
31. 引自《巴黎评论·作家访谈2》一书中的《巴勃罗·聂鲁达》，参见（《巴黎评论》编辑部，2015）。

第五章

1. 引自《带着鲑鱼去旅行》一书，参见（安伯托·艾柯，2015）。
2. 相关数据请参考中国全民阅读网，网址参见: nationalreading. gov. cn。
3. 引自毛姆《巨匠与杰作》一书中的《跳跃式阅读与小说节选》一文，参见（威廉·萨默塞特·毛姆，2020）。
4. 参见网址: biostats. cn。
5. 参见（阳志平，2019a）。
6. 参见（马修·杰克逊，2019）。
7. 参见（史蒂芬·平克，2018）。
8. 参见（安迪·克拉克，2020）。
9. 参见（阳志平，2016）。
10. 引自《穷查理宝典》，参见（查理·芒格，2021）。
11. 参见（弗拉基米尔·纳博科夫，2018）。
12. 参见（宇文所安，2004b）。
13. 引自《王小波全集》第一卷开篇序言:《我的师承》，参见（王小波，2014）。
14. 引自《杜甫》一书，参见（洪业，2020）。
15. 引自《俄罗斯文学讲稿》一书，参见（弗拉基米尔·纳博科夫，2018a）。

第六章

1. 引自《自私的基因》一书，参见（道金斯，2012）。
2. 参见（戴维·珀金斯，2015）。
3. 参见（约翰·皮克斯通，2017）。
4. 参见（乔治·波利亚，2007）。
5. 参见（Tenenbaum et al.，2000）。
6. 这是一个流传甚广、经久不衰的笑话，可参考《福尔摩斯探案全集》（亚瑟·柯南·道尔，2012）译者李家真的《代译序》。
7. 该笑话同样流传甚广，可参考（Chan，2015）。
8. 参见（Nerhardt，1970）。
9. 参见（杰拉德·普林斯，2015）。
10. 引自《辛弃疾词集》，参见（辛弃疾，2010）。
11. 参见（基思·斯坦诺维奇，2015a），以及我为该书撰写的同名推荐序。
12. 参见（Flavell，1979）。
13. 参见（Graff & Birkenstein，2021）。
14. 参见: pdos. csail. mit. edu/archive/scigen/。
15. 参见（Meyvis & Yoon，2021）。

第七章

1. 参见（凯瑟琳·加洛蒂，2016；罗伯特·索尔所等，2019；迈克尔·艾森克 & 马克·基恩，2009；约翰·安德森，2012）。
2. 网址参见: nces. ed. gov。
3. 网址参见: openstd. samr. gov. cn。
4. "人生周期论"是我在 2018 年 38 岁生日演讲时正式提出，之后逐年完善的一种理论。

5. 参见（Kemp & Tenenbaum, 2008）。

第八章

1. 纳博科夫的采访录收录在《独抒己见》，参见（弗拉基米尔·纳博科夫，2018b）；《纳博科夫传》参见（布赖恩·博伊德，2019）。

2. 参见（梅棹忠夫，2016）。

3. 参见（申克·阿伦斯，2021）以及我为该书撰写的推荐序《像卢曼一样写卡片》。

4. 参见（安伯托·艾柯，2019）。

5. 引自《吴晗的卡片读书法》，参见（乙永凤 & 乙常青，2004）。

6. 引自《姚雪垠读史创作卡片全集》扉页，参见（姚雪垠，2018）。

7. 引自香港张隆溪教授纪念钱锺书文章，出自郝明义出品的《阅读的狩猎》（网络与书编辑部，2006）一书。

8. 请参考拙著《人生模式》第十三章《纳博科夫的卡片》，参见（阳志平，2019）。

9. 参见（梅棹忠夫，2016）。

10. 引自《鲁迅全集》的《阅微草堂笔记》，参见（鲁迅，2014）。

11. BibTeX 软件网址参见: http://www.bibtex.org/。

12. 引自《余光中集》的《朋友四型》，参见（余光中，2004）。

13. 引自《汪曾祺全集》的《葡萄月令》，参见（汪曾祺，2021）。

14. 引自《汪曾祺全集》的《天山行色》，参见（汪曾祺，2021）。

15. 引自《汪曾祺全集》的《荠菜·枸杞·荠菜·马齿苋》，参见（汪曾祺，2021）。

16. 引自《钱锺书集》中《写在人生边上》的《吃饭》，参见（钱锺书，2007）。

17. 出自美国电影艺术与科学学院奥斯卡颁奖组对达斯汀·兰斯·布莱克的采访视频，网址参见: oscars.org。

18. 参见《天风阁学词日记》（夏承焘，1984）。该日记分三册，1948 年对钱锺书的记录参见第二册。

第九章

1. 引自《超越智商》第四章《给智力概念瘦身》，参见（基思·斯坦诺维奇，2015）。

2. 参见（黄庭康，2017）。

3. 参见（卡尔·梅顿，2021）。

4. 引自《中国现代小说史》，参见（夏志清，2005）。

5. 引自《王小波全集》第四卷《黄金时代》同名小说开篇，参见（王小波，2014）。

6. 参见（赵毅衡，2008）。

7. 参见（Greimas & Rastier, 1968）。

8. 参见（申丹，2013）及（Shen, 2013）。

9. 在我的认知写作学相关课程、著述中有详尽论述。

10. 参见（朱宝莹，2018）。

11. 参见（顾佛影，2018）。

12. 引自（威廉·卡洛斯·威廉斯，2022）。

13. 引自《为什么读经典》一书中的同名首篇，参见（伊塔洛·卡尔维诺，2012）。

14. 参见（孙太 & 王祖基，2016）。

15. 引自《为什么读经典》一书中的同名首篇，参见（伊塔洛·卡尔维诺，2012）。

第三篇　阅读的选择：读什么
第十章

1. 转引自《读书法》同名篇目，参见（桑兵等，2014）。
2. 引自《钱锺书集》中《宋诗选注》书末的《香港版〈宋诗选注〉前言》，参见（钱锺书，2007）。另可参考《钱锺书先生百年诞辰纪念文集》中的《读钱锺书先生的〈宋诗选注〉》（邓绍基），参见（丁伟志，2010）。
3. 参见（桑兵，2010）。
4. 斯坦诺维奇的《这才是心理学》，参见（基思·斯坦诺维奇，2020）。"心理学迷思系列"丛书（*Great Myths of Psychology*）目前在国内只出版了两本，《儿童成长之谜》参见（斯蒂芬·赫普 & 杰里米·朱厄尔，2020）；《心理学的50大奥秘》参见（斯科特·利林菲尔德等，2012）。
5. 参见（苏精，2009）。
6. 参见《童庆炳文集》（童庆炳，2016），赵勇撰写的《代后记》。
7. 该图由友人丁健在自我决定论经典论文（Ryan & Deci, 2000）基础上改编而成。
8. 该书单参见我的个人公众号：@心智工具箱。
9. 该书单参见我的个人公众号：@心智工具箱。
10. 该书单参见：douban.com/doulist/3217178。

第十一章

1. 引自《大哲学家》的《导论》开篇，参见（卡尔·雅斯贝尔斯，2005）
2. 参见（狄德罗，2007）
3. 张之洞编撰的《书目答问》，参见（张之洞，2018）。余嘉锡的《四库提要辨证》参见（余嘉锡，2008）。
4. 参见（Cowan, 2010）。
5. 参见（Ioannidis et al., 2019）。
6. 参见（Haggbloom et al., 2002）。
7. 参见（Diener et al., 2014）。
8. 比如，经济学领域可以参考 RePEc（Research Papers in Economics）等数据库。
9. 《大哲学家》参见（卡尔·雅斯贝尔斯，2005）；《西方正典》参见（哈罗德·布鲁姆，2015）；《经典之门》参见（饶宗颐等，2019）；《巨匠与杰作》参见（威廉·萨默塞特·毛姆，2020）；《西方经典英汉提要》参见（雷立柏，2010）；《中国哲学文献选编》参见（陈荣捷，2018）；《怎样读经典》参见（王宁等，2018）；《一生的读书计划》参见（克里夫顿·费迪曼 & 约翰·梅杰，2015）；《当代哲学经典》参见（张志林，2014）；《西方大观念》参见（美国不列颠百科全书出版公司，2008）；《汉译世界学术名著丛书书目提要》参见（商务印书馆编辑部，2021）。
10. 参见（卡尔·雅斯贝尔斯，2022），另可参考（凯伦·阿姆斯特朗，2019）。
11. 布尔迪厄本人反对传记式研究，《自我分析纲要》是布尔迪厄用自己的理论分析自身的产物，强调并非自传。
12. 参见（Friston, 2010）。

13. 参见（梁启超，2010）。

14. 参见（梁启超，2014）。

附录

1. 参见（戴维·芬克尔斯坦 & 阿里斯泰尔·麦克利，2012），外文版参见（Finkelstein & McCleery，2012）。

2. 参见（张炜，2018）。

3. 参见（彼得·伯克，2016）。

4. 《极简图书史》参见（罗德里克·卡夫 & 萨拉·阿亚德，2016）；《书的历史》参见（马丁·里昂斯，2017）。

5. 《印刷书的诞生》参见（吕西安·费弗尔 & 亨利·让-马丁，2006）；《书籍的秩序》参见（罗杰·夏蒂埃，2013）；《启蒙与书籍》参见（理查德·谢尔，2022）；《莎士比亚与书》参见（戴维·斯科特·卡斯顿，2012）；《以书会友》参见（威廉姆斯，2021）。

6. 《中国古代图书史》参见（曹之，2015）；《简明中国古代书籍史》参见（李致忠，2008）；《中国简帛书籍史》参见（耿相新，2011）；《书籍的社会史》参见（周绍明，2009）；《中国图书史十讲》参见（肖东发 & 杨虎，2015）。

7. 参见（王余光，2018）。

8. 《中国出版通史》参见（中国出版科学研究所，2008）；《中国出版通史简编》参见（中国新闻出版研究院，2013）。

9. 《中国藏书通史》参见（傅璇琮 & 谢灼华，2001）。

10. 参见（彼得·伯克，2016a），外文版参见（Burke，2000）。

11. 参见（彼得·伯克，2016b）。

12. 参见（Burke，2020）。

13. 参见（亚历山大·波拉塞克 & 瑞贝卡·特雷曼，2021），外文版参见（Pollatsek & Treiman，2015）。

14. 参见（Barr et al.，2016；Kamil et al.，2000，2010；Moje et al.，2020；Pearson et al.，2016）。

15. 参见（白学军 & 闫国利等，2017）。

16. 《阅读心理学》参见（张必隐，1992）；《学生汉语阅读过程的眼动研究》参见（沈德立，2001）；《汉语认知研究》参见（彭聃龄，1997）。

17. 《书法心理学》参见（高尚仁，1986）；《文本阅读信息加工过程研究》参见（莫雷等，2009）。

18. 参见（凯瑟琳·麦克布莱德，2020），外文版参见（McBride，2015）。

19. 《儿童阅读的世界》参见（李文玲 & 舒华，2016）；《聪明的笨小孩》参见（萨莉·施威茨，2019）。

20. 《走出迷宫：认识发展性阅读障碍》参见（孟祥芝，2018）；《幼儿综合高效识字法》参见（谢锡金等，2017）；《早期阅读发展与教育研究》参见（周兢，2007）；《汉语儿童早期阅读与读写能力发展研究》参见（周兢，2020）；《让孩子爱上阅读》参见（丹尼尔·威林厄姆，2019）。

21. 参见（桑兵等，2014）。

22. 《治史三书》参见（严耕望，2016）；《治学的门径与取法》参见（桑兵，2014）；

对桑兵的《读书法》讨论参见（刘大胜，2019）。《名家治史：方法与示范》参见（罗志田，2022）；《近代读书人的思想世界与治学取向》参见（罗志田，2009）。

23.《朱子读书法》参见（朱熹，2016）；《书目答问补正》参见（张之洞，2018）；《曾国藩治学方法》参见（胡哲敷，2015）；《读书指南》参见（梁启超，2010）；《怎样读古书》参见（胡怀琛，2012）；《怎样读经典》参见（王宁等，2018）。

24.《读书与治学》参见（胡适，2013）；《我怎样读书》参见（王云五，2005）；《朱光潜谈读书》参见（朱光潜，2012）；《我们怎样读书》参见（范寿康，2014）；《北大学者谈读书》参见（肖东发，2002）。

25.参见（莫提默·艾德勒 & 查尔斯·范多伦，2004），外文版参见（Adler & Doren, 1972）。

26.《阅读的力量》参见（斯蒂芬·克拉生，2012）；《美国学生阅读技能训练》参见（珍妮弗·塞拉瓦洛，2018）；《如何阅读不同的文本》参见（尼尔·麦考，2017）。

27.《阅读与讲解》参见（叶圣陶，2012）；《语文常谈》参见（吕叔湘，2008）。

28.参见（哈罗德·布鲁姆，2015），外文版参见（Bloom, 2014）。

29.参见（艾兹拉·庞德，2014）。

30.《文学阅读指南》参见（特里·伊格尔顿，2015）；《阅读的乐趣》参见（罗伯特·奥尔特，2018）；《如何阅读世界文学》参见（大卫·达姆罗什，2022）；《小说机杼》参见（詹姆斯·伍德，2021）；《如何阅读一本小说》《如何阅读一本文学书》参见（托马斯·福斯特，2015，2016）。

31.《历代文话》参见（王水照，2007）；《历代文话续编》参见（余祖坤，2013）。

32.《中国古典诗词感发》参见（顾随，2012）；《唐宋词十七讲》参见（叶嘉莹，2015）；《取瑟而歌》参见（张定浩，2018）；《小说密码》参见（马原，2009）；《小说课堂》参见（王安忆，2012）。

33.参见（余嘉锡，2010）。

34.《四库提要辨证》参见（余嘉锡，2008）；《中国文献学》参见（张舜徽，2019）；《四库提要叙讲疏》参见（张舜徽，2005）；《中国善本书提要》参见（王重民，1983）；《古典目录学》参见（来新夏，2013）；《近三百年人物年谱知见录》参见（来新夏，2010）。西方目录学文献参见（罗丽丽，2002）。

35.参见（皮埃尔·蓬塞纳，2011），外文版参见（Boncenne, 1992）。

36.《一生的读书计划》参见（克利夫顿·费迪曼 & 约翰·梅杰，2013）；《西方世界的伟大著作》参见（Hutchins & Adler, 1963）。

37.《心理们：50位大师的50本书》参见（汤姆·巴特勒 - 鲍登，2011）；《501本必读书籍》参见（Isaacson, 2007）；《有生之年一定要读的1001本书》参见（彼得·伯克赛尔，2021）；《长大之前一定要看的1001本童书》参见（朱莉娅·埃克谢尔，2018）。

38.参见（尼古拉斯·巴斯贝恩，2014），外文版参见（Basbanes, 1995）。

39.参见（尼古拉斯·巴斯贝恩，2010）。

40.《藏书之乐》参见（爱德华·纽顿，2011）；《阅读的至乐》参见（约翰·凯里，2009）；《书海历险记》参见（安德鲁·朗，2020）；《书林钓客》参见（巴顿·伍德·柯里，2020）。

41.《知堂书话》参见（周作人，2016）；《西谛书话》参见（郑振铎，2005）；《读书札记》参见（梁实秋，2007）；《读书随笔》参见（叶灵凤，2022b，2022a）；《榆下说书》参见（黄裳，2019）；《今朝风日好》参见（董桥，2012）。

致谢

1. 在我的定义中，道统：安身立命的学问，或称信仰；学统：经世济用的学问，或称知识；文统：洗心养气的学问，或称修炼。
2. 认知写作学、人生发展学是我分别于 2016 年、2021 年首次提出并在不断完善的两门学问，每门学问由多个理论及相关实践体系构成。四大分析是指我于 2017—2022 年研发的四门课程：信息分析、行为分析、论证分析与决策分析；四大方法是指我于 2010 年开始，陆续提倡的四种方法论：阅读大法、写作大法、学习大法与创业大法。

后记

1. 引自《船山全书》之《新秋看洋山雨过》，参见（王夫之，2011），更多船山故事参见（肖立建 & 林新华，2019）。
2. 参见（Gackenbach，1998）。
3. "心智专栏"参见：weekly. caixin. com/xz/。
4. 我的读书札记总结，可在个人网站（yangzhiping. com）与微信公众号（@ 心智工具箱）上找到。
5. 这些书单参见我的豆瓣（ID：ouyangzhiping）。
6. 《追时间的人》参见（阳志平，2016）；《认知尺度》参见（阳志平，2019）。
7. 安人书院读书会目前活动主要依托知识星球 App。
8. "开智文库"已出版图书参见：book. douban. com/series/29022。
9. "爱贝睿文库"已出版图书参见：book. douban. com/series/41800。
10. 这些课程介绍，可关注 @ 开智学堂微信公众号或官网。

参考文献

Adler, M. J., & Doren, C. V. (1972). *How to Read a Book*. Simon and Schuster.

Asimov, I. (1991). *Isaac asimov's treasury of humor: A lifetime collection of favorite jokes, anecdotes, and limericks with copious notes on how to tell them and why*. Houghton Mifflin Harcourt.

Bahrick, H. P., Bahrick, L. E., Bahrick, A. S., & Bahrick, P. E. (1993). Maintenance of Foreign Language Vocabulary and the Spacing Effect. *Psychological Science, 4*(5), 316-321.

Bahrick, H. P., & Phelphs, E. (1987). Retention of Spanish vocabulary over 8 years. *Journal of Experimental Psychology: Learning, Memory, and Cognition, 13*, 344-349.

Barr, R., Kamil, M. L., Mosenthal, P. B., & Pearson, P. D. (Eds.). (2016). *Handbook of Reading Research, Volume II*. Routledge.

Basbanes, N. A. (1995). *A Gentle Madness: Bibliophiles, Bibliomanes and the Eternal Passion for Books*. Henry Holt and Company.

Bishop, M. (1942). *A treasury of British humor*. Coward-McCann, Incorporated.

Bjork, E. L., & Bjork, R. A. (2011). Making things hard on yourself, but in a good way: Creating desirable difficulties to enhance learning. *Psychology and the Real World: Essays Illustrating Fundamental Contributions to Society, 2*(59-68).

Bjork, R. A., & Linn, M. C. (2006). The science of learning and the learning of science. *APS Observer, 19*(3).

Bloom, H. (2014). *The Western Canon: The Books and School of the Ages*. Houghton Mifflin Harcourt.

Boncenne, P. (Ed.). (1992). *La bibliothèque idéale*. Albin Michel.

Burke, P. (2000). *A Social History of Knowledge*. John Wiley & Sons.

Burke, P. (2020). *The Polymath*. Yale University Press.

Cepeda, N. J., Vul, E., Rohrer, D., Wixted, J. T., & Pashler, H. (2008). Spacing Effects in Learning: A Temporal Ridgeline of Optimal Retention. *Psychological Science, 19*(11), 1095-1102.

Chan, Y.-C. (2015). The neural substrates of humor processing: An integrative review. *Journal of Education & Psychology, 38*(3), 101.

Changizi, M. A., & Shimojo, S. (2005). Character complexity and redundancy in writing systems over human history. *Proceedings of the Royal Society B: Biological Sciences, 272*(1560), 267-275.

Changizi, M. A., Zhang, Q., Ye, H., & Shimojo, S. (2006). The structures of letters and symbols throughout human history are selected to match those found in objects in natural scenes. *The American Naturalist, 167*(5),

117-139.

Cowan, N. (2010). The Magical Mystery Four: How Is Working Memory Capacity Limited, and Why? *Current Directions in Psychological Science, 19*(1), 51-57.

Dehaene, S., & Cohen, L. (2007). Cultural Recycling of Cortical Maps. *Neuron, 56*(2), 384-398.

Diener, E., Oishi, S., & Park, J. (2014). An incomplete list of eminent psychologists of the modern era. *Archives of Scientific Psychology, 2*(1), 20.

Dunbar, R. (1998). The social brain hypothesis. *Evolutionary Anthropology: Issues, News, and Reviews: Issues, News, and Reviews, 6*(5), 178-190.

Dunbar, R. (2005). Why are Good Writers so Rare? An Evolutionary Perspective on Literature. *Journal of Cultural and Evolutionary Psychology, 3*(1), 7-21.

Dunbar, R. (2011). *The human story*. Faber & Faber.

Dunlosky, J., Rawson, K. A., Marsh, E. J., Nathan, M. J., & Willingham, D. T. (2013). Improving Students' Learning With Effective Learning Techniques: Promising Directions From Cognitive and Educational Psychology. *Psychological Science in the Public Interest, 14*(1), 4-58.

Evans, J. St. B. T. (1989). *Bias in human reasoning: Causes and consequences*. Lawrence Erlbaum Associates, Inc.

Finkelstein, D., & McCleery, A. (2012). *Introduction to Book History*. Routledge.

Flavell, J. H. (1979). Metacognition and cognitive monitoring: A new area of cognitive-developmental inquiry. *American Psychologist, 34*, 906-911.

Friston, K. (2010). The free-energy principle: A unified brain theory? *Nature Reviews Neuroscience, 11*(2), 127-138.

Frith, U. (1985). Beneath the surface of surface dyslexia. *Surface Dyslexia and Surface Dysgraphia*, 301-330.

Gackenbach, J. (Ed.). (1998). *Psychology and the Internet: Intrapersonal, interpersonal, and transpersonal implications*. Academic Press.

Graesser, A. C., McNamara, D. S., Louwerse, M. M., & Cai, Z. (2004). Coh-Metrix: Analysis of text on cohesion and language. *Behavior Research Methods, Instruments, & Computers, 36*(2), 193-202.

Graesser, A. C., Millis, K. K., & Zwaan, R. A. (1997). Discourse comprehension. *Annual Review of Psychology, 48*(1), 163-189.

Graff, G., & Birkenstein, C. (2021). *They say, I say*. W. W. Norton & Company.

Greimas, A. J., & Rastier, F. (1968). The Interaction of Semiotic Constraints. *Yale French Studies, 41*, 86-105.

Haggbloom, S. J., Warnick, R., Warnick, J. E., Jones, V. K., Yarbrough, G. L., Russell, T. M., Borecky, C. M., McGahhey, R., Powell, J. L., Beavers, J., & Monte, E. (2002). The 100 Most Eminent Psychologists of the 20th Century. *Review of General Psychology, 6*(2), 139-152.

Hutchins, R. M., & Adler, M. J. (Eds.). (1963). *Gateway to the Great Books*. Encyclopaedia Britannica, Inc.

Ioannidis, J. P. A., Baas, J., Klavans, R., & Boyack, K. W. (2019). A standardized citation metrics author database annotated for scientific field. *PLOS Biology, 17*(8), e3000384.

Isaacson, W. (2007). 501 *Must-Read Books*. Bounty Books.

Kamil, M. L., Mosenthal, P. B., Pearson, P. D., & Barr, R. (Eds.). (2000). *Handbook of Reading Research, Volume III*. Routledge.

Kamil, M. L., Pearson, P. D., Moje, E. B., & Afflerbach, P. P. (Eds.). (2010). *Handbook of Reading Research: Volume IV*. Routledge.

Karpicke, J. D., & Blunt, J. R. (2011). Retrieval practice produces more learning than elaborative studying with concept mapping. *Science, 331*(6018), 772-775.

Karpicke, J. D., & Roediger, H. L. (2008). The Critical Importance of Retrieval for Learning. *Science, 319*(5865), 966-968.

Keeney, R. L., & Raiffa, H. (1993). *Decisions with Multiple Objectives: Preferences and Value Tradeoffs*. Cambridge University Press.

Kemp, C., & Tenenbaum, J. B. (2008). The discovery of structural form. *Proceedings of the National Academy of Sciences, 105*(31), 10687-10692.

Kintsch, W. (1988). The role of knowledge in discourse comprehension: A construction-integration model. *Psychological Review, 95*, 163-182.

Kintsch, W. (1994). Text comprehension, memory, and learning. *American Psychologist, 49*, 294-303.

Kintsch, W., & van Dijk, T. A. (1978). Toward a model of text comprehension and production. *Psychological Review, 85*, 363-394.

Kintsch, W., & Walter Kintsch, C. (1998). *Comprehension: A paradigm for cognition.* Cambridge University Press.

Kintsch, W., Welsch, D., Schmalhofer, F., & Zimny, S. (1990). Sentence memory: A theoretical analysis. *Journal of Memory and Language, 29*(2), 133-159.

Komeda, H., & Kusumi, T. (2006). The effect of a protagonist's emotional shift on situation model construction. *Memory & Cognition, 34*(7), 1548-1556.

Kornell, N., & Bjork, R. A. (2008). Learning Concepts and Categories: Is Spacing the "Enemy of Induction"? *Psychological Science, 19*(6), 585-592.

Mayfield, K. H., & Chase, P. N. (2002). The Effects of Cumulative Practice on Mathematics Problem Solving. *Journal of Applied Behavior Analysis, 35*(2), 105-123.

McBride, C. (2015). *Children's Literacy Development: A Cross-Cultural Perspective on Learning to Read and Write.* Routledge.

Meyvis, T., & Yoon, H. (2021). Adding is favoured over subtracting in problem solving. *Nature, 592*(7853), 189-190.

Moje, E. B., Afflerbach, P. P., Enciso, P., & Lesaux, N. K. (Eds.). (2020). *Handbook of Reading Research, Volume V.* Routledge.

Nairne, J. S., Thompson, S. R., & Pandeirada, J. N. S. (2007). Adaptive memory: Survival processing enhances retention. *Journal of Experimental Psychology: Learning, Memory, and Cognition, 33*, 263-273.

Nerhardt, G. (1970). Humor and Inclination to Laugh: Emotional Reactions to Stimuli of Different Divergence from a Range of Expectancy. *Scandinavian Journal of Psychology, 11*(1), 185-195.

Newmark, P. (1973). An Approach to Translation. *Babel, 19*(1), 3-19.

Pearson, P. D., Kamil, M. L., Mosenthal, P. B., & Barr, R. (Eds.). (2016). *Handbook of Reading Research.* Routledge.

Polanyi, M. (1974). *Personal Knowledge.* University Of Chicago Press.

Pollatsek, A., & Treiman, R. (Eds.). (2015). *The Oxford Handbook of Reading.* Oxford University Press.

Premack D., & Woodruff G. (1978). Does the chimpanzee have a theory of mind? *Behavioral and Brain Sciences,* 1(4), 515-526.

Reiss, K. (1971). *Möglichkeiten und grenzen der übersetzungskritik: Kategorien und kriterien für eine sachgerechte beurteilung von übersetzungen* (Vol. 12). Hueber.

Roediger, H. L., & Karpicke, J. D. (2006). The Power of Testing Memory: Basic Research and Implications for Educational Practice. *Perspectives on Psychological Science, 1*(3), 181-210.

Rosch, E. H. (1973). Natural categories. *Cognitive Psychology, 4*(3), 328-350.

Rotter, J. B. (1981). The psychological situation in social-learning theory. *Toward a Psychology of Situations: An Interactional Perspective*, 169-178.

Ryan, R. M., & Deci, E. L. (2000). Self-determination theory and the facilitation of intrinsic motivation, social development, and well-being. *American Psychologist, 55*(1), 68.

Saffran, J. R., Aslin, R. N., & Newport, E. L. (1996). Statistical learning by 8-month-old infants. *Science, 274*(5294), 1926-1928.

Selfridge, O. (1959). Pandemonium: A paradigm for learning. In *Neurocomputing: Foundations of research* (pp. 115-122).

Shen, D. (2013). *Style and Rhetoric of Short Narrative Fiction: Covert Progressions Behind Overt Plots.* Routledge.

Siok, W. T., Niu, Z., Jin, Z., Perfetti, C. A., & Tan, L. H. (2008). A structural-functional basis for dyslexia in the cortex of Chinese readers. *Proceedings of the National Academy of Sciences, 105*(14), 5561-5566.

Siok, W. T., Perfetti, C. A., Jin, Z., & Tan, L. H. (2004). Biological abnormality of impaired reading is constrained by culture. *Nature, 431*(7004), 71-76.

Tan, L. H., Laird, A. R., Li, K., & Fox, P. T. (2005). Neuroanatomical correlates of phonological processing of Chinese characters and alphabetic words: A meta-analysis. *Human Brain Mapping, 25*(1), 83-91.

Tan, L. H., Liu, H.-L., Perfetti, C. A., Spinks, J. A., Fox, P. T., & Gao, J.-H. (2001). The neural system underlying Chinese logograph reading. *Neuroimage,* 13(5), 836-846.

Tan, L. H., Spinks, J. A., Eden, G. F., Perfetti, C. A., & Siok, W. T. (2005). Reading depends on writing, in Chinese. *Proceedings of the National Academy of Sciences, 102*(24), 8781-8785.

Tenenbaum, J. B., Silva, V. de, & Langford, J. C. (2000). A Global Geometric Framework for Nonlinear Dimensionality Reduction. *Science, 290*(5500), 2319-2323.

Tunmer, W. E., Herriman, M. L., & Nesdale, A. R. (1988). Metalinguistic Abilities and Beginning Reading. *Reading Research Quarterly, 23*(2), 134-158.

White, E. B., & White, K. S. A. (1941). *A subtreasury of American humor.* Modern Library.

Zwaan, R. A., Langston, M. C., & Graesser, A. C. (1995). The construction of situation models in narrative comprehension: An event-indexing model. *Psychological Science*, 6(5), 292-297.

Zwaan, R. A., Magliano, J. P., & Graesser, A. C. (1995). Dimensions of situation model construction in narrative comprehension. *Journal of Experimental Psychology: Learning, Memory, and Cognition, 21*(2), 386.

Zwaan, R. A., & Radvansky, G. A. (1998). Situation models in language comprehension and memory. *Psychological Bulletin, 123*(2), 162.

阿比盖尔·威廉姆斯. (2021). *以书会友* (何芊，译). 北京大学出版社.

艾兹拉·庞德. (2014). *阅读 ABC* (陈东飚，译). 译林出版社.

爱德华·纽顿. (2011). *藏书之乐* (陈建铭 & 杨传纬，译). 浙江大学出版社.

安伯托·艾柯. (2015). *带着鲑鱼去旅行* (殳俏 & 马淑艳，译). 中信出版社.

安伯托·艾柯. (2019). *如何撰写毕业论文* (倪安宇，译). 时报文化.

安德鲁·朗. (2020). *书海历险记* (郑诗亮，译). 商务印书馆.

安迪·克拉克. (2020). *预测算法* (刘林澍，译). 机械工业出版社.

巴顿·伍德·柯里. (2020). *书林钓客* (虞顺祥，译). 商务印书馆.

《巴黎评论》编辑部. (2015). *巴黎评论·作家访谈 2* (仲召明 等，译). 上海文艺出版社.

白先勇. (2010). *寂寞的十七岁.* 广西师范大学出版社.

白学军, & 闫国利等 (2017). *阅读心理学.* 华东师范大学出版社.

柏拉图. (2016). *柏拉图对话集* (戴子钦，译). 上海译文出版社.

保罗·格雷厄姆. (2022). *黑客与画家* (阮一峰，译). 人民邮电出版社.

彼得·伯克. (2016a). *知识社会史（上卷）*(陈志宏 & 王婉旎，译). 浙江大学出版社.

彼得·伯克. (2016b). *知识社会史（下卷）*(汪一帆 & 赵博囡，译). 浙江大学出版社.

彼得·伯克赛尔 (编). (2021). *有生之年一定要读的 1001 本书* (江唐，顾海东，王博, & 张维军，译). 中国画报出版社.

布赖恩·博伊德. (2019). *纳博科夫传* (刘佳林，译). 广西师范大学出版社.

曹之. (2015). *中国古代图书史.* 武汉大学出版社.

曾国藩. (2011). *文白对照曾国藩家书全编.* 中国华侨出版社.

查理·芒格. (2021). *穷查理宝典* (彼得·考夫曼，编；李继宏等，译). 中信出版社.

沈德立 (编). (2001). *学生汉语阅读过程的眼动研究.* 教育科学出版社.

沈德潜. (2011). *古诗源.* 哈尔滨出版社.

陈荣捷. (2018). *中国哲学文献选编* (杨儒宾，吴有能，朱荣贵, & 万先法，译). 北京联合出版公司.

大卫·达姆罗什. (2022). *如何阅读世界文学* (陈广琛 & 秦烨，译). 北京大学出版社.

戴维·芬克尔斯坦, & 阿里斯泰尔·麦克利. (2012). *书史导论.* 商务印书馆.

戴维·珀金斯. (2015). *为未知而教，为未来而学* (杨彦捷，译). 浙江人民出版社.

戴维·斯科特·卡斯顿. (2012). *莎士比亚与书* (郝田虎 等，译). 商务印书馆.

丹尼尔·卡尼曼. (2012). *思考，快与慢* (胡晓姣，李爱民, & 何梦莹，译). 中信出版社.

丹尼尔·威林厄姆. (2019). *让孩子爱上阅读* (张庆宗，译). 华东师范大学出版社.

狄德罗 . (2007). 狄德罗的《百科全书》(梁从诫,译). 花城出版社 .

丁伟志 (编). (2010). 钱锺书先生百年诞辰纪念文集 . 生活·读书·新知三联书店 .

董桥 . (2012). 今朝风日好 . 广西师范大学出版社 .

范寿康 (编). (2014). 我们怎样读书 . 当代中国出版社 .

方小萍、陈曦, & 查尔斯·佩尔菲迪 . (2016). 阅读汉字时, 大脑在做什么——中文和拼音文字阅读的脑机制 .
    收入儿童阅读的世界Ⅱ: 早期阅读的生理机制研究 (李文玲, 舒华主编). 北京师范大学出版社 .

弗拉基米尔·纳博科夫 . (2018a). 俄罗斯文学讲稿 (丁骏 & 王建开,译). 上海译文出版社 .

弗拉基米尔·纳博科夫 . (2018b). 独抒己见 (唐建清,译). 上海译文出版社 .

弗朗西斯·福山 . (2016). 信任 (郭华,译). 广西师范大学出版社 .

傅雷 . (1944). 论张爱玲的小说 . 万象, 5, 21.

傅璇琮, & 谢灼华 (编). (2001). 中国藏书通史 . 宁波出版社 .

高尚仁 . (1986). 书法心理学 . 台北东大图书公司 .

耿相新 . (2011). 中国简帛书籍史 . 生活·读书·新知三联书店 .

顾佛影 . (2018). 填词百法 (陈水云, 编). 文化艺术出版社 .

顾随 . (2012). 中国古典诗词感发 (叶嘉莹, 编). 北京大学出版社 .

关汉卿 . (2020). 关汉卿选集 (康保成 & 李树玲, 编). 人民文学出版社 .

哈罗德·布鲁姆 . (2015). 西方正典 (江宁康,译). 译林出版社 .

海子 . (2009). 海子诗全集 (西川, 编). 作家出版社 .

洪业 . (2020). 杜甫 (曾祥波,译). 上海古籍出版社 .

胡怀琛 . (2012). 怎样读古书 . 中华书局 .

胡适 . (2013). 读书与治学 . 生活·读书·新知三联书店 .

胡哲敷 . (2015). 曾国藩治学方法 . 当代中国出版社 .

黄裳 . (2019). 榆下说书 . 文津出版社 .

黄庭康 . (2017). 批判教育社会学九讲 . 社会科学文献出版社 .

基思·斯坦诺维奇 . (2015a). 机器人叛乱 (吴宝沛,译). 机械工业出版社 .

基思·斯坦诺维奇 . (2015b). 超越智商 (张斌,译). 机械工业出版社 .

基思·斯坦诺维奇 . (2020). 这才是心理学 (窦东徽 & 刘肖岑,译). 人民邮电出版社 .

吉仁泽 . (2006). 适应性思维 (刘永芳,译). 上海教育出版社 .

吉仁泽 & 莱茵哈德·泽尔腾 . (2016). 有限理性 (刘永芳,译). 清华大学出版社 .

纪昀 (编). (2019). 武英殿本四库全书总目 . 国家图书馆出版社 .

加里·克莱因 . (2014). 洞察力的秘密 (邓力、鞠玮婕,译). 中信出版社 .

杰拉德·普林斯 . (2015). 故事的语法 (徐强, 编). 中国人民大学出版社 .

金圣叹 . (2016). 金圣叹全集 (陆林, 编). 凤凰出版社 .

卡尔·梅顿 . (2021). 知识与知者 (王振华、田华静, 方硕瑜, & 石春煦,译). 外语教学与研究出版社 .

卡尔·雅斯贝尔斯 . (2005). 大哲学家 (李雪涛,译). 社会科学文献出版社 .

卡尔·雅斯贝尔斯 . (2022). 四大圣哲 (傅佩荣,译). 商务印书馆 .

凯伦·阿姆斯特朗 . (2019). 轴心时代 (孙艳燕 & 白彦兵,译). 上海三联书店 .

凯瑟琳·加洛蒂 . (2016). 认知心理学 (吴国宏 & 等,译). 机械工业出版社 .

凯瑟琳·麦克布莱德 . (2020). 阅读的习得 (莫剑宏,译). 北京师范大学出版社 .

克里夫顿·费迪曼 & 约翰·梅杰 . (2015). 一生的读书计划 (马骏娥,译). 译林出版社 .

来新夏 . (2010). 近三百年人物年谱知见录 . 中华书局 .

来新夏 . (2013). 古典目录学 . 中华书局 .

雷立柏 . (2010). 西方经典英汉提要 . 世界图书出版公司 .

李虹、彭虹, & 舒华 . (2006). 汉语儿童正字法意识的萌芽与发展 . 心理发展与教育, 22(1), 35-38.

李虹、饶夏薇、董琼、朱瑾, & 伍新春 . (2011). 语音意识, 语素意识和快速命名在儿童言语发展中的作用 . 心理
    发展与教育, 27(2), 158-163.

李辉 & 王晶颖 . (2016). 汉字加工神经机制的特异性与一般性问题 . 当代语言学, 18(4), 568-580.

李文玲, & 舒华 (编). (2016). 儿童阅读的世界 . 北京师范大学出版社 .

李致忠 . (2008). *简明中国古代书籍史* . 国家图书馆出版社 .

李贽 . (2018). *焚书* (张建业 , 译). 中华书局 .

理查德・道金斯 . (2012). *自私的基因* (卢允中 , 张岱云 , 陈复加 , & 罗小舟 , 译). 中信出版社 .

理查德・谢尔 . (2022). *启蒙与书籍* (启蒙编译所 , 译). 商务印书馆 .

梁启超 . (2010). *读书指南* . 中华书局 .

梁启超 . (2014). *梁启超讲阳明心学* (许葆云 , 编). 陕西人民出版社 .

梁实秋 . (2007). *梁实秋读书札记* . 当代世界出版社 .

林南 . (2020). *社会资本* (张磊 , 译). 社会科学文献出版社 .

刘安 (编). (2011). *淮南子* (陈广忠 , 译). 中华书局 .

刘大胜 . (2019). 在传统的藩篱中徘徊：评桑兵主持编纂之《读书法》. 北京教育学院学报 , *6* .

刘劭 . (2014). *人物志* (梁满仓 , 译). 中华书局 .

鲁迅 . (2014). *鲁迅全集* . 同心出版社 .

吕叔湘 . (2008). *语文常谈* . 生活・读书・新知三联书店 .

吕西安・费弗尔 , & 亨利・让 - 马丁 . (2006). *印刷书的诞生* (李鸿志 , 译). 广西师范大学出版社 .

罗伯特・奥尔特 . (2018). *阅读的乐趣* (苏新连 & 康杰 , 译). 商务印书馆 .

罗伯特・麦基 . (2016). *故事* (周铁东 , 译). 天津人民出版社 .

罗伯特・索尔所 , 奥托・麦克林 , & 金伯利・麦克林 . (2019). *认知心理学* (邵志芳 , 译). 上海人民出版社 .

罗德里克・卡夫 , & 萨拉・阿亚ды . (2016). *极简图书史* (戚昕 & 潘肖蔷 , 译). 电子工业出版社 .

罗杰・夏蒂埃 . (2013). *书籍的秩序* (吴泓缈 & 张璐 , 译). 商务印书馆 .

罗丽丽 . (2002). 西方目录学史：发展历程与基本文献 . 情报资料工作 , *6* , 70-71.

罗纳德・霍华德 . (2019). *决策分析基础* (毕功兵 & 宋文 , 译). 机械工业出版社 .

罗志田 . (2009). *近代读书人的思想世界与治学取向* . 北京大学出版社 .

罗志田 (编). (2022). *名家治史：方法与示范* . 巴蜀书社 .

马丁・里昂斯 . (2017). *书的历史* (龚橙 , 译). 中央广播电视大学出版社 .

马修・杰克逊 . (2019). *人类网络* (余江 , 译). 中信出版社 .

马原 . (2009). *小说密码* . 作家出版社 .

迈克尔・艾森克 & 马克・基恩 . (2009). *认知心理学* (高定国 , 译). 华东师范大学出版社 .

梅棹忠夫 . (2016). *智识的生产技术* (樊秀丽 , 译). 商务印书馆 .

美国不列颠百科全书出版公司 . (2008). *西方大观念* (陈嘉映等 , 译). 华夏出版社 .

孟祥芝 . (2018). *走出迷宫：认识发展性阅读障碍* . 北京大学出版社 .

莫雷 , 冷英 , & 王瑞明 . (2009). *文本阅读信息加工过程研究* . 广东高等教育出版社 .

莫提默・艾德勒 & 查尔斯・范多伦 . (2004). *如何阅读一本书* (郝明义 & 朱衣 , 译). 商务印书馆 .

尼尔・麦考 . (2017). *如何阅读不同的文本* . 商务印书馆 .

尼古拉斯・巴斯贝恩 . (2010). *疯雅书中事* (卢葳 , 译). 生活・读书・新知三联书店 .

尼古拉斯・巴斯贝恩 . (2014). *文雅的疯狂* (陈焱 , 译). 上海人民出版社 .

彭聃龄 (编). (1997). *汉语认知研究* . 山东教育出版社 .

皮埃尔・蓬塞纳 . (2011). *理想藏书* (余中先 & 余宁 , 译). 上海人民出版社 .

普林斯杰拉德 . (2013). *叙事学* (徐强 , 译). 中国人民大学出版社 .

契诃夫 . (2013). *契诃夫短篇小说集* (耿济之 & 耿勉之 , 译). 外文出版社 .

钱锺书 . (2007). *钱锺书集* . 生活・读书・新知三联书店 .

乔治・波利亚 . (2007). *怎样解题* (涂泓 & 冯承天 , 译). 上海科技教育出版社 .

饶宗颐 , 陈鼓应 , 周锡馥 , 马彪 , & 康震等 (编). (2019). *经典之门* . 华夏出版社 .

萨莉・施威茨 . (2019). *聪明的笨小孩* (刘丽 & 康翠萍等 , 译). 北京师范大学出版社 .

桑兵 . (2010). 中国近现代史的贯通与滞碍 . 近代史研究 , *2* , 29-41.

桑兵 . (2014). *治学的门径与取法* . 社会科学文献出版社 .

桑兵 , 於梅舫 , & 陈欣 (编). (2014). *读书法* . 人民出版社 .

商务印书馆编辑部 . (2021). *汉译世界学术名著丛书书目提要 (1-19 辑)* . 商务印书馆 .

申丹 . (2013). 何为叙事的"隐性进程"？如何发现这股叙事暗流？外国文学研究 , *5* , 47-53.

申克·阿伦斯.(2021).卡片笔记写作法(陈琳,译).人民邮电出版社.

史蒂芬·平克.(2018).风格感觉(王烁 & 王佩,译).机械工业出版社.

叔本华.(2015).人生的智慧(木云 & 林求是,译).上海人民出版社.

斯蒂芬·赫普 & 杰里米·朱厄尔.(2020).儿童成长之谜(郑淑明 & 史晴,译).中国人民大学出版社.

斯蒂芬·克拉生.(2012).阅读的力量(李玉梅,译).新疆青少年出版社.

斯科特·利林菲尔德,史蒂文·林恩,约翰·鲁希欧,& 巴里·拜尔斯坦.(2012).心理学的50大奥秘(衣新发,王雨晴,& 祁喜鸿,译).机械工业出版社.

苏精.(2009).近代藏书三十家.中华书局.

孙太 & 王祖基.(2016).异域之镜.科学出版社.

泰奥弗拉斯托斯等.(2013).古希腊散文选(水建馥,译).商务印书馆.

汤姆·巴特勒-鲍登.(2011).心理们.中国青年出版社.

汤一介.(1984).论中国传统哲学中的真、善、美问题.中国社会科学,4,73-83.

汤一介.(1990).再论中国传统哲学的真善美问题.中国社会科学,3,27-38.

陶渊明.(2014).陶渊明诗(袁行霈,编).

特里·伊格尔顿.(2015).文学阅读指南(范浩,译).河南大学出版社.

童庆炳.(2016).童庆炳文集.北京师范大学出版社.

托马斯·福斯特.(2015).如何阅读一本小说(梁笑,译).南海出版公司.

托马斯·福斯特.(2016).如何阅读一本文学书(王爱燕,译).南海出版公司.

汪曾祺.(2021).汪曾祺全集.人民文学出版社.

王安忆.(2012).小说课堂.商务印书馆.

王夫之.(2011).船山全书.岳麓书社.

王洪君.(2002).普通话中节律边界与节律模式,语法,语用的关联.语言学论丛,26,279-300.

王宁,彭林,& 孙钦善.(2018).怎样读经典.浙江大学出版社.

王水照(编).(2007).历代文话.复旦大学出版社.

王文兴.(2013).《〈玩具屋〉九讲》.上海三联书店.

王小波.(2014).王小波全集.北京联合出版公司.

王余光(编).(2018).中国阅读通史.安徽教育出版社.

王云五.(2005).我怎样读书(王学哲,编).辽宁教育出版社.

王重民.(1983).中国善本书提要.上海古籍出版社.

网络与书编辑部.(2006).阅读的狩猎.现代出版社.

威廉·卡洛斯·威廉斯.(2022).红色手推车(李晖,译).北京联合出版公司.

威廉·萨默塞特·毛姆.(2012).毛姆短篇小说精选集(冯亦代,傅惟慈,& 陆谷孙,译).译林出版社.

威廉·萨默塞特·毛姆.(2020).巨匠与杰作(刘文荣,译).四川文艺出版社.

吴思娜,舒华,& 刘艳茹.(2005).语素意识在儿童汉语阅读中的作用.心理与行为研究,3(1),35-38.

夏承焘.(1984).天风阁学词日记.浙江古籍出版社.

夏志清.(2005).中国现代小说史(刘绍铭等,译).复旦大学出版社.

肖东发(编).(2002).北大学者谈读书.北京图书馆出版社.

肖东发,& 杨虎(编).(2015).中国图书史十讲.国家图书馆出版社.

肖东发,& 杨虎(编).(2017).中国出版史.北京大学出版社.

肖立建,& 林新华(编).(2019).船山悟道——一位思想家的行与思.湖南大学出版社.

谢锡金,李黛娜,& 陈声珮.(2017).幼儿综合高效识字法.华东师范大学出版社.

辛弃疾.(2010).辛弃疾词集.上海古籍出版社.

熊静 & 何宫峰.(2017).中国阅读的历史与传统.朝华出版社.

许宝慧,陈曦,& 亚历山德拉·戈塔罗多.(2016).从语音、语素到正字法——中英文阅读的影响因素模型.收入儿童阅读的世界I:早期阅读的心理机制研究(李文玲,舒华主编).北京师范大学出版社.

亚历山大·波拉塞克,& 瑞贝卡·特雷曼.(2021).牛津阅读手册(陈明瑶 & 程甜,译).商务印书馆.

亚瑟·柯南·道尔.(2012).福尔摩斯探案全集(李家真,译).中华书局.

严耕望.(2016).治史三书.上海人民出版社.

阳志平 (编). (2016). 追时间的人 . 中信出版社 .

阳志平 (编). (2019a). 认知尺度 . 中信出版社 .

阳志平 . (2019b). 人生模式 . 电子工业出版社 .

姚雪垠 . (2018). 姚雪垠读史创作卡片全集 . 沈阳出版社 .

叶嘉莹 . (2015). 唐宋词十七讲 . 北京大学出版社 .

叶灵凤 . (2022a). 叶灵凤读书随笔 1 . 生活・读书・新知三联书店 .

叶灵凤 . (2022b). 叶灵凤读书随笔 2 . 生活・读书・新知三联书店 .

叶圣陶 . (2012). 阅读与讲解 . 生活・读书・新知三联书店 .

伊塔洛・卡尔维诺 . (2012a). 看不见的城市 (张密，译). 译林出版社 .

伊塔洛・卡尔维诺 . (2012b). 为什么读经典 (黄灿然 & 李桂蜜，译). 译林出版社 .

乙永凤 & 乙常青 . (2004). 吴晗的卡片读书法 . 考试 (中考版)，7, 1.

余光中 . (2004). 余光中集 . 百花文艺出版社 .

余嘉锡 . (2008). 四库提要辨证 . 中华书局 .

余嘉锡 . (2010). 目录学发微 . 岳麓书社 .

余祖坤 (编). (2013). 历代文话续编 . 凤凰出版社 .

宇文所安 . (2004a). 迷楼 (程章灿，译). 生活・读书・新知三联书店 .

宇文所安 . (2004b). 盛唐诗 (贾晋华，译). 生活・读书・新知三联书店 .

约翰・安德森 . (2012). 认知心理学及其启示 (秦裕林，程瑶，& 周海燕，译). 人民邮电出版社 .

约翰・凯里 . (2009). 阅读的至乐 (骆守怡，译). 译林出版社 .

约翰・皮克斯通 . (2017). 认识方式 (陈朝勇，译). 上海世纪出版集团 .

詹姆斯・伍德 . (2021). 小说机杼 (黄远帆，译). 江苏凤凰文艺出版社 .

张爱玲 . (2001). 张爱玲作品集 . 北岳文艺出版社 .

张爱玲 . (2012a). 红玫瑰与白玫瑰 . 北京十月文艺出版社 .

张爱玲 . (2012b). 倾城之恋 . 北京十月文艺出版社 .

张必隐 . (1992). 阅读心理学 . 北京师范大学出版社 .

张定浩 . (2018). 取瑟而歌 . 华东师范大学出版社 .

张舜徽 . (2005). 四库提要叙讲疏 . 云南人民出版社 .

张舜徽 . (2019). 中国文献学 . 东方出版社 .

张炜 . (2018). 西方书籍史理论与 21 世纪以来中国的书籍史研究 . 晋阳学刊，0(1), 19-25.

张之洞 . (2018). 书目答问补正 (范希曾，编). 中华书局 .

张志林 (编). (2014). 当代哲学经典 . 北京师范大学出版社 .

赵毅衡 . (2008). 叙述在否定中展开——四句破，符号方阵，《黄金时代》. 中国比较文学，1, 54-64.

珍妮弗・塞拉瓦洛 . (2018). 美国学生阅读技能训练 (刘静 & 高静娴，译). 北京科学技术出版社 .

郑振铎 . (2005). 西谛书话 . 生活・读书・新知三联书店 .

中国出版科学研究所 (编). (2008). 中国出版通史 .

中国新闻出版研究院 (编). (2013). 中国出版通史简编 . 中国书籍出版社 .

周兢 . (2007). 早期阅读发展与教育研究 . 教育科学出版社 .

周兢 . (2020). 汉语儿童早期阅读与读写能力发展研究 . 华东师范大学出版社 .

周绍明 . (2009). 书籍的社会史 (何朝晖，译). 北京大学出版社 .

周作人 . (2016). 知堂书话 (钟叔河，编). 岳麓书社 .

朱宝莹 . (2018). 诗式 (钱得运，译). 文化艺术出版社 .

朱光潜 . (2012). 朱光潜谈读书 . 中国青年出版社 .

朱莉娅・埃克谢尔 (编). (2018). 长大之前一定要看的 1001 本童书 (陈小齐，蔡萌萌，李梦薇，& 余悦，译). 湖南少年儿童出版社 .

朱熹 . (2016). 朱子读书法 (张洪 & 齐熙，编；李孝国 & 童立平，译). 天津社会科学院出版社 .

佐藤信夫 . (2013). 修辞认识 (肖书文，译). 重庆大学出版社 .

聪明的阅读者

致谢

这是我的第一本个人专著，虽然我并非新人，已经出版了几十本书，在中信出版社这里就出版了多本，但那些书多是我主编、翻译的。即使是2019年出版的《人生模式》，也是一本个人文集，来自我过去20年的文章精选。

10年来，常有学生朋友问："阳老师，什么著作，最能反映你的思想体系呢？你的书，我应该先读哪一本，后读哪一本？"

每次聊到这个话题，我只能惭愧地回答："我的个人专著还在出版的路上。"

不是我不努力，阅读、写作于我而言，就像吃饭、喝水、睡觉一样自然，是每天的日课。

问题出在哪里呢？出在"体系"。对自己的专著，我有我的规划，将其称之为道统、学统与文统三大体系。[1] 而体系不够成熟时仓促出书，就更像是为出版而出版。因此，在30岁左右时，原本已经与出版社签约出版一本书稿，当时部分书稿已经完成，但个人读后，并不满意，决定暂停出版。从那时起，立下一条在外人看来也许是莫名其妙的规矩：40岁之后才出"书"。显然在我这里，书是神圣之物，它是专指那些能够清晰反映一位学者思想体系的个人专著。

转眼间，我 40 岁了。我所构建的三大体系日臻完善，其中最满意的是以认知写作学为代表的文统，以及以人生发展学、四大分析与四大方法为代表的学统。[2]

现在我终于可以将这些年的沉淀整理为书了。而这本书，正是四大方法的"阅读大法"。

这些日子，有点像黎明前的黑暗。就是你知道在某些领域，你有更好的东西，然而，只有少数人知晓。即使是身边的亲友，也无从了解你的智识已经抵达何方。

感谢所有在这些日子中，用真金白银支持过我的学员。这本书能够出版，尤其要感谢于 2020 年、2021 年、2022 年参加我举办的三门阅读课认知与改变、人生资本、人性大师，以及卡片大法小课的同学。当然，还有我创办的安人书院读书会的支持者。

感谢所有参与过这些项目的同事、前同事与志愿者，尤其感谢协助我整理速记稿的谢鹏、贺苗、石北燕，以及配合我核查文献的罗渊隆、李国军、郑曦暄，还有参与校对的蓝玲、蒲素、李仁冲、陈锦丹、杨柳依依。

感谢中信出版社的朱虹、刘淑娟和周家翠，2019 年末，大家在北京市海淀区牡丹园的咖啡馆定下了选题。时隔不久，新冠肺炎疫情暴发，大疫三年，却是静心写作之时。

当然，还要感谢我的家人。动笔之初，恰逢女儿出生。书稿完成之际，她已经上幼儿园。感谢我的甜心小闺女，给爸爸带来了无穷无尽的乐趣与灵感。可以说，这本书与她一起长大。多年后，她再来翻阅此书，如果因为爸爸的经验，少走点读书的弯路，那会是一件多么幸运的事！如果因为爸爸的推荐，她爱上某位作者的某本书，那会是一件多么美好的事！

人这一生，总有或大或小的麻烦，但有书相伴，会多一些淡定。阅读也好，写作也好，都是让自己养成一种笃定的习惯。人生不如意事十有八九，年岁渐长，失意时多过得意时，不妨读书。

后记 我的阅读史

1

如果 20 年前离世的外公能够活到今天，他也许会为他的大外孙而骄傲：在大外孙的书中看到自己。

1980 年，我出生于一个风景秀丽的湘南小镇。也许因为贫穷与闭塞，当地民风彪悍，打架盛行，热爱读书的人罕见。如果按照其他同龄人的发展，我也许能考上大学，但不会像今天这样热爱阅读。

幸好有外公。老人生于 1925 年，年轻时是走南闯北的艄公，就像沈从文笔下湘水上的艄公一样，驾驶着小船，把人与货物从湘水的这一头运送到另一头。与其他艄公不同，在休息的时候，外公往往拿出一本书来阅读，有时候读的是《论语》《史记》，有时候读的是《隋唐演义》《三侠五义》。

之后外公返乡定居，种田为生。而他生活的小镇正是明末清初大儒王船山讲学与避难之地。"南楚秋风日，轻阴太白方。参差分远嶂，明灭互斜阳。"船山曾经如此形容小镇美景。[1] 正是在小镇定居的三年时间，船山先生写下了流传千古的《黄书》，歌颂黄帝事功，激励无数仁人志士，在"炎黄子孙"旗帜下奋斗。

也许是无意中受到船山的影响，外公返乡种田之后，依然保持了很好的阅读习惯。虽然生活艰难，他与外婆一共生育了六个女儿、一个儿子，绝大多数精力花费在养儿育女、维持生计上，而他为数不多的闲暇时间都是在读书。

在外公身上，我看到一种不同于士大夫的读书之乐。读书既不是为了学而优则仕，也不是为了著书立说，更不是为了传道授业，读书就是读书本身。在一个寂寥的湘南小镇上，一个农民，没有书友往来，日出而作，日落而息，读书对外公来说，就像下田劳作、吃饭喝水一样自然而然。

多年后，我才明白，那种读书的快乐，自发的、不假外物的快乐，竟然是那么难得。

2

从出生开始，我就被送到外公家照料，一直到6岁。也许因为我是长孙吧，外公格外喜欢我。夏天在院子里乘凉，他总是将我抱在膝前，讲各种各样的故事。悠悠湘水、瑶族鬼怪、三皇五帝、世间冷暖，那年轻放排汉子、多情湘女，一个又一个故事从外公那里蹦出来，也不管那些故事，胖嘟嘟的小外孙是否听得懂。

冬天，雪花大了，在房间里围炉烤火，这时候外公会拿出一本又一本古书，开始带我识字，重复一些有意思的儿歌。那些不管我认识不认识的字，就像一颗颗种子，跳入我的心田，直到有一天，开花结果。

6岁后，我从乡下返回县城读小学。得益于外公的训练，我的阅读写作能力生发极早。从小学开始，就学会了像外公一样，捧着一本又一本古书看来看去。当家人将我从前门赶出，希望我多出去与其他小朋友玩耍，我又很快从后门回来，继续阅读。

每一年寒暑假，我依然会回到外公家，陪老人一起种田。1995年的暑假，我在外公的田垄上写下了第一首组诗《夏之曲》，发表在文学期刊《少年文艺》上。从此诗意蓬发，发表了很多诗歌，并荣获多个诗歌文学奖。与此同时，自己的数学天赋得到显露，在数学奥赛中获奖。

因为发表诗歌与奥赛获奖，我得以保送湖南省的一所重点高中。而在高中的三年，又是肆意阅读的三年。与小时候外公的启蒙不一样，那时我在外公家读的更多是像《论语》《诗经》等古书，而从县城到市区后，读的更多是现代印刷书。

因为当时是寄宿制，两三个月才回家一次，周末有大把的时间。这些闲暇时间我都花在了市图书馆。那些日子，我与狄金森、卡夫卡、柏拉图、博尔赫斯做伴，当然，也会沉迷在毛姆、阿西莫夫、泽拉兹尼的世界中。

3

18岁之前的阅读，不求甚解，到了大学期间，才算略窥堂奥。当时我就读的学校就在国家图书馆旁边（那时还叫北京图书馆）。1998年，我入学就读心理学系，从大一开始，我便坚持在国家图书馆的各个阅览室穿梭。大学四年，也是在国家图书馆自修的四年。正是在国家图书馆的四年，我的阅读方法论初步成型：先读目录书，再编制文献索引，接着精读基本书，最后著书立说。

国家图书馆拥有中国最大的藏书量，即使只读心理学，图书数量也庞大无比。何况，一本满足我们需求的书，常常不会放在我们以为的位置。一本心理学著作，可能会被放在计算机科学柜架。如何快速、准确地找到自己想要的图书呢？**先读目录书**。那时，我翻阅最多的就是国家图书馆的馆藏目录，掌握了一些高级检索技巧。

馆藏目录面向所有读者，不属于我一个人，从公共知识到个人认知，最快捷的方法是**编制文献索引**。那时，"网络心理学"刚刚兴起。2000 年秋季，我在国家图书馆埋头苦干整整三个月，将两千多篇与网络心理学相关的中英文文献编制为文献索引，命名为《网络心理学研究者参考资源》，次年 2 月发布在网上供其他研究者参考。

这条读书之路，看似枯燥无味。然而，当我干完这份苦力活之后，便厘清了"网络心理学"的学术脉络、关键知识，自然而然就明白了哪些书更重要，会在整个学科或领域中被众多研究者反复提及。这就是接下来的笨功夫：**精读基本书**。

当时我精读的一本基本书，是珍妮·加肯巴赫编写的《心理学与互联网》。[2] 加拿大社会学家巴里·威尔曼参编了相关章节，在书中介绍了将计算机网络与社会网络结合的相关研究。

我顺着这条阅读线索检索，发现当时国内外从社会网络分析角度探讨互联网，几乎是空白。因此，接下来我将阅读火力全部集中于此，尝试**著书立说**。从 2000 年开始，陆续发表了十多篇学术论文，其中一篇论文荣获北京市首届挑战杯科研竞赛特等奖，并在中国社会心理学年会上作报告，陆续参编教育学界、心理学界名家主编的相关著作。

那是一段快乐的日子，年轻人的智力乐趣得到了极大满足。博尔赫斯总把乐园想象成图书馆的模样，对我来说，那时的天堂就是国家图书馆。

4

从 1998 年到 2002 年，在国家图书馆自修的四年，我打下了坚实的治学根基。按照人生发展的正常轨迹，早早地发表论文，早早地结识学界名宿，我应该继续在学术圈发展。

然而，命运的阴差阳错正在于此。那时，中国互联网蓬勃发展，而我从事的网络心理学研究课题，恰恰接触互联网资讯极多。自然而然地，我倾向于创业。其实，早在大三，我就踏上了创业征程。毕业后，一边在管理咨询公司担任战略与人力资源咨询师，一边继续与朋友经营一家心理测量软件研发公司。

2004 年，我的创业迎来了第一个关键转折点。马加爵事件的发生，让心理测量变得重要。有关部门批量采购我司心理测量软件及相关服务。我们第一次被新闻媒体头版头条报道。那时的网络媒体中心是门户网站新浪的新闻中心。那天晚上，我在程序员家里，两人正在修改代码。在无意中刷新闻时，刷到了自己公司的名字，我知道公司要火了。

我下决心离开还在上班的管理咨询公司，全职创业。公司正式改名为安人公司，取自《论语》的"修己以安人"。我带队开发了一个又一个心理测量软件，拿了很多大项目。企业、学校、军队、医院，甚至司法局、消防局、监狱管理局，都运行着我们开发的心理测量软件，公司名气越来越大。其间，我翻译、主编与参编了多本书，个人影响力与日俱增。

一切都在朝好的方向发展，直到 28 岁这一年，汶川地震来了。

当天晚上，我发起一个灾后心理自助组织，召集了数千心理学志愿者，参与汶川灾后心理重建工作。我在七天内组织出版了一本图书《灾后心理自助手册》，捐赠四川灾区七万册，同时开发了在线心理咨询机器人，并提供线上线下心理咨询服务。

5

令我没想到的是，汶川地震竟然影响了自己的职业生涯发展。面对巨大的灾难，我深深反思：自己为什么要来到世间？

我是学心理学的。我知道，这是经历过巨大灾难的一种典型后遗症：创伤后应激障碍（PTSD）。身为灾后心理重建重度参与者，虽然到不了病症地步，但或多或少留下了一些后遗症。

当时面临几个重大人生选择，包括继续经营公司、出国读书等。然而，经过慎重思考，从2009年开始，我选择了一条与众不同的林荫小路——退出商业经营领域，闭关自修。而这一上山自修，就是四年。

又回到了老家，那座衡山边上的湘南小镇。家乡优美的景色与同乡先贤船山先生的故事，伴随我度过了那段时光。

如果说1998到2002年这四年，是我形成阅读方法论，锤炼学术基本功的四年，那么2009到2013年这四年，就是我放眼读书，潜心治学的四年。诗歌与数学、心理学与计算机科学、中国古典文化与现代科学，种种看似不兼容的学问，在这四年，被我融会贯通，冶于一炉。

闭关期间，我不断地问自己，你来到世间的使命是什么？你希望留给世间的是什么？答案日趋清晰。那就是**重建道统、学统与文统**。

» 道统：安身立命的学问，或称信仰；

» 学统：经世济用的学问，或称知识；

» 文统：洗心养气的学问，或称修炼。

我要构建的**新道统**，不同于阳明心学或宋明理学，而是以认知科学、心灵哲学、本土心理学与行动科学这样能够与现代科学话语体系对接的新学科为根基。同样，我要构建的**新学统**，是以现代科学与传统文化为根基的新一代英才教育体系。而在**新文统**上，我以中国韩愈、桐城派的古典风格为骨干，兼容西方特纳、平克等人的古典风格，提倡简单、清晰的写作风格。

6

道统、文统只需著书立说即可，但我心目中的学统离不开现代计算机科学、脑与认知科学的助力，这些需要团队的力量。终于，在35岁时，我出来第二次创业。

依然以安人为号，拿了几轮风险投资，在第一次创业的基础上，安人旗下先后创立了爱贝睿（0~6岁）、百分大脑（3~18岁）、开智学堂（18~48岁）与爱银发（48~88岁）四个核心品牌，它们的共同特点，都是通过脑与认知科学来促进家庭成员的人生发展。

繁忙工作之余，阅读、写作就是最好的休息。从2015年开始，我在《财新周刊》上开设面向大众科普脑与认知科学的心智专栏，至今发表了一百多篇专栏文章，其中不少篇目都是我的读书随笔。[3] 同时，先后应邀给《心流》《情绪》《刻意练习》等二十多本现象级畅销书的中文版图书作序。

从2016年开始，每年年底，我会将过去一年的读书札记，抽取精华，汇总成文，公开发表出来，引发了读者较大的关注。[4]

在《2016年读书札记》中，我写道："2016年全年，在亚马逊购买了423本实体书，1 000+电子书；在京东购买了202本实体书；在中国香港、中国台湾、欧美、日本购买了100+本书，出版社及师友赠书30余本。"这一年，我推荐了《知识大融通》《园丁与木匠》《海子诗全集》《悠游小说林》《中国古典文心》等70本书。

在《2017年读书札记》中，我写道："2017年，购买实体书1 124本，电子书2 301本，另有师友、出版社赠书300余本，从中整理出值得推荐的书。"这一年，我推荐了《区分》《认知发展》《张子正蒙注》《探索复杂性》《人类思维的自然史》等 49 本书。

在《2018 年读书札记》中，我写道："2018 年，是我读书颇为用功的一年。这一年，在亚马逊购书 1 370 本，在京东购书 92 本，出版社赠送图书 100 本左右，购买亚马逊电子书 1 642 本。"这一年，我推荐了《杜甫》《致薇拉》《我是个怪圈》《古今和歌集》《批判教育社会学九讲》等 57 本书。

这一时期，我通过豆瓣、个人博客、Zotero 群组与微信公众号等渠道，先后发表了上百个书单。以发表在豆瓣上的书单为例，《心智黑客》有 9 110 人关注，《开智正典》有 7 993 人关注，《寻找牛人与智者清单》有 4 780 人关注。而这些书单，正是本书第十一章"通识千书"的雏形。[5]

7

独乐乐不如众乐乐。除了撰写书评、推荐序、读书札记，以及整理书单，我先后创办了两个读书会：**开智书友会与安人书院**。

2014 年 11 月，我创建了一个名为"开智书友会"的微信群，邀请众多师友加入。短期内，它聚集了上百位博士与知识创作者。

2015 年，我将开智书友会的讨论汇总在一起，出版了对话体图书《追时间的人》，荣获豆瓣年度好书奖。而从 2015 年开始，我还举办了书友们的线下演讲会——开智大会，连续三年的演讲文字稿，结集为《认知尺度》一书出版。[6]

2018 年，因为某些缘故，我解散了开智书友会微信群，创办了一个更加私人化的读书会——安人书院，以发表我自己的读书笔记为主。四年来，我在安人书院上发表了五千多条读书札记或个人心得，开设了上百个书单，提及了成千上万本书。[7]

读的书越多，你越会这么想：为什么一本如此精彩的书，还没有被引入中国呢？为什么市面上有这么多烂书，而这么好的书大家却没法读到呢？

因此，我从 2015 年开始客串出版人，与中信出版社、电子工业出版社、机械工业出版社一起合作出版了数十本书，先后引进数十本认知科学、神经科学与心理科学经典读物。我还通过公司旗下"开智文库"[8] 与"爱贝睿文库"[9]，组织出版原创图书数十本，并担任新职业、新逻辑与养育新科学等丛书的主编。

看到某本好书在你的努力之下问世，或是科学家的重要著作，或是青年作家的第一本书，先人一步读到这些令人愉悦的好书，这也许是客串出版人的最大乐趣吧。

8

2018 年，我开设了一门新课"信息分析"。它是新学统中的四大分析第一课。所谓四大分析，即信息分析、行为分析、论证分析与决策分析。它代表着知识工作者的核心技能。在课程中，我以认知科学为根基，结合科学计量学，计算机科学等不同学科知识，研发了一套独特的知识体系。其中，抽样阅读、结构阅读等阅读技法首次亮相。2019 年，我带着团队上线了"卡片大法"课程。这是"卡片大法"知识体系正式亮相。[10]

从 2020 年开始，我开设了一门"认知与改变阅读课"。这是一个全年的课，围绕人类四大核心认知结构——认知、情绪、动机与行动——逐次展开。在这个课上，我更详细地总结了自己的阅读方法论，包括抽样阅读、结构阅读、主题阅读与卡片大法等。

整个阅读课的设计，是每个季度精读一本教科书、一本学术专著、一本大众科普著作。第一季度学习认知心理学，我挑选了《认知心理学及其启示》《超越智商》《思考，快与慢》三本书。

为什么这么设计？只读大众科普，你难以理解学术脉络。先从教科书入手，你能更快速地掌握认知心理学的学术脉络。但只读教科书，你又会落后于前沿学术进展。因此，还需搭配阅读学术专著。

出乎我的意料，"认知与改变阅读课"甫一上线就大受欢迎，上千同学报名参加。我备受鼓舞，开设了两门类似模式的课——"人生资本阅读课"与"人性大师阅读课"。前者围绕社会资本、文化资本、心理资本、技能资本四种重要的人生资本展开。后者围绕弗洛伊德、埃里克森、斯金纳、班杜拉、罗杰斯、凯利六位公认的心理学大师展开。

在上述教学过程中，我逐渐萌发了撰写此书的念头。2020年初，撰写了第一版的大纲，直到2022年末，完成全书。

在写作之初，我整理了市面上谈论阅读的图书，发现它们普遍有一个较大的缺点：缺乏道、学、术的统一感，阅读之道、阅读之学、阅读之术，常常互不隶属，相互脱节。有的书，介绍个人阅读经验精彩纷呈，但深究下去并不符合脑与认知科学原理；有的书，综述阅读科学前沿进展全面到位，但普通读者无法用它来指导自己的阅读实践。而这些书，常常难以看到阅读之道，不少书过于强调阅读的功利一面，读后不仅无助提升阅读兴趣，反而阅读欲下降了！读后我不禁怀疑，作者真的热爱阅读吗？

因此，我试图撰写一本21世纪的阅读方法论著作，尝试用一个统一的框架来整合道、学、术三者。在写作之初，我对它有三个期许。

在阅读之道上，它是一本激发你的阅读热情的书。读好书、见高人、做大事，是我总结的提升认知的永恒之道。我希望在本书中闪亮登场的三千余本好书，一千多位高人，能令你见贤思齐，提高做大事的动力。我也希望，本书关于中国目录学的介绍，以及"通识千书"的示范，让你看见分而治之与合而御之两种求真之路。而第三章关于真善美的介绍，让你开始尝试脱离小我，与更大的自然、历史、宇宙融于一体。

在阅读之学上，它是一本总结阅读科学前沿的书。身为一名在脑与认知科学一线从业二十多年的工作者，我看到了阅读科学领域的突飞猛进，比如我在第二章中总结的中文脑、情境模型与必要难度理论等，然而，太多人并不知晓这些来自科学前沿的最新成果，更谈不上应用。

在阅读之术上，它是一本直接指导阅读实践的书。这本书脱胎于实践，不仅包括我一个人的阅读实践，还包括几千位参加我的阅读课的同学的实践。我从阅读中受益良多，我也希望更多人读得好、读得多并且读得快。

当一本书出版之后，它不再只属于作者本人。我的期许做到了吗？也许身为读者的你，最有发言权。请你告诉我关于本书的反馈：y@anrenmind.com。

9

18 岁之前，是我的阅读启蒙时光，爱上阅读，不求甚解。从 18 岁到 22 岁，是我的阅读方法论初步形成的四年，略窥堂奥；从 22 岁到 35 岁，是我的阅读方法论脱胎换骨的十余年，不断精进；从 35 岁到 42 岁，则是我的阅读方法论正式成熟的七年，融会贯通，自成一家。

从读书、写书、译书、藏书再到出书，从一个人阅读再到创办读书会、开设阅读课程、总结阅读方法论，我的身份随之而变：从读者、作者、译者、藏书者、出版人再到书院山长。

你看，阅读竟然给我带来了这么多新的可能！

在 40 年与书为友的旅程中，我有什么启发呢？如果用一句话来总结，那就是阅读归根结底是一个人的事，它始终是一种自我修炼，不以物喜，不以己悲。

阅读时，你无须计较得失。阅读本身就是最好的回报。如果你能每天坚持阅读 30 分钟以上，如果你能将每日读书心得写成五六张读书卡片，那么你一年就能积累上千张读书卡片，一生将充实饱满。

阅读时，你无须追求完美。一本书，你不一定需要从头读到尾。有些书虽然是公认的经典，但如果你读不下去，完全可以放弃；有些书你时间有限，只能读其中的一两章，也完全可以。比读书追求完美更可怕的是，放弃了阅读的习惯。一日不读书，言语乏味，三日不读书，面目可憎。

阅读时，你无须与人比较。阅读不是一种智识的炫耀，读书越多的人越意识到自己是如何浅薄；阅读也不是一种与他人的竞争，你不需要天天去打卡、晒朋友圈，与朋友攀比今天我读了多少本、多少页。阅读更像是一种出自本能的行动，像吃饭、呼吸一样自然。

阅读，是一场心智的长跑。一时兴起，读个一两小时容易；长期坚持，读个一二十年不容易。就像身体的长跑，需要制订计划、优化装备、坚持训练一样，心智的长跑同样需要制订计划、优化装备、坚持训练。

身体的长跑，训练时也许会有队友，但到了最后，都是你一个人的事情。心智的长跑，也是你一个人的事情。日积月累，水滴石穿，慢慢地，你的阅读速度越来越快，阅读质量越来越高，发现的世界越来越大。

多巴胺分泌增多，是身体的长跑最大的回馈；心流涌现，智识乐趣，则是心智的长跑最大的回馈。

期待你，加入阅读这场心智的长跑。